50 년사
대한태권도협회

50 YEARS of the KOREA TAEKWONDO ASSOCIATION Ⅰ

ANIBIG 애니빅 | 대한태권도협회 KOREA TAEKWONDO ASSOCIATION KTA

존경하는 태권도 가족 여러분

그리고 태권도를 아끼고 사랑하신 국민 여러분.

1961년 9월 19일 협회가 창립되고 어느새 50여 년이 흘렀습니다. 이제는 올림픽 정식

종목으로까지 성장한 태권도의 역사는 수많은 태권도인의 노력과 땀의 결실이었습니다.

1962년 전국체육대회 시범 종목을 시작으로 추구한 태권도 경기화는 태권도 기술에 중대

한 변화와 발전을 가져왔습니다. 발차기를 중심으로 한 독특한 기술체계를 발전시키게 된

태권도는 1972년 국기원 건립, 73년 세계선수권대회 창설과 세계태권도연맹의 창립 등

괄목할 발전을 이루면서 태권도의 국기화, 세계화에 놀라운 성취를 이루었습니다.

아울러 국제 스포츠로 발돋움하기 위하여 숨 가쁜 노력을 기울여온 협회는 1975년 국제

경기연맹(GAISF)에 가맹 성공과 1980년 국제올림픽위원회(IOC 제83차 총회)로부터 태권

도 종목과 세계태권도연맹을 승인받고 1986년 아시안게임 정식종목, 1988년 서울올림픽

시범종목, 1983년 올아프리칸 게임과 팬암게임 태권도 정식종목 결정 등의 실적을 착착

쌓아서 1992년 바르셀로나 올림픽 시범종목 채택에 이어 1993년 뉴욕 매디슨 스퀘어가

든에서 세계대회를 개최하는 등 야심 찬 행보를 보였으며, 1994년 9월 4일 제103차 IOC

총회에서 2000년 시드니올림픽 정식 경기종목으로 태권도가 채택되는 역사적 쾌거가 실

현되었습니다.

협회 창립과 1962년 전국체육대회 시범 종목을 시작으로 불과 30여 년만에 국제스포츠 올림픽경기의 정식종목으로 채택되는 놀라운 발전을 이룩한 것입니다.

그 결과 1996년 정부는 태권도를 한국문화의 10대 문화상징의 하나로 지정하였습니다. 이제 태권도는 태권도인들만의 것이 아닌 대한민국 대표 문화입니다.

이 과정에서 대한태권도협회는 태권도를 통일적 체계를 갖춘 하나의 무도 종목으로, 하나의 독특한 스포츠 종목으로, 그리고 나아가서 세계적 보급이 가능한 한국의 대표 무예스포츠 종목으로 발전을 가능케 하는 가장 중요한 역할을 하였습니다. 그러나 협회는 이에 만족하지 않고 더욱 노력하여 수많은 태권도인의 대변인으로 태권도가 더욱 발전할 수 있도록 아낌없는 노력을 하겠습니다.

끝으로 수많은 태권도인의 희생과 노력으로 이룩한 오늘의 태권도에 대한 변함없는 관심과 사랑을 진심으로 바라며, "태권도 50년사" 편찬을 위해 노고를 아끼지 않으신 관계자 여러분에게 진심으로 감사의 말씀 전합니다.

대단히 감사합니다.

2014년 12월

대한태권도협회 회장 김 태 환

대한태권도협회 50년사 연표

1961년

1961년	7월 12일	국가재건 최고회의 포고령 – 사회 유사단체 통합령 발동
1961년	9월 14일	통합창립위원회 발족 (16, 19, 20일 회의 속개되어 창립완료됨)
1961년	9월 16일	창립위원 변경 (5개 기간도장 및 군), 정관심의
1961년	9월 19일	명칭 (태수도) 결정, 이사회를 조직하고 임원진 구성
		(20일까지 회의 속개됨)
		협회 창립기념일: 체육회 기록에 따라 9월 19일로 함
1961년	9월 22일	최초 이사회 개최
1961년	12월 15일	채명신 회장 취임

1962년

1962년	2월 22일	문교부, 대한태수도협회 사단법인 단체승인
1962년	6월 25일	대한체육회 기술위원회 종목 승인 (협회 가승인)
1962년	7월 11일	이사회, 도장설치 기준법 심의 통과
1962년	10월 5일	협회, 대한체육회 (종로구 북창동) 내 302호실 입주
1962년	10월 20일	이사회, 이사회 세칙, 상벌규정, 심사위원회 세칙 등 심의 통과
1962년	10월 24일	제43회 전국체육대회 (대구) 시범경기 종목 실시
1962년	11월 3일	최초 경기규칙 심의 통과 (이사회)
1962년	11월 11일	제1회 종합승단심사대회 개최 (국민회당)
1962년	12월 28일	대한체육회 이사회, 대한태수도협회 가맹 승인 및 임원 인준
		(회장: 채명신, 부회장: 엄운규, 전무이사: 김순배)

1963년

1963년	2월 2일	최초 협회주최 경기대회 ‘제1회 우수선수선발대회’ 개최 (국민회당)
1963년	2월 23일	대한체육회 총회–대한태수도협회 가맹 승인 및 임원 인준
		(회장: 채명신, 부회장: 현종명, 전무이사: 박철희)
1963년	2월 26일	경기규정 개정
1963년	5월 1일	협회 사무실 대한체육회 내 323호실 이전
1963년	6월 1일	도장설치규정 개정
1963년	6월 16일	제1회 전국중 · 고 · 대학단체대항태권도대회 개최 (국민회당)
1963년	8월 31일	협회 규약 개정
1963년	10월 4일	제44회 전국체육대회 (전주) 정식종목으로 최초참가
1963년	12월 25일	한일친선시합 대표선수단 방일

1964년

1964년 4월 3일	제2대 박종태 회장 취임 (전무이사: 엄운규)
1964년 4월 23일	경기규정 개정
1964년 6월 4일	협회 사무실 대한체육회 내 320호실로 이전
1964년 9월 3일	제45회 전국체육대회 (인천) 참가
	(플라이-헤비 7체급, 고기-중기-학생 3부 경기실시)
1964년 9월 11일	제1대 파월태권도교관단 파견 (단장: 백준기 소령)

1965년

1965년 1월 15일	최홍희 제3대 회장 취임 (부회장: 이종우, 전무이사: 엄운규)
1965년 4월 18일	전국신인선수권대회 창설 개최 (한국체육관)
1965년 6월 6일	협회 명칭 "대한태권도협회"로 변경
1965년 9월 5일	황 기, 윤쾌병 협회 탈퇴
1965년 10월 6일	협회 사무실 대한체육회 302호실로 이전
1965년 10월 6일	제46회 전국체육대회 (광주) 참가 (8체급, 3부로 시행)
1965년 10월 16일	태권도 구·아 사절단 일행 (5명) 5개국 순회시범 파견(단장: 최홍희)

1966년

1966년 1월 30일	노병직 회장(제4대) 취임 (상임부회장: 엄운규, 전무이사: 이남석)
1966년 3월 22일	국제태권도연맹 (ITF) 창립
	(회장: 최홍희, 사무총장: 엄운규, 기술위원장: 이종우)
1966년 5월 17일	경기규정 개정
1966년 6월 20일	대한체육회 무교동 신사옥 609호실로 협회 이전
1966년 7월 23일	제1회 전국중·고·대종별개인선수권대회 창설 개최 (한성여고)
1966년 10월 28일	제1회 대통령하사기쟁탈단체대항대회 창설 개최 (장충체육관)
1966년 12월 25일	한일친선시합 대표선수단 방일

1967년

1967년 1월 30일	김용태 회장(제5대) 취임 (상임부회장: 엄운규, 전무이사: 이남석)
1967년 3월 7일	경기규정 개정
1967년 10월 5일	제48회전국체육대회 중등부 경기 최초 실시
	(중등부, 고등부, 일반중기부, 일반고기부)
1967년 11월 30일	제1차 협회 제정형 공포
	(고려, 신라, 백제, 십진, 태백, 금강, 지태, 천일권, 한수)

대한태권도협회 50년사 연표

1968년

| 1968년 6월 16일 | 제1회 주한 외국인 태권도 선수권대회 개최 (장충체육관) |
| 1968년 12월 | 최홍희 국제태권도연맹 총재, 대한체육회 제6회 대한민국체육상 연구부문 수상 |

1969년

| 1969년 1월 12일 | 김용채 회장 (제6대) 유임 (재선) (부회장: 엄운규, 이남석, 전무이사: 홍종수) |
| 1969년 10월 28일 | 전국체전 기념우표로 태권도우표 최초 발행 |

1970년

1970년 1월	소년단 제도 도입 결정
1970년 6월 23일	김용채 회장, 이종우 기술전문위원회 의장 동남아시아 순방, 태권도센터 건립안 제시
1970년	제1회 전국초등학교 개인선수권대회 및 제1회 여자부 개인선수권대회 개최
1970년 12월	태권도대상제도 창설, 공로상: 엄운규, 이종우 수상

1971년

1971년 1월 17일	김운용 회장(제7대) 취임 (전무이사: 홍종수)
1971년 1월 25일	심판 교육
1971년 1월	기술심의회 발족 (의장 이종우)
1971년 2월 22일	전국 지도자 강습회
1971년 3월 8일	심판위원 자격자 교육
1971년 3월 20일	대통령 박정희 "국기 태권도" 휘호 하사받음
1971년 4월 15일	계간 태권도지 창간호 발행 (편집위원장: 이종우)
1971년 4월	협회제정 통일용어 공포
1971년 5월 7일	협회 예의규범 제정 공포
1971년 5월 28일	해외파견 선수 선발대회 최종전
1971년 6월 19일	전국대회 (전국중고대학단체대항전대회), 최초 지방개최 (부산 구덕체육관)
1971년 6월 21일	전국 지도자 강습회
1971년 7월 25일	한 · 월 친선 태권도 시범 경기대회 (장충체육관)
1971년 11월 19일	대한태권도협회 중앙도장 기공식 (성동구 역삼동)
1971년 12월	태권도대상 – 공로상: 이병로, 김순배, 지도상: 전일섭, 권영문 수상

1972년

1972년	1월	협회형제정분과위원회 설치 (이종우, 엄운규, 홍종수, 이병로, 곽근식, 현우영, 박해만, 배영기, 한영태, 홍정표, 고재천)
1972년	1월 16일	총회, 집행부 총사퇴, 김운용 회장 재선 (사무총장: 엄운규, 기심의장: 이종우)
1972년	1월 25일	제1회 태권도 심판강습회 개최
1972년	3월 14일	협회제정형(태극 품세) 공청회 (문교부, 각 시도 학교지도자 대표)
1972년	3월 20일	월남태권도협회 초청으로 시범단 파견
1972년	4월	제2차 협회 제정형 공포 (팔괘, 태극, 고려, 금강, 태백, 평원, 십진, 지태, 천권, 한수 ,일여)
1972년	4월 4일	제1기 태권도 지도자교육 개최 (대한체육회 회의실)
1972년	8월 7일	제1기 후반기 지도자 교육
1972년	8월 16일	뮌헨 올림픽경기에 태권도시범
1972년	8월 28일	제2기 지도자교육
1972년	11월 30일	협회 중앙도장 (국기원) 준공식
1972년	12월 1일	협회 태권도교본 (품세편) 발간

1973년

1973년	1월 10일	협회 산하 군소태권도장 정비 단행 [43개 관에서 9개관(송무관, 한무관, 창무관, 무덕관, 오도관, 강덕원, 정도관, 지도관, 청도관)으로 축소 정비]
1973년	1월 14일	총회, 김운용 회장 재선(제9대) (사무총장: 엄운규, 기심의장: 이종우)
1973년	2월 6일	대한태권도협회 중앙도장을 국기원으로 명명
1973년	2월 14일	국민학교 체육 교과 과정에 태권도 채택 (문교부령 제312호)
1973년	2월 24일	태권도 교본 (대한태권도협회 기술심의회 엮음) 발간
1973년	3월 25일	협회 상설 연무시범단 선발대회
1973년	4월 5일	제1회 전국 고단자 심사대회 개최
1973년	5월 25일	제1회 세계태권도선수권대회 창설 개최 (국기원)
1973년	5월 28일	세계태권도연맹 창설
1973년	6월 16일	제1회 전국소년스포츠대회에 태권도마스게임 (동대문상업고등학교) 참가
1973년	8월 31일	중학교 체육 교과과정에 태권도 종목 채택 (문교부령 제325호)
1973년	12월 9일	전국 중 · 고등학교 태권도연맹 창설 (초대회장-이인근 동대문상고 교장) 태권도 단증 발행자 명의 변경(대한태권도협회에서 국기원장으로 변경)
1973년	12월 28일	한국대학태권도연맹 창설(초대회장-박대선 연세대 총장)

1974년

1974년	1월 7일	제1회 초 · 중 · 고교 체육교사 및 태권도 지도자 연수교육
1974년	1월 12일	한국국민학교태권도연맹 창설 (회장 양대석 전농국교장)
1974년	1월 18일	어린이시범단 미국 파견시범 (단장: 이규정)
1974년	1월 28일	제1회 지도자 보수교육

대한태권도협회 50년사 연표

1974년

1974년	2월	16일	제1차 각 관·시·도지부 및 각 연맹체 실무자회의
1974년	4월	26일	제1회 춘계전국중·고등학교태권도연맹회장기 개최
1974년	5월	4일	미국체육회 (AAU) 태권도를 AAU 정식 경기종목으로 채택
1974년	5월	15일	제1회 국제 태권도 심판강습회 개최
1974년	6월	8일	제1회 전국대학개인선수권대회 개최 (국기원)
1974년	6월	23일	제1회 전국초등학교 개인선수권대회 개최 (국기원)
1974년	8월	7일	협회 '중앙도장 국기원'을 재단법인으로 설립 등기
1974년	10월	18일	제1회 아시아 태권도선수권대회 창설 개최 (국기원)
1974년	10월	20일	아시아태권도연맹 창설 준비위원회 회의
1974년	10월	24일	제1회 전국 중·고 개인선수권대회 개최
1974년	10월	31일	고등학교 체육 교과과정에 태권도 종목 채택
1974년	12월	9일	국기원 건물 서울시에 기부 체납
1974년	12월	6일	대표선수단 (고의민 감독) 대만 파견 친선경기
1974년	12월	17일	군. 민 기술 통일 소위원회 개최
1974년	12월		김운용 회장, 대한체육회 제11회 대한민국체육상 공로부문 수상 김운용 회장, KOC 명예총무 선임

1975년

1975년	2월	14일	소년부 심사 제도 및 칭호 개칭 (만 15세 이하를 '품'으로 개정)
1975년	5월	20일	한국대표선수단 (단장: 강원식, 코치: 고의민) 유럽 원정
1975년	8월	23일	제2회 태권도 국제심판 강습회
1975년	8월	28일	제2회 세계 태권도선수권대회 개최 (국기원)
1975년	10월	8일	세계태권도연맹 국제경기연맹 (GAISF)에 가맹 승인
1975년	10월	20일	아시아태권도연맹 창설 준비위원회 회의 (국기원)
1975년	11월	18일	제1회 연세대학교총장기전국고등학교태권도선수권대회 개최

1976년

1976년	4월	9일	국제군인체육회 (CISM) 집행위원회, 태권도를 CISM 경기종목 채택 결정
1976년	5월	10일	협회 산하의 각 중앙본관의 고유명칭을 아라비아 숫자로 개칭 사용토록 결정 (1관-송무관, 2관-한무관, 3관-창무관, 4관-무덕관, 5관-오도관, 6관-강덕원, 7관-정도관, 8관-지도관, 9관-청도관)
1976년	6월	27일	무하마드 알리 국기원 방문, 태권도 시범관람
1976년	10월	16일	제2회 아시아태권도선수권대회 (호주 멜버른)
1976년	10월	17일	아시아태권도연맹 창설 (호주 멜버른)
1976년	11월	1일	태권도 지도자교육 국기원에서만 시행키로 결정

1977년

1977년	1월	8일	협회 정관개정–기구 개편 (사무처를 사무국으로 개편, 사무총장→전무이사, 사무차장→사무국장으로 변경), 강원식 전무이사 선임
1977년	1월	14일	1977년도 제1차 대한태권도협회 및 국기원 합동이사회
1977년	2월	23일	관 통합 추진위원회 결성
1977년	8월	1일	협회 태권도 총본관 탄생 (기존 9개 관을 잠정적으로 계열별로 사용토록 함. 총관장–김운용, 부관장–이종우, 엄운규, 사무총장–이남석, 감사–강원식, 이병로)
1977년	8월	21일	국가대표선수단 최초 태릉선수촌 입촌훈련 (10일간)
1977년	9월	15일	제3회 세계선수권대회 최초로 해외 (미국 시카코)에서 개최
1977년	9월	28일	제3회 세계선수권대회 출전 대표선수단 청와대 예방
1977년	11월	30일	협회 창립 16주년 및 국기원 건립 5주년 기념 태권도인의 밤 개최 (대한체육회 강당)
1977년	12월	28일	세계태권도연맹 사단법인으로 등록

1978년

1978년	4월	28일	미국올림픽위원회 (USOC) 태권도 정식종목 채택
1978년	6월	30일	프레월드게임 (Pre-World Games) 국제초청대회 (국기원) (여자부 오픈경기로 실시)
1978년	8월	5일	태권도 총본관 폐쇄. (태권도 총본관 이사회에서 10개 관 폐쇄 및 협회 중심의 행정 단일화 시스템 결의)
1978년	8월		신형 공인 도복 지정 (옷깃형→브이(V)깃형 현재의 도복으로 변경), 주)대가상사 설립
1978년	9월	8일	제3회 아시아선수권대회 (홍콩) 참가 (김독: 황춘성, 코치: 정진영, 송요식)
1978년	9월	10일	아시아태권도연맹 (ATU) 창설 완료
1978년	10월	5일	협회가 기존의 각 관 (9개 관)을 완전히 폐쇄하고 협회 중심의 행정 단일화를 위한 통합 선언

1979년

1979년	3월	30일	한국여성태권도연맹 결성 (회장: 이학선) (같은 해 12월 29일 정기총회, 여성연맹 승인)
1979년	9월	28일	제1회 여성태권도 개인선수권대회 (국기원)
1979년	10월	25일	제4회 세계선수권대회 (독일 슈투트가르트) 참가

대한태권도협회 50년사 연표

1980년

1980년 3월 1일	심사 및 교육업무 협회에서 국기원으로 이관
1980년 3월 28일	서울특별시태권도협회 창립 (중앙협회 직할에서 독립)
1980년 5월 4일	제1회 어린이태권왕겨루기 전국국민학교 단체대항태권도대회 개최
1980년 7월 10일	태권도사범 지도자교육업무 국기원으로 이관 실시 (제28기)
1980년 7월 17일	국제올림픽위원회 (IOC) 제83차 IOC총회, 세계태권도연맹 및 태권도 종목 승인
1980년 8월 25일	전국 태권도인 궐기대회 (정부 사회정화 지지)
1980년 9월	정부의 체육계 정화방침에 따라 태권도 집행부 일괄 사퇴
1980년 10월 16일	국제경기연맹 (GAISF) 총회 (몬테카를로)에서 김운용 회장 집행위원으로 선출
1980년 11월 1일	제1회 CISM태권도대회 개최 (장충체육관)
1980년 11월 13일	제4회 아시아선수권대회 (타이페이) 참가
1980년 12월 19일	대한체육회, 제출된 집행부 일괄 사표에 대해 김운용 회장과 강원식 전무이사 2명 사표 반려하고 집행부 재구성 지침 시달

1981년

1981년 1월 10일	국기원 및 협회 합동 이사회
1981년 1월 15일	정기총회, 김운용 회장 재추대 (12대) (전무이사: 강원식)
1981년 7월 24일	제1회 월드게임에 태권도경기종목 참가(비 올림픽 종목 종합대회한국선수단 총9개 금메달 모두 태권도 종목)
1981년 9월 30일	제84차 IOC총회 (서독 바덴바덴) 1988년 제24회 올림픽경기대회 서울 개최 결정
1981년 12월 15일	황춘성 전무이사 선임 (사무국장: 김용휘 임명)

1982년

1982년 2월	엄운규 상임부회장 임명
1982년 2월 5일	IOC 집행위원회에서 88서울올림픽에 태권도 시범종목 채택 결정
1982년 2월 16일	해외 승단심사업무 WTF로 이관함
1982년 2월 24일	제5회 세계선수권대회 (에콰돌 콰야킬) 참가
1982년 3월	용인대학교 (당시 대한유도학교) 태권도학과 개설
1982년 4월 9일	사마란치 IOC위원장 국기원 방문 환영행사 개최
1982년 6월 25일	제1회 태권도 종합 시범 발표회
1982년 7월 15일	한 · 중 (대만) 친선 여자태권도대회 (국기원)
1982년 9월 1일	국기원 태권도교육원(후일 지도자연수원) 개원
1982년 12월 9일	제5회 아시아선수권대회 (싱가폴) 참가

1983년

1983년	1월 21일	정기총회, 김운용 회장 재추대(13대)
		(상근부회장: 엄운규, 전무이사: 황춘성)
1983년	3월	경희대학교 태권도학과 개설
1983년	6월 24일	한국스포츠주식회사에서 태권도실업팀 창단 (사상 3번째)
1983년		올아프리칸게임 태권도 정식종목 채택
1983년	8월 13일	제9회 팬암게임 총회 (베네주엘라 카라카스), 태권도 팬암게임 정식종목 채택 (1987년 대회부터 실시)
1983년	9월 24일	제1회 세계대학 태권도선수권대회 (국기원)
1983년	10월 21일	제6회 세계선수권대회 (덴마크 코펜하겐) 참가
1983년	11월 30일	태권도지도자연수원 체육부로부터 지정 인가 획득
1983년	12월 10일	제1회 국제대학 태권도선수권대회 개최 (국민대학교)

1984년

1984년	1월 24일	정기총회, 여성연맹 해체 의결
1984년	1월 27일	태권도 국가대표선수 최초 병역특례의 혜택 수혜 (12명)
1984년	9월 11일	태권도 국가대표선수 최초 체육연금 수혜 (은장-1명, 동장-6명)
1984년	9월 28일	OCA총회에서 태권도 86아시안게임 정식종목 (8체급) 채택
1984년	11월 9일	제6회 아시아태권도선수권대회 (필리핀) 참가

1985년

1985년	2월 9일	정기총회, 김운용 회장 재추대 (제13대)
		(상근부회장: 엄운규, 전무이사: 황춘성)
1985년	3월 15일	전국종별개인선수권대회, 10체급제에서 8체급제로 변경 실시 첫 대회
1985년	6월 1일	승품, 단 기록 및 조회 전산화 전환 (국기원)
1985년	6월 2일	제90차 IOC 총회에서 88서울올림픽대회에 태권도 시범종목 참가 결정
1985년	7월 25일	제2회 월드게임 (영국 런던) 참가
1985년	9월 2일	제1회 세계태권도 학술발표회 개최 (서울 신라호텔)
1985년	9월 4일	제7회 세계선수권대회 (잠실실내체육관) 개최, 여자부 경기 시범경기로 실시

1986년

1986년	3월 6일	동남아 7개국 순회 및 한·일 수교 20주년 기념 태권도순회 시범
1986년	4월 18일	제7회 아시아선수권대회 (호주 다윈)
1986년	5월 14일	세계대학스포츠연맹 (FISU)-태권도 정식종목 승인

대한태권도협회 50년사 연표

1986년

1986년 7월 4일	제1회 태권도 월드컵대회 창설 (미국 콜로라도 스프링스)
1986년 9월 30일	제10회 아시안게임 (서울) 아시안게임 사상 최초 태권도 경기 개최
1986년 10월 17일	김운용 회장 IOC위원 피선
1986년 10월 25일	김운용 회장 제20차 국제경기연맹총연합회 (GAISF) 총회에서 GAISF회장 당선
1986년 11월 29일	제1회 세계대학태권도선수권대회 (미국 버클리대학) 참가

1987년

1987년 2월 26일	태권도 기본용어 변경 사용 (한글학회 자문에 따라 "품세 · 품새, 두발당상 – 두발당성, 호신술 – 몸막이, 사인 – 몸짓 신호" 등으로 변경)
1987년 5월 15일	제2회 월드컵 태권도대회 (핀란드 헬싱키) 참가
1987년 10월 7일	제1회 여자 세계선수권대회 및 제8회 남자 세계선수권대회 개최 (스페인 바르셀로나)
1987년 10월 25일	제2회 국제군인 태권도선수권대회 (상무체육관) 개최
1987년 11월 7일	태권도학회 발족 (회장: 강원식)

1988년

1988년 1월 1일	해외 단증 심사업무 국기원에서 WTF로부터 인수
1988년 3월 23일	제8회 아시아태권도선수권대회 (네팔 카투만두) 참가
1988년 9월 15일	김운용 회장 제94차 IOC총회 (서울)에서 집행위원으로 피선
1988년 9월 17일	제24회 서울올림픽경기 개막 개막식 태권도 시범공연 "벽을 넘어서" 세계적으로 주목받음 태권도 시범경기종목 경기 개최 (9월 17일–20일)
1988년 11월 16일	제22차 국제경기연맹총연합회 (GAISF) 총회 (로잔), 김운용 회장, 회장 재선
1988년 11월 26일	태권도학회 제1회 학술발표회 (63빌딩 코스모스 홀)

1989년

| 1989년 1월 17일 | 정기총회, 김운용 회장 재추대 (제14대) (상근부회장: 홍종수, 전무이사: 강원식) |
| 1989년 2월 22일 | 1989년도 월드컵태권도대회 (카이로) 참가 |

1989년 4월 25일	IOC집행위원회 (스페인 바르셀로나)에서 태권도를 92바르셀로나 올림픽대회 시범종목으로 채택 결정
1989년 7월 4일	제1회 경희대총장기 타기 전국고교태권도대회 창설
1989년 7월 20일	월드게임 (서독 칼스루에) 참가
1989년 8월 25일	제1회 국제주니어태권도선수권대회 (미국 콜로라도스프링스) 개최
1989년 10월 9일	제9회 세계선수권대회 및 제2회 여자세계선수권대회 (잠실 실내체육관) 개최
1989년 12월 3일	협회, 올림픽회관 (서울 송파구 오륜동 88번지) 607호실로 이전함

1990년

1990년 3월 30일	협회 상임심판제 실시
1990년 4월 5일	제2회 세계대학태권도 선수권대회 (스페인 산단테) 참가
1990년 7월 28일	제2회 태권도학회 학술세미나 (올림픽회관 대강당) 개최
1990년 8월 20일	제1회 체육부장관기 전국남녀중·고등학교 태권도대회
1990년 10월 15일	제71회 전국체육대회 (충북 제천) – 태권도 매트 및 즉시 채점기 최초 사용
1990년 10월 31일	김운용 회장 국제경기총연맹(GAISF) 회장 재선 (3선)
1990년 11월 9일	1990년 월드컵 태권도대회 (스페인 마드리드) 참가

1991년

1991년 1월 17일	정기총회, 최세창 제15대 회장 추대 (상근부회장: 홍종수, 전무이사: 강원식)
1991년 5월 16일	1991년 월드컵태권도대회 (유고 자그레브) 참가
1991년 6월 15일	제3회 국제군인선수권대회 (서울 상무체육관) 개최
1991년 7월 16일	제1회 대한체육과학대학장기 (용인대학교총장기) 전국남녀고 교태권도대회
1991년 10월 28일	제10회 세계선수권대회 및 제3회 세계여자선수권대회 (그리스 아테네) 참가

1992년

1992년 1월 31일	제10회 아시아선수권대회 (말레이시아 쿠알라룸푸르) 참가
1992년 4월	대한태권도협회 경기용품 공인규정 제정
1992년 4월 23일	OCA 총회에서 태권도를 제12회 히로시마아시안게임 경기종목으로 채택
1992년 6월 13일	4년 만에 부활된 제21회 전국소년체육대회 (대구) 참가
1992년 8월 3일	제25회 바르셀로나올림픽게임 태권도 시범경기 종목참가
1992년 10월 12일	제3회 세계대학태권도선수권대회 (멕시코 과달라하라)

대한태권도협회 50년사 연표

1992년

1992년 11월 3일	제1회 국방부장관기전국태권도대회 (상무체육관)	
1992년 12월 9일	제1회 태권도한마당 개최 (올림픽공원 제2체육관)	
1992년 12월 20일	국가대표시범단 최초 중국 순회시범 (중국 연길)	
1992년 12월 00일	평양 청춘거리에 북한 태권도전당 준공	

1993년

1993년 2월 23일	김운용 회장 제31대 대한체육회장 겸 KOC위원장에 선임
1993년 7월 30일	제4회 월드게임 태권도경기 (네덜란드 헤이그) 참가
1993년 8월 19일	제11회 (여자4회) 세계선수권대회 (뉴욕 메디슨 스퀘어가든)
1993년 11월 27일	제2회 태권도 한마당 (KBS 88체육관) 개최

1994년

1994년 1월 28일	제11회 아시아선수권대회 (마닐라) 참가
1994년 4월 22일	IOC 100주년 기념 서울 국제태권도선수권대회 (장충체육관)
1994년 6월 13일	제29회 대통령기전국단체대항대회 (부산)– 20년 만에 5명 무제한급 단체전 부활
1994년 7월 21일	1994년도 월드컵태권도선수권대회 (케이만 아일랜드)참가
1994년 7월 27일	1994 굳윌게임 (러시아 페테르부르그) 참가
1994년 9월 4일	제103차 IOC총회 (파리)에서 2000시드니올림픽게임에 태권도 정식 경기종목으로 채택
1994년 10월 8일	제12회 히로시마아시안게임 태권도 정식종목으로 참가 (남자 8체급)
1994년 12월 10일	올림픽 정식종목채택기념 KBS배국제태권도대회 (장충체육관), 김영삼대통령 개회식 참가

1995년

1995년 1월 24일	정기총회, 최세창 회장 재추대 (제16대) (상근부회장: 홍종수, 전무이사: 강원식)
1995년 9월 30일	제7회 국제군인태권도선수권대회 (이란 이스파한) 참가
1995년 11월 17일	제12회 남자 및 제5회 여자 세계선수권대회 (마닐라)
1995년 1월	최세창 회장 사퇴 및 집행부 총사퇴

1996년

1996년 1월 18일	정기대의원총회 (집행부 일괄사퇴로 차기 집행부 구성을 김운용 대한체육회장에게 일임키로 결의)

1996년	3월 20일	제17대 이필곤 회장 (삼성) 취임식 (상임부회장: 이흥주, 전무이사: 김철오)
1996년	5월 24일	월드컵태권도대회 (리오데자네이로) 참가
1996년	6월 14일	제12회 아시아태권도선수권대회 (멜버른)
1996년	6월 27일	제1회 세계주니어태권도선수권대회 (바르셀로나) 참가
1996년	7월 18일	협회 올림픽공원내 편익시설 A-3동으로 이전
1996년	9월 18일	협회창립 35주년 기념 태권도발전 대토론회 (올림픽 회관)
1996년	11월 29일	태권도 한국문화 CI 대상으로 선정
1996년	12월 8일	OCA총회에서 제13회 방콕아시안게임 태권도 정식종목채택
1996년	12월 26일	가칭 '태권도 성전 건립 추진위원회' 창립총회 개최

1997년

1997년	1월 00일	이사회, 김철오 전무이사 해임, 노우종 전무이사 선임
1997년	3월 6일	1997 월드컵 태권도대회 (카이로) 참가
1997년	5월 7일	제27회 협회장기 전국단체대항태권도대회 (국기원)–7년 만에 부활
1997년	5월 17일	제2회 동아시아 경기대회 (부산) 태권도 경기 개최
1997년	9월 27일	태권도사관 정립을 위한 방향 설정과 태권도정신 도출을 위한 세미나 (올림픽회관) 개최

1998년

1998년	1월 13일	이사회, 이흥주 상임부회장 사퇴, 전수신 상임부회장 선임
1998년	2월 21일	도장 활성화를 위한 공개토론회 (태권도장 활성화 방안 마련을 위한 조사결과 보고–코리아리서치 실시)
1998년	4월 22일	제8회 용인대학교총장기대회 품새부문 신설 (국내대회 품새부 문 최초 공식대회)
1998년	5월 15일	제13회 아시아선수권대회 (베트남 호치민시) 참가
1998년	6월 5일	1998년 월드컵태권도대회 (독일 신델핑겐)
1998년	7월 1일	대한태권도협회 인터넷 홈페이지 개설
1998년	9월 9일	제2회 세계주니어태권도선수권대회 (터키 이스탄불)
1998년	11월 3일	김운용 회장 추대 (제19대) (삼성 퇴진, 이승완 상임부회장, 노우종 전무이사)
1998년	12월 7일	제13회 방콕아시안게임 태권도경기 참가 (남여 각 8체급)
1998년	11월 16일	제10회 세계군인선수권대회 (미국 텍사스) 참가
1998년	11월 24일	제5회 세계대학선수권대회 (멕시코) 참가

1999년

1999년	5월 17일	제1회 5·18광주민주화운동기념 전국고교태권도대회 (광주 염주체육관)
1999년	6월 2일	제14회 남자 및 제7회 여자 세계선수권대회 (캐나다 에드먼턴) 참가
1999년	7월 8일	시드니올림픽경기 세계선발대회 (크로아티아 포렉) 참가, 3체급 출전권 획득
1999년	9월 25일	시드니올림픽 아시아지역선발전 (마닐라), 1체급 출전권 획득

대한태권도협회 50년사 연표

2000년

2000년	1월 26일	시드니올림픽 대표선수선발 최종전 (올림픽역도경기장)
2000년	2월 22일	태권도인의 밤 (협회, 국기원, 세계연맹 공동 주최) – (하얏트 호텔)
2000년	3월 29일	제6회 세계대학선수권대회 (대만 카오슝)
2000년	4월 10일	올림픽대표선수 3차 평가전 (태릉선수촌)
2000년	4월 13일	2000년 월드컵 태권도대회 (프랑스 리용) 참가
		김운용 회장 제16대 국회의원 (전국구) 당선
2000년	5월 13일	제14회 아시아태권도선수권대회 (홍콩) 참가
2000년	6월 24일	제1회 춘천국제오픈태권도선수권대회 개최
2000년	8월 00일	태권도지 폐간
2000년	9월 27일	제27회 시드니올림픽게임 태권도경기 참가
		(남자, 여자 각 2체급 참가–금 3, 은 1 획득)
2000년	12월 13일	IOC 집행위원회 (스위스 로잔) 태권도 2004년 아테네올림픽 경기종목 채택

2001년

2001년	1월 30일	정기총회, 김운용 회장 재추대 (제20대), 신 집행부 구성 (송봉섭 행정부회장, 임윤택 전무이사 선임)
2001년	4월 16일	국가대표선발전 태권도학과 대학생 시위사태 시작
2001년	4월 30일	임윤택 전무이사, 김영태 기심의장 등 사임, 시위 종결, 박종석 전무이사 선임
2001년	10월 29일	임시이사회 (올림픽파크텔) 파행 및 폭력사태 발생
2001년	10월 30일	세계연맹 총회, 김운용 총재 재추대
2001년	11월 1일	제15회 및 8회 여자 세계선수권대회 개최 (제주)
2001년	11월 15일	국기원 시위사태, 김운용 회장 사퇴

2002년

2002년	1월 26일	대의원총회 회장선출 과정 파행
2002년	2월 5일	대의원총회 속개, 폭력사태 속 구천서 회장 (제21대) 선출 (상임부회장: 한용석, 전무이사: 박종석)
2002년	4월 10일	여성연맹 창립 (회장: 이등자)
2002년	4월 16일	제15회 아시아선수권대회 (요르단 암만) 참가
2002년	7월 16일	2001년월드컵대회 (도쿄) 참가
2002년	9월 9일	임시이사회 박종석 전무이사 해임
2002년	9월 13일	노우종 전무이사 선임
2002년	9월 14일	남 · 북 태권도시범단 교류로 대표시범단 평양 방문, 남 · 북 대표시범단 교차 시범공연

2002년 10월 13일	제14회 부산아시아경기대회 태권도 경기 참가
2002년 10월 24일	남·북 태권도시범단 교류로 북한시범단 서울 방문, 대표시범단과 교차 시범공연
2003년 2월 10일	노우종 전무이사 사퇴

2003년

2003년 2월 10일	노우종 전무이사 사퇴
2003년 4월 1일	임시이사회, 양진방 전무이사 선임
2003년 8월 21일	제22회 하계유니버시아드 태권도경기 개최 (대구)
2003년 9월 24일	제16회 (여자 9회) 세계선수권대회 (독일 가미쉬) 참가
2003년 10월 23일	남북 평화축전 참가 (제주), 북한대표시범단 방문, 교차 시범 공연
2003년 11월 26일	임시대의원총회 겸 사단법인 창립총회 개최
2003년 12월 4일	아테네올림픽 세계예선대회 (파리) 참가, 4체급 출전권 획득
2003년	대한태권도협회 공식 CI 변경

2004년

2004년 2월 12일	정기총회에서 회장 선거 투표 결과 동점으로 총회 정회
2004년 2월 27일	총회 속개, 김정길 전) 행자부장관 제22대 회장으로 추대 (상임부회장: 이종승, 전무이사: 임춘길, 기획이사: 양진방)
2004년 5월 19일	제16회 아시아태권도선수권대회 개최 (한국 성남)
2004년 6월 12일	제5회 세계주니어태권도선수권대회 개최 (한국 순천)
2004년 8월 26일	제28회 아테네 올림픽경기에 태권도경기 참가 (금메달-2개, 동메달-2개 획득)
2004년 11월 1일	대한태권도협회 사단법인 등록 공고
2004년 11월 28일	제1회 협회장배품새대회 개최
2004년 12월 30일	태권도공원 부지 무주로 확정

2005년

2005년 1월 27일	대의원총회, 김정길 회장 재선임 (제23대)
2005년 2월 23일	김정길 회장, 제35대 대한체육회장 당선
2005년 3월 29일	한국실업태권도연맹 창립
2005년 4월 14일	제17회 (여자 10회) 세계선수권대회 (마드리드) 참가
2005년 6월 27일	재단법인 태권도진흥재단 창립
2005년 8월 15일	제23회 하계유니버시아드 태권도경기 참가 (터키 이즈미르)
2005년 9월 5일	제1회 코리아오픈국제태권도대회 (올림픽공원 제2경기장) 개최
2005년 11월 3일	제3회 동아시아경기대회 태권도 경기 참가 (마카오)

2006년

2006년 1월 21일	제1회 제주평화기 전국중고태권도대회 창설 (서귀포, 국제컨벤션센타)
2006년 3월 24일	제1회 3.15의거기념 전국중고태권도대회 창설 (창원 실내체육관)
2006년 7월 8일	제117차 IOC 총회(싱가포르)에서 2012 런던올림픽게임 태권도 경기 종목 채택
2006년 7월 16일	오세아니아 태권도연맹 창설
2006년 7월 26일	제6회 세계청소년선수권대회 (호치민) 참가
2006년 9월 4일	제1회 세계품새태권도선수권대회 개최 (올림픽체조경기장) 태권도의 날 선포 (세계태권도연맹)
2006년 9월 6일	제2회 코리아오픈국제태권도대회 개최 (올림픽체조경기장)
2006년 9월 14일	제1회 월드컵 단체대항 태권도선수권대회 개최 (방콕), 남녀 동반우승
2006년 9월 28일	임시대의원총회, 초등연맹 퇴출
2006년 12월 8일	도하 제15회 아시아경기대회 태권도경기 (카타르) 참가

2007년

2007년 5월 17일	제18회 (여자 11회) 세계선수권대회 (베이징) 참가
2007년 6월 16일	전국 시군구지부장 초청 연찬회 (무주) 개최
2007년 7월 4일	제1회 도장지원특별위원회 개최
2007년 8월 9일	제24회 하계유니버시아드대회 태권도경기 참가 (방콕)
2007년 10월 23일	임춘길 전무이사 사퇴
2007년 11월 3일	제3회 코리아 오픈 국제태권도선수권대회 (인천) 개최
2007년 11월 4일	제2회 WTF 세계품새태권도선수권대회 (인천) 개최
2007년 11월 15일	임시이사회, 양진방 전무이사 선임
2007년 12월 15일	제1회 전국태권도장 경영 및 지도법 경진대회 개최 (용인대)
2007년 12월 21일	「태권도 진흥 및 태권도공원조성 등에 관한 법률」 제정, 공포

2008년

2008년 1월 18일	대의원총회 파행
2008년 3월 25일	전국종별선수권대회 전자호구 사용
2008년 4월 28일	김정길 회장 사퇴 (대한체육회장, 대한태권도협회장)
2008년 5월 5일	대한태권도협회 시범공연단 창단
2008년 6월 11일	홍준표 (한나라당 원내대표) 제24대 대한태권도협회장 당선
2008년 8월 20일	베이징올림픽경기 태권도경기 참가 (전 4체급 금메달)
2008년 12월 16일	제3회 WTF세계품새선수권대회 (터키 앙카라) 참가

2009년

2009년 2월 4일	총회, 정관 개정 (이사 정원38인 →28인)
	신 집행부 구성 (조영기 상임부회장, 양진방 전무이사)
2009년 2월 12일	제4회 제주평화기전국태권도대회 최초 8각 경기장 사용
2009년 10월 14일	제19회 (여자12회) 세계선수권대회 (코펜하겐) 참가, 여자부 종합우승 실패
2009년 7월 1일	하계유니버시아드대회 (세르비아 베오그라드) 태권도경기 참가
2009년 8월 18일	제5회 코리아오픈국제대회 개최 (인천)
2009년 10월 28일	제1회 KTA격파왕대회 창설 (장충체육관)
2009년 11월 30일	제4회 WTF세계품새선수권대회 (카이로) 참가
2009년 12월 6일	동아시아경기대회 (홍콩) 태권도경기 참가

2010년

2010년 2월 00일	태권도장 교육홍보 TV광고 방영
2010년 3월 6일	세계청소년선수권대회 (멕시코 티후아나) 참가,
	최초 남자 종합우승 달성 실패
2010년 7월 17일	월드컵대회 (중국 우루무치) 참가
2010년 8월 6일	겨루기 경기력강화 토론회 개최
2010년 9월 2일	제6회 코리아오픈국제태권도대회 개최 (구미)
2010년 9월 16일	성인수련프로그램 개발 착수
2010년 10월 8일	제5회 WTF세계품새선수권대회 (우즈베키스탄 타슈켄트) 참가
2010년 11월 17일	광저우아시아경기대회 태권도경기 참가

2011년

2011년 1월 13일	총회, 한국초등학교연맹 승인
2011년 2월 12일	한국초등연맹 재출범 (첫 이사회 개최, 회장 이현부)
2011년 5월 1일	제20회 (여자13회) 세계선수권대회 개최 (경주),
	사상 최초 남자 종합우승 달성 실패
2011년 5월 31일	국제경기 경쟁력 강화를 위한 대토론회 개최
2011년 6월 30일	런던올림픽게임 세계선발대회 (아제르바이잔 바쿠) 참가, 전 4 체급 출전권 획득
2011년 7월 29일	제6회 WTF세계품새선수권대회 (러시아 볼라디보스톡) 참가
2011년 8월 10일	런던올림픽출전 국가대표 2차 선발대회 개최 (성남실내체육관) (각 체급별 3명 태릉선수촌 입촌)

50th

대한태권도협회

목 차

대한태권도협회 50년사 목차

대한태권도협회 50년사 목차

대한태권도협회 50년사 목차

1960 1970 1980 1990 2000

대한태권도협회
50년사 목차

대한태권도협회 50년사 목차

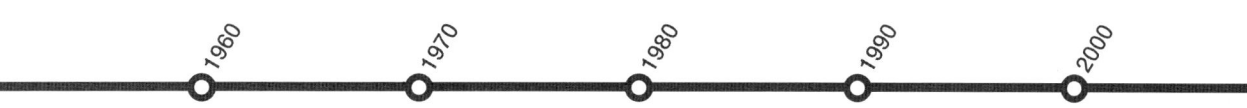

1960   1970   1980   1990   2000

편집후기 525

대한태권도협회 50년사를 만든 사람들

50th

대한태권도협회

대한태권도협회
역대 회장

◆ 제1대 회장

채명신 [1961. 12. 15~1964. 4. 2]
1926. 11. 27~2013. 11. 25
황해도 곡산
국립서울현충원 사병묘역 안장

▷ 학력
- 1948 : 조선경비사관학교 입학-육군사관학교 졸업(제5기)
- 1953 : 미국 육군보병학교 고등군사과정 이수
- 1957 : 육군대학교 졸업
- 1964 : 미국 육군참모대학 졸업

▷ 주요 경력

2004. 3~2008. 3	제2대 대한민국 6.25 참전 유공자회 회장
2004	베트남 참전유공 전우회 총재
2000~2003	베트남 참전유공 전우회 회장
1978~1982	주브라질대사관 특명전권대사
1973~1977	주브라질대사관 특명전권대사
1972. 10	주스웨덴대사관 특명전권대사
1969. 5	제2군 사령관
1965. 8~1969. 5	주월한국군사령관
1965. 8	맹호부대 수도사단 단장
1965. 4	육군본부 작전참모부장
1964. 5	제3관구 사령관
1963. 4	육군본부 작전참모부 차장
1950. 6	한국전쟁 참전, 백골병단 지휘, 11연대장

◆ 제2대 회장

박종태 [1964. 4. 3~1965. 1. 14]
1920. 2. 19~2007. 7. 16
전라남도 진도

▷ 학력
- 1938 : 광주고등학교 졸업
- 1944 : 일본 도쿄대학 정치학 학사

▷ 주요 경력

1988	평민당 고문
1988	한국-아르헨티나 의원친선협회장
1984	민주헌정연구회 지도위원
1978	헌정동지회 공동대표
	제6대 · 제7대 · 제13대 국회의원

◆ 제3대 회장

최홍희 [1965. 1. 15~1966. 1. 29]
1918. 11. 9~2002. 6. 15
함경북도 명천
평양 열사릉 안장

▷ 학력
- 일본중앙대학 법학과 1년 중퇴

▷ 주요 경력

1998	회고록 '태권도와 나' 출간
1992	모스크바 레닌 중앙체육대학 명예체육학박사
1983	'태권도 백과사전' 출간
1972	캐나다 토론토로 망명
1966	국제태권도연맹(ITF) 창설
1966	'태권도지침' 출간
1965	영문 '태권도교본' 출간
1959	'태권도교본' 출간
1959	국군태권도시범단 인솔 베트남, 대만 시범
1954	오도관 창설
1962	육군 소장으로 예편, 초대 말레이시아 대사
1968	대한민국 체육대상 연구부분 수상
1960	제2훈련소 소장
1955	3군관구 사령관

◆ 제4대 회장

노병직 [1966. 1. 30~1967. 1. 29]
1919. 7. 3 생
경기도 개성

▷ **학력**
- 1936. 3 : 일본 동경 유학
- 1941. 3 : 일본재국상업학교 졸업
- 1942. 10 : 일본대학교 법학과 중퇴

▷ **주요 경력**

2014. 9	국민훈장 모란상 수상
1992	제1회 태권도한마당 개회식 품새 시연
1966	국제태권도연맹 부총재
1962. 9	대한태수도협회 대표심사위원
1944. 3	송무관 창설, 초대관장

◆ 제5~6대 회장

김용채 [1967. 1. 30~1971. 1. 16]
1932. 10. 5 생
경기도 포천

▷ **학력**
- 1985 : 연세대학교 행정대학원 수료
- 1996 : 광운대학교 경영대학원 수료
- 2001 : 용인대학교 명예이학 박사

▷ **주요 경력**

2010~	국기원 원로회의 위원
2000. 10~2000. 11	건설부 장관
1999. 6~2000. 10	한국토지공사 사장
1992. 5~1992. 6	정무장관
	제7대 · 제9대 · 제12대 · 제13대 : 국회의원
	노원구청장

◆ 제7~14대, 제19~20대

김운용 [1971. 1. 17~1991. 1. 16],
[1998. 11. 3~2001. 11. 11]
1931. 3. 19 생
대구

▷ 학력
- 1949 : 경동고등학교 졸업
- 1960 : 연세대학교 정법대학 정치외교과 졸업(학사)
- 1961 : 연세대학교 대학원 정치과 졸업(석사)
- 1963 : 연세대학교 대학원 박사학위과정 수료
- 1991 : 연세대학교 명예정치학 박사
- 명예박사 : 전북대학교, 용인대학교, 한국체육대학교,
　　　　　　 몽골 국립대학교, 러시아 체육대학교

▷ 주요 경력

2010~	대한태권도협회 명예회장
2009. 2~	아메리칸스포츠유니버시티 명예총장
2002	부산아시안게임 조직위원장
2001	국회한미포럼 회장
2000~2004	제16대 국회의원
1996	(가칭)태권도성전 건립추진위원장,
	용평동계아시안게임 조직위원장
1993~2002	대한체육회(KSC) 회장 겸 대한올림픽위원회(KOC) 위원장
1992	국제올림픽위원회 TV 분과위원장, 집행위원
1986~2004	국제올림픽위원회(IOC) 위원, 부위원장
1986~2004	국제경기연맹총연합회(GAISF) 회장
1986~2005	IOC위원
1973~2004	세계태권도연맹(WTF) 총재
1972~2003	국기원 설립 원장 겸 이사장
1963~1968	주미국·주영국대사관 참사관
1961~1963	내각수반 의전 비서관

◆ 제15~16대 회장

최세창 [1991. 1. 17~1996. 1. 25]
1934. 4. 17 생
대구

▷ **학력**
- 1953 : 경동고등학교 졸업
- 1957 : 육군사관학교 졸업(제13기)
- 1969 : 육군대학 졸업
- 국방대학원 졸업

▷ **주요 경력**

1993. 2	대한올림픽위원회(KOC) 위원
1991. 12~1993. 2	제29대 국방부 장관
1990~1991	대한광업진흥공사 사장
1989. 4	육군대장 예편
1987. 12~1989. 4	제22대 합동참모본부 의장
1984	육군본부 참모차장

◆ 제17~18대 회장

이필곤 [1996. 1. 26~1998. 11. 2]
1941. 11. 28 생
서울

▷ **학력**
- 1959. 2 : 서울고등학교 졸업
- 1965. 2 : 서울대학교 경제학과 졸업

▷ **주요 경력**

2002	알티전자 회장
1998	서울시 행정1부시장
1996	삼성그룹 중국본사 대표이사 회장
1995	삼성자동차 대표이사 회장
1994	삼성신용카드 대표이사 회장
1993	중앙일보사 대표이사 사장
1991	삼성물산주식회사 대표이사 부회장

◆ 제21대 회장

구천서 [2002. 2. 5~2004. 1. 14]
1950. 2. 28 생
충청북도 보은

▷ **학력**
- 1977. 2 : 고려대학교 정경대학 경제학과 졸업
- 1989. 3 : 고려대학교 정책과학대학원 국제정치학 (석사)
- 2009. 6 : 베이징대학교 국제관계대학원 국제정치학 (박사과정 수료)

▷ **주요 경력**

2010. 12~	(사) 한중경제협회 회장
2009. 10~ 현재	(재) 한반도미래재단 이사장
2001. 5~2002. 4	제7대 한국산업인력공단 이사장
1998.	자민련 원내대표
1992. 6~2000. 5	제14대 · 제15대 국회의원
1992.	제15대 한국권투위원회 회장
1987. 3~1997. 2	한국B.B.S 중앙연맹 제8 · 9 · 10 · 11 · 12대 총재

◆ 제22~23대 회장

김정길 [2004. 2. 27~2008. 4. 30]
1945. 5. 28 생
경상남도 거제

▷ **학력**
- 동아고등학교 졸업
- 부산대학교 정치외교학 학사

▷ **주요 경력**

2007. 10~2008. 4	인천아시안게임 조직위원회 위원장
2005. 2~2008. 4	제25대 대한올림픽위원회(KOC) 위원장
2005. 2~2008. 4	제35대 대한체육회 회장
2004~2005. 2	열린우리당 상임고문
1999	대통령비서실 정무수석비서관
1998	행정자치부 장관
1992~1993	민주당 부총재
1991~1992	민주당 초대 원내총무
1985~1992	제12대 · 13대 국회의원

◆ 제24대 회장

홍준표 [2008. 6. 11~2012. 1]

1954. 12. 5 생

경상남도 창녕

▷ 학력

- 대구 영남중 · 고등학교 졸업
- 고려대학교 법과대학 졸업
- 신라대학교 명예법학 박사

▷ 주요 경력

2012. 12~	경상남도 도지사
2011. 7~2011. 12	한나라당 대표최고위원
2010. 7	한나라당 서민정책특별위원회 위원장
2008~2009	한나라당 원내대표
2006~2007	국회환경노동위원장
1996~2008. 12	제15대 · 제16대 · 제17대 · 제18대 국회의원
1985~1995. 9	청주 · 부산 · 서울남부 · 광주 · 서울지방검찰청 검사
1982	제24회 사법시험 합격. 사법연수원 제14기 수료

대한태권도협회
KOREA TAEKWONDO ASSOCIATION

50 YEARS of the KOREA TAEKWONDO ASSOCIATION

1961   1962   1963   1964   1965

1960년대

| 1966 | 1967 | 1968 | 1969 | 1970 |

1945년 광복 이후 활발한 발전을 해오던 송무관, 청도관, 지도관, 무덕관, 창무관 등 각 관의 지도자들은 한국 전쟁 휴전 이후 수련 인구의 폭발적 증가와 도장의 전국적 확산에 따라 전국적 조직체의 필요성을 강하게 인식하기 시작하였다. 기술과 수련체계의 통일성뿐만 아니라 승단심사제도의 통일, 더 나아가서 유도, 권투 등 여타 스포츠 종목의 발전에 자극되어 태권도의 스포츠로서의 발전에 대한 필요성의 인식이 더욱 높아져 갔다. 또 일부 지도자들은 이미 태권도가 가진 국제적 보급의 가능성에 주목하고 이의 실현을 위하여 협회체의 필요성을 느끼기 시작하였다. 이러한 태권도 대내외의 환경적 변화에 기인한 새로운 인식은 마침내 협회 창립을 가능하게 하였다. 60년대 초에 이루어진 협회 창립은 이후 태권도를 통일적 체계를 갖춘 하나의 무도 종목으로, 하나의 독특한 스포츠 종목으로, 그리고 나아가서 세계적 보급이 가능한 한국의 대표 무예스포츠 종목으로 발전을 가능케 하는 가장 중요한 발판이 되었다.

1961년

협회 창립

광복 이후 태권도는 청도관, 송무관, 지도관, 무덕관, 창무관 등을 중심으로 태권도, 당수도, 수박도, 권법, 공수도 등 다양한 명칭으로 활발하게 보급되기 시작하였다. 6 · 25 전쟁을 전후하여 오도관, 강덕원, 한무관, 정도관이 가세하여 태권도 보급은 더욱 활성화되었다. 당시에는 관 체계 자체가 일종의 협회와 같은 역할과 기능을 하고 있기도 하였지만 각 관을 중심으로 한 태권도 보급에 한계를 인식한 당시의 일부 지도자들이 일찍부터 협회와 같은 통합조직의 필요성을 인식하기 시작하였다.

1946년 중반 전상섭, 이원국, 노병직, 윤병인 등 지도자들이 조직체 구성을 위한 협의를 한 바 있지만, 구체적인 결실을 보지 못하였다. 이후에도 몇 차례 협회 창설을 위한 노력이 있었으며 특히 6 · 25 전쟁 중 임시수도 부산에서 윤쾌병, 황기, 이종우, 현종명, 조영주, 김인화 등 일부 지도자들이 협회를 결성하기도 하였다. 그러나 당시의 조직체 구성 노력은 일부 관들에 제한되었으며 또 구성을 주도한 지도자들

간의 조직체 구성의 목적과 방향 등에 대한 이견으로 갈등을 겪으며 전국적인 조직체로 발전을 이루지 못하였다. 그러나 수련 인구의 급격한 증가와 도장의 전국적 확산 등 태권도의 발전에 따라 대다수 관의 주요 지도자들이 점차 단체 통합과 전국적 조직체의 필요성을 강하게 인식하기 시작하였다.

수련체계와 특히 심사제도의 통일 등 한 단계 높은 발전을 위한 과제를 인식하기 시작한 지도자들은 전국적 조직체에 대한 필요성을 구체화하였고, 또 일부 지도자들은 이미 태권도의 국제적 보급에, 또 일부 지도자들은 태권도의 스포츠화에 본격적인 노력을 기울이기 위하여 협회 창설이 필요하다는 것을 느끼기 시작하였다. 1959년 9월 3일 최홍희의 주도로 송무관, 지도관, 무덕관, 청도관, 오도관, 창무관 대표들이 중심이 되어 문교부와 대한체육회 관계자까지 참석한 회의에서 대한태권도협회 창립을 결의하고 회장에 최홍희, 부회장에 노병직, 윤쾌병, 이사장에 황기, 상임이사에 이종우, 현종명, 고재천, 이영섭, 이사에는 엄운규, 배영기, 정창영 등으로 구성하였으며 노병직, 윤쾌병을 대표심사위원으로 그리고 이남석, 엄운규, 현종명, 정창영 등을 심사위원으로 선임하였다.

이 협회는 전국적 조직체로서 자리를 잡기도 전에 임원들 간의 갈등과 일부 임원들의 탈퇴 등으로 어려움을 겪게 되었고, 특히 1960년 4월 4·19의거로 정국이 불안해짐으로써 협회의 정상적 활동이 어려워졌으며, 그 와중에 황기의 주도로 대한수박도회가 문교부에 사단법인으로 등록하게 되자 두 단체 간에 격렬한 갈등이 노정되었다.

협회가 혼란 속에 흔들리는 중에 1961년 5월 5·16 군사 쿠데타가 발생하였으며, 태권도 단체 역시 같은 해 7월에 국가재건최고회의에 의해 발표된 사회단체 재등

록에 관한 포고령을 따를 수밖에 없게 되었다. 당시의 주관부처인 문교부는 포고령의 방침에 따라 유사단체 통합을 추진하였으며, 태권도계에는 다툼을 벌이고 있던 최홍희의 태권도협회와 황기, 윤쾌병 등의 수박도회 뿐만 아니라 창무관, 송무관, 강덕원 무도회, 한무관 등의 대표를 소집하여 통합회의를 수차례 개최하게 하였다. 한국체육관에서 몇 차례의 회합을 통하여 가장 첨예하게 대립하였던 명칭 문제를 이종우, 엄운규, 이남석을 중심으로 한 소장파 지도자들이 최홍희 측과 타협하게 되어 태수도로 정함으로써 협회 창립을 위한 원칙적 합의를 이루게 되었다. 곧이어 1961년 9월 14일부터 9월 22일 사이에 5차례의 회의를 개최하여 협회 창립 작업을 하게 되었다.

1961년(단기 4294년) 9월 14일 서울 을지로에 있는 한국체육관 회의실에서 지도관 대표 윤쾌병, 청도관 대표 엄운규, 창무관 대표 이남석, 무덕관 대표 황기, 송무관 대표 노병직, 오도관 대표 남태희, 강덕원 대표 박철희, 한무관 대표 이교윤, 참관인으로 한국체육관 이종우, 오도관 고재천, 송무관 이영섭이 참석하여(당시 회의록 기록 순) 윤쾌병을 의장으로 당시 한국체육관 사범이었던 이병로를 서기(기록)로 하여 회의를 개최하였다. 14일 회의는 협회 창립을 이미 전제한 회의이었으므로 창립위원과 정관기초위원을 선출하는 결의를 하고 16일 오후 3시에 같은 장소에서 회의를 속개로 하기로 하고 폐회(정회)하였다. 7인의 창립위원으로는 박철희, 남태희, 엄운규, 이남석, 윤쾌병, 노병직, 황기를 정하였으며, 3인의 정관기초위원으로는 이종우, 이남석, 엄운규를 정하였다.

16일 같은 참석자들이 한국체육관 회의실에서 회의를 속개하여 전 회의에서 정하였던 창립위원을 5개 기간도장과 1개 군(軍) 도장 대표로 바꾸기로 의결하고 윤쾌병, 황기, 노병직, 이남석, 엄운규, 남태희로 하였다. 이종우의 주도로 정관 골격에 대해 심의를 하였으며 19일 회의를 속개하기로 하고 정회하였다. 19일 오후 3시 30분부터 지도관 대표 윤쾌병, 청도관 대표 엄운규, 송무관 대표 노병직, 무덕관 대표 황기, 창무관 대표 이남석, 참관인 자격으로 한국체육관 이종우, 한무관 이교윤, 강덕원 박철희, 오도관 고재천이 참석하여 임원 선출을 논의하였으나 결론을 내지 못하고 신중론을 제기한 이남석, 황기 등의 의견으로 20일 회의를 속회하기로 하였다.

20일 속개된 회의에서 윤쾌병, 황기, 노병직은 자신들과 최홍희를 포함한 4인은 회장단 등 일선에서 물러나고 소장파들이 중심이 되어 임원 구성할 것을 제의해 줌으로써 협회 임원 구성에 새로운 활로가 열리게 되었다. 회의를 통하여 이남석을 이사장으로, 이사로는 오세준, 박철희, 이종우, 이교윤, 이영섭, 송태학, 김순배, 현종명, 엄운규, 남태희, 고재천의 11명으로 결정하였다. 당시 중요한 관심사였던 심사위원으로는 이영섭, 배영기, 홍종수, 이남석, 엄운규, 남태희의 6인으로 하였다. 또 명칭문제는 투표를 통하여 태수도로 확정하였다.

9월 22일 창무관 회의실에서 개최된 1차 이사회는 이남석, 이종우, 이교윤, 박철희, 오세준, 이영섭, 송태학, 김순배, 현종명, 엄운규, 고재천 11인이 참석하였다. 회의를 통하여 이종우, 엄운규를 부회장에 이남석을 이사장(이사들 가운데서 중심이란 의미로서 전무이사와 같은 의미였음)에, 상무이사로서 고흥명, 이영섭, 이용우, 남태희, 오세준 5인을, 평이사로서 이교윤, 송태학, 현종명, 고재천, 박철희 5인을 그리고 감사에는 차수영, 이희진 양인을 선임하고 논란이 많았던 회장에는 이종우, 이남석, 엄운규 3인의 합의로 윤석균, 채명신 2인을 지명하여 문교부에 의견을 따르기로 하고 본 임원 명단을 문교부에 제출하였다. 이로써 9월 14일부터 22일 사이 9일간 4차례 회의를 통하여 오랜 시간을 끌어온 태권도계 단체 통합 및 공식적 협회 창립을 일단 이루게 되었다. 대한태권도협회의 창립은 당시 우리나라 태권도계를 움직여 왔던 관 중심 체제를 협회를 통한 통일적 조직 체계로 통합할 수 있는 계기를 마련함으로써 이후의 스포츠로서의 발전과 세계화 등 태권도의 눈부신 발전이 가능할 수 있게 되었다. 그러나 각 관을 실질적으로, 그리고 완전하게 협회 체제로 통합하기까지는 10여 년의 시간이 더 소요되었다.

> **협회창립일에 대하여**: 우리 협회는 1961년 9월 16일을 창립일로 하여왔다. 「대한체육회 90년사」는 1961년 9월 19일을 창립일로 기록하고 있다. 위 회의의 내용을 보더라도 어느 특정한 날을 창립일로 정할 것인가를 판단하기는 쉽지 않다. 1961년 9월 14일부터 20일까지의 회의를 연속된 일련의 창립회의로 보고, 그 가운데 창립 후 당시 관계자가 대한체육회에 협회 창립일로 보고하였던 날짜가 19일인 것으로 판단된다. 따라서 이후 협회 창립 기념일은 체육회 기록에 따라 9월 19일로 하는 것이 혼란이 없을 것으로 보인다.

대한태수도협회 채명신 회장(원안)과 임원들이 회식을 하고 있다.

◆ 창립위원 (창립회의 주요 참가자)

창립위원	윤쾌병(지도관), 엄운규(청도관), 이남석(창무관), 황기(무덕관), 노병직(송무관), 남태희(오도관), 박철희(강덕원), 이교윤(한무관)
정관기초위원	이종우, 이남석, 엄운규
기록	이병로
참여	고재천, 이영섭

◆ 협회 초대 집행부

회장	채명신
부회장	엄운규, 이종우
이사장(전무이사)	이남석
상임이사	고흥명, 이영섭, 이용우, 남태희, 오세준
이사	고재천, 박철희, 송태학, 이교윤, 현종명
감사	이희진, 차수룡

1960년대 초 대한태수도협회를 창설할 당시의 태권도인들이 모임을 갖고 있다.

1962년

1. 대한체육회 가맹

어려운 과정을 거쳐 협회 창립을 이루게 된 엄운규, 이종우, 이남석 등 창립지도자들은 산적한 사업들의 추진에 앞서 먼저 집행부 구성과 협회의 대한체육회 가입이 가장 우선하여 해결해야 할 과제라는 것을 알고 있었다. 전년도에 문교부에 제출된 사단법인 단체 승인 문제는 1962년 2월 22일에 문교부로부터 승인을 얻음으로써 마무리되었다.

1962년 6월 25일 대한체육회 기술위원회로부터 태권도의 경기 종목으로서의 기본 조건과 가치에 대한 인정을 얻게 됨으로써 체육회 가입 종목으로서 원칙적 승인을 획득하게 되었다. 그 결과로 10월 5일 협회 사무실을 서울 종로구 북창동 소재 대한체육회 302호로 입주하게 되었으며, 또 10월 24일부터 경상북도 대구에서 개최된 제43회 전국체육대회에 태수도란 이름으로 시범종목으로 참가할 수 있게 되었다. 1962년 12월 28일 개최된 대한체육회 정기 이사회에서 협회 가입 승인과 임원 인

준이 이루어졌으며 후속적으로 개최된 대한체육회 대의원 총회(1963년 2월 23일)

에서 체육회 가맹이 최종 인준되어 대한체육회 28번째 정식 가맹 종목이 되었다.

체육회로부터 최초로 인준된 임원은 아래와 같다.

◆ 1962년 임원

회장	채명신
부회장	엄운규
상무이사	전무: 김순배, 총무: 이병로, 기획: 박철희, 재무: 이용우
이 사	이종우, 이교윤, 현종명, 백준기, 우종림, 김선구, 이영섭, 이재영
감사	이희진, 김봉식

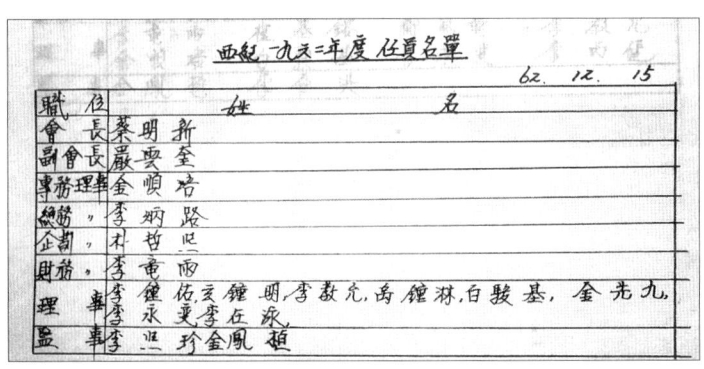

2. 전국체육대회 최초 참가(시범종목)

1962년 10월 24일 부터 경상북도 대구에서 개최된 제43회 전국체육대회에 태

권도가 최초로 시범종목으로 참가하게 되었다. 대한체육회와 대한태수도협회는

태권도의 경기종목으로서의 적합성을 평가하고 다음 해 전국체전 정식종목으로

채택하기 위한 준비를 위하여 태수도를 시범종목으로 채택하고 당시 겨루기 경기 분야에 선도적 발전을 주도하고 있던 전라북도와 개최지역인 경상북도만을 참가시켜 시범경기를 치렀다.

전라북도는 고등부와 일반부로 나누어 선수단을 출전하였으며, 경상북도는 관을 기준으로 지도관 선수단과 무덕관 선수단으로 나누어 출전하였다. 경기를 위한 보호장구는 전라북도 지도관에서 개발하여 사용하고 있던 대나무 호구를 채용하였으며, 경기규정 등은 협회에서 임시로 정한 규정을 적용하였으며, 경기 방식은 5인 단체전으로 치러졌다. 전라북도 지도관 전일섭 관장과 유병용 사범 등이 개발한 당시의 호구는 대나무를 깎아 솜으로 감싼 다음 광목으로 바깥을 기운 다음 그 바깥을 천막용 천 재질을 이용하여 외피로 마감한 것이었다. 몸통 호구의 운동성을 확보하기 위하여 대나무 막대를 이단으로 하여 중간이 굽어질 수 있게 하였다.

이 호구의 개발은 그 이후 태권도 경기 발전의 방향을 결정하는 가장 중요한 요인의 하나가 되었다. 호구의 등장과 함께 이 경기의 개최 그 자체는 그해 연말에 이루어진 경기규칙 제정은 물론 이후 태권도 경기의 발전에 큰 영향을 미친 일이 되었다. 최초로 전국체전에 출전한 양 팀 선수는 다음과 같다.

◆제43회 전국체육대회 태권도 시범종목 참가자

전라북도	고등부	유기대, 오석환, 최영렬, 성광호, 김재화
	일반부	조점선, 최광식, 이호웅, 이문성, 문창균
경상북도	지도관	김정웅, 장기용, 박성규, 권일웅, 임의제
	청도관	박중화, 박정일, 최말교, 박재춘, 소정섭

3. 제1회 전국승단대회

협회는 그동안 가장 중요한 과제였던 전국규모 공인단 승단대회를 1962년 11월 11일 국민회당에서 최초로 개최하게 되었다. 대회는 협회가 주최하고 대한체육회의 후원으로 대회장에 채명신 협회장, 심사위원에 이종우, 엄운규, 박철희, 이영섭, 경기위원장에는 현종명, 경기위원으로 홍정표, 김순배, 김수진, 김선구, 이병로, 배영기, 고재천, 이교윤, 백준기 등 25명이었다. 채명신 회장은 대회사를 통해

"태수도는 그동안 각 유파별로 자파(自派)만을 위한 발전을 꾀하고 서로 고집과 편견 등으로 통합을 못 보았으나 5 · 16 군사혁명 이후 구악(舊惡)을 일신하고 단결과 호양(互讓)의 무도인 본분의 자세로 돌아와 통합을 이루었다. 과거 자파 도장에서 단을 임의로 실력이 있든 없든 부여했지만, 협회 명칭 아래 공정하게 심사해서 실력 있는 공인단(公認段)을 주게 돼 경사가 아닐 수 없다." 고 했다.

심사 종목은 품새(형), 겨루기(대련)이었으며 3단 이상은 논문이 추가되었다. 제1회 승단심사대회의 논제는 "각 유파 형 통일에 대한 발전과 그 방법"이었다. 제2회 전국승단대회는 12월 30일 한국체육관에서 개최되었다.

협회의 전국 승단대회 시행은 이후 승단 및 단증제도의 통일과 체계화를 이루는 결정적 사업이 되어 오늘날 국기원을 중심으로 한 전 세계적 승품단 업무 통일화의

초석이 되었다. 그러나 이전까지 시행되어 오던 각 관을 중심으로 한 승단 업무와

각종 관행이 완전히 정리되고 협회로 일원화가 완성되기까지는 그 이후로도 10여

년이 더 소요되었다.

대한태수도협회 초단증서
발급대장

1960년대 대나무 호구를
착용하고 경기하는 모습

4. 경기규칙 및 제 규정 제정

제43회 전국체육대회에 시범종목으로 참가하여 대한체육회로부터 다음 해 전국
체육대회 정식종목으로 참가할 기회를 얻게 된 협회는 11월 3일 경기규칙을 심
의 제정하였다. 이때 경기규칙 심의ㆍ제정은 10월에 개최된 전국체육대회 시범
경기에서 사용하기 위해 임시로 제정된 경기 규칙을 바탕으로 하여 수정 보완된
경기규정을 정식으로 의결, 채택하였던 것으로 보인다.

경기 규칙의 주요 내용은 부별 구분을 단급에 따라 초기부, 중기부, 고기부로 나
누고, 체급은 경량급 중(中)량급, 중(重)량급, 무제한급으로 구분하였다. 그러나
당시 경기규정 제정의 가장 중요한 내용은 발차기 기술을 위주로 한 타격형 격기
종목으로 그 기술적 성격을 정한 데 있었다. 이 특성을 중심으로 이후 태권도 경
기는 세계적인 스포츠로 성장할 수 있었다. 또 경기규칙과 함께 도장설치기준규
정과 상벌규정 및 심사위원회 세칙 등도 함께 제정하였다.

60년대 중반 동대문 서울
운동장 옥외 배구장에서
태권도 경기가 열리고 있다.

1962

제정 당시 경기규정의 주요 내용은 다음과 같다.

◆ 1962년 경기 규칙 및 제 규정

구분	내용
경기장	8m×8m의 정방형 마룻바닥
경기복장	호구 또는 도복만 착용(호구 착용 경기와 함께 비호구 착용경기도 가능하도록 함)
경기시간	1분 30초 2회전, 중간휴식 30초
부별구분	초기부 : 3급~초단, 중기부 : 2단~3단, 고기부 : 4~5단
경기종류	개인전, 단체전(단체전은 체급 구분 없이 5인제)
경기방식 종류	승발전, 리그전, 토너먼트전
체급구분	경량급-56kg 이하, 중(中)량급-56~62kg, 중(重)량급-62~68kg, 무제한급-68kg 이상
심판	배심 2명, 주심 1명, 부심 4명의 7심제
득점부위	명치, 양 옆구리, 양어깨, 안면(족기 공격에 한함)
득점구분	수권 공격 1점, 족기 공격(면상) 2점, 그 외 1점, 공격은 수권 1회 공격 후 족기 1회 공격하였을 시 득점으로 인정하며, 주심은 이외의 기술을 억제한다. 단 족기 공격은 연속 공격 인정. 1. 넘어진 상대에 대하여 공격하는 것 2. 씨름행위와 태클 등 기타 위험행위를 하는 것 3. 음부를 공격하는 것 4. 머리로 박치기하는 것 5. 안면을 수권 또는 팔꿈치로 공격하는 것 6. 시간을 공비하는 행위 7. 심판원의 주의를 받았는데도 불구하고 행동을 거듭하는 행위 8. 상대에게 고의로 상해를 주기 위한 행위 9. 무례, 폭언, 폭행, 야비한 행위를 하는 것 이상의 행동과 행위로 심판원으로부터 주의를 2회 받은 후 거듭 범하였을 시는 퇴장 · 출전금지 · 자격상실 등을 선언한다.

※ 자격상실 = 다음 사항을 범하였을 시는 즉시 자격을 상실한다.
- 주심지시에 복종하지 않는 경우
- 극도의 흥분으로 시합 진행상 유해하다고 인정되었을 경우
- 사도 정신에 반하는 언동을 행하였을 경우 자격상실 된 자는 자격 회복 시까지 출전치 못한다.

5. 해외 태권도 보급

1962년 12월 남태희를 단장으로 김승규, 정영휘, 추교일 등 4명이 태권도 교관으로서 월남 군사학교에 파견되어 태권도 보급을 위하여 맹활약하였다. 군을 중심으로 한 시범단이 최초로 외국에 파견된 것은 1959년 3월 최홍희를 단장으로 한 남태희, 고재천, 우종림, 백준기, 한차교, 김복남, 차수용, 곽금식 등으로 월남과 대만(당시 자유중국)을 방문한 것이었다. 이후 1964년 정식으로 파월 태권도 교관단이 구성되어 월남에 태권도를 보급하게 됨으로써 태권도 세계화의 중요한 계기를 만들게 되었다. 또한, 이 당시 주요 일간지에는 미국에서 태권도 보급을 위해 노력하고 있는 이준구 사범의 기사가 게재되기도 하여 1950년대 말부터 미국 등지에 진출한 소수 사범의 태권도 해외 보급 노력이 국내에 소개되기 시작하였다.

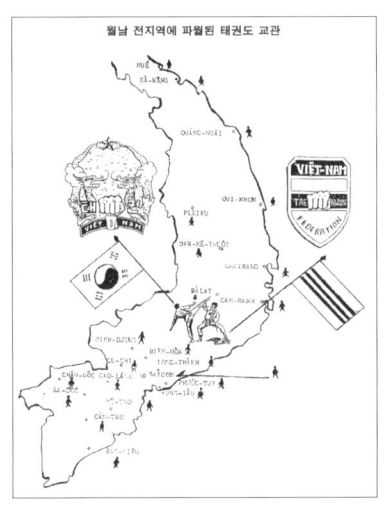

대한태수도협회 초대회장을 역임한 채명신 한국군사령관(가운데)이 태권도를 배우고 있는 월남 어린이를 격려하고 있다.

1963년

1. 체육회 가맹 최종승인과 임원 개선

전년도 말에 개최된 대한체육회 이사회에서 태수도협회의 가맹과 임원에 대한 인준이 이루어짐과 함께 연결하여 개최된 1963년 2월 23일 대한체육회 정기 대의원 총회에서 본 협회가 최종적으로 대한체육회 가맹단체로 인준되었다. 같은 해 6월 24일 임원을 다음과 같이 개선하였다.

◆1963년 임원

회장	채명신
부회장	현종명
전무이사	박철희
이사	이병로(총무), 김선구(기획), 우종림(경기)
	김순배, 백준기, 이교윤, 이병건, 이영섭, 이용우, 정진용, 최기용
감사	김봉식, 이금홍

5월 1일 협회 사무실을 체육회 302호실에서 323호실로 이전하였다. 또 이해에 협회 규약 일부, 경기규정 일부, 그리고 도장설치규정 일부가 개정되었다.

2. 최초 공식대회 창설

전년도에 제정된 경기규칙을 바탕으로 1963년 협회는 최초로 공식적인 대회를 창설하였다. 1963년 2월 2일 국민회당에서 "1963년도 한국 우수선수선발 제1차전"을 개최함으로써 공식적인 전국대회의 효시가 되었으며 오늘날 우수선수선발대회의 시작을 알리게 되었다. 곧이어 2월 9일 같은 장소에서 제2차전이 개최되었으며, 2월 16일 최종전이 개최되었다. 중기부와 고기부로 나누어 경량급, 중(中)량급, 중(重)량급으로 나누어 체급별로 치러진 우수선수선발대회는 태권도 경기 발전의 출발점이 되었다. 최초의 공식대회인 우수대회는 호구 착용 없이 이루어졌으며, 손기술의 얼굴 공격은 제한되었지만 걸어 넘기기나 쳐 넘기기 같은 넘기는 기술이 허용되었다. 협회 최초 공식대회의 입상자들은 다음과 같다.

◆ 1963년 한국 우수선수대회 입상자

김병원	한무관	1위	지선구	지도관	2위
황대진	전북지도관	1위	황녕학	한무관	2위
이충언	한무관	1위	이호웅	전북지도관	2위
신윤식	한국체육관	1위	조동섭	강덕원	2위
이승완	전북지도관	1위	김일식	한국체육관	2위
최창근	오도관	1위	최광식	전북지도관	2위

6월 9일 국민회당에서 일본원정파견 대표선수 선발전을 개최하여 다음과 같이 12명의 선수를 선발하였다.

◆ 일본원정파견 대표선수 명단

경량급(輕量級)-56kg 이하	이용준(3단), 김용태(3단)
중량급(中量級)-65kg 이하	김일식(3단), 이승완(5단), 이문성(2단), 황대진(2단)
중량급(重量級)-65kg 이상	최창근(3단), 조점선(4단), 안대섭(2단), 최영렬(1단)

또 6월 16일부터 국민회당에서 중고 및 대학 단체전을 개최하여 경희중학교, 수송중학교, 전주고등학교, 동국대학교, 전북대학교 등이 입상하였다.

대한태권도협회
경기진행석 모습

3. 전국체육대회 정식종목 참가

전년도 제43회 전국체육대회에서 시범종목으로 치러졌던 태권도는 1963년 10월 4일부터 9일 사이에 전라북도 전주에서 개최된 제44회 전국체육대회에서 최초로 정식종목으로 채택되었다. 경기는 각 시도별 단체전으로 시행되었으며, 각 팀 5인의 선수들이 체급, 단 구분 없이 선봉, 전위, 중견, 후위, 주장으로 나누어 순서대로 대전하는 방식으로 치러졌다. 일반부는 서울이 우승을 차지하였으며 그 밖에 학생부(대학부, 고등부, 중등부)는 모두 당시 겨루기 경기화에 선도적 노력을 하고 있던 전라북도가 우승을 차지하였다.

4. 해외 태권도 보급

1963년 10월 16일 자 동아일보는 월남에서 활약하고 있는 우리 태권도 교관들의 노력과 성과를 자세히 소개하고 있다.

"한국의 대월남국 군사원조계획의 하나로 1962년 12월 이래 월남국 군대에게 한국무술의 하나인 '태권' 교육이 실시되어 왔다. …… 월남군의 장교를 양성하는 종합학교 내의 체육학교에 태권 과목이 신설되어 있고 태권도 수련을 위한 도장이 따로 마련되어 있었다. …… 이 도장 안에서의 구령은 모두 우리말로 사용되고 있었다. …… 각 부대에서 指命差出(지명차출)된 우수한 장교, 고급 하사관들로 구성되어있는데 이들은 소정교육을 마치면 각기 부대에 돌아가서 태권교육을 담당하게 될 것이라고 한다. …… 남 · 김 교관은 "별 밑천 안들이고 한국의 국위를 선양하고 민간외교 하는 데는 태권이 아주 그만입니다. 월남사람들은 한국 사람들이 다 힘이 센 줄 알고 두려워하고 있죠" 하면서 미소를 짓고 있었다."

또 박철희를 단장으로 하여 김병수, 이강희 등 3명의 사범이 도미하여 태권도를 보급하기로 하였으며, 노병직 감독과 전일섭(주무), 이금홍(섭외)이 인솔한 일본원정 선수단이 재일권법협회의 초청으로 도쿄, 나고야 등 일본 주요 도시를 순회하면 경기를 가졌다.

1963년 일본 공수도 선수들과 친선경기를 하기 위해 일본으로 가기 전 한국 태권도 대표선수들

1964년

1. 제2대 박종태 회장 취임 및 임원 개선

협회는 1964년 4월 3일 총회를 개최하여 규약을 개정하고, 제2대 회장으로 당시 공화당 국회의원이었던 박종태 씨를 추대하였다. 또 경기규정을 개정하여 8체급제를 도입하고 전국체육대회 경기를 단체전에서 개인전으로 변경하였다. 주요 임원은 다음과 같다.

◆ 1964년 임원

회장	박종태
부회장	백문, 양민승
전무이사	엄운규
이사	이병로(총무), 김선구(기획), 김순배(경기), 이용우(섭외), 정진용(재무), 이병건(시설), 남태희, 이계훈, 현종명
감사	최동렬, 홍정표

같은 해 6월 4일 협회 사무실을 체육회 320호실로 이전하였다. 그러나 최홍희 말레이시아 대사가 대사직을 마치고 귀국함에 따라 협회는 다시 갈등에 휩싸이기 시작하였다.

2. 경기규정 개정

1964년 2월 26일 경기규정이 일부 개정되었다. 개정 내용 가운데서 가장 중요한 부분은 잡아 넘기기와 걸어 넘기기와 같은 넘기는 기술행위가 금지된 것이다. 넘기기 기술행위의 금지와 함께 호구 착용의 의무화가 태권도 경기의 형태가 갖추어지는 중요한 요인이 되었다. 개정된 주요 내용은 다음과 같다.

가) 선수의 참가자격 = 초기부(유급자), 중기부(1~2단), 고기부(3단 이상)
나) 경기방식 = 승발전이 빠지고 리그전과 토너먼트만 시행
다) 체급

◆ 체급제별 급 분류

4체급제	경량급		중(中)량급		중(重)량급		무제한급
7체급제	플라이	밴텀	페더	라이트	웰터	미들	헤비

 * 1964년에 시행된 우수대회는 4체급제로 시행되었으며, 전국체전은 핀급이 없이 7체급제로 시행되었다. 핀급을 포함한 8체급제는 1965년부터 시행되었다.

* 감점사항
- 1~6항까지는 동일
- 7항은 잡아 넘기기 또는 걸어 넘기기를 하는 것
- 8항 고의로 상대방에게 등을 보이는 행위를 해 심판원으로부터 3회 주의를 받은 자.

다음 사항을 범하였을 시는 즉시 퇴장선언을 한다.
1. 감점사항을 3점 범하였을 시
2. 다음 행동과 행위로 심판원으로부터 주의를 2회 받고도 거듭하는 자
- 상대에게 고의로 상처를 주기 위한 행위
- 무례, 폭언, 폭행, 비겁한 행위
3. 극도의 흥분으로 시합 진행상 유해하다고 인정될 경우, 감점은 통산이 아니고 회전마다 계산한다.

* 경기판정 = 무승부일 때는 연장전 또는 추첨에 의한다.

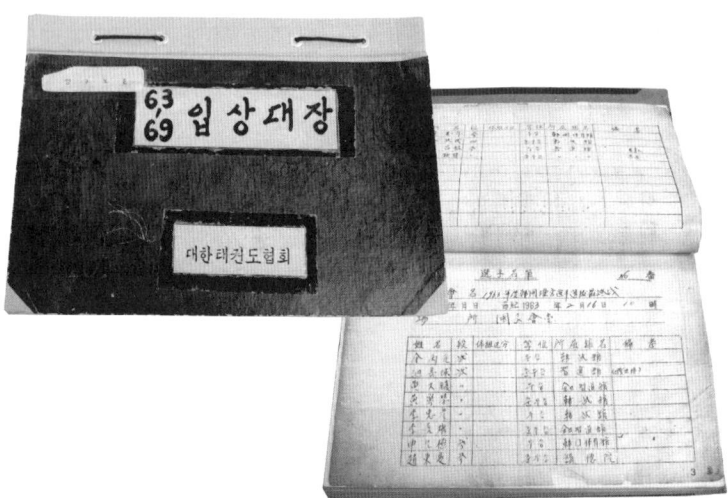

1963년~1969년
대한태권도협회 입상대장

3. 제45회 전국체육대회 및 주요 경기대회

1964년 3월 7일 제2회 우수선수선발대회 1차전 대회가 동국대학교 강당에서 개최되었다. 경기는 4체급 「경량, 중(中)량, 중(重)량, 무제한급」으로 그리고 단에 따라 중기부와 고기부로 구분하여 총 8개 급으로 시행되었다. 3월 22일 종로 견지동에 자리한 청도관 중앙도장에서 제2차전이 개최되었으며, 4월 26일 역시 청도관 중앙도장에서 최종전이 개최되었다. 1964년도 우수선수로 선발된 선수 명단은 아래와 같다.

◆ 1964년도 우수선수 명단

중기부				고기부			
경량	중(中)량	중(重)량	무제한	경량	중(中)량	중(重)량	무제한
유기대	서병하	안대섭	최영렬	정석종	김일식	장남룡	박종수

3월 8일 동국대학교 강당에서 삼일절 기념 개인선수권대회가 중 · 고기부 각 4체급으로 나누어 개최되었다. 또 5월 30일, 31일 양일간 장충체육관에서 제2회 전국중 · 고등 및 대학단체대항전 대회가 개최되었다. 강문중학교, 전주고등학교, 경희대학교가 각각 우승을 차지하였다.

인천에서 개최된 제45회 전국체육대회 태권도 경기는 9월 3일부터 8일까지 인하공대 노천극장에서 치러졌다. 이 해의 경기는 전년도 전국체전의 경기규정을 대폭 변경하여 단체전을 없애고 체급별 개인전으로 시행되었다. 학생 중기부와 일반 중기부와 고기부로 나누고, 체급은 전국대회로서는 처음으로 플라이, 밴텀, 페더, 라이트, 웰터, 미들, 헤비로 나누어 7체급 총 21개 세부 급으로 구분되어 시행되었다.

◆ 1964' 제45회 전국체육대회

학생 중기			
신희석	전북	플라이급	1위
조재옥	강원	밴텀급	1위
성광호	전북	페더급	1위
송재택	전북	라이트급	1위
오세영	충남	웰터급	1위
강길연	전남	미들급	1위
정찬두	충남	헤비급	1위

일반 중기				일반 고기			
한성수	충북	플라이급	1위	최동진	전북	플라이급	1위
이문호	서울	밴텀급	1위	김일식	서울	밴텀급	1위
강덕수	부산	페더급	1위	김만금	경기	페더급	1위
김인수	부산	라이트급	1위	문창균	전북	라이트급	1위
최영열	서울	웰터급	1위	정시훈	서울	웰터급	1위
임기남	전남	미들급	1위	조점선	전북	미들급	1위
조현호	전북	헤비급	1위	현광생	재일교포	헤비급	1위

4. 제1차 월남태권도교관단 구성

1964년 9월 정부가 월남에 1개 중대규모의 의무부대 파견 결정을 하면서 10명 규모의 태권도교육장교단도 파견하기로 하였다. 이 결정으로 이후 태권도의 세계화에 크게 이바지하게 될 파월태권도교관단이 최초로 탄생하게 되었다. 최초의 교관단장으로 백준기 소령이 선임되었으며 전군에서 3단 이상 장교를 중심으로 추교일, 박양규, 이대희, 김봉규, 임복한, 임경환, 유형선, 임승해, 김수련이 선발되어 최초 파월태권도교관단이 구성되었다. 백준기 단장을 중심으로 한 교관단은 파견에 앞서 서울 도봉산 등지에서 7월 20일부터 8월 8일까지 혹독한 훈련과 소양교육 등을 하며 준비를 하여 9월 11일 출국을 하였다. 이후 교관단 파견이 가속화되면서 1960년대 후반에는 월남의 주요부대 및 각급 학교, 경찰서 등에도 교관단이 파견되는 등 태권도 보급이 활발하게 전개되었다. 태권도 교관단의 보급 활동은 월남의 군인과 경찰, 그리고 학생, 여성들에게도 호응을 보였다. 월남의 수상, 국회의장 등 사회 유지급 인사들의 자제들도 태권도를 배울 정도로 파급효과가 엄청났다. 월남전 참전국인 미국을 비롯해 호주, 뉴질랜드, 태국 등 각국의 군인들도 호기심을 갖고 태권도를 배우기 시작했다.

이처럼 태권도 보급이 성황을 누린 것은 채명신 장군의 역할이 컸다. 채 장군은 태권도 교관단에 각별한 관심과 배려를 아끼지 않았고, 태권도를 군사전술의 목적으로 삼는 지략을 펼치기도 했다. 채명신은 "주월한국군은 작전 중 하나는 바로 태권도 보급이었다."며, "태권도 교관들은 전쟁에 직접 참여한 장병들과 견주어 결코 뒤질 게 없는 활약을 펼쳤다."고 교관들을 높게 평가하였다.

5대 교관단장을 지낸 김봉식은 "채명신 장군은 한국군의 위력을 대내외적으로 과시하고 전투력을 강화하기 위해 태권도 보급에 열성을 보였다."고 술회하였다. 태권도 세계화에 매우 중요한 역할을 수행하였던 파월태권도교관단 역대 단장은 다음과 같다.

◆ 파월태권도 교관단 역대 단장

1962 파견단장	남태희 소령
제1대 단장	백준기 소령 (1964-1965)
제2대 단장	최동희 소령 (1966)
제3대 단장	정병길 소령, 김석규 중령 (1967)
제4대 단장	고재천 중령 (1968)
제5대 단장	김봉식 중령 (1969)
제6대 단장	정병길 중령(1970)
제7대 단장	김승규 중령 (1971)
제8대 단장	유형선 중령 (1972)
제9대 단장	홍금식 중령(1973)

주월한국군 사령관 채명신 장군과 주월태권도교관단

국내에서 태권도를 수련한 외국인 유단자가 제3국에서 태권도 보급 활약상이 언론에 보도되어 태권도의 세계화의 새로운 전조를 보였다.

한국태수도 서독서 氣焰 태극기를 내건 미국인 도장

사범은 초단(初段)의 美兵 '크라인' 씨, 구령도 "차렷", "준비" 제자 125명 全歐(전구)에 普及(보급) 계획

서부독일 프랑크푸르트시에는 우리 태극기를 걸어 놓고 '차렷', '준비', '시작' 등 우리말 구령으로 태수도를 가르치는 미국인 도장이 있다. '유럽' 땅에 이 동양적인 운동을 펴고 있는 미국인은 '조지크라인(27)'이라는 주서독 미군인의 한사람, 한국동란에 참전하면서 태수도를 배웠다는 '크라인' 씨는 "태수도의 본고장은 한국이며

동아일보 1964년 11월 7일자

한국의 '내셔날 스포츠' 이기 때문에 도장에다 태극기를 걸고 한국말 구령을 쓰는건 당연한 일이라" 고 늘 주장한다. …… "태수도는 유도보다 더 실용적이며 배우기도 쉬울뿐더러 자기방위의 힘과 함께 자기절제의 힘까지 길러준다는 '크라인' 씨의 주장은 가끔 서독신문에 태극기 걸린 그의 도장 사진과 함께 보도되어 …… '크라인' 씨는 장차 이 운동을 전 유럽에 펼쳐 나갈 계획이라 한다. (1964년 11월 7일, 동아일보 4면)

1965년

1. 최홍희 회장 취임과 협회 명칭 개정

협회는 1월 15일 총회에서 해외 태권도 보급에 주력해 오던 최홍희 전 말레이시아 대사를 제3대 회장으로 선출하였다. 최홍희 회장은 이종우 등 일부 임원들의 반대를 무릅쓰고 협회의 명칭을 태권도 협회로 개정하고자 노력하였다. 당시 문교부에 단체등록을 하여 유사단체로서 활동하고 있던 황기, 윤쾌병의 대한수박도회와 통합을 한다는 명분을 내세우며 태수도와 수박도가 아닌 제3의 명칭인 태권도로, 그리고 또 해외 보급에서 유리하다는 점 등을 들어 명칭개정 작업을 추진하여 6월 6일 협회 임시총회를 개최하여 1961년 협회 창립 당시 타협적 관점에서 채택된 대한태수도협회를 대한태권도협회로 개칭하였다. 이로써 오랫동안 지속하여온 명칭에 대한 논란이 정리되고 대내외적으로 태권도란 명칭이 정착되는 기점이 되었다.

신임 집행부 주요임원은 아래와 같다.

◆1965년 임원

회장	최홍희
부회장	이종우
전무이사	엄운규
이사	이병로(총무), 김선구(기획), 김순배(경기), 최동희(재무), 홍정표(시설)
	남태희, 곽근식, 박철희, 백철, 이계훈, 이교윤, 정진용
감사	김두환, 현종명

최홍희 회장

2. 태권도 해외 친선사절단(구 · 아사절단) 파견

당시 말레이시아 대사 등을 역임한 바 있던 최홍희 회장의 외교적 노력으로 정부는 1965년 2월 16일 국무회의에서 태권도 친선사절단을 해외에 파견키로 의결하였다. 최홍희 회장을 단장으로 한차교, 김중근, 박종수, 권재화로 구성된 5명의 시범단이 1965년 10월 16일 출국하여 서독, 이탈리아, 터키, 말레이시아, 싱가포르, 통일아랍공화국 등에서 시범과 태권도 지도 등 보급 활동을 펼치고 11월 15일 귀국하였다. 이때 파견된 시범단은 정부에서 정식으로 파견한 태권도 홍보 사절단이라는 의미와 함께 유럽과 말레이시아 등지에서 태권도 보급에 중요한 역사적 계기를 만드는 성과를 거두었다. 당시 이미 월남을 비롯한 해외 각지에 진출하여 태권도를 보급하고 있던 우리 사범들의 수가 벌써 100여 명을 넘고 있었다.

3. 각종 대회 개최

협회는 1965년 전국신인선수권대회 창설을 결정하고 4월 18일 한국체육관에서 제1회 대회를 개최하였다. 대회는 중기부와 고기부로 나누어 핀급에서 헤비급까지 8체급 총 16급부로 시행되었다. 제3회 전국중 · 고 · 대단체대항전 대회는 5월 22일과 23일 양일간에 걸쳐 장충체육관에서 개최되었다. 대회는 각 팀 5인의 선수를 체급, 단 구분 없이 선봉, 전위, 중견, 후위, 주장으로 나누어 순서대로 대전하는 방식으로 치러졌다. 대학부는 성균관대학교가 그리고 고등부는 전주공업고등학교, 중등부는 강문중학교가 우승을 차지하였다.

1965년 제46회 전국체육대회는 전라남도 광주시에서 개최되었다. 태권도 경기는 10월 6일부터 8일까지 3일간에 걸쳐 진행되었으며, 학생 중기부와 일반 중기부, 고기부로 3개의 부, 각 8체급으로 이루어졌다.

1965년부터 우수선수선발대회가 년 초가 아닌 년 말에 치러짐으로써 한해를 결산하는 최고 권위의 대회로 자리매김하는 계기가 되었다. 제1차전은 한성여고 체육관에서 11월 7일, 2차전은 성동고교 강당에서 11월 21일에 개최되었으며, 최종전은 한성여고 체육관에서 12월 4일 개최되었다. 오늘날 국가대표에 버금 하는 당년도 우수선수 우승자는 아래와 같다.

◆ 1965년 한국 우수선수대회 입상자

체급	핀	플라이	밴텀	페더	라이트	웰터	미들	헤비
중기부	김영일	홍성천	유형환	박연희	서병현	최영렬	김명환	조현호
고기부	변진석	최동진	오주열	김용전	홍전천	지동주	박영수	없음

1960년대 중반 태권도 경기 모습

1966년

1. 노병직 회장 취임 및 집행부 개선

협회는 1966년 1월 30일 총회를 개최하여 제4대 회장으로 노병직 송무관장을 선출하고 집행부를 개선하였다. 지난 일 년 동안 이종우, 엄운규, 이남석 등 협회를 창립한 후 협회 운영의 주도권을 행사해오던 소장파 임원들이 최홍희 회장의 일방적 협회 운영과 특히 소장파 자신들이 추진해 오던 경기화 등 태권도와 협회 발전에 대한 방향성의 차이 등에 강력한 반발을 하게 되었다.

태권도의 국제적 보급과 창헌류 품새의 보급 등 자신의 태권도 발전에 대한 정책과 의지를 고집하던 최홍희 회장에게 소장파들은 최홍희 회장에게 국제태권도연맹을 창설하여 국제적 활동에 전념할 수 있게 해준다는 명분으로 회장직에 물러날 것을 종용하여 이를 관철했다.

이로써 태권도의 경기화는 계속 추진, 발전될 수 있는 계기를 만들었지만, 이종우, 엄운규 등 소장파 지도자들과 최홍희를 중심으로 하는 국제화 추진 세력들 간에 갈등이 생겨남으로써 이후 ITF(국제태권도연맹)와 WTF(세계태권도연맹) 간의 갈등의 씨앗을 만들게 되었다.

◆ 1966년 임원

회장	노병직
상임부회장	엄운규
부회장	배영기, 김영택
전무이사	이남석
이사	이병로(총무), 홍정표(기획), 김순배(경기), 이강익(재무)
	곽근식, 박해만, 백준기, 백철, 오세준, 이계훈, 이교윤, 이용우, 홍종수
감사	김형균, 현종명

태권도 대회 입상 선수에게
상장을 수여하고 있는 제4대
대한태권도협회 노병직 회장

국제태권도연맹 창설 현판식

2. 국제태권도연맹 창설

1966년 3월 22일 조선호텔에서 최홍희 회장의 주도로 대한태권도협회와 서독, 미국, 터키, 베트남, 말레이시아, 싱가포르, 통일아랍공화국, 이탈리아의 9개국의 가입 또는 동의로 최초의 태권도 국제기구인 국제태권도연맹(International Taek-wondo Federation)을 결성하였다. 초대회장에 최홍희, 명예회장에 김종필, 부회장에 이상희, 노병직, 조하리(말레이시아)를 선출하였다. 사무총장으로 엄운규, 기술위원장으로 이종우, 총무, 이계훈, 기획, 한차교, 감사에 이남석, 홍종수, 곽근식 등 임원을 선임하였다. 그러나 국제태권도연맹 창설은 국제연맹과 대한태권도협회 간의 업무와 태권도 발전 방향에 대한 잦은 마찰을 가져오는 계기가 되었으며, 이후 오랫동안 태권도를 양분하였던 국제태권도연맹(ITF)과 세계태권도연맹(WTF)의 갈등을 가져오는 출발점이 되었다.

3. 대통령기 대회 창설 및 각종 대회 개최

1966년 3월 20일 한성여고 체육관에서 제2회 전국신인선수권대회를 개최하였다. 대한태권도협회 재일본지부의 초청으로 이루어질 한일친선교환경기를 위한 대표선수 선발이 4월 23일부터 5월 22일까지 3차례의 예선전과 한차례의 최종전으로 치러졌다. 한성여자고등학교 체육관에서 개최된 최종전에서 국가대표로 선발된 부별, 체급별 우승 선수들은 다음과 같다.

체급	핀	플라이	밴텀	페더	라이트	웰터	미들	헤비
중기부	임흥수	홍성천	유형환	박연희	홍상래	최영길	김명환	함봉학
고기부	변진석	최동진	유기대	박동근	안대섭	노수상	없음	없음

6월 4일과 5일 양일간에 제4회 전국중·고등 및 대학단체대항전대회가 장충체육관에서 개최되었다. 성균관대학교, 강문고등학교, 호남중학교가 각각 우승을 차지하였다.

이 해 협회는 전국중고대종별개인선수권대회와 대통령기쟁탈전국단체대항전대회를 창설하였다. 7월 23~24 양일간에 걸쳐 한성여고 체육관에서 제1회 전국중고대종별개인선수권대회가 개최되었으며 10월 28~30일간에 걸쳐 장충체육관에서 제1회 대통령기쟁탈전국단체대항전

대통령기쟁탈
제1회 전국단체대항
태권도대회 팜플렛

대회가 개최되었다. 대통령기 대회는 체급, 단 구분 없이 선봉, 전위, 중견, 후위, 주장의 5인이 대전하는 단체전으로 창설시 부터 최고권위의 대회로 인정되었다. 창설대회에서 경희대가 우승하였으며 육군과 부산 지도관이 각각 2, 3위에 올랐다.

대통령기하사기쟁탈 5인조
단체전 경기 모습

제47회 전국체육대회가 10월 10일과 15일 사이에 서울에서 개최되어 태권도경기는 서울운동장 배구장에서 전년과 같이 체급별 경기로 시행되었다. 1966년 우수선수선발대회는 전년까지 시행된 예선 1~2차전이 없이 11월 26~27일 양일간 한 차례 대회로 치러졌다. 한성여고 체육관에서 시행된 1966년 우수선수 선발 결과는 다음과 같다.

◆1966년 우수선수대회 입상자

체급	핀	플라이	밴텀	페더	라이트	웰터	미들	헤비
중기부	김영일	임흥수	박춘권	최기철	김병무	최규진	조찬연	없음
고기부	정 엽	한창수	김재화	김용전	김인수	최영렬	지동주	이영호

4. 한 · 일 친선태권도 선수단 파견

12월 7일 대한태권도협회 재일지부의 초청으로 한일친선경기차 한국대표태권도선수단이 일본으로 출국하였다. 김용채를 단장으로 한 14명 대표선수단은 12월 6일 체육회관에서 결단식을 하기도 하였다. 선수 명단은 아래와 같다.

◆1966년 한일친선경기 파견 대표선수 선발전 우승자

체급	플라이	밴텀	페더	라이트	웰터	미들	헤비
중기부	홍성천	유형환	박연희	홍상래	최영길	김명환	없음
고기부	최동진	유기대	박동근	안대섭	노수상	박영수	서정도, 박성관

6월 4일과 5일 양일간에 제4회 전국중·고등 및 대학단체대항전대회가 장충체육관에서 개최되었다. 성균관대학교, 강문고등학교, 호남중학교가 각각 우승을 차지하였다.

5. 해외 태권도 보급 열기

태권도 보급을 위하여 해외로 진출한 사범들과 이미 해외에 파견된 사범들의 현지에서의 태권도 보급 소식이 조선일보, 동아일보, 경향신문 등 여러 일간신문에 기사화되어 태권도의 국제적 위상이 국민의 관심을 끌었다. 박종수 사범과 김신근 사범의 독일 파견, 홍성인, 노효영, 정영휘(이상 육군 소령), 이영환 (공군대위), 강석정 (해병대위) 등의 자유중국 국방성 파견이 기사로 널리 알려졌으며, 독일의 권재화 사범, 미국의 조시학 사범, 엘살바도르 최광용 사범, 그리고 월남에 파병된 청룡부대의 김기동 중위 등의 활약상도 기사화되었다.

태권도 교관단 활약상을
보도한 기사

1967년

1. 제5대 김용채 회장 선출 및 임원 개선

1967년 1월 30일 본회 총회에서 김용채 당시 국회의원을 회장으로 선출하였다. 김용채 회장은 창무관과 강덕원에서 태권도를 수련한 유단자로서 1966년 한일친선경기 대표단 단장을 맡은 바 있었다. 이때 선임된 주요 임원 명단은 아래와 같다.

◆ 1967년 임원

회장	김용채
상임부회장	엄운규
부회장	이강익
전무이사	이남석
이사	이병로(총무), 정진용(기획), 김순배(경기), 이용우(재무), 홍종수(섭외)
	고재천, 곽근식, 송태학, 오세준, 이교윤, 이영섭, 현종명
감사	김봉식, 김해동

제1대 채명신 회장 이후 제2대 박종태 회장으로부터 제4대 노병직 회장까지는 해마다 회장이 바뀌어 왔다. 제5대 김용채 회장에 이르러 최초로 2년을 정기 임기로

하는 제도가 나타났다. 김용채 신임 회장은 당시 공화당 청년분과위원장으로서 여당 내의 입지를 활용하여 태권도 발전을 위하여 노력하였다. 특히 김용채 회장은 임기 동안 이종우, 엄운규 등 주요 임원들과 합심하여 태권도 경기 호구 개발과 중앙도장 건립계획추진 등 태권도의 미래 발전을 위한 기초를 닦고자 노력하였다.

1960년대 후반, 제5~6대 대한
태권도협회 김용채(오른쪽)
회장이 홍종수씨와 대화를
나누고 있다.

2. 각종 대회

3월 25일, 26일 양일간 서울운동장 배구장에서 전국신인선수권대회가 중기부, 고기부로 나누어 각 8체급 경기로 개최되었다. 제5회 전국중·고·대단체대항전대회는 6월 3일, 4일에 한성여고체육관에서 개최되었다. 제2회 중·고등 및 대학개인선수권대회는 7월 22일, 23일간 한성여고 체육관에서 개최되었다. 서울에서 개최된 제48회 전국체육대회 태권도경기는 10월 5일~10일에 중등부, 고등부, 일반 중기부, 일반고기부로 나누어 8체급 경기로 서울운동장 배구장에서 실시되었다. 11월 4, 5일 한성여고 체육관에서 1967년도 한국우수선수선발대회가 열려 해당연도 체급별 최우수 선수를 선발하였다.

◆1967년 우수선수대회 우승자

체급	핀	플라이	밴텀	페더	라이트	웰터	미들	헤비
중기부	권영문	양동철	임춘권	유관호	김규성	최규진	최권열	노만성
고기부	정엽	임흥수	유기대	최기철	김인수	최영렬	유호평	이영호

1967년도에 대통령기쟁탈단체대항대회가 매우 늦게 개최되었다. 11월 13일, 14일간 장충체육관에서 개최되어 해병대 선수단이 우승을 거두었다.

3. 협회 제정형 심의 발표

협회는 11월 30일 협회에서 그동안 연구, 개발해온 새로운 품새(新型)을 발표하였다. 발표된 신형은 고려형, 신라형, 백제형, 십진형, 태백형, 금강형, 지태형, 천일권형(天一拳), 한수형의 9가지 품새였다. 12월 18일부터 22일까지 대한체육회 체육회관에서 고단자들을 대상으로 강습회를 실시하여 본격적인 보급에 착수하였다. 이 신형들은 이후 새롭게 다듬어져 고려 - 일여의 현재의 품새 체계로 발전하게 되었다.

또 이 해 3월 7일 경기 규칙이 일부 개정되기도 하였다. 주요 개정 내용은 뛰어차기를 고득점으로 하는 다득점제의 채택, 그리고 동점 시 계체를 하여 저체중 자를 승자로 하는 방식을 채택하여 그 후 한동안 체중이 승패를 결정하는 현상을 가져오기도 하였다.

1968년

1. 임원개선 및 협회 주요 활동

1968년은 회장이 매년 바뀌던 이전과는 달리 처음으로 회장이 유임된 해였다. 그러나 이사진은 일부 교체가 있었다. 재무이사에 오세준, 시설이사에 홍정표를 새로이 선임하고 이사로서 현종명, 이교윤, 이용우, 노영태, 감사에 김해동, 박해만을 선임하였다.

협회는 2월 18일 한성여고 체육관에서 개최된 전국승단대회에서부터 전년도에 발표된 신제정형을 적용하기 시작하였으며 이 해에 세 차례의 신제정형 강습회를 개최하여 보급에 주력하였다. 협회는 다양한 군소계파를 정리 통합하기 위하여 17개 군소관을 5개 기간관으로 정리하려는 노력을 지속적으로 하였다. 그러나 대한태권도협회와 국제태권도연맹 간의 갈등이 점차 심화하여 두 단체 간의 갈등 해소가 태권도계의 최대의 과제가 되었다. 두 단체 간의 갈등은 국제군인체육회(CISM) 종목 채택을 둘러싸고 양 단체에서 다른 경기규정을 제출하는 등 국제적인 문제점을 노출하는 지경에 이름에 따라 태권도계를 넘어 체육회와 정보부 등 정부의 관여를 가져올 정도로 심각한 문제가 되었다. 몇 차례 수습위원회가 구성되어 양 단체 간의 업무 구분과 기술적 쟁점에 대한 조정 등 분쟁의 발전적 해소를 위한 노력을 기울였지만 두 단체 지도자들 간의 견해차는 점차 더 깊어만 갔다.

이 해에 거행된 제1회 세종상 시상식에서 청용관장 김유승이 국악에 맞추어 태권무를 선보임으로써 태권도무 또는 태권체조의 최초 시도로 기록되게 되었다.

2. 주한 외국인대회 창설 및 주요 국내대회 개최

1968년 전국신인선수권대회(제4회)는 3월 16일과 17일에 한성여고 체육관에서 중기부와 고기부로 나누어 개최되었다. 제3회 대통령기쟁탈단체대항대회는 5월 25일과 26일에 장충체육관에서 개최되어 해병대 선수단이 우승을 차지하였다. 6월 8일과 9일 사이에 제6회 전국중고대학단체대항전 대회가 한성여고 체육관에서 개최되었다. 중등부는 선인중학교, 고등부는 광성고등학교, 대학부는 동아대학교가 우승을 차지하여 새로운 학교 태권도부의 세력 판도를 형성하기 시작하였다.

이 해 협회는 유엔군의 6·25참전을 기념하기 위하여 제1회 주한외국인선수권대회를 창설하였다. 6월 16일 장충체육관에서 조선일보 후원으로 제1회 주한외국인개인선수권대회를 개최하여 5개 조(부)로 나누어 A조: 초단~2단, B조: 1급~2급, C조: 3급~4급, D조: 5급~6급, 여자부로 경기를 시행하였다. 총 출전 선수는 남자 59명, 여자 5명이었으며, 유단자부 우승자는 도산체육관의 레이몬드 시바(Raymondo Siva)였다.

제3회 중고대전국개인선수권대회는 7월 27일과 28일 이틀 동안 한성여고 체육관에서 개최되었으며, 제49회 전국체육대회는 9월 13일부터 16일 사이에 서울운동장 배구장에서 개최되었다. 1968년도 태권도 경기를 결산하는 한국우수선수선발 대회가 11월 8~9일 한성여고 체육관에서 개최되었다. 체급별 우승자는 다음과 같다.

◆ 1968년도 우수선수대회 입상자

체급	핀	플라이	밴텀	페더	라이트	웰터	미들	헤비
중기부	김영호	손주몽	이건수	이흥식	이용주	홍은후	황 철	박창주
고기부	정 엽	김영균	임춘권	신규석	김세형	김일성	최권열	이영호

또 이 해 6월 26일부로 경기규칙 일부를 개정하기도 하였다.

3. 해외 태권도 보급 활동

지난해와 마찬가지로 태권도의 해외보급이 계속해서 활발하게 이루어지고 있었다. 특히 김용채 회장의 취임 이래로 사범들의 해외 진출에 적극적 노력을 기울였다. 1968년에 해외로 파견된 주요 사범들은 아래와 같다.

◆ 해외 파견 주요 사범

라오스	김진우
미국	전계배, 조남상
인도네시아	장중권, 조성달
싱가포르	이완종
태국	안석준

동아일보, 조선일보, 경향신문 등 주요 일간지는 미국의 조시학 사범, 독일의 권재화 사범, 그리고 홍콩의 태권도 붐 등 해외의 태권도 열기를 전하였다.

1969년

1. 김용채 회장 유임 및 임원개선

협회는 1월 12일 정기 대의원 총회를 열고 김용채 회장을 제6대 회장으로 재추대하였다. 전무이사였던 이남석을 부회장으로 선임하고 홍종수를 신임 전무이사로 선임하였다. 개편된 임원 명단은 다음과 같다.

◆1969년 임원

회장	김용채
부회장	엄운규, 이남석
전무이사	홍종수
이사	이병로(총무), 정진용(기획), 김순배(경기), 홍정표(시설)
	박해만, 이교윤, 이도윤, 장태익, 정창영
감사	김해동, 이계광

2. 각종 경기대회 개최

1969년 협회가 개최한 각종 경기대회는 다음과 같다.

◆ 1969년 주요 국내대회

대회명	대회기간	대회장소
제5회 전국신인선수권대회	3월 15~16일	한성여고 체육관
제7회 중·고등및대학단체대항대회	5월 24~25일	한성여고 체육관
제4회 대통령기쟁탈단체대항대회	6월 7~8일	
제2회 주한외국인개인선수권대회	6월 22일	한성여고 체육관
제4회 전국중·고등및대학개인선수권대회	7월 26~27일	한성여고 체육관
제50회 전국체육대회	10월 28~11월 2일	서울운동장 배구장
1969한국우수선수선발대회	11월 22~23일	한성여고 체육관

◆ 1969년 우수대회대회 입상자

체급	핀	플라이	밴텀	페더	라이트	웰터	미들	헤비
중기부	홍상근	손주몽	정태갑	김형선	박응준	이윤휘	정진송	송요식
고기부	김종성	양동철	최청일	이형노	이용선	서경무	황철	전병소

3. 해외 태권도 보급활동

해외 태권도 보급 활동은 이 해에도 계속 활성화되어 다양한 활동이 이루어졌다. 특히 최초의 여자 사범의 해외파견과 어린이 시범의 해외 파견이 이루어졌다. 권옥희 양(당시 24세, 3단)이 태국에 사범으로 파견되었으며, 이립분 양(11, 초단)과 김남용 군(12, 3급)은 이란 왕실 시범에 초청되었다. 이 해 이란에 육군 태권도교관단 파견이 이루어졌으며 조수세, 박정태 사범은 캐나다로, 양우엽, 한민교 사범은 홍콩과 대만 등지로 순회 시범 및 지도를 위해 출국했으며, 그 외에도 많은 사범이 해외로 파견되었다. 1969년 대한체육회가 파악한 해외 활동 태권도 사범은 169명에 이르렀다. 체육회가 발표한 국가별 활동 태권도 사범 수는 다음과 같다.

◆ 해외 활동 사범

국가	미국	독일	이탈리아	캐나다	인도네시아	베트남	홍콩	아르헨티나	자유중국
사범수	36	8	3	2	3	74	5	1	5
국가	인도	터키	브라질	영국	말레이시아	스페인	태국	네덜란드	싱가포르
사범수	2	2	2	2	5	2	9	1	5

주한외국인태권도대회에서 외국선수들이 경기를 하고 있다.

대통령기하사기대회에서
우승을 한 경희대 선수단

1970년

1. 전국초등학교 및 여자부 개인선수권대회 창설 및 각종 경기대회 개최

협회는 임원진의 변동없이 안정적으로 1970년을 출발하였다. 이 해 김용채 회장은 태권도센타 건립을 위한 국회에서 2,850만원의 국고예산을 확보하는 등 태권도 발전을 위하여 다양한 노력을 경주하였다.

1970년 처음으로 전국국민학교개인선수권대회를 개최하였으며 이와 함께 여자부 개인선수권대회도 개최하였다. 여자부 유단부인 A조 경기 우승자는 남궁명석이었다. 이외에 1970년 협회가 개최한 각종 경기대회는 다음과 같다.

◆1970년 주요 국내대회

대회명	대회기간	대회장소
제6회 전국신인선수권대회	4월 25~26일	한성여고 체육관
제8회 중·고등및대학단체대항대회	6월 13일~14일	한성여고 체육관
제5회 대통령기쟁탈단체대항대회	5월 30~31일	장충체육관
제3회 주한외국인개인선수권대회	9월 20일	대신고교 체육관
제5회 전국중·고등및대학개인선수권대회	11월 6~8일	한성여고 체육관
제51회 전국체육대회	10월 6~11일	서울운동장 배구장
1970한국우수선수선발대회	11월 21~22일	한성여고 체육관

주요 우승 선수단

대통령기	해병대 선수단
중·고등및대학단체대항대회	
중등부	동산중학교
고등부	수송전기공고
대학부	우석대학교

◆1970년 우수선수대회 입상자

체급	핀	플라이	밴텀	페더	라이트	웰터	미들	헤비
중기부	이기환	이철주	이성택	이은성	김헌규	장재우	서동현	송요식
고기부	이병완	김영표	이은송	박응준	강기영	최규진	김정태	없음

1970년대 초 열린 여자
태권도 경기 모습

2. 소년단 제도 도입

협회는 만 15세 미만의 어린이들에게는 일반 단위가 아닌 소년단을 부여하는 제
도를 도입하였다. 빠르게 증가하고 있는 유소년 수련생의 승단에 대한 논란을 정
리하고 소년단을 별도로 제정함으로써 유소년에 부여되는 승단의 의미를 재정
립함으로써 앞으로 유소년 수련생의 증가에 큰 계기가 되었다. 후일 소년단은
품으로 변경되었다. 협회는 당시 전국적으로 약 2만 명 내외의 유소년 수련생이
있는 것으로 파악하고 이들을 위하여 소년단 심사를 연 4회 개최하기로 하였다.
서울 남대문국민학교는 태권도를 교기로 제정하고 전교생이 태권도를 수련하는
학교로 널리 알려졌다(경향신문). 남대문국민학교는 이때부터 태권도 교기학교
와 함께 어린이시범단의 시초가 되기도 하였다. 전국국민학교대회의 개최와 소
년단 제도 도입 등과 함께 유소년 태권도 수련시대의 도래를 서서히 열어가는 추
세를 보여주는 현상들이었다.

3. 해외 태권도 보급

협회는 해외에 태권도 보급을 위하여 사범 파견을 계속하였다. 대한태권도협회는 이
경명 사범을 5월 15일부터 1년간 오스트리아에 파견키로 했으며, 조윤환 사범을 태
국태권도선수권대회 심판요원으로 5월 17일부터 2개월간 태국에 파견키로 하였다.
그리고 6월 12일 대한체육회 제12차 해외파견 및 초청심의위원회는 조용대 사범을

6월 20일부터 1972년 6월 20일까지 2년간 호주파견 승인하였으며, 자유중국에 강종길, 박부광, 강익무 사범을 6월 25일부터 1971년 6월 25일까지 1년간 파견을 승인하였다.

6월 18일 이사회를 열고 김용채 회장, 이종우 기술전문위원회의장, 이계광 감사 등 3명을 6월 27일 방콕에서 열리는 아시아태권도연맹 창립총회에 파견키로 하였다.

정만순, 박원진 사범은 엘살바도르에 1년간 태권도를 보급하기 위해 11월 19일 떠났으며, 또 대한태권도협회는 11월 27일 태권도 지도 보급하기 위해 스페인에 최원철 사범을, 그리고 캐나다에 윤오장 사범을 브라질에 문정길 사범을 2년간 파견키로 했다. 그리고 12월 3일 말레이시아태권도협회의 사범 파견 요청을 받고 최익선 사범을 파견하였다.

이 해 6월 23일부터 25일간 월남, 말레이시아, 태국 등지를 순방하고 돌아온 김용채 회장과 이종우 기술전문위 의장은 해외 각지에서 경험한 태권도 사범들 간의 분파의식과 특히 국제태권도연맹과 대한태권도협회와의 갈등으로 야기된 불화를 해소해야 할 필요성을 강조하였으며, 이를 위하여 관 명칭 폐지, 태권도 센터 건립 등 해외 보급의 과제들을 제시하였다.

4. 태권도 대상 창설

협회는 태권도대상제도를 창설하고 공로상, 지도상, 연구상 부문을 두었다. 공로상에 엄운규, 이종우가 수상하였으며, 지도상과 연구상 부문은 수상자를 내지 못하였다.

50 YEARS of the KOREA TAEKWONDO ASSOCIATION

1971   1972   1973   1974   1975

1970년대

1976   1977   1978   1979   1980

60년대를 통하여 추구된 경기화는 태권도 기술에 중대한 변화와 발전을 가져왔다. 발차기를 중심으로 한 독특한 기술체계를 발전시키게 된 태권도는 70년대를 맞이하여 국제화에 본격적인 노력을 경주하였다. 1971년 김운용 회장을 영입하게 된 태권도협회는 이종우, 엄운규 등 지도자를 중심으로 국기원 건립, 세계선수권대회 창설과 세계태권도연맹의 창립 등 괄목할 발전을 이루면서 태권도의 국기화, 세계화에 놀라운 성취를 이루었다. 해외로 진출한 수많은 사범들의 노력에 의하여 태권도가 세계적으로 보급되는 성과와 함께 김운용 회장의 뛰어난 스포츠외교적 감각과 남다른 노력으로 태권도의 국제 스포츠로서의 위상이 점차 형성되기 시작하였다. 이처럼 70년대를 통하여 이루어진 기술, 이론 및 연구, 교육, 제도와 행정, 보급, 외교 등 제반 분야의 성취는 이후 태권도가 이룩한 놀라운 성취의 원동력이 되었다.

1971년

1. 김운용 회장 취임 및 신임 집행부 구성
–김운용 시대의 개막

협 회는 1월 17일 총회에서 당시 청와대 경호실 보좌관이었던 김운용을 대한태권도협회 제7대 회장으로 선출하였다. 김운용 신임회장은 태권도 종주국으로서의 면모를 갖추기 위하여 태권도 센터(후일 국기원) 건립의 필요성을 역설하고 건립을 실현할 것을 약속하였다. 김 회장이 피력한 센터의 기능으로는 태권도 기술의 통일성 확립과 국내 및 해외 파견 사범의 교육, 기술 연구, 그리고 태권도 대학 설립의 발판, 그리고 종주국으로써 필요한 국제대회 개최 가능 등이었다. 전년도인 1970년 국회에서 김용채 전 회장의 노력으로 이미 센터 건립을 위한 국고보조금 2,850만 원이 확보되었다는 사실도 큰 힘이 되었다. 또 김운용 신임회장은 통일된 교재 편찬과 협회 잡지 발간, 장학사업 등 협회 발전을 위한 청사진을 밝히며 취임함으로써 협회의 새로운 도약을 예고하였다. 김운용 회장 취임과 함께 구성된 집행부는 다음과 같다.

◆1971년 임원

회장	김운용
부회장	엄운규, 이남석, 장재식
전무이사	홍종수
이사	이병로(총무), 정진용(기획), 김순배(경기), 홍정표(시설) 김선구, 김인석, 박해만, 이교윤, 이도윤, 이용우, 장태익, 정창영, 최동렬, 현우영
감사	김철회, 이계광

김운용 신임회장의 취임과 김 신임회장과 호흡이 잘 맞게 된 이종우, 엄운규, 이남석 등 협회 핵심 임원들은 새로운 발전 정책들을 적극적으로 추진해 나갈 수 있었다. 협회 기관지인 『태권도』지의 창간, 기술심의회 창설, 국기 태권도의 공식적 표방, 그리고 수차례의 전국 지도자 교육과 심판교육을 개최하는 등 괄목할 활동 성과를 내기 시작했다.

1971년 제7대 대한태권도 협회 회장에 취임한 김운용 (오른쪽)

김운용 대한태권도협회 회장과 임원들

2. 기술심의회 발족

협회는 김운용 회장의 취임과 함께 더욱 체계적인 기술 연구와 교본 및 협회 잡지 편찬 등을 위하여 기술 심의회를 처음으로 설치하였다. 초대 기심의 의장을 맡게 된 이종우를 중심으로 한 위원들은 품새 개발과 기본동작의 정비 등 기술 분야의 통일성과 체계화 및 이론 정립을 위하여 본격적인 노력을 할 수 있게 되었다.

특히 기술심의회의 창설은 이사회와 분리된 별도의 기술과 경기 등 현장 실무를 담당하는 기구를 둠으로써 타 경기단체에서 찾아볼 수 없는 독특한 태권도협회의 운영 체제를 갖추게 되었다. 이종우 기술심의회 의장은 향후 수년 동안 의장을 역임하면서 새로운 품새 체제의 정비와 용어 정립, 그리고 교본 발간과 태권도지 발간 등 많은 업적을 남겼다.

대한태권도협회 기술심의회
회의에서 이종우 의장(원안)이
현안에 대해 말하고 있다.

3. 「국기 태권도」의 공식적 표방

태권도가 해외 각국에서 점차 보급되고 그 인기가 높아감에 따라 태권도를 국기로 표방하고자 하는 노력은 협회 창립 초기인 1960년대 초부터 있었다. 그러나 1971년 김운용 회장 취임을 계기로 하여 협회는 태권도의 국기화가 중요하다는 판단하에 대내외적으로 국기 태권도를 보다 적극적으로 주창하기 시작하였다. 특히 1971년 3월 20일 박정희 대통령으로부터 국기 태권도란 휘호를 받아냄으로써 "국기 태권도"는 태권도 발전의 중요한 개념적 지표가 되기 시작하였다. 이때부터 "국기 태권도"와 함께 "태권도 종주국" 개념도 중요하게 제시되며, 이를 현실화하는 방안으로서 태권도 센터 건립, 국제대회 개최 등 향후 태권도 발전의 기본 방향이 되는 국기화, 국제화 등이 점차 협회 정책의 중심 화두가 되어갔다.

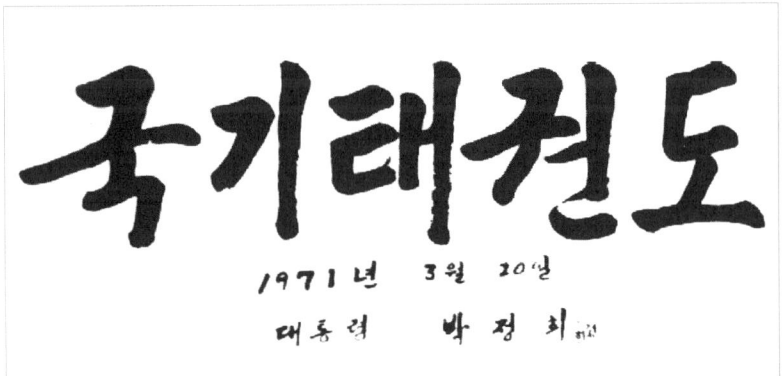

국기태권도

4. 계간 「태권도」 지 창간

협회는 1971년 4월 15일 협회 기관지로서 『태권도』 지 창간을 하게 되었다. 계간으로 발간되는 『태권도』 지는 단순한 소식지를 넘어 태권도 역사와 기술의 체계적, 이론적 정립을 주도하는 장으로서 그리고 각종 협회의 발전 정책을 현실화하는 통로로서 역할을 하게 되었다. 1971년에 발간된 창간호와 2, 3호 『태권도』 지는 이종우 편집위원장이 중심이 되어 태권도 역사의 발굴과 정립, 새로운 기본동작의 정리, 태권도협회 발전 정책의 기본방향 공식화, 그리고 태권도에 관한 연구 논문의 발표와 활발하게 이루어지고 있는 해외 태권도 보급상을 홍보하는 역할을 하면서 발전하는 협회의 이미지 제고에 크게 이바지하였다.

5. 중앙도장(국기원) 기공식

1971년 11월 19일 태권도계의 오랜 소망이었으며 숙제였던 중앙도장이 착공되었다. 1967년 김용채 회장이 취임하면서부터 숙원사업으로 추진하였으나 결실을 보지 못하였으며, 김운용 회장 취임과 함께 김 회장의 역점사업으로 모든 역량을 결집하여 중앙도장 건립 사업을 실천에 옮기게 되었다.

서울대학교 공대 건축학과 이광노 교수의 설계로 팔괘의 사상을 살려 여덟 개의 원주 기둥을 중심으로 설계한 중앙도장은 지하 1층, 지상 3층으로 경기장과 강의실, 사무공간 등을 갖추게 될 계획이었다. 협회 창립 이후 심사와 경기 및 교육 등 각종 행사가 한성여고 등 외부시설을 빌려 사용해왔으며, 특히 태권도 전국통합 조직으로서 상징적 중심 임무를 수행할 수 있는 센터 또는 중앙도장의 건립이 오랫동안 소망 되어 온점을 고려한다면 중앙도장 착공은 실로 역사적 일이라고 할 것이다.

대한태권도협회가 각 관의 통합체라는 점을 고려할 때 각 중앙관들의 위상과 권위를 압도하고 전국 또는 전 세계의 모든 도장의 중심체로 우러러 보일 수 있는 상징적 시설물의 필요성은 오랫동안 존재해 왔다. 중앙도장 건립에 대한 구상을 오랫동안 해왔던 이종우의 아이디어를 많이 채용한 김운용 회장은 중앙도장 건설지로서 제시된 여러 곳을 사양하고 당시로써는 허허벌판이었던 성동구 역삼동 구릉 위를 선택하였다.

이는 건물이 완공되면 주변을 압도할 수 있는 지리적 이점을 고려한 것으로 국내에서 각 관을 통합하는 중앙도장으로서의 권위와 위상은 물론 향후 김운용 회장이 전력을 기울여 추진하게 될 태권도의 세계화에 있어 상징적 시설물로서의 위치를 고려하는 혜안을 가졌다고 할 것이다. 여러 가지 맥락에서 대한태권도협회 중앙도장 건립은 앞으로 심사와 교육은 물론 연구와 기술 개발의 중심으로서, 국내는 물론 세계 태권도의 본산으로서 역할을 할 것으로 기대되었다.

국기원 기공식 광경
(1971년 11월 19일)

6. 1971년 태권도 대상 수상자

우(右)로부터
공로상의 이병로, 김순배,
지도상의 전일섭, 권영문

1970년에 창설된 대한태권도협회 태권도 대상 1971년 수상자로서 이병로, 김순배가 공로상 수상자로, 전일섭, 권영문이 지도상에 선정되었다. 이해에도 연구상 분야는 수상자를 내지 못하였다. 특히 지도상의 전일섭 씨는 전라북도 태권도협회를 이끌어오며 선수 육성뿐만 아니라 호구 개발 등 겨루기 경기 발전에 끼친 많은 선구적 역할과 공로를 인정한 것이었다. 권영문 사범의 경우 남대문 초등학교 전교생에게 태권도를 지도하면서 특히 어린이 시범단을 육성함으로써 어린이 시범단의 선구가 되었다는 공로가 인정되었다.

7. 주요 경기대회 및 우수 선수

협회는 이해에도 많은 전국대회를 개최하였으며 최초의 지방 개최 등 새로운 변화와 발전을 이루었다. 3월 27일, 28일 양일간 한성여고 체육관에서 전국신인선수권대회를 개최하였다. 중기부와 고기부로 나누어 치러진 대회는 총 318명의 선수가 참가하였다. 5월 29일, 30일 양일간 장충체육관에서 총 28개 팀, 168명의 선수가 참가하여 대통령기쟁탈전 대회가 열렸다. 우승은 성균관대학교가 차지하였다.

제1회 전국중·고·대학
개인전 선수권대회 입상자

6월 19일부터 부산 구덕체육관에서 전국중고대학단체대항전 대회가 개최되었다. 이 대회는 전국체전을 제외하고는 협회 주

최 전국대회로서 최초로 지방에서 개최된 경우로서 32개 팀, 192명의 선수가 참가하였으며, 중등부는 인천 동산중학교, 고등부는 서울 광성고등학교, 대학부는 동아대학교가 우승을 차지하였다.

7월 10일~11일 전국 중고등 및 대학 개인선수권대회가 전주고등학교 체육관에서 215명의 선수가 참가하여 개최되었다. 그 밖에 전국 국민학교 우수선수선발대회와 전국 여자우수선수 선발대회가 10월 30일~31일간 한성여고 체육관에서 개최되었다. 그리고 11월, 13일~14일간 한성여고 체육관에서 개최된 우수선수선발대회에서 우승한 1971년도 우수선수는 다음과 같다.

◆1971년 우수선수대회 입상자

체급	핀	플라이	밴텀	페더	라이트	웰터	미들	헤비
중기부	손태환	이철주	라동식	이광훈	박연환	김철환	박영돈	박수남
고기부	권영운	고철균	박현종	이경연	곽판식	이중기	정진송	서동현

특히 이 가운데 동산고등학교 이철주 선수는 대한태권도협회가 추천하고 대한체육회가 선정한 1971년도 태권도 최우수 선수가 되었다.

1971년 신인선수권대회에서 개회선언을 하고 있는 김운용(한성여고체육관)

8. 해외 태권도 보급

새로운 집행부가 의욕적인 발전 정책을 주도하면서 한편으로는 그때까지 가장 말썽이 많았던 국제태권도연맹과의 분규를 일단락 짓고자 하였다. 이를 위하여 분규수습위원회 등 양 단체 간의 문제를 해결하기 위하여 설치되었던 모든 기구를 공식적으로 해체하였다. 이는 양 단체 간 문제가 더는 실체적으로 문제가 되지 않을 정도로 정리되었다는 의미였다.

협회는 더는 국제태권도연맹의 존재에 대한 구애를 받음이 없이 해외 태권도 보급과 특히 사범 파견을 위한 각종 정책을 펼치기 시작하였다. 해외 태권도 보급 현황과 특히 해외 태권도 사범들의 활약상을 적극적으로 홍보함으로써 태권도의 위상 제고와 국제적 발전에 대한 전망을 구체화하려고 하였다. 이는 대한태권도협회의 높아진 위상과 국내외 태권도계에 대한 통솔력의 강화를 그리고 반대로 국제태권도연맹과 이를 주도하던 최홍희 총재의 위축된 위상과 상대적으로 감소한 영향력을 보여주는 것이었다.

7월 23일 월남소년태권도 선수단이 국방부와 주월 한국군 사령부 초청과 후원으로 내한하여 일주일간의 일정을 가졌다. 25일 장충체육관에서 우리나라 어린이 선수들과 시범경기를 하였다. 최병호 사범이 이끌고 온 20명의 엘살바도르 태권도관광단은 9월 26일 개최된 주한외국인태권도선수권대회를 참관하였다.

◆ **미 국 :** 이준구, 조시학, 전인문, 신현옥, 손덕성, 이행웅, 김상수, 김대현, 강서종,
　　　　　김기황, 김기하, 차수영, 이수웅, 박정환, 전극도, 권오덕, 장진이, 이효운,
　　　　　김진운, 정석종, 문상오, 정호영, 김성주, 이경운

◆ **터 키 :** 조수세(1968년)

◆ **독 일 :** 권재화(1966), 서윤남, 김광일, 송재영, 정흠일

◆ **오스트리아 :** 이경명, 서영철(1971)

◆ **스페인 :** 조용식,

◆ **영 국 :** 이기하

◆ **이 란 :** 함광식, 김수련, 김정훈

◆ **아이보리코스트 :** 김영태

◆ **네덜란드 :** 서명수

◆ **프랑스 :** 이관영(1969년)

◆ **이탈리아 :** 박선재(1958 유학), 박영길, 박춘웅

◆ **에콰도르 :** 이범재(1964)

◆ **캐나다 :** 이준재, 최찬근, 박종태, 박종수, 장만호, 이종수

◆ **엘살바도르 :** 최병호(1966)

◆ **아르헨티나 :** 김영한, 김한창

◆ **대 만 :** 노효영(1969년), 홍성인. 노창수, 강중길

◆ **홍 콩 :** 김복만, 한차교, 봉흥근, 승강용

◆ **싱가포르 :** 한차교

◆ **말레이시아 :** 김복만(1963년), 우제림 이시초, 최찬근, 최광조, 이택녕, 이병무,
　　　　　　　윤영구, 이종협, 양우찬, 김종곤

◆ **필리핀 :** 1970년 김복만, 봉석근 대통령관제에서 시범 후 보급 활동

◆ **태 국 :** 박동근, 김명수

◆ **브루나이 :** 강연호

◆ **우간다 :** 김남석(1969)

◆ **말레이시아 :** 우제림

1972년

1. 임원 총사퇴와 집행부 재구성

협회는 1972년을 대한태권도협회 도약의 해로 삼고 1월 16일 대한체육회 대강당에서 대의원 총회를 개최하였다. 이종우를 임시의장으로 한 총회에서 보고된 1971년도 총수입은 13,641,528원이었으며, 지출 총액은 14,054,252원이었다. 대의원들은 중앙도장 건립과 교본발간 등 대형 사업들이 추진되어야 하는 신년을 맞아 이에 걸맞은 집행부 구성을 다시 하자는 취지로 김운용 회장을 재신임하고 나머지 전 임원은 총사퇴하여 회장에게 새로운 집행부 구성을 위임하였다.

김운용 회장은 전무이사 제도를 폐지하고 새로이 사무처를 총괄할 사무총장을 신설하여 엄운규를 신임 사무총장으로 임명하였다. 1972년 구성된 집행부 임원은 다음과 같다.

◆ 1972년 임원

회장	김운용
부회장	박보희
사무총장	엄운규
이사	김봉균, 김순배, 김홍래, 박무승, 윤석현, 이교윤, 이민하, 이영섭, 이재설, 장익룡, 장태익, 정인영, 최순길, 한기욱, 한봉수, 홍정표, 홍종수
감사	이계광, 전철

김운용 회장은 중앙도장 건립 기공, 태권도 교본 편찬과 함께 세계태권도선수권대회 개최에 대한 의지를 표방했으며, 협회 내부적으로 기술심의회의 강화, 단증 재교부를 통한 단증 질서의 확립, 지도자 교육실시, 그리고 국제사범자격증 발부를 통하여 그동안 난맥상을 보였던 국제연맹과 협회 사이에 갈등을 빚어왔던 해외 사범 파견업무의 협회 중심 체계화를 기하겠다는 포부를 밝혔다.

2. 중앙도장 국기원 개관

1971년 11월 19일 착공한 중앙도장 건립 공사가 3백76일 만에 드디어 마무리되어 역사적 개관식을 하게 되었다. 1972년 11월 30일 모든 태권도인의 희망을 담은 대한태권도협회 중앙도장이 완공되어 김종필 국무총리, 양택식 서울시장, 김택수 대한체육회장 등 다양한 내빈들이 참석한 가운데 준공식을 했다. 김운용 회장은 당시 찾아온 오일 파동의 위기 속에서도 중앙도장 건립 공사의 원만한 진행을 위하여 각계각층의 지원을 호소하여 공사를 예정대로 마칠 수 있었다. 중앙도장의 건립으로 태권도는 구심점을 가지게 되었으며 이후 이루어지게 될 국내외적인 급속한 발전에 주춧돌이 될 수 있었다.

당시 김종필 총리는, "국제적으로 명성을 떨치고 있는 한국 태권도가 이제 태권도 발전의 요람이 될 중앙도장까지 건립하게 되어 태권도 종주국으로서의 명실상부한 면모를 갖추게 되었으니, 이 도장을 발판으로 더욱 비약적인 발전을 이루어 국위선양과 국민 체력 향상에 이바지해 달라"고 하였다.

김운용 회장은 "국기인 태권도의 참모습을 세계에 과시하기 위하여 현재 40여 개국에 파견된 해외사범들을 비롯하여 세계 전역의 태권도인들을 초청하여 명실상부

내부 공사를
둘러보고 있는 김운용

한 세계선수권대회를 내년 5월에 개
최하겠다"는 포부와 함께 본 중앙도장
에서 "승단심사를 단일화하고 일선 사
범들을 재교육하여 기량면에서도 세
계에 으뜸가는 태권도 본산의 참모습
을 보이겠다"는 각오를 보였다.

대한태권도협회 중앙도장이라는 명칭은 이후 이듬해 3월에 재단법인 국기원으로

정식 개칭되었지만, 대한태권도협회의 중앙본관으로서 그 역할은 국기원이 법인

체로서 독립적인 운영이 되기까지 10여 년 이상 지속하였다.

서울 역삼동 구릉 위에
건립되고 있는 국기원

완공 당시 국기원 모습

3. 「태권도 교본 - 품세편」 발간

협회는 12월 1일 협회의 또 다른 오랜 숙원사업의 하나였던 협회 공식 교본을 발간하게 되었다. 발간된 교본은 『태권도 교본 - 품세편』으로 하고 총 301쪽의 분량으로 발행인 김운용 회장, 편집인 이종우 기술심의회 의장이었다. 교본은 태권도 역사를 재정리하고 그동안 협회에서 노력하여 재정립한 팔괘, 태극 품새와 고려, 금강, 태백, 평원, 십진, 지태, 천권, 한수, 일여 등 신제정형 품새를 실어 전국적 기술 통일에 크게 이바지하였다. 이종우 편집인은 품새별 연무선과 기술 동작 특성들을 이론적으로 풀어 제시함으로써 품새의 사상적 기반을 만들려고 시도하였다. 그러나 교본의 제목이 말하듯이 협회는 이 교본에 후속하여 겨루기편 등 추가적인 교본 발간이 있을 것이 전제되어 있었지만, 후속 작업은 그 이후 40년이 지나도 이루어지지 않았다.

1972년 대한태권도협회가
발행한 '태권도교본'

4. 기술심의회 본격 출범

1971년 총회에서 발족하기로 의결한 기술심의회는 1971년은 제대로 된 모습을 갖추지 못한 채 1972년에 이르러 분과위원회를 구성하면서 형태를 갖추고 본격적인 기능을 하기 시작하였다. 설치된 분과위원회는 경기, 심판, 상벌, 심사, 연구, 편집, 교육, 파견의 8개 분과이며 특별위원회 성격의 협회형제정분과위원회를 설치하여 품새의 재정립 작업을 추진하였다. 형제정분과위는 이종우, 엄운규, 홍종수, 이병로, 곽근식, 현우영, 박해만, 배영기, 한영태, 홍정표, 고재천, 백준기가 맡았다. 이 해 기술심의회 주요 임원은 다음과 같다.

◆1972년 기술심의회 임원

의장	이종우		
부의장	홍종수		
경기위원장	김순배	연구위원장	현우영
심사위원장	김인석	교육위원장	곽근식
심판위원장	배영기	상벌위원장	이교윤
파견위원장	이영섭	편집위원장	홍정표

5. 제1기 지도자교육 실시

협회는 그동안 간헐적으로 실시해오든 사범 교육을 보다 체계적으로 하고 사범의 자격에 대한 제도를 강화하기 위하여 지도자 교육을 정기적으로 실시하기로 하였다. 정기적인 지도자 교육의 시행은 곧 사범 자격을 제도화하는 의미를 가진 것으로 본 교육을 통하여 태권도 사범 자격에 대한 통합적 체계가 확립되게 되었다. 제1회 지도자 교육은 전기와 후기로 나누어져 두 차례 실시되었는데, 1차 교육은 대한체육회 강당에서 4월 4일부터 6일 사이 3일간 개최되었다. 참가자는 200명이었으며 교과목과 강사는 다음과 같다.

후반기 교육은 8월 7일부터 9일 사이 3일간 대한체육회 405호실에서 이루어져 137명의 수료자를 배출하였다. 역사적인 제1기 지도자교육 수료자 명단은 다음과 같다.

◆ 강사 명단

체육이론	예의규범	교양	지도자론	협회현황	구급법	용어, 기본동작, 품세
현우영	이종우	홍종수	이재석	엄운규	최태진	박해만, 배영기, 김순배, 이영섭, 한영태

제1기 태권도지도자교육 수료자(137명)

감흥기, 강정구, 고봉준, 고선식, 고철규, 공경찬, 곽기옥, 김광래, 김광언, 김광욱, 김동성, 김동익, 김동철, 김득만, 김문희, 김봉주, 김성재, 김성현, 김수길, 김양일, 김영삼, 김영작, 김영철, 김 용, 김용하, 김용화, 김인식, 김일호, 김정도, 김정수, 김정인, 김정학, 김학수, 문창남, 문호영, 박광연, 박명수, 박부철, 박완규, 박재석, 박정학, 박청용, 방명한, 배덕천, 백수남, 백홍기, 변동식, 변진석, 서관식, 서영선, 성진엽, 손종호, 송격섭, 송봉섭, 송영택, 송진경, 신동규, 신상순, 신재도, 안종웅, 양영모, 양준목, 어수일, 오학동, 우필옥, 원천희, 원청남, 유광종, 유봉호, 유용규, 유호평, 윤길수, 윤재봉, 윤치영, 윤헌추, 윤현구, 은구표, 이규정, 이기용, 이대규, 이명교, 이병규, 이봉기, 이상달, 이석만, 이선재, 이성삼, 이성호, 이영근, 이인구, 이장행, 이재욱, 이중협, 이진묵, 이창식, 이치문, 인대식, 임순호, 임윤길, 임재복, 임종률, 전재규, 정구득, 정기영, 정만순, 정승구, 정영택, 정우식, 정정수, 정진영, 정충구, 조경수, 조근종, 조명구, 조순호, 조증덕, 주상일, 최국환, 최성식, 최영환, 최종수, 최진국, 최학수, 최효선, 추현식, 하기성, 한정성, 한정흠, 한창렬, 한춘교, 한흥태, 현점식, 홍원기, 황길성, 황대진, 황명송, 황춘성

1972

6. 각종 경기대회

제7회 대통령기쟁탈전국단체대항대회가 6월 2일~4일, 3일간 장충체육관에서 개최되었다. 이 해에는 처음으로 학생부가 분리되어 고등부, 일반부로 나누어 진행되었다. 고등부가 대거 참가하여 학생부 213팀, 일반부 22팀이 전년까지 2분 2회전 경기를 2분 3회전으로 변경하여 열전을 가졌다. 학생부 우승은 남산공전이 그리고 일반부 우승은 육군이 차지하였다.

전국 중고대학단체전대회는 7월 14~16일 3일간 부산 구덕체육관에서 중등부 7개교, 고등부 15개교, 대학부 5개교 참사하여 진행되어 중등부는 인천 동산중이, 고등부는 서울 광성고가 그리고 대학부는 성균관대가 우승을 차지하였다.

1973년

1. 김운용 회장 재신임과 신임 집행부 구성

협회는 1월 14일 총회를 개최하여 중앙도장 건립과 태권도 교본 발간 등 획기적 사업을 성공적으로 이룬 지난해를 자축하며 1973년에는 지도자 교육 체계화, 단일심사체제 확립 등으로 종주국의 기반을 닦고 나아가서 신년에는 세계선수권대회 개최와 세계연맹 창설이라는 국제화 단계로의 전진을 해나갈 것을 천명하였다. 1972년도 수지결산은 수입: 23,198,761원, 지출: 21,659,960원이었으며, 승단심사 42회, 국내대회 10회, 심판 및 지도자교육 14회를 실시한 것으로 보고되었다.

총회는 김운용 회장의 2년 임기가 끝난 것으로 하고, 김운용을 차기 회장으로 재선하고 임원 구성을 김 회장에게 일임하였다. 김운용 회장은 이사진 대다수를 외부 인사를 기용하여 협회 운영의 재정 및 외곽 지원 역할을 하게 하고 태권도계 내의 대부분 인사는 기술심의회에 배치하여 실무적 일을 담당케 하는 체제를 갖추었다. 1973년 중반기심의 임원 일부 변동이 있었다. 이종우 의장이 세계연맹 창설과 함께 초대 사무총장으로 선임되었으며 또 홍종수 부의장은 국기원 부원장으로 선임되어 의장 이남석, 부의장 배영기, 심판분과 위원장 이병로로 개선되었다. 당시의

협회의 체계를 잘 나타내어주는 대한태권도협회 기구표는 다음과 같았다.

◆1973년 임원

회장	김운용
부회장	박보희, 박무승, 정인영
사무총장	엄운규
이사	김봉균, 김영일, 김태호, 김홍래, 박용곤, 윤석헌, 이민하, 이재설, 이종우, 장익룡, 조석래, 최각규, 최순길, 한기욱, 한봉수
감사	이계광, 전철

◆ 기술심의위원회 임원

의장	이종우		
부의장	홍종수, 이남석		
경기위원장	김인석	연구위원장	홍정표
심사위원장	김순배	교육위원장	현우영
심판위원장	배영기	상벌위원장	이용우
파견위원장	이교윤	편집위원장	이영섭
기획위원장	고재천	국제위원장	백준기

2. 제1회 세계태권도선수권대회 개최

태권도 세계화를 위한 가장 중요한 사업인 세계태권도선수권대회가 1973년 처음으로 창설되었다. 세계대회 개최는 대한태권도협회가 태권도의 국기화와 스포츠화, 그리고 세계화를 발전 방향으로 정하고 그 중심기지로 국기원을 건립한 다음 가장 중요한 사업으로 추진되었던 일이었다.

대한태권도협회는 중앙도장인 국기원에서 5월 25일부터 27일간 3일 동안 제1회 세계태권도선수권대회를 개최하였다. 세계 16개국 20개 팀 161명의 선수가 참가한 세계선수권대회는 개인전과 단체전으로 나누어 개인전은 경량급과 중량급 두 체급으로, 단체전은 5인 단체전으로 치러졌다.

이형로 감독과 이문호 코치가 이끈 한국 선수단은 단체전(최정도, 김철환, 라종열, 강의성)은 우승, 미국 동부팀이 준우승을 차지하였고, 개인전은 경량급에서 이기형이 그리고 중량급에서 김정태가 우승을 차지하였다.

최초로 개최된 대회이므로 참가국 선수들 간의 규칙에 대한 이해가 다르고, 특히 한국에서 오랫동안 시행해왔던 호구를 착용한 경기방식에 대해 익숙하지 못한 국가도 있었으며, 또 국가협회의 성립이 제대로 이루어지지 않았고 세계연맹이 창설되지 않았던 터라 한 나라에서 다수의 팀이 참가하는 해프닝도 있었다. 그러나 본 대회 개최는 스포츠로서 태권도가 본격적으로 세계화를 추진하는 역사적 시발점이 되었고 이후 태권도가 올림픽 정식종목으로 채택될 수 있는 발전의 주춧돌이 되었다.

대회 개최와 더불어 대회 중에 대한태권도협회와 김운용 회장의 주도로 이루어진 세계태권도연맹 창설은 그동안 많은 갈등을 겪어왔던 최홍희의 국제태권도연맹과 완전한 결별을 선언하고 스포츠화를 중심으로 하는 국제스포츠로서 태권도의 세계화를 추진하는 대한태권도협회의 의지와 정책 방향을 분명히 하게 되었다.

제1회 세계태권도선수권대회에 참가하였던 각국 팀은 다음과 같다. (괄호 속은 인솔한 한국인 사범)

◆제1회 세계선수권대회 참가국 및 인술 사범

독일	서윤남	자유중국	노효영	멕시코	문대원
우간다	김남석	말레이시아	양우엽	캄보디아	최정혁, 김시종
프랑스	이관영	오스트리아	이경명	싱가포르	이성수
필리핀	홍성천	아이보리코스트	김영태	콜롬비아	
미국	동부, 중부, 서부 세 팀이 참가함-민경호, 전인문, 잭 황, 강명구, 김일회, 김대현				
홍콩		브루나이			

1973년 5월 국기원에서 열린
제1회 세계태권도
선수권대회 포스터

세계태권도연맹이
창립하기 전이어서
대회 주최는
대한태권도협회가 하였다.

3. 세계태권도연맹 창설

세계선수권대회가 성공리 완료된 다음날 각국에서 온 대표단과 함께 대한태권도협회가 주도하여 세계태권도연맹(World Taekwondo Federation)이 창설되었다. 국기원에서 개최된 창립총회에는 주최국인 한국을 비롯하여 프랑스, 서독, 오스트리아, 미국, 멕시코, 콜롬비아, 과테말라, 우간다, 아이보리코스트, 자유중국, 말레이시아, 필리핀, 홍콩, 브루나이, 싱가포르, 캄보디아 등 17개국 대표가 참석하였다. 총회는 "본 연맹은 세계태권도연맹이라 한다. 태권도는 고유한 한국문화의 소산이다. 본 연맹을 조직함은 태권도의 종주국으로서 한국의 전통적인 정신과 기술을 세계만방에 올바르게 보급해 한국이 태권도의 지도국으로서 그 사명과 지도적 위치를 항구적으로 확고히 계속 유지하는데 그 의의가 있고 1973년 5월 28일 창립을 했다."는 제1조를 포함한 18조 3항의 창립 정관을 제정하고 김운용 대한태권도협회장을 4년 임기의 초대 총재로 선출하였다. 또 총회는 세계선수권대회를 2년마다 개최하기로 하고 제2회 대회는 서울에서 개최하기로 하였다.

세계연맹의 창설은 이미 존재하고 있었던 국제태권도연맹이 대한태권도협회와의 불화는 물론 국제 스포츠기구로서 기능을 전혀 하지 못하고 무도 단체라는 점만을 강조하고 최홍희 회장의 개인 조직화하는 모순을 타파하기 위하여 오랫동안 대한태권도협회가 염원해 왔던 과제의 하나였다. 실제로 당시 스포츠 관련 단체를 관리하는 기관이었던 문교부가 같은 해 4월 17일 자로 국제태권도연맹을 무분별한 단증 남발과 매도 등을 이유로 해체 조치하였다.

대한태권도협회로서는 세계태권도연맹을 창설함으로써 태권도를 국제 스포츠로서 본격적으로 발전시킬 수 있는 발판을 마련함은 물론 해외 각 국가에 지부 설치와 사범 파견, 단증 문제와 기술 통일 등 앞으로 발전을 위한 많은 일을 해나갈 수 있게 되었다. 구체적으로 김운용 회장은 7월 4일 기자회견을 통해서 각종 국제대회 개최와 사업 전개와 함께 아시안게임 정식종목 채택을 위해 노력하겠다는 구상을 밝힘으로써 국제 스포츠계로 본격 진출할 의지와 전략을 나타내었다.

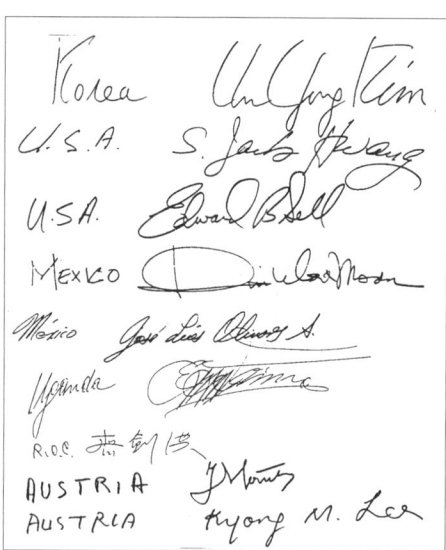

세계태권도연맹
창립발기인 서명

1973년 5월 국기원
강의실에서 열린
세계태권도연맹 창립
총회 모습

4. 각종 국내대회 개최

제11회 전국중·고·대학단체대항전이 개최되어 중등부는 광성중학교가, 그리고 고등부는 서울 광성고등학교가 우승을 차지하였다. 대학부는 고려대학교가 연세대, 성균관대, 명지대를 차례로 격파하고 우승을 차지하였다. 제4회 전국초등학교 개인선수권대회가 6월 30일과 7월 1일 양일간 국기원에서 개최되었다.

9월 14일부터 16일까지 제8회 대통령하사기쟁탈전 전국단체대항대회가 국기원에서 개최되었다. 학생부는 남산공전을 결승전에서 꺾은 천호상전이 우승하였으며, 일반부는 육군 B팀을 이긴 육군A팀이 우승을 차지하였다. 제54회 전국체육대회 태권도 경기가 10월 13일부터 16일까지 4일간 부산 데레사여중 체육관에서 개최되어 서울이 종합 우승을 차지하였다.

10월 27일, 28일 이틀 동안 제1회 전국초등학교 단체대항대회가 국기원에서 개최되었다. 초등학교 대회로서 최초로 개최된 단체대항전에서 남대문초등학교가 결승에서 무궁화초등학교를 꺾고 우승을 차지하였다.

1973 대한체육회 선정 태권도 부문 최우수 선수로 제1회 세계선수권대회 국가대표(단체전)로 우승한 김철환 선수가 선정되었다.

5. 각급 학교연맹 창설

이 해 각급 학교연맹이 속속 창설되었다. 12월 9일 한국 중·고등학교 태권도연맹이 창설되었다. 초대회장은 이인근 동대문상고 교장이 선임되었다. 12월 28일 한국대학태권도연맹 창설이 창설되어 초대회장으로 박대선 연세대 총장이 추대되었다. 한국국민학교연맹은 다음 해 초인 1974년 1월 12일에 창설되어 양대석 전농국민학교장이 초대회장으로 선임되었다.

1974년

1. 총회 개최 및 주요사업 추진

협회는 1월 13일 대한체육회 강당에서 새로이 창설된 초등학교 연맹, 중고연맹, 대학연맹의 3개 대의원을 추가로 하여 시도와 중앙대의원 27명으로 총회를 개최하였다. 취임 3주년을 맞이한 김운용 회장 집행부는 74년 협회 예산을 62,125,089원으로, 그리고 중앙도장인 국기원 예산을 44,032,493으로 의결하였다. 제1회 아시아 선수권대회 개최를 비롯하여 제1회 국제심판교육, 영문 교본 발간 사업과 특히 국기원에 상설 시범단 창설 등 의욕적인 사업 추진을 계획하였다.

2월 16일, 협회는 시도지부, 각 연맹, 각 관(館) 실무자 회의를 처음으로 가졌다. 이날 엄운규 사무총장의 주재로 열린 회의에는 9개 시도지부, 3개 연맹, 9개 관 대표 등 21명이 참가한 가운데 태권도 관련 단체들의 행정 체계화에 대한 방안을 논의하였다. 또 2월 15일 구성된 대한체육회 새 집행부에 김운용 회장이 처음으로 대한체육회와 대한올림픽위원회 부회장에 선임되었다. 회장 및 임원은 다음과 같이 일부 변경되었다.

◆1974년 임원

회장	김운용
부회장	박보희, 박무승, 정인영
사무총장	엄운규
이사	김봉균, 김영일, 김태호, 김홍래, 박용곤, 윤석헌, 이민하, 이재설, 이종우, 장익룡, 조석래, 최각규, 최순길, 한기욱, 한봉수
감사	이계광, 전철

◆1974년 기술심의회

의장	이남석		
부의장	배영기, 이병로		
경기위원장	김인석	연구위원장	홍정표
심사위원장	김순배	교육위원장	현우영
심판위원장	이교윤	상벌위원장	이용우
파견위원장	현종명	편집위원장	이영섭
기획위원장	고재천	국제위원장	백준기

이해 국기원은 원장 김운용, 부원장 홍종수였으며, 세계태권도연맹은 총재 김운용, 사무총장 이종우로서 3개 기관이 당시까지는 대한태권도협회를 중심으로 행정, 사업 및 인적 면에서 긴밀한 협조를 하고 있었다.

1973년 정기 대의원총회 광경 The 1973 general meeting of delegates to the Association.

2. 제1회 국제태권도심판강습회 개최

제1회 국제태권도심판강습회가 5월 15일부터 18일까지 국기원에서 열렸다. 세계 태권도연맹이 주최하고 대한태권도협회가 주관한 이 심판강습회에는 한국을 비롯해 미국, 네덜란드, 오스트리아, 서독, 우간다, 터키 등에서 40여 명이 참가했다.

개회식에서 김운용 세계태권도연맹 총재 겸 대한태권도협회 회장은 "이번 심판강습은 조그만 시작에 불과하지만, 세계태권도연맹 결성을 통해 내디딘 태권도 스포츠 세계화의 출발"이라고 말했다.

이번 첫 심판강습회는 배영기 씨의 '심판원의 자세' 강연을 비롯해 이교윤 대한태권도협회 심판위원장이 심판규정과 채점방법, 주심 수신호 등을 강연했다.

1971년 대한체육회
강당에서 열린
대한태권도협회
심판강습회 모습

3. 제1회 아시아선수권대회 개최

제1회 아시아태권도선수권대회가 1974년 10월 18일부터 20일까지 3일간 국기원에서 10개국 선수 임원 93명이 참가한 가운데 열렸다. 대한태권도협회와 세계태권도연맹이 공동 주최한 이 대회에는 한국을 비롯해 자유중국, 필리핀, 싱가포르, 말레이시아, 홍콩, 일본, 오스트레일리아, 캄보디아, 괌이 참가함으로써 전년도에 개최된 세계선수권대회에 이어 태권도 경기의 세계화에 또 하나의 주춧돌을 놓게 되었다.

서울시내에 설치된 제1회 아시아태권도선수권대회 아치형 홍보물

하석광 선수(왼쪽)가 플라이급 결승에서 홍콩 선수에게 공격하고 있다.

김운용 대회장은 개회사에서 "태권도 세계스포츠화의 과정을 힘차게 밟은 이래 지난해의 세계선수권대회 개최와 세계태권도연맹 결성 그리고 올해에 개최된 제1회 국제심판강습회 등으로 꾸준히 발판을 다져 제1회 아시아태권도선수권대회를 개최하는 결실"을 가져왔다는 감회를 피력하였다. 개회식 식후행사로 김봉기 사범이 이끄는 어린이태권도시범단과 박해만 단장이 이끄는 성인시범단의 시범이 이어졌다.

제1회 아시아선수권대회에서 종주국이며 개최국인 대한민국 선수단은 전체 8체급을 석권하며 종합우승을 하였다. 핀급 윤창옥, 플라이급 하석광, 밴텀급 주상헌, 페더급 박원, 라이트급 이기형, 웰터급 김철환, 미들급 양영관, 헤비급 최정도는 한수 위의 기량으로 정상에 올랐다. 2위는 자유중국이 3위는 캄보디아가 차지하였다. 아시아선수권대회의 성공적 개최는 국제태권도연맹이 강력한 영향력을 가지고 있던 아시아지역에서 국제스포츠화를 지향하는 대한태권도협회와 새로이 창설된 세계태권도연맹의 새로운 태권도 경기가 본격적으로 보급, 발전될 수 있는 발판을 마련했다는 점에서 매우 큰 의미를 가지는 일이었다.

4. 아시아태권도연맹 창설준비위원회의 개최

제1회 아시아선수권대회 개최 기간 중인 1974년 10월 20일, 아시아태권도연맹 태동을 위한 발족회의가 국기원 회의실에서 열렸다. 제1회 아시아태권도선수권대회에 참가한 각국의 대표자들은 이날 결승전을 앞두고 자유중국의 제창으로 가칭 아시아태권도연맹 발기총회가 열렸다. 이날 각국의 대표자 20여 명이 참석한 가운데 열린 발기총회에서 자유중국의 대표는 "그동안 아시아 태권도가 급속한 성장을 보였지만 아직 각국 간의 실력이 완전히 평준화되었다고 보기 어려우나 긴밀한 협조와 발전을 모색하기 위해 아시아태권도연맹을 발족시키는 것이 현명하다는 결론에 도달했다"며 아시아태권도연맹 창립을 위한 제안 설명을 했다.

이날 회의 임시의장을 맡은 엄운규 대한태권도협회 사무총장은 "우리의 뜻이 모두 함께한다더라도 하루아침에 모든 적법 절차를 마치기 어렵다. 국제관례상 충분한 검토와 협의가 이루어져야만 한다." 고 신중을 기했다. 오스트레일리아(호주) 대표는 "이 회의가 성립될 때는 당연히 호주도 가입되어야 하며 그 명칭도 범아시아 내지는 아시아-태평양태권도연맹이 되어야 한다."고 제안했다.

이날 회의에서는 아시아 국가들이 기술을 교류하고 발전을 꾀하기 위해 아시아태권도연맹 발족하는 데는 찬성했으나 그 시기와 절차에 대해서는 준비위원국을 선임하여 충분히 토의한 후 75년 세계선수권대회 직전 정식으로 발족하자는 싱가포르 대표단의 의견이 채택되어 준비위원국회의 회장국에 한국, 회원국에 필리핀, 자유중국, 싱가포르, 오스트레일리아가 선출되고 폐회되었다.

5. 해외 파견 사범 선발시험 실시

대한태권도협회는 1974년 6월 해외 파견 사범 선발시험을 실시했다. 협회 기술심의회와 파견분과위원회는 해외 파견 사범의 목적과 관련, 태권도 종주국으로서 국위선양과 민족 무예의 스포츠로 외교사절의 임무를 다하고 정신면에 있어 보다 우수한 사범과 선수를 해외에 파견하는 데 그 목적을 뒀다.

해외 파견 사범 선발시험의 선발기준은 ▷본회 회원으로 4단 이상인 자 ▷고등학교 이상의 학력으로 영어 또는 당해국(當該國)의 언어를 해득할 수 있는 자 ▷지도자교육을 마친 자로서 사범자격증을 보유한 자 ▷3급 이상의 심판자격증을 보유하고 본회 징계사유에 해당하지 않는 자를 해외 파견 사범 대상자로 삼았다.

이번 시험은 세계 각국으로부터 답지하고 있는 사범파견 요청으로 국가 사범급으로 정부를 통해 온 공식요청만을 대상으로 삼은 것으로, 대상국은 영국이 2명, 이란이 1명, 이집트가 1명이었다.

74년 6월 30일부터 7월 4일까지 열린 제2회 해외파견 사범 선발시험은 파견분과위원회에서 시험을 치렀는데 실기로서 격파, 겨루기, 품새를 모두 실시해 격파부문은 송판 회전격파, 손날격파 등이었고, 품새 부문은 팔괘와 고려 품새, 겨루기는 1분 30초 3회전으로 시행됐다.

또 6월 4일 이론 시험은 기술 일반과 상식 일반으로 나눠 품새와 대한태권도협회 동정, 태권도의 현황 등에 대한 시험과 영어와 역사 및 사회에 대한 시험이 출제됐다. 김운용 회장은 선발시험이 진행되는 동안 직접 시험관으로 나오기도 했다.

제2회 해외파견 사범 선발시험에 합격한 사범들은 김희근 사범(37 · 6단), 이문화 사범(28 · 5단), 이복한 사범(31 · 5단), 곽기옥 사범(27 · 5단) 등이었다.

6. 미국체육회(AAU), 태권도 경기종목 채택

미국체육회(AAU)가 5월 4일 태권도를 AAU 정식 경기종목으로 채택하는 결정을 집행위원회에서 의결했다는 소식을 전해왔다. 민경호 등 재미 태권도 지도자들이 미국 체육회라고 할 수 있는 AAU에 태권도를 독립된 종목으로 채택하기 위한 오랜 노력을 해 온 것이 결실을 보게 되었다. 이 해 10월 13일~19일간에 개최된 AAU 제 87차 총회에서 태권도위원회를 두기로 결의함으로써 미국 공식 체육 단체가 인정하는 진정한 의미에서의 공식적인 미국태권도협회(후일 USTU가 됨) 출범이 가능해졌다. 이에 앞서 미국 AAU에 태권도를 정식으로 인정받는 것이 중요하다는 사실을 인식한 김운용 회장의 특별 초청으로 내한한 데이비드 리베네스 AAU 회장은 1974년 4월 17일 스티븐스 투기 종목 담당관을 대동하고 국기원을 방문해 태권도 지도자교육을 참관했다. 당시 리베네스 회장은 〈조선일보〉와의 인터뷰에서 "미국 내의 투기 경기 중 54% 이상이 태권도에 관심이 있다"며 "태권도의 우수성을 좀 더 정확하고 신속하게 알리는 홍보방안이 필요하다"고 밝혔다.

7. 어린이 시범단 미국시범

이규정 사범이 인솔하여 6세 이진 양으로부터 12세 박호영 군 등 15명의 어린이 시범단이 미국 로스앤젤레스와 샌 프란시스코 등 캘리포니아 일대를 1월 18일부터 2월 17일까지 순회시범을 하여 각종 매스컴 등에서 극찬을 받았다.

고의민 코치와 8명의 선수로 구성된 대표선수단이 본회 엄운규 사무총장을 단장으로 하여 12월 6일부터 12일까지 자유중국을 방문하여 친선 경기를 가졌다.

이 밖에도 연초 대한체육회 대한 올림픽 위원회(KOC) 부위원장에 선임된 바 있던 김운용 회장이 12월에 KOC 명예 총무를 맡게 되어 태권도뿐만 아니라 대한민국 체육 외교의 일선을 담당하게 되기도 하였다.

8. 국가대표 선발전 및 각종 국내대회

1974년 신인선수선발대회가 3월 29일부터 31일까지 국기원에서 개최되어 338명의 신인선수가 참가하여 3일 동안 열전을 통하여 미래의 우수 선수들이 대거 등용되었다. 제9회 대통령기 대회가 7월 18일부터 3일간 국기원에서 서울신문사 주최, 대한태권도협회 주관으로 개최되었다. 대통령기대회는 이해부터 경기방식을 변경하여 개인전 경기를 통한 단체종합점수제로 진행되었으며, 고등부에서는 서울체고가 일반부에서는 경기도 B팀이 우승을 차지하였다.

6월 5일부터 6일 사이 제3회 전국스포츠 소년대회(소년체전) 태권도 경기가 국기원에서 그리고 제5회 외국인 및 여자부 개인선수권대회가 6월 22일부터 23일까지 국기원에서 개최되었다.

제55회 전국체전이 10월 9일부터 국기원에서 열렸다. 이 해의 마지막 경기인 우수 선수 선발대회가 11월 22일부터 24일까지 3일간 국기원에서 개최되었다. 아시아 대표선수로 선발된 대표선수들이 자유중국 원정으로 출국한 관계로 최고 선수들이 빠진 우수대회가 되었다. 전년도부터 국제대회에 출전하는 국가대표 선발전이 새로이 주목받음에 따라 우수대회의 의미가 이전과는 조금 달라졌다. 그러나 손태환, 김세혁, 한유근, 박수복 등 향후 국가대표 선수들을 우승자로 배출하면서 1974년 각종 경기의 대미를 장식하였다.

대한체육회가 선정하는 올해의 최우수 선수 태권도 부문에 제1회 세계선수권대회 개인전과 제1회 아시아선수권 라이트급 우승을 한 이기형 선수가 영예를 안았다. (이기형 선수는 이후 남미 페루에 진출하여 태권도 보급에 힘썼으며 2004년 현지에서 비운의 사고로 세상을 떠났다.)

9. 협회 각 연맹체 첫 대회 개최

전년도에 창립한 한국초등학교(당시-국민학교)태권도연맹(회장 양대석), 한국중고등학교태권도연맹(회장 이인근), 한국대학태권도연맹(회장 박대선)이 1974년에 본격적인 활동을 시작하였다. 초등학교연맹은 6월 26일부터 3일간 제1회 전국국민학교개인태권도선수권대회를 국기원에서 개최했다. 대한태권도협회와 서울신문사 후원으로 열린 이 대회는 683명이 참가한 가운데 1학년부터 3학년까지 A조, 4학년부터 6학년까지 B조로 나뉘어 열렸다.

중고등학교태권도연맹은 1974년 4월 26일부터 2일간 제1회 춘계전국중고등학교태권도연맹회장기쟁탈대회를 국기원에서 개최했다. 중등부 16개 팀과 고등부 19개 팀이 참가한 가운데 열린 이 대회의 경기방식은 2분 3회전, 중간휴식 30초였다. 고등부는 광성고, 중등부는 수송중이 각각 우승했다. 또 제1회 전국중고개인선수권대회를 10월 24일부터 국기원에서 개최하여 326명의 선수가 참가하였다.

대학태권도연맹은 1974년 6월 8일 18개교 116명이 참가한 가운데 국기원에서 제1회 전국대학태권도개인선수권대회를 개최했다.

1975년 제1회 전국국민학교
태권도선수권대회 플라이급
준결승에서 이진양(오른쪽)과
김승현이 경기를 하고 있다.

1975년

1. 1975년 대의원 총회 – "태권도 국제경기화의 해로"

1975년 정기 대의원 총회가 1월 12일 대한체육회 강당에서 시도지부 및 3개 학생 연맹 대의원이 참가한 가운데 개최되었다. 1972년 말 중앙도장 국기원 완공, 1973년 세계태권도선수권대회 개최, 그리고 1974년 아시아선수권대회 개최 등 숨 가쁘게 진행되어 온 태권도 세계화를 위한 기초 작업들의 성공적 추진에 태권도계 전체는 자신감과 자부심으로 충만하여 있었다.

이러한 분위기 속에 개최된 총회는 전년도 지출결산 64,754,809원을 승인하고 1975년 예산안 107,920,184원을 의결하였다. 신년도 주요 사업으로서 제2회 세계선수권대회와 제2회 국제심판강습회, 동남아시범단 파견 등을 의결하였다. 또 임기가 만료된 김운용 회장을 만장일치로 재선임하고 신임 집행부 구성을 회장에게 위임하였다. 김운용 회장은 올해를 "태권도의 세계화의 해로" 만들자는 각오를 취임 포부로 밝혔다. 구성된 집행부와 기술심의회 임원 명단은 다음과 같다.

◆ 1975년 임원

회장	김운용
부회장	박무승, 정인영
사무총장	엄운규
이사	김경환, 김봉균, 김신정, 김영일, 김홍래, 박보희, 백광현, 송인영, 이종우, 임택근, 장익룡, 정영훈, 최각규, 최순길, 한봉수, 한상국, 황칠복
감사	이계광, 전철
사무차장	강원식

◆ 1975년 기술심의회

의장	이남석		
부의장	김인석, 이병로		
경기위원장	이교윤	연구위원장	홍정표
심사위원장	현종명	교육위원장	박해만
심판위원장	김순배	상벌위원장	이용우
피견위원장	김선구	편집위원장	이영섭
기획위원장	고재천	국제위원장	이금홍
당연직위원	엄운규, 강원식	수석지도위원	배영기
		지도위원	백준기, 현우영

1974년도 대의원총회가 1975년 1월 12일 대한체육회 강당에서 열려 태권도 세계경기화의 비전을 다짐했다. 1975 Annual Conference of National Delegates of the Korea Taekwondo Association was held at K. A. S. A. auditorium on 12 January 1975.

2. 제2회 세계태권도선수권대회 개최

1975년 8월 28일부터 31일까지 국기원과 장충체육관에서 제2회 세계태권도선수권대회가 개최되었다. 8월 28일 국기원에서 거행된 개회식은 김종필 국무총리와 구자춘 서울시장 등의 요인이 참가한 가운데 호주, 뉴질랜드, 오스트리아, 자유중국, 콜롬비아, 코스타리카, 이집트, 독일, 네덜란드, 벨기에, 터키, 영국, 스페인, 홍콩, 싱가포르, 괌, 덴마크, 프랑스, 이란, 이탈리아, 아이보리코스트, 일본, 말레이시아, 모로코, 멕시코, 필리핀, 엘살바도르, 브라질, 과테말라, 미국, 우간다, 유고슬라비아, 한국 등 30개국 165명의 선수와 90여 명의 임원이 입장하며 시작되었다. 이러한 규모의 대회는 당시로써는 국내에서 개최된 최대 규모의 국제경기로서 국민과 언론의 집중적인 관심이 쏠렸다.

제1회 대회보다 참가 국가와 선수의 규모가 많이 늘어났으며 경기 방식 또한 크게 달라졌다. 단체전과 개인전을 각각 치렀던 1회 대회와는 달리 개인전을 통한 국가단체 등위 결정방식이 처음으로 채택되었다. 경기 시간은 2분 3회전 30초 중간휴식이었으며, 체급구분은 핀급: 48kg, 플라이: 53kg, 밴텀: 58kg, 페더: 63kg, 라이트: 68kg, 웰터: 74kg, 미들: 80kg, 헤비: 80kg 이상이었다.

제1회 대회 이후 불과 2년 만에 각국 선수들의 기술 수준은 괄목할 발전을 이룬 것으로 평가되었고 이와 함께 대회 운영과 심판 등 대회 전반에서 큰 발전을 보였다는 평가를 받았다. 대회 마지막 날인 31일은 장충체육관으로 장소를 옮겨 결승전을 가졌다. 만여 명의 관중과 KBS, MBC 텔레비전의 중계와 함께 진행된 결승전에서 한국선수단(감독: 이명근, 코치: 고의민, 김용휘)은 8체급 전원 금메달을 획득하며 종합 우승을 차지하였다. 국내 언론들은 이번 대회의 성적과 태권도의 가치를 대대적으로 보도했다. 〈서울신문〉은 75년 9월 2일 자 '태권도의 교훈'이라는 기사를 통해 "해외에서 태권도는 이미 한국의 국기(國技)로 받아들여지고 있는 실정"이라며 "태권도의 세계화는 우리 것을 가지고 있으면서도 기를 펴지 못하던 습성을 타파하고 세계를 개척하는데 좋은 교훈을 주었다"고 전했다.

한편 대회기간 중인 28일 오후 조선호텔에서는 세계태권도연맹 제2차 총회가 개최되었다. 차기 세계선수권대회 개최지로 필리핀을, 그리고 제2회 아시아선수권대회 개최지로 호주를 결정하는 등 앞으로의 각종 사업에 대한 여러 가지 의결을 하였다. 또 23일부터 28일까지 제2회 국제심판 강습회가 개최되어 국내에서 144명이 참가하여 65명이 자격을 획득하였으며, 해외 참가자는 74명이 신청하여 18명이 자격 획득에 성공하였다.

이처럼 제2회 세계선수권대회는 태권도 경기의 국제 스포츠화와 세계태권도연맹의 성공적 활동에 대한 커다란 자신감을 심어주는 역사적 계기가 되었다.

서울 광화문 앞에 설치되어 있는 제2회 세계태권도선수권 대회 홍보탑

3. 세계태권도연맹, 국제경기연맹(GAISF) 정회원으로 가입

1975년 10월 4일부터 9일 사이에 캐나다 몬트리올에서 열린 국제경기연맹 총회 (GAISF-General Assembly International Sports Federation))에서 세계태권도연 맹이 정회원으로 가입되어 태권도가 명실상부한 세계 스포츠로 발돋움하게 됐다. GAISF 총회는 60여 개의 세계스포츠연맹 대표들이 모인 스포츠계의 UN 총회로 일컬어진다.

애초 오스커 스테이트 GAISF 사무총장의 지원을 믿고 추진한 가입이 국제유도연 맹 회장인 영국의 찰스 파머가 태권도가 가라테와 유사한 종목이며 그리고 유럽 각 국에서 태권도가 유도협회 산하에 있다는 이유 등을 들어 강력하게 반대함으로써 커다란 난관에 봉착하게 되었다. 파머 회장이 GAISF 사무총장에 선출됨으로써 가 입 추진이 더욱 어려워지게 되었다. 찬성 측과 반대 측으로 나누어져 치열한 논리 전을 계속하는 가운데 김운용 회장의 불굴 노력이 주효하여 토마스 캘러 회장의 지 지를 확고히 하게 되었고, 캘러 회장의 중재와 지지로 마침내 마지막 날인 9일 가 입을 위한 만장일치 가결을 이끌어내었다.

태권도의 GAISF 가입은 먼저 태권도가 국제 스포츠계에서 스포츠 종목의 하나로 서 공식적인 인정을 받았다는 의미를 가진다. 가라테나 우슈 등이 동양의 무술로서 수련되고 있지만, 국제적인 스포츠의 하나로서 인정받지 못하고 있는 상황에서 태 권도가 가장 먼저 그 직위를 획득함으로써 향후 각종 국제 스포츠 대회의 종목으로 채택될 수 있는 기반을 마련했으며, 나아가서 종주국적으로는 올림픽 정식종목을 바라볼 수 있는 중요한 발판을 구축한 것이었다. 또 세계 각국에서 활동하고 있는

사범들과 각국의 태권도협회의 지위 향상에도 커다란 영향을 주게 된 쾌거였다. 또

이날의 성과가 훗날 1986년 김운용 회장이 GAISF 회장에 당선되고 5선까지 당선

되면서 국제 스포츠계의 유력 지도자로 부상하는 계기가 되기도 하였다.

동아일보 1975년 10월 22일자

4. 제2회 세계선수권대회 국가대표 선발전

제2회 세계선수권대회에 출전할 대한민국 대표선수 선발 최종전이 6월 21일 국기원에서 열렸다. 1, 2차 예선전에서 선발된 1, 2위 선수와 유럽원정에 참가했던 전년도 대표선수들이 참가하여 토너먼트로 최종전을 가졌다.

체급별 결승전 진출자와 그 결과를 보면, 핀급은 황용수와 정근표가 대결을 펼쳐 황용수가 대표선수로 선발되었다. 플라이급은 한유근과 김종기가 격돌하여 연장전 끝에 한유근이 우승하였으며, 밴텀급은 손태환과 박수복이 맞붙어 손태환이 승리하였고, 페더급에서는 이계승과 김세혁이 결승에 진출하여 이계승이 대표로 선발되었다.

라이트급은 제1회 세계대회 우승자인 라종렬과 유영합의 대결로 압축되어 유영합이 승리를 거두었으며, 허송과 김무영의 대전이었던 웰터급은 김무영이 갈려 선언 후 공격으로 실격패하여 허송이 대표로 선발되게 되었다. 미들급은 양영관과 정순기가 맞서 전년도 대표선수인 양영관이 승리를, 그리고 헤비급 역시 2년 연속 대표선수 자리를 지키던 최정도가 홍재삼을 꺾고 대표선수 자리를 지켰다.

당시 협회에서는 대표선수들의 교체가 너무 대폭으로 이루어져 경기력에 대해 우려를 하기도 하였다. 협회에서 최종 발표한 제2회 세계태권도선수권대회 출전 대표선수단 임원 및 선수 명단은 다음과 같다.

◆ 제2회 세계선수권대회 대표 선수단

단장	이병로			
감독	이영근			
코치	고의민, 김용휘			
선수	핀: 황용수	플라이: 한유근	밴텀: 손태환	페더: 이계승
	라이트: 유영합	웰터: 허송	미들: 양영관	헤비: 최정도

5. 한국대표팀, 유럽 5개국 첫 원정 친선경기

1975년 5월 한국태권도대표선수단이 처음으로 유럽원정을 떠났다. 대한태권도협회는 단장에 강원식, 감독 조영수, 코치 고의민에 손태환(명지대), 이정돈(성동상전), 유영합(육군), 김철환(육군), 양영관(해군), 김정식(육군), 허송(육군) 등 7명의 선수와 5월 20일 유럽으로 떠났다.

한국선수단은 서독의 에쎈과 오스트리아 인스브루크, 스페인 마드리드, 프랑스 파리, 네덜란드 쇼트겐 보쉬 등지에서 23일 동안 순회하며 친선경기를 했다. 한국은 서독과의 경기에서 7전 6승 1패를 거뒀다. 강원식 한국대표선수단장은 "대회가 끝나자 우리 선수단은 사인 공세에 밀려가며 호텔로 돌아와 서독 선수들과 친목을 다지는 만찬회를 가졌다"며 "해외주재 사범 20여 명과 태권도 발전을 위한 간담회도 했다. 사범들 간에 동포애로서의 단합을 호소하며 밤을 지새웠다"고 회고했다.

이번 한국선수단의 원정경기에 서독 신부영 사범, 프랑스의 이관영-박광철 사범, 방서홍 사범, 오스트리아 이경명 사범, 네덜란드 서명수 사범, 스페인 김재원-조영훈 사범 등은 각별한 애정을 보여주었다.

한국 대표선수단의 유럽 원정 친선경기가 현지에서 성공적으로 치러졌다는 사실은 먼저 해외 태권도계에 아직 친숙하지 않은 태권도 경기의 방식과 경기규칙에 대한 이해를 높이고 스포츠 되어가는 KTA와 WTF가 추구하는 새로운 태권도의 발전방향에 대한 공감을 높이는 계기가 되었다.

6. 소년부 단을 품으로 변경

협회는 2월 13일 기술심의회 전체회의를 열어 소년부 단을 품으로 변경하기로 하여 3월 1일부터 이를 전면 시행하기로 하였다. 당시 기심의는 그 취지를 "소년부 수련자들의 수련상 수반되는 체력, 정신력, 판단력, 지구력, 기능력 등이 일반부 수련자들보다 결여, 박약하여 ······ 소년부의 심사제도를 혁신하여 일반부 유단자와 별도로 독립함으로써 소년부의 실력 평가 기준에 따른 계층을 윤허하는 칭호를 새로운 명칭인 품으로 제정하여 단에 대한 권위를 높이고 ······ 소년부 수련인구의 저변확대에 기하고자" 한다였다. 품은 14세 이하 수련생을 대상으로 하고 1품에서 3품까지를 두며, 새로이 품띠를 제정하였다. 이 제도를 실시함으로써 이후 저연령층 수련생의 급격한 증가에 대한 제도적 발판을 마련한 것이라고 할 수 있다.

7. 해외 사범에 대한 당부 발표

협회는 3월 초 협회 소속 9개 관 대표 명의로 "해외에서 활약하고 있는 사범 여러분께!"라는 공식 서한문을 작성하여 계간 태권도지 제15호에 싣는 한편 각국 사범들에게 보내어 올림픽 종목 채택을 위한 원대한 목표를 위하여 먼저 세계연맹기구(GAIF) 가입의 필요성을 역설하고 이를 위한 협조 사항을 밝혔다. 각국에서의 협회 창립 필요성과 협회를 주재국 정부가 인정하는 체육 단체에 가입할 것과 세계연맹 가입을 촉구함과 함께 가라테와 구별되는 태권도 명칭의 확고한 기반을 확보하여 국제 스포츠화의 과정에서 강력한 라이벌인 가라테에 당당하게 대응하라는 점

등을 당부하였다. 이로써 대한태권도협회는 올림픽 정식종목 채택이 앞으로 태권도 발전의 지상목표임을 천명하였으며, 이를 위하여 전 세계에서 활동 중인 한인 사범들의 결속과 공동 노력이 필요함을 대내외적으로 천명한 것이었다.

1970년대 중반 세계태권도연맹 총재이자 대한태권도협회 김운용 회장이 유럽에서 활동하고 있는 한인 태권도 사범들을 격려하고 포즈를 취하고 있다.

8. 각종 국내대회 개최

1975년도 전국신인선수선발대회가 3월 28일부터 30일까지 중기부 446명, 고기부 95명이 참가하여 3일간 국기원에서 개최되어 한 해의 각종 대회 출발을 장식하였다. 제10회 대통령기쟁탈 전국단체대항대회가 6월 12일부터 14일까지 3일 동안 서울신문사 주최 대한태권도협회 주관으로 국기원에서 개최되었다.

대학부를 포함한 일반부에 12개 팀 94명이 그리고 고등부에는 17개 팀 114명이 참가하여 개인전을 통한 종합점수제로 진행되어 일반부는 동아대학교가 고등부는 성동상업전수학교가 종합우승을 거두었다.

1975

광복 30주년 기념 제6회 주한외국인 및 여자부 개인선수권대회가 7월 19일~20
일 이틀간 국기원에서 개최되었다. 제4회 소년체육대회 태권도 경기가 부산 데
레사여고 체육관에서 6월 1일, 2일 이틀간 개최되어 충북팀이 종합우승을 차지
하였다. 제56회 전국체육대회 태권도 경기는 10월 8일부터 11일까지 대구 수창
초등학교 체육관에서 개최되어 개최지인 경상북도가 우승을 차지하였다.

1975년 신인선수권대회
입장식 광경(75. 3. 28)

이 해를 결산하는 우수선수 선발대회는 12월 20일, 21일 이틀간 국기원에서 개
최되었다. 중기부 우승자는 박문식(핀), 김종기(플라이), 박오성(밴텀), 박원(페
더), 박연환(라이트), 한광열(웰터), 오행선(미들), 김정식(헤비)였으며, 고기부
우승자는 이상순(핀), 김제홍(플라이), 이철주(밴텀), 유길환(페더), 유영합(라
이트), 김철환(웰터), 박인덕(미들), 안장식(헤비)였다. 대한체육회가 선정하는
1975년 태권도 부문 최우수 선수로는 유영합 선수가 선발의 영광을 차지하였다.

연세대학교 창립 90주년을 기념하는 제1회 연세대학교총장기쟁탈 전국고등학
교태권도선수권대회가 1975년 11월 18일부터 이틀간 연세대체육관에서 열렸
다. 연세대가 주최하고 대한태권도협회와 한국중고태권도연맹 및 연세대 태권
도OB회가 후원한 이 대회에는 13개 고교에서 81명이 참가, 4체급을 석권한 서
울체육고등학교가 종합우승했다. 본 대회의 창설은 당시로는 예상하지 못했지
만 향후 용인대, 경희대 등 각 대학총장기 대회 창설의 시초로서 역할을 하게 되
었다.

외국인대회

1976년

1. 정기 대의원 총회 개최

1976년 정기 대의원 총회가 1월 17일 대한체육회 강당에서 개최되었다. 전년도에 성공적으로 개최된 제2회 세계선수권대회와 세계연맹 총회, 국제심판강습회 등 국제 행사와 특히 국제경기연맹에 태권도가 가입하게 된 성과 등 태권도 세계화의 성취에 자신감을 가지면서 집행부는 76년은 해외에서 처음으로 개최하게 될 제2회 아시아선수권대회에 대한 대비와 각종 국내외 사업에 대한 의지를 다졌다.

총회는 76년 예산을 85,819,801원으로 의결하고 사범 자질향상, 산하지부 및 연맹 육성강화, 시범단 훈련강화 및 해외 파견사업 추진, 일선 도장 정비 등을 핵심 사업으로 정하였다. 지금까지 대한태권도협회를 중심으로 운영되어 오던 국기원과 세계연맹의 예산 및 회계에 대한 분명한 구분이 처음으로 논의되기도 하여 양 기관의 독립적 운영에 대한 필요성이 제기되었다. 또 태권도 육성에 관한 국가 차원의 입법적 노력 필요성이 제기되기도 하였다.

협회는 1976년 1월 27일 자로 기술심의회 임원을 일부 개편했다. 발표된 내용으로는, 파견분과위원회가 국제분과위원회로 흡수되고 학교분과위원회가 신설됐다. 1976년 기술심의회 임원 명단은 아래와 같다.

◆ 1976년 기술심의회

의장	이남석		
부의장	김인석, 이병로		
경기위원장	이교윤	연구위원장	이영섭
심사위원장	현종명	교육위원장	박해만
심판위원장	김순배	상벌위원장	이용우
기획위원장	김광득	편집위원장	고재천
파견위원장	홍정표	국제위원장	김용호

1975년도 대의원 총회가 1976년 1월 17일 대한체육회 대강당에서 열렸다.

1975 Annual Conference of National Delegates of the Korea Taekwondo Association was held at K.A.S.A auditorium on 17 January 1976.

1976

2. 한국, 제2회 아시아선수권대회 우승

제2회 아시아태권도선수권대회가 처음으로 한국을 벗어나 해외에서 개최되었다. 한국대표선수단은 1976년 10월 16일부터 17일까지 호주 멜버른에서 개최된 제2회 아시아선수권대회에 참가하여 8체급을 전체를 석권하며 우승했다. 이번 대회는 국제경기연맹(GAISF)의 승인을 받은 첫 공인대회로 8개국에서 43명의 선수가 참가했다. 1회 대회 준우승국인 자유중국은 정치적인 이유로 불참했고 3위를 했던 캄보디아도 공산화로 불참했다. 한국을 위협하던 홍콩도 불참해 1회 대회보다 참가국이 약간 줄어들었지만, 해외에서 개최된 최초의 대회로서 나름대로 성공적이라는 평가를 받았다.

엄운규 단장과 이규석 코치가 이끄는 한국팀은 핀급 최윤기를 비롯해 플라이급 김종기, 밴텀급 손태환, 페더급 김무천, 라이트급 최재천, 웰터급 유영합, 미들급 김철환, 헤비급 김덕수 선수가 모두 1위를 차지함으로써 1회 대회에 이어 두 번째로 전 체급을 석권하는 종합우승을 달성했다.

김운용 회장이 제2회 아시아 태권도선수권대회에 출전하는 한국대표팀 엄운규 단장에게 태극기를 전달하고 있다.(좌) 제2회 아시아 태권도 선수권 대회 파견 한국대표선수단(우)

3. 국제군인체육회, 태권도 정식종목 채택

태권도가 국제군인체육회(CISM) 대회 정식종목으로 채택됐다. 1976년 4월 7일부터 10일까지 서울에서 열린 국제군인체육회 제1차 집행위원회 회의에서 태권도가 정식종목으로 채택됨에 따라 지난해 국제경기연맹(GAISF)에 가입된 이후 중요한 국제경기대회의 종목의 하나로 채택되는 성과를 이룬 것이다. 집행위원회는 1978년에 제1회 국제군인태권도대회를 서울에서 개최하기로 하였다. 집행위원들은 회의 기간 중인 4월 9일 국기원을 방문하여 김운용 회장과 함께 국가대표 성인시범단과 남대문초등학교 어린이시범단의 시범을 관람하기도 하였다.

국제군인체육회는 1948년 창립되어 당시 66개국의 회원국을 두고 있었다. 한국은 1957년 국제군인체육회에 가입해 해마다 선수단을 파견해 왔다.

4. 국가대표 최종선발전

제2회 아시아선수권대회에 출전할 국가대표 선발 최종전이 7월 22일 양일간 국기원에서 열렸다. 1차 예선전과 2차 예선전을 통하여 각 체급 2명씩 모두 4명의 선수가 선발되어 최종전에서는 체급별 4명이 리그전을 통하여 최종 승자를 뽑는 방식을 도입하였다.

핀급에서는 최윤기, 정근표, 송상헌, 차청훈의 대결에서 고교 2학년인 최윤기가 전승으로 대표선수에 선발되었다. 플라이급은 서울체고 2학년의 김종기가 윤종욱, 김영국, 이길홍을 차례로 물리치고 대표선수의 영광을 차지하였으며, 밴텀급은 두 차례 대표선수를 지낸 손태환이 주상헌, 박오성, 김영훈을 꺾고 대표팀 자리를 지켜냈다.

페더급은 김무천과 박원이 승패를 가릴 수 없는 무승부까지 가는 접전 끝에 김무천이 대표선수 자리를 차지했으며, 라이트급에서는 김세혁, 유하영, 최재천 선수 간 치열한 경쟁 끝에 최재천 선수가 우승을 차지하였다. 웰터급에서는 전년도 라이트급 대표선수였던 유영합 선수가 정수근 선수와 치열한 접전을 거쳐 대표선수로 선발되었으며, 미들급에서는 역시 웰터급 대표선수를 지냈던 김철환 선수가 마상현, 김무영 선수를 제치고 대표선수로 재기에 성공하였으며, 헤비급에서는 김덕수 선수가 전 대표선수인 김정식을 꺾고 대표선수 자리에 올랐다. 대표선수들은 8월 30일부터 국기원에서 40여 일간 강화훈련을 가졌다.

5. 각종 국내 대회

전국신인선수선발대회가 3월 26일부터 28일까지 3일간 국기원에서 중기부와 고기부로 나누어 총 616명의 선수가 참가하여 개최되었다. 6월 10일부터 12일까지 제11회 대통령기 단체대항 대회가 국기원에서 개최되었다. 일반부는 연세대 등 대학팀이 7개, 군 팀이 4개, 그리고 신촌도장 등 일반 팀이 11개로, 그리고 고등부는 27개교가 참가하였다. 특히 동양신약, 대륭금속 등 직장 팀이 참가하여 실업팀 창단의 가능성을 보이기 시작한 점이 눈길을 끌었다. 일반부 우승은 육군 A팀이 그리고 고등부 우승은 성동상업전수학교가 전년에 이어 2연패를 하였다.

제5회 소년체전 태권도 경기는 6월 4일, 5일 양일간 국기원에서 개최되어 권기문과 양기모 등 미래의 우수한 국가대표선수 재목들을 발굴하면서 전라북도가 우승을 차지하였다. 제57회 전국체육대회 태권도경기는 10월 13일부터 16일까지 개항 100주년을 맞이한 부산 데레사여고 체육관에서 개최되어 서울이 종합 우승을 차지하였다. 1976년을 결산하는 우수선수 선발대회가 12월 3, 4일 양일간 국기원에서 개최되어 중기부와 고기부로 나누어 이승형, 김종기 등 16명의 우수선수를 선발하였다.

6. 태권도지도자교육 국기원에서만 실시하기로

대한태권도협회 기술심의회는 1976년 11월 1일부터 지도자교육을 국기원에서만 실시하기로 하고 교육기간도 6일에서 10일로 연장했다. 연간 4회씩 실시하는 지도자교육은 연초 사업계획에 의해서 교육기간이 연장됐다. 이와 함께 5단 이상의 고단자 승단심사제도로 바꿨다. 5단 응심자는 4단에서 지도자교육을 마치고 사범자격증을 소지한 사람에게만 심사에 응시할 기회를 부여했다.

7. 무하마드 알리 국기원 방문

6월 28일 당시 세계적으로 인기를 얻고 있던 미국의 권투선수 무하마드 알리가 국기원을 방문하였다. 알리는 시범 경기와 어린이 시범 등 태권도 시범을 관람하였다.

명예단증 수여식을 하고 있는
무하마드 알리(왼쪽)와
김운용(당시 국기원장)

1977년

1. 정기 총회

1977년 1월 8일 대한체육회 강당에서 1976년 사업성과를 회고하고 새해의 청사진을 펼쳐나가기 위한 대의원총회를 열었다. 이날 총회에서는 지난해와 달리 각 관(館)을 대표하는 1인을 비롯해 시·도협회 대의원을 포함 21명이 참석했다. 강원식 사무차장의 사회로 열린 총회에서 김운용 회장은 "사범의 자질, 즉 지도자의 자질향상과 승단심사 제도의 공정한 실시만이 급변하는 정세 속에서 태권도가 발전할 수 있다"며 "실업팀의 창설과 장학사업 등을 꾸준히 펼쳐 나가자"고 당부했다.

대한태권도협회는 이날 총회에서 77년도 사업예산을 지난해보다 800만 원 증액된 88,526,600만 원으로 의결했다. 협회 규약이 대한체육회 가맹경기단체 규약 준칙의 개정에 따라 이루어진 개정의 중요한 부분은 집행부 임기가 2년에서 4년으로 변경된 점이었으며 이사가 15인에서 19인으로 증원되었다. 관 통합 문제가 논의되어 관 통합을 위한 특별위원회 설치를 의결하였으며, 올해부터 심사행정을 국기원에서 전면적으로 시행하기로 하고 심사와 교육을 위한 국기원의 특별기구 설치도

의결하였다. 대한체육회의 제도변경에 맞추어 사무처를 사무국으로 변경하고 사무총장을 전무이사로 바꾸고 사무차장은 사무국장으로 바꾸는 등 사무국을 개편하는 문제도 의결되었다.

1월 14일 대한태권도협회, 국기원 합동이사회가 대한체육회 회의실에서 개최되었다. 이러한 합동 이사회의 개최는 국기원이 재단법인으로 독립하였지만, 심사와 교육 사업 등 제반 사업이 대한태권도협회와 관련 없이 이루어질 수 없었던 사정을 반영하는 것이라 할 것이다.

● 1977년 임원

회장	김운용
부회장	박무승, 정인영
전무이사	강원식
이사	김경환, 김봉균, 김신정, 김영일, 김진봉, 김홍래, 남궁호, 백광현, 서규덕, 서명원, 임택근, 장익룡, 정영훈, 최각규, 최순길, 한봉수, 한상국
감사	이계광, 전철

1977년 1월 대한태권도협회와 국기원이 합동 이사회를 하고 있다. 당시 김운용 회장은 국기원장을 겸직하고 있었다.

직제 변경과 함께 이루어진 일부 이사의 보선 등으로 변경된 임원진은 아래와 같다.

◆ 1977년 기술심의회

의장	배영기		
부의장	김인석, 이교윤, 이병로, 이용우		
경기위원장	황춘성	연구위원장	연구위원장
심사위원장	최남도	상벌위원장	김호재
심판위원장	김순배	편집위원장	김재기
파견위원장	원천희	국제위원장	곽병오
기획위원장	전정웅	홍보위원장	김용호
시범위원장	이금홍		

관통합추진위원회는 2월 23일 결성되었다. 구성된 위원은 노병직, 이교윤, 이남석, 최남도, 곽병오, 이금홍, 이용우, 이종우, 엄운규, 홍종수, 이병로, 김인석, 노희덕이었다.

1977년 1월 대한체육회 강당에서 열린 대한태권도협회 1976년도 정기대의원 총회 모습

2. 제3회 세계선수권대회 종합 우승

9월 15일부터 17일까지 3일간 미국 시카고에서 제3회 세계선수권대회가 개최되었다. 전 세계 46개국으로부터 350여 명의 선수, 임원들이 참가함으로써 해외에서 최초로 개최된 세계선수권대회가 큰 성공을 거두면서 협회 관계자들에게 올림픽을 향한 자신감을 심어주었다. 한국팀은 이교윤 단장을 필두로 곽병오 감독, 고의민, 정만순 코치가 8명의 대표선수를 이끌고 8체급 중 여성기, 하석광, 김종기, 박정호, 유영합, 허송, 안장식 선수가 7체급에서 금메달을 그리고 라이트급의 최재천 선수는 은메달을 획득하며 종합우승을 차지하였다.

대회에 앞서 14일에 개최된 제3회 세계태권도연맹 총회에서 김운용 총재가 다시 회장으로 재선되었다. 세계 스포츠의 주 무대인 미국에서 개최된 세계선수권대회를 성공적으로 마무리함으로써 대한태권도협회와 세계연맹 집행부는 태권도의 세계 스포츠화에 더욱 강한 자신감을 가지게 되었으며 이에 김운용 총재는 1980년대는 올림픽 무대를 향해 힘차게 나아가는 단계가 될 것으로 공언하기도 하였다.

1977년 미국 시카고에서 열린 제3회 세계태권도선수권대회에서 한국태권도대표팀이 우승을 하자 박정희 대통령이 이들을 청와대로 초청해 다과를 베풀며 격려하고 있다.

한국대표팀이 우승 후 김포공항에서 환영을 받고 있다.

3. 국가대표 선발전

미국 시카고에서 열릴 예정인 제3회 세계선수권대회에 출전할 77년 국가대표 선발
최종전이 5월 30일 국기원에서 개최되었다. 4월 17일과 5월 1일에 각각 이루어졌던
대표선발 1, 2차 예선전에서 선발된 1, 2위자 4명이 리그전 방식으로 최종전을 가졌
다. 대회 결과 체급별 1, 2위 자를 선발하여 1위 자는 세계선수권대회에 2위 자는 국
제친선대회에 파견키로 함으로써 대표 1, 2진 방식이 처음으로 시도되었다. 또 협회
창립 이후 최초로 대표팀이 태릉선수촌에 입촌하여 8월 21일부터 10일간 합숙훈련
을 가지게 되었다. 체급별 선발 선수는 다음과 같다.

◆1977년 국가대표 선수 명단

체급	1진	2진
핀	여성기	김근철
플라이	하석광	최윤기
밴텀	김종기	박오성
페더	박정호	김무천
라이트	최재천	김세혁
웰터	유영합	강용구
미들	김상천	허송
헤비	안장식	김정식

4. 각종 국내 대회 개최

신인선수권대회가 3월 25일부터 27일까지 예선전을 그리고 3월 30일 31일 양일간 본선으로 하여 국기원에서 개최되었다. 이 해는 참가인원이 942명으로 대폭 증가하여 신인선발 대회가 가장 많은 선수가 참가하는 인기 있는 대회가 되는 시발점이 되었다. 제12회 대통령기 대회가 5월 19일부터 21일까지 3일간 국기원에서 개최되었다. 일반부는 해군팀이 그리고 고등부는 성동상전이 3연패를 차지하였다.

이해를 결산하는 우수선수 선발대회는 11월 25일, 26일 양일간 국기원에서 개최되어 하석광, 손태환, 김무천, 유영합 등 기존 대표선수들과 함께 이재봉, 정찬, 김상천 등 새로운 국가대표 시대를 열게 될 신진 선수들을 우수선수로 배출하였다. 이해 대한체육회가 선정하는 태권도 부문 최우수선수로는 하석광 선수가 결정되었다.

대한태권도협회는 경기용 낭심보호대를 공인품으로 선정해 1977년 4월 15일 열린 또 협회는 제3회 세계태권도선수권대회 파견 대표선수 1차 평가전부터 사용했다. 최초로 공인된 낭심보호대는 범무사에서 제작된 것으로 보호대 상단에 협회 마크와 공인이라는 표시를 했다.

5. 통합관 체제 위해 총본관 설립

8월 1일 관 통합 제8차 회의가 국기원에서 개최되어 10개 관을 총본관 1개 관으로 통합하기로 결의하고 총본관장 김운용, 부관장 이종우, 엄운규, 사무총장 이남석, 감사 강원식으로 정하였다.

3월 9일 미국 올림픽위원회(USOC) 부위원장인 존 디 캘리(John D. Kelly)와 미 체육회(AAU) 부회장인 조시아 핸슨(Josiah Hanson)이 방한하여 제3회 세계선수 권대회 준비와 태권도의 국제화에 대해 논의하였다. 협회 임원과 10일 오찬을 가 졌다.

6. '태권도인의 밤' 행사 개최

협회 창립 16주년 및 국기원 개관 5주년을 기념하고 세계태권도선수권대회 3연패 를 자축하는 '태권도인의 밤' 행사가 1977년 11월 30일 대한체육회 강당에서 열렸 다. 이 자리에는 고광득 문교부 차관, 최재구, 김진봉 국회의원, 정병주 특전사령관 등 4백여 명의 내외 귀빈과 태권도인들이 참석한 가운데 진행됐다.

김운용 대한태권도협회장은 축사에서 "국기 태권도가 세계 스포츠로 발돋움할 수 있었던 것은 여기 모인 여러분들의 성원 덕분"이라며 태권도가 올림픽 정식종목으 로 채택되도록 노력할 것을 당부하였다. 이날 태권도 국기화와 세계화에 힘쓴 유공 자와 우수선수들을 표창했다.

1978년

1. 정기 총회

1978년 정기 대의원 총회가 1977년 12월 27일 대한체육회 강당에서 개최되었다. 전년도(77년) 결산으로 90,395,032원으로, 승단 27,298명, 승품 21,021명 총 48,319명, 지도자 교육 4회 339명, 심판교육 7회 234명, 국내대회 총 19회를 개최한 것으로 보고되었다. 신년 예산으로 221,507,530원으로 의결하였으며 김운용 회장 유임을 의결하고 집행부 구성을 회장에게 위임하였다. 신임 집행부는 아래와 같이 구성되었다.

◆ 1978년 임원

회장	김운용
부회장	박무승, 장익룡, 엄운규, 정인영
전무이사	강원식
이사	김봉균, 김성우, 김신정, 김준철, 김홍래, 남궁호, 박문배, 박승복, 봉두완, 서삼덕, 승은호, 양재항, 원경수, 이득룡, 이원수, 임택근, 정병주, 정영훈, 조기상, 한봉수
감사	이계광, 전철

신임 기술심의회 임원을 아래와 같이 구성되었다.

◆1978년 기술심의회

의장	배영기		
부의장	김인석, 이교윤, 이병로, 이용우		
경기위원장	황춘성	연구위원장	연구위원장
심사위원장	최남도	상벌위원장	김호재
심판위원장	김순배	편집위원장	김재기
파견위원장	원천희	국제위원장	곽병오
기획위원장	전정웅	홍보위원장	김용호
시범위원장	이금홍		

2. 프레월드게임 태권도대회 한국 우승

1978년 프레월드게임에 참가하는 한국대표팀이 김운용 회장이 참석한 가운데 결단식을 하고 포즈를 취하고 있다.

1978년 6월 30일, '프레월드게임 태권도대회'가 국기원에서 열렸다. 19개국 24개 팀 276명이 참가한 가운데 열린 이 대회는 박찬현 문교부장관, 구자춘 서울시장, 김택수 대한체육회장과 로이 에반스 국제탁구연맹 회장 등 많은 내외빈이 참석한 가운데 이종우 조직위원장의 개회 선언에 이어 김운용 대회장이 개회사를 함으로 3일간 열전을 개막하였다.

이번 대회는 세계태권도연맹이 국제경기연맹(GAIF) 집행위원회 결의에 따라 1982년 캐나다 토론토에서 열릴 예정이었던(실제로는 미국 캘리포니아 산타클라라에서 개최되었음) 제1회 월드게임(비 올림픽종목 세계대회)에 태권도가 경기종목으로 채택됨에 따라 본 대회 준비를 철저히 하고자 프레 대회를 개최하게 된 것이었다. 특히 여자부 경기가 국제대회에 참가할 가능성을 보여주기 위한 여자부 오픈경기를 본 경기 중간에 넣어 운영해 관중들의 흥미를 자아냈다.

한국은 핀급 한유근, 플라이급 하석광, 밴텀급 김종기, 페더급 박수복, 라이트급 김세혁, 웰터급 유영합, 미들급 김철환, 헤비급 마상현 등이 금메달을 획득해 8체급을 석권하며 우승했다. 최우수선수상은 김철환에게 돌아갔다. 오픈경기로 열린 여자부에서 핀급 임신자, 밴텀급 김경주, 페더급 양현자, 웰터급 남궁숙, 헤비급 안선기 등이 1위를 했다.

1978년 프레월드게임
태권도대회 개막식 장면

3. 제3회 아시아선수권대회 8체급 석권

제3회 아시아태권도선수권대회가 1978년 9월 8일부터 한국과 홍콩 그리고 호주, 말레이시아, 뉴질랜드, 타이, 이란, 싱가포르, 괌, 파키스탄, 브루나이 11개국에서 60여 명의 선수가 참가한 가운데 홍콩에서 열렸다.

한국 대표팀은 단장 이용우, 감독 황춘성, 코치 정진영, 송요식 그리고 핀급 윤준철, 플라이급 하석광, 밴텀급 김종기, 페더급 김정국, 라이트급 오일남, 웰터급 유

〈FIN〉 문춘철	〈FIY〉 하석광	〈BANTAM〉 김종기	〈FEATHER〉 김종국
〈LIGHT〉 오일남	〈WELTER〉 유영할	〈MIDDL〉 장홍태	〈HEAVY〉 마상현

1978년 제3회 아시아
태권도선수권대회
한국 남자대표팀 선수들

영합, 미들급 장종태, 헤비급 마상현 선수로 구성되었다. 대표팀은 전 체급 모든 선수가 1위를 차지하면서 8체급을 석권하여 대회 3연패를 하였다. 대한태권도협회는 그 해 9월 15일 국기원 회의실에서 특별좌담회를 열고 이번 대회를 평가했다. 개최지가 홍콩인 관계로 국기 게양 등 국가 인정문제로 강팀인 자유중국이 불참한 대회지만 이란 등 새로운 성장세를 보여준 국가들의 등장이 돋보인 대회로 평가되었다.

또 대회 기간 중 아시아태권도연맹 창립회의가 개최되어 9월 9일과 10일 양일간에 걸친 회의를 통하여 오랫동안 시간을 끌어온 아시아연맹 창립이 마무리되었다. 초대회장에는 엄운규 대한태권도협회 부회장이 선출되었으나, 본인의 고사로 재선거를 하여 이란의 샤리아르 샤 왕자(Price Shahryar-shafiq)가 선출되었다.

4. 국가대표 선발전 및 각종 국내대회

프레월드게임 대회 파견을 위한 국가대표 선발 1차전이 4월 14일부터 16일 사이 424명의 선수가 참가한 가운데 국기원에서 개최되었다. 선발 2차전은 역시 국기원에서 4월 29일에서 5월 1일까지 399명의 선수가 참가하여 진행되었다. 대표 선발 최종전은 국기원에서 라운드 로빈 방식으로 진행되었다.

처음으로 국제대회에 시범 경기 성격으로 참가하게 된 여자부 대표 선발전은 6월 2일과 3일 양일간 국기원에서 90명의 선수가 참가한 가운데 진행되었다. 핀급 임신자 선수를 비롯하여 밴텀급 김경주, 페더급 양현자, 웰터급 남궁숙, 헤비급 안선기 선수가 선발되었다.

신인선수 선발대회는 3월 23일부터 27일까지 987명의 선수가 참가하여 국기원에서 개최되었다. 소년체육대회 태권도 경기는 5월 28일, 29일 양일간 대구고등학교 강당에서 개최되었으며, 제14회 대한태권도협회장기 쟁탈 겸 제5회 한국 중·고등학교 개인선수권대회가 중고연맹 주최로 9월 4일에서 7일 사이 국기원에서 개최되었다. 중학교 187명, 남자고등학교 402명, 여자고등학교 69명이 출전하여 중등부는 한영중학교, 여고부는 청산여상, 남고부는 서울체고가 각각 우승을 차지하였다.

제59회 전국체육대회 태권도 경기가 인천 동산고등학교 체육관에서 개최되었다. 11개 시도지부에서 262명의 선수가 참가하여 10월 13일부터 16일까지 진행된 경기에서 서울이 1위를 전남이 2위를 전북이 3위를 차지하였다.

프레월드게임대회와 아시아선수권대회 등 일정 관계로 이 해 대통령기 단체대항 대회는 10월 28일부터 29일까지 이틀간 국기원에서 개최되었다. 학생부 20개 팀, 일반부 10개 팀이 참가한 이 해 대회는 예년과 달리 개인전을 통한 단체전이 아닌 선봉, 전위, 중견, 후위, 주장으로 나누어 체급 구분 없이 진행되는 전통의 5인 단체전을 다시 부활하여 시행하였다. 학생부에서는 동대문상고가 일반부에서는 한국체육대학이 우승을 차지하였다.

5. 새로운 공인 도복 제정

대한태권도협회는 1978년 7월 새로운 태권도 공인 도복을 제정하고 보급에 나섰다. 과거의 저고리형 도복 상의를 브이(V)형 목깃 형태로 변경시키고 이를 유급자, 유품자, 유단자 형으로 다시 구분하여 발표하였다. 이 신형도복은 1976년 7월 20일부터 판매 보급했다.

당시 태권도 誌에 실린 신형도복을 제정해 공인한 이유에 대하여, "한국을 종주국으로 한 태권도와 일본을 종주국으로 한 '가라테(空手道는 Karate)'는 정신면과 기술면에서는 물론, 경기 규칙이 서로 다른 별개의 경기다. 의상의 역사적 기원으로 볼 때, 현 일본의 가라테 도복은 우리나라 신라시대의 고유 의상이 틀림이 없다. 그럼에도 불구하고 태권도나 가라테가 경기 또는 수련 시에서 동일한 규격과 모양의 도복을 착용하고 있는 관계로 태권도를 모르는 사람은 태권도가 마치 가라테로부터 분파된 경기로 잘못 인식할 우려가 있었다.

이에 대한태권도협회는 태권도 보급 발전에 크나큰 지장을 초래하고 있을 뿐 아니라 태권도 체통과 권위가 손상되고 있어 태권도와 가라테를 간편히 식별할 수 있는 도복을 개발했다. 이는 태권도 고유한 도복을 제정함으로써 태권도 보급 발전에 이바지하기 위함"이라고 하고 있다.이 신형 도복을 판매 보급하기 위해 대다수의 태권도 원로와 중진들이 참여하여 공동명의(강원식, 고재천, 곽병호, 김인석, 김순배, 김선구, 김일상, 노병직, 박해만, 배영기, 엄운규, 이종우, 이남석, 이금홍, 이병로, 이교윤, 이용우, 전정웅, 최남도, 현종명, 홍종수, 홍정표. 이상 22인 가나다순)로 (주)대가상사를 1978년에 설립했다.

이 후 신형 공인도복은 모든 공식 대회와 점차 승품단 심사에 착용이 의무화되기 시작하였고 수년 만에 국내 태권도 도복의 표준 형태가 되었으며, 점차 해외에서도 보급되어 지금은 거의 모든 전 세계 태권도인들이 입는 도복의 표준형태가 되었다.

6. 관(館) 통합 과정과 의미

1945년 해방 전후를 기점으로 태동한 청도관, 송무관, 지도관, 무덕관, 창무관 등 주요 기간관들은 이후 창설된 오도관, 강덕원, 한무관, 정도관 등과 함께 초기 태권도 발전의 중심적 세력이었으며 각 지방에 지관 체계를 통하여 교육과 승단 등 전국인 행정 기관의 역할을 하고 있었다. 처음에 협회의 창립은 이처럼 각 관으로 나누어진 기술, 교육, 승단 등 제도와 행정을 통일, 통합하려는 시도였다.

주요 관들의 집합체로 탄생한 것이 협회였지만 협회 창립 이후에도 각 관은 가지고 있던 기득권을 버리고 협회 중심의 완전한 통합에 적극적으로 협력하지는 않았다. 그러나 협회는 지속해서 관 통합을 위한 노력을 하였고, 하나, 하나의 힘든 단계를 거쳐 최종적으로 관 체제를 해체하고 협회와 국기원 중심의 통일적 행정체제를 만들게 된 것이다.

1960년대 말까지 전국에 40여 개의 관이 난립해 행정의 일원화와 단합 등 태권도 발전의 걸림돌로 작용했다. 이에 대한태권도협회는 1974년 40여 개의 관을 9개 관으로 정비하면서 태권도계 분파통합 및 관 통합을 추진하기 시작했다.

1976년 5월 20일, 대한태권도협회 가맹단체인 각 관장단 회의에서는 자율적으로 관 의식을 배제하고 태권도 종주국으로서 면모를 더욱 확고히 하기 위해 기존 관 명을 완전히 폐지하고 직할로서 행정상의 편의를 위해 아라비아 숫자로 호칭하기로 결의했다.

일선 도장에서 사용하던 관 명칭은 지역 또는 고유 명칭을 사용하기로 했는데, 변경 호칭된 관명은 ▷1관=송무관 ▷2관=한무관 ▷3관=창무관 ▷4관=무덕관 ▷5관=오도관 ▷6관=강덕원 ▷7관=정도관 ▷8관=지도관 ▷9관=청도관으로 호칭하

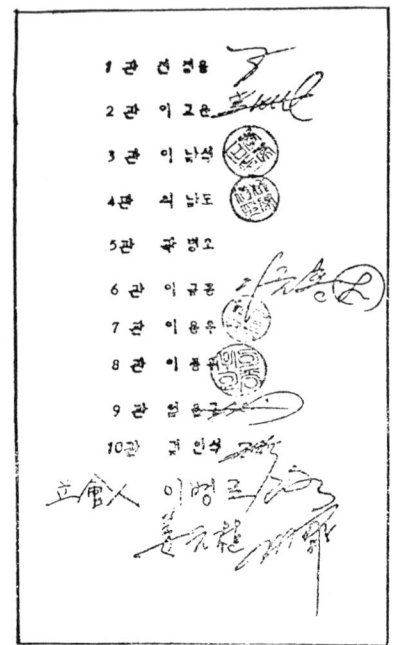

기로 했다. 그러나 후일 무덕관의 분파작용으로 무덕관에서 탈퇴한 사람들이 모여 3관의 관리 아래 두도록 해 10관을 관리관으로 호칭했다.

관 통합이 본격적으로 추진된 것은 1977년부터이다. 당시 관의 폐해에 불만이 많던 강원식(송무관), 황춘성(무덕관), 김호재(창무관), 김재희(정도관), 원천희(지도관), 곽병호(오도관) 등은 승단심사 부정 등, 관의 해악을 없애기 위해서는 관을 없애야 한다는 데 뜻을 같이하고, 전국 시·도를 순회하면서 연판장을 받았다. 이 일은 황춘성과 김호재가 주로 맡았다.

대한태권도협회는 1977년 1월 8일, 대한체육회 대강당에서 정기대의원 총회를 개최하고 관 통합을 중요한 의제로 채택했다. 김철희 중앙대의원은 "우리의 전체 목표는 내실을 기하고 구성을 단일화하는 것"이라고 역설하고 올해 내에 관을 통합할 것을 건의했다.

이에 일부 대의원들은 관통합의 원칙에는 찬성하나 시기상조라고 이의를 제기했으나 관 통합을 위한 특별위원회를 구성할 것을 만장일치로 찬성하고 위원회 구성을 회장에게 위임했다.

이번 총회에서 거둔 가장 큰 결실은 관 통합을 위한 특설기구 설치와 국기원에 심사와 교육 등을 관장하는 특별 기구를 구성했다는 점이다. 이에 따라 77년 2월 23일 원로 태권도인과 중앙도장 관장 등 15명으로 구성된 관통합추진위원회(노병직, 이교윤, 이남석, 최남도, 곽병오, 이금홍, 이용우, 이종우, 엄운규, 홍종수, 이병로, 김인석, 노희덕)를 결성했다. 이때 관통합추진위원회는 1년의 유예기간을 갖고 그동안 중앙본관장들이 자기 계열(館)을 모두 포기한다는 의견의 일치를 보았다.

또 같은 해인 1977년 8월에는 태권도계의 고질적인 파벌의식과 행정·기술체계의 난맥상을 바로잡기 위해 태권도 관통합 작업 담당 기구로서 총본관을 발족했다. 새로 발족한 총본관 임원진에는 ▷총본관장=김운용 ▷부관장=이종우·엄운규 ▷사무총장=이남석 ▷감사=이병로·강원식 ▷세칙심의위원회=이종우·엄운규·이남석·강원식·곽병오 등을 선임하였다.

1977년 8월 발족한 태권도 관통합작업 담당기구 총본관(관장 김운용·사무총장 이남석)은 1978년 7월 말까지 10개 관을 발전적으로 통·폐합한다는 전제 아래 김운용 관장과 이종우 엄운규 부관장 등 임원진을 구성했으나 창무관 사무실(서울 을지로 6가)을 임시 사무실로 정했을 뿐 관 통합을 위한 뚜렷한 움직임을 보여주지 못했다.

특히 이 과정에서 자발적으로 관을 해체한 관은 하나도 없었고, 오히려 한쪽 편에서는 파벌의식이 심사 등 경제적 이익과 깊이 관련되어 있어 현실적으로 불가능하다는 여론이 형성되기도 했다. 따라서 발족한 지 6개월이 지나도록 총본관은 제 기능을 수행하지 못한다는 지적을 받았으나 서울 소재 각 관으로부터 승품 및 승단심사 대상자를 받아 대한태권도협회에 추천하였으며, 각 도(道)의 총본관이 설립되면 이를 지방으로 확대해 나간다는 청사진을 밝히기도 했다.

그러나 총본관을 주축으로 한 관 통합은 원칙적으로 관 통합에 찬성한다는 명분만 앞세운 채 7월 말 기한이 임박했음에도 불구하고 진전을 보지 못했다. 애초 목표로 잡은 서울 중앙 10개 관의 통합문제는 제쳐놓더라도 통합방식에 대한 의결일치를 보지 못해 갈팡질팡했다. 이에 따라 10개 관의 대표로 구성된 총본관은 1978년 7월 초 이사회를 열고 서울의 10개 중앙 관의 통합은 어렵지 않다는 전제 아래 지방조직의 통합문제를 먼저 해결해야 한다고 결의하고, 지방 관 통합 과정에서 발생할지도 모를 혼란을 미리 방지한다는 취지에 따라 중앙관 통합에 앞서 도(道) 관장들에게 관통합의 취지를 설명하고 각 도의 도장의 실태를 파악하기로 했다. 특히 이날 이사회에서는 '先통합-後조직'을 앞세웠던 종래의 관념에서 벗어나 '先통합-後조직'으로 방향전환을 함으로써 관 통합에 대한 의지를 분명히 했다.

이윽고 대한태권도협회는 1978년 8월 5일 태권도 총본관을 폐쇄했다. 태권도계의 숙원이었던 관 통합을 태권도 총본관 이사회의 결의에 따라 10개 관을 폐쇄하기로 합의했다. 이는 대한태권도협회로 행정을 일원화하려는 행정조치였다.

이날 10개 관의 관장들은 관통합이 태권도의 고질적인 분파의식을 버리고 좀 더 알찬 태권도와 세계화의 원동력이 된다는데 의견을 모아 결의문을 채택했다. 서명날인 순서는 1관 송무관(전정웅), 2관 한무관(이교윤), 3관 창무관(이남석), 4관 무덕관(최남도), 5관 오도관(곽병오), 6관 강덕원(이금홍), 7관 정도관(이용우), 8관 지도관(이종우), 9관 청도관(엄운규), 10관 관리관(김인석), 그리고 입회인으로 이병로, 강원식이 서명했다. 채택한 결의문 내용은 다음과 같다.

◆1978년 8월 5일 결의문 내용

- 태권도계가 30년간을 유지하여온 관 계열을 폐지하고 사도계의 총화단결을 위해 총 매진한다. 1972년부터 품세와 용어를 통일하여 기술적 단일화 작업을 진행했고, 관 명칭을 폐지하여 숫자표시로 계열을 축소, 정비하여 오늘에 이른 것이다. 승단심사를 계열별로 추천하던 업무를 폐지하고 일선 도장에서 사범이 직접 총본관에 추천키로 한다.

- 우리들은 명실상부한 일선 도장 사범과 수련자들의 권익보호를 위해

행정상의 봉사자로 참신한 업무를 집행한다.

- 우리들은 태권도가 지닌 국가적 사명을 절감하여 태권도 지도자 본 연의 자세를 확고히 지켜 총화단결에 앞장서서 위계질서 확립의 총 력을 경주한다.

- 우리들은 태권도 종주국의 지도자로서 세계 정상의 위치를 계속 굳 히기 위해 기술개발에 전념할 것을 다짐한다.

- 종래의 계열별 유지를 위해 존속된 관 사무실 유지를 오늘부로 폐쇄 하고 모든 행정상의 근거를 무효로 한다.

- 총본관은 국기원과 긴밀한 유대를 공고히 하여 행정상의 유지를 위 해 최선을 다한다.

- 우리들은 총본관의 일원으로서 태권도 발전을 위해 사심 없는 기여 를 서명날인으로 결의한다.- 우리들은 태권도 종주국의 지도자로서 세계 정상의 위치를 계속 굳히기 위해 기술개발에 전념할 것을 다 짐한다.

- 종래의 계열별 유지를 위해 존속된 관 사무실 유지를 오늘부로 폐쇄 하고 모든 행정상의 근거를 무효로 한다.

- 총본관은 국기원과 긴밀한 유대를 공고히 하여 행정상의 유지를 위 해 최선을 다한다.

- 우리들은 총본관의 일원으로서 태권도 발전을 위해 사심 없는 기여 를 서명날인으로 결의한다.

1978년 8월 5일

1979년

1. 정기 대의원 총회

1979년 대의원 총회가 78년 12월 28일 대한체육회 강당에서 개최되었다. 78년 결산으로 151,207,673원을 그리고 79년 예산으로 150,441,790원을 의결하였다. 김운용 회장은 개회사에서 71년부터 73년까지 국기원설립과 태권도의 국기화를 공식화했으며, 73년부터 75년까지 세계연맹 창설과 세계대회, 아시아대회 창설 등 태권도의 국제적 스포츠로의 도약을 위한 기반을 닦았으며, 75년에 국제경기연맹(GAISF)에 가입됨으로써 국제 스포츠로서 공인받는 성과를 얻었다고 자평하였다. 앞으로의 과제로 먼저 국제올림픽위원회(IOC)로부터 태권도 종목을 승인받는 것이 중요하며 80년대에는 올림픽을 향한 노력을 본격적으로 해야 한다는 방향을 제시하였다.

총회에서 제기된 중요한 주제는 관 통합이 이루어진 이후의 승단심사 사업의 방향에 대한 것이었다. 지방 대의원들에 의해 제기된 의견은 저단자 심사 집행을 지방협회에 이관하는 것과 심사비 배분에 관한 문제였다. 일선 도장과 지방협회와 중앙협회 간에 심사비 배분에 관한 사항 등 민감한 사항은 집행부에 위임하는 것으로 회의를 마무리하였지만, 심사집행권의 지방이전은 이때부터 중요한 화두가 되기 시작하였다.

◆1979년 기술심의회

회장	김운용
부회장	박무승, 장익룡, 엄운규, 정인영
전무이사	강원식
이사	김봉균, 김성우, 김신정, 김준철, 김홍래, 남궁호, 박문배, 박승복, 봉두완, 서삼덕, 승은호, 양재항, 원경수, 이득룡, 이원수, 임택근, 정병주, 정영훈, 조기상, 한봉수
감사	이계광, 전철

2. 세계선수권대회 4연패 달성

10월 26일부터 28일 사이 3일간 독일 슈투트가르트(Stuttgart) 인근의 진델핑엔(Sindelfingen)에서 제4회 태권도선수권대회가 열렸다. 한국을 벗어나 해외에서 열리는 두 번째 세계대회이며 유럽에서 처음으로 개최되는 세계대회로서 전 세계 52개국의 501명의 선수 임원이 참가하

제4회 세계태권도선수권대회
개회식 장면

였다. 대회 첫날 플라이급의 양기모 선수가 노르웨이, 네덜란드, 모로코, 호주 선수를 차례로 물리치고 결승에서 스페인 선수를 꺾고 우승을 차지하였다.

밴텀급의 김종기 선수는 네덜란드, 포르투갈, 요르단, 서독 선수를 차례로 꺾고 결승에서 멕시코 선수를 제압하여 우승을 차지하였다. 라이트 헤비급의 정찬 선수는 멕시코, 콜롬비아, 미국, 그리고 결승에서 독일 선수를 물리치고 우승을 차지하였다. 헤비급의 진중의 선수는 일 차전에서 강적 서독의 융 선수를 맞아 선전했지만 판정패하여 아쉬운 탈락을 하였다. 대회 첫날 경기를 마친 대표팀은 본국으로부터 박정희 대통령의 서거 소식을 접하게 되었다.

둘째 날은 선수단이 모두 검은 리본을 달고 경기에 임하였으며, 대회 본부는 경기 시작 전에 종주국 대통령의 서거에 대한 애도의 묵념을 한 후 경기를 시작하였다. 둘째 날 페더급의 임대택, 라이트급의 박오성, 미들급 김상천 선수가 금메달을 획득하였으며, 라이트 미들급의 박정호 선수는 준결승에서 독일 선수에게 패함으로써 동메달에 머물러야 했다. 대회 마지막 날인 28일 대표팀은 핀급의 이승형 선수가 금메달을 웰터급의 김무천 선수가 동메달을 추가하여 4번째 종합우승의 쾌거를 이루었다. 이로써 한국이 세계태권도선수권대회 4연패를 달성했다.

종합 우승을 차지한 한국 대표팀(감독 최남도, 코치 김길성, 송요식)은 금메달 7개와 동메달 2개를 종합 2위를 한 멕시코팀은 금메달 1개와 은메달 5개를 동메달 2개를 획득하였다. 3위는 서독이 금메달 1개와 은메달 1개 그리고 동메달 4개를 획득하며 개최국으로서 체면을 지켰다. 세계태권도연맹은 이 대회를 앞두고 경기규칙을 개정해 종전의 8체급에서 10체급으로 체급을 늘리고, 경기 시간은 2분 3회전에서 3분 3회전으로 확정했다.

3. 79년 국가대표선발전 및 각종 경기대회

한국서독에서 개최될 제4회 세계선수권대회에 파견할 국가대표선수 선발전 1차 예선은 5월 24일, 2차 예선은 6월 4일, 최종전은 6월 9일 각각 국기원에서 개최되었다. 총 10체급 각 4명의 선수가 라운드 로빈(리그전) 방식으로 진행된 최종전에서 1위 자는 1진으로 세계대회에 2위 자는 2진 대표로 대만국제친선대회에 참가하기로 하였다.

신인선수권대회가 3월 21일부터 24일까지 1,004명의 선수가 참가하여 국기원에서 개최되었다.

제14회 대통령기 전국단체대항대회가 국기원에서 개최되었다. 전년에 실시된 5인 단체전을 다시 10개 체급별 개인전을 통한 단체전 방식으로 환원하여 진행하였다. 학생부 225명, 일반부 138명의 선수가 참가한 가운데 학생부는 성동상전이 일반부는 원호단이 우승을 차지하였다.

제8회 소년체육대회 태권도경기가 충북 청주고등학교 강단에서 5월 31일부터 6월 1일 사이 열렸다.

제5회 중고연맹회장기 대회가 4월 23일부터 26일 사이에 국기원에서 개최되었다. 867명의 선수가 참가한 대회에서 중등부는 한영중학교가, 여고부는 청산여상이 그리고 남고부는 서울체고가 우승을 차지하였다.

◆1979년 국가대표 선발 명단

체급	1진	2진
핀	이승형	이진우
플라이	양기모	한홍식
밴텀	김종기	박기성
페더	임대택	김영훈
라이트	박오성	김정국
웰터	김무천	김금선
라이트미들	박정호	이병두
미들	김상천	주상헌
라이트헤비	정찬	박종만
헤비	진중의	강용구

제5회 초등학교연맹회장기대회는 5월 6일과 8일 사이에 309명의 선수가 참가한 가운데 국기원에서 개최되었다.

제15회 대한태권도협회장기 쟁탈전 겸 제6회 중고 태권도 개인선수권대회가 9월 11일에서 15일 사이에 국기원에서 개최되었다.

제60회 전국체육대회 태권도경기가 충남 대전여고 강당에서 10월 12일부터 17일 사이에 개최되었다. 이 해부터 전국체전에서 고기부와 중기부의 구분이 폐지되어 체급 위주의 경기가 이루어졌다.

1979년 우수선수선발대회는 11월 23일부터 24일 사이에 국기원에서 개최되었다.

4. 여성태권도연맹 창설 시도

한국여성태권도연맹은 1979년 3월 30일 국기원 회의실에서 창립했다. 초대 회장에는 이학선(새마을봉사대 중앙회장) 씨가 맡았다. 그 후 9월 28일부터 29일까지 국기원에서 제1회 전국여성태권도개인선수권대회를 개최했다. 8체급 146명의 선수가 참가한 가운데 열린 이 대회는 2분 3회전 경기에 30초 휴식시간을 적용했다. 참가팀은 상인천여중, 은광여고, 청상여상, 동주여중, 배성여고, 인천체고, 정신여중 등이었다.

한국여성태권도연맹은 재정난과 조직 정비 등 제반 운영상 한계에 직면하여 정상적인 발전 궤도에 오르지 못하고 유명무실해졌다가 몇 해 뒤 새로운 연맹 구성이라는 새 출발을 기다려야 하였다.

5. 해외 태권도 사범 현황

1979년에 발간된 태권도지 31, 32 합본호에 게재된 이황구의 연구논문에 실린 대한태권도협회가 1978년 11월에 집계한 해외파견 사범 현황은 아래와 같다.

〈表A〉 跆拳道 海外 파견 師範數 現況(1978.11)

국 명	사범수	국 명	사범수	국 명	사범수	국 명	사범수
오스트리아	5	레소토	2	쿠웨이트	3	불라비아	2
벨지움	1	튀니지아	1	레바논	1	브라질	35
덴마크	2	보르네오	1	파키스탄	2	칠레	1
불란서	3	자유중국	6	카타르	2	콜롬비아	6
서독	55	괌	4	사우디아라비아	16	류라사보르	1
이태리	2	홍콩	4	호주	23	에콰도르	1
네델란드	5	인도네시아	2	뉴질랜드	1	파라과이	8
스웨덴	1	일본	2	캐나다	29	페루	3
스페인	32	말레지아	2	미국	364	우루과이	1
터키	1	필리핀	2	엘살바도르	1	베네주엘라	3
영국	4	태국	7	과테말라	1	그리스	1
이집트	1	바레인	2	온두라스	1	모로크	3
아이보리코스트	1	이란	16	멕시코	2	우간다	2
케냐	5	요르단	1	알젠틴	7		
계		국가수 (55개국)		사범수 (690명)			

이 표는 당시 해외에 활동 중인 사범들 가운데 협회가 파악하지 못하고 있던 상당 수의 사범이 빠져 있는 통계이다. 그러나 당시 전 세계적으로 활동하고 있던 우리 사범들의 분포와 해외 태권도 보급의 내용을 가늠케 하는 자료이다.

또 1979년 10월 국제경기연맹(GAISF) 총회에서 김운용 회장이 비 올림픽 종목 연맹(Non Olympic Federation) 회장에 당선됨으로써 국제스포츠계에 두각을 나타내는 계기를 만들었다.

1980년

1. 정기 총회

80년 정기 총회가 79년 12월 29일 대한체육회 강당에서 열렸다. 협회 창립 후 다음 해인 1962년 11월 11일 처음으로 실시된 제1회 전국승단대회 이후 지금까지 대한 태권도협회에서 총괄해 오던 승단심사 업무를 국기원으로 이관하자는 안건이 논 의되어 이관에 관한 구체적인 사항을 회장에게 일임하는 결의를 함으로써 국기원 이 승품단 심사를 실질적으로 주관하는 기관으로 발전하는 계기를 만들었다.

이때까지 승품단 심사업무는 국기원이 심사 장소였을 뿐 대한태권도협회에서 직접 주관했다. 그러나 이 결의로 인하여 승품단 업무는 1980년 2월 5일 부터 품 · 단증의 발급이 국기원장 이름으로 이루어지기 시작했으며, 3월 1일 부터 품 · 단증의 발급 업무가 전면적으로 국기원에 이관되었다. 이와 함께 79년 3월에 발족한 여성 연맹 승인이 의결되었다.

새로이 조정된 심사업무 절차는 일선 도장 → 시도협회 → 중앙협회 → 국기원으로 진행키로 하고, 심사비 배분은 20%는 시도협회 보조금으로, 30%는 중앙협회 보조금으로 정하였으며 나머지 50%가 국기원이 사용하게 되었다. 80년부터 적용된 심사비는 1품 4,000원, 2품 5,000원, 3품 6,000원, 1단 5,000원, 2단 6,000원, 3단 7,000, 4단 8,000원이었다.

심사업무의 국기원 이관에 따라 기술심의회 편제가 일부 변동이 있었다. 협회와 국기원 간의 업무 경계가 그 당시까지 명확해지지 않았던 상황이라 협회에서 국기원 기술임원과 협회 기술 전문위원회 임원으로 나누어 편성하였다.

✦ 1980년 협회 기술전문위원회

지도위원	김순배		
경기위원장	곽병오	편집위원장	원상욱
심판위원장	김순배	국제위원장	송상근
상벌위원장	이승완	도장위원장	전용하
시범위원장	권경욱		

✦ 1980년 국기원 기술심의회

기술지도위원	이용우, 이교윤		
기술심의역	이병로, 김인석		
기술업무 간사	최남도		
교육분과위원장	김용서	연구분과위원장	정중성

2. 태권도, 국제올림픽위원회(IOC) 종목으로 승인

7월 17일 모스크바에서 개최된 제83차 국제올림픽위원회(IOC) 총회에서 태권도가 올림픽 스포츠 종목으로, 그리고 세계태권도연맹이 국제올림픽위원회가 인정하는 경기연맹으로 승인을 받게 되었다. 이는 세계태권도연맹이 국제경기연맹

(GAISF)에 1975년에 가입된 이후 불과 5년 만에 이룬 태권도의 국제 스포츠화에 일대 쾌거였다. 6월이 있었던 IOC 프로그램 위원회의 결정에 이어 집행위원회와 총회에서 의결을 이끌어내었다. 이 과정에서 김운용 회장과 친분이 두터웠던 사마란치 IOC 위원장과 코트디부아르의 기란두 엔디아예 IOC 부위원장, 헝가리의 차니디 프로그램 위원장, 그리고 토마스 캘러 GAISF 회장 등의 도움을 크게 받았던 것으로 알려졌다. 이를 기념하기 위한 축하연이 8월 7일 신라호텔에서 개최되어 조상호 대한체육회장과 민관식 국회의장, 이규호 문교부 장관 등이 참석하였다.

올림픽 종목 승인

1980년 8월 8일자 동아일보기사

3. 제4회 아시아 태권도선수권대회

제4회 아시아 태권도선수권대회가 대만 타이베이에서 11월 14일부터 16일까지 한국과 개최국 자유중국, 인도네시아, 싱가포르, 요르단, 일본, 괌, 홍콩, 브루나이를 포함한 9개국이 참가하였다. 한국팀은 10체급 중 9체급에서 금메달을 획득하고 미들급에서 은메달을 획득하여 종합우승을 차지하였으며 2위는 자유중국이 3위는 요르단이 차지하였다.

제4회 아시아태권도
선수권대회를 제패한
한국대표 선수들의 모습

4. 제1회 국제군인선수권대회

제1회 국제군인선수권대회가 11월 1일부터 5일 사이 장충체육관에서 개최되었다.
1979년 방콕에서 개최되었던 국제군인체육회(CISM) 총회에서 태권도가 정식종목으로 채택됨으로써 처음 개최되는 대회로서 한국을 비롯하여 미국, 쿠웨이트, 바레인, 요르단, 가나, 케냐, 모로코가 정식 엔트리로 그리고 영국, 콜롬비아, 사우디아라비아, 아랍에미리트, 태국, 에콰도르는 옵저버로 참가하였다.

제1회 세계군인선수권대회에
출전한 해외팀들이
국기원을 방문했다

종합우승을 차지한 한국대표팀

5. 태권도계에 닥친 정화 바람과 집행부 재구성

1980년 쿠데타로 정권을 잡은 신군부는 그해 8월부터 폭력범과 사회 풍토 문화 사범을 소탕한다는 명목으로 사회정화를 확대했다. 태권도계에도 사회정화의 바람이 닥친 것이다. 국보위 사회정화위원회에서 태권도계에서 사표를 내야 할 명단이 내려오기도 하였다.

1980년 8월 25일, 김운용 회장을 비롯한 500여 명의 태권도인은 국기원에 집결해 결의문을 낭독하고 사회정화에 앞장설 것을 다짐하는 궐기대회를 열었다. 대한태권도협회 산하 시도지부와 국기원, 세계태권도연맹 등에 소속되어 있던 태권도인들은 "우리 태권도인들은 사회정화에 앞장서서 밝은 사회를 이룩하자"고 구호를 외쳤다. 이 궐기대회의 대회장은 김운용 회장이 맡았다.

이때 신군부와 연결되어 태권도계에 나타난 이기해는 무덕관에서 태권도를 수련한 바 있는 육사 20기 출신이었다. 소령으로 예편한 이기해는 당시 강원식 전무이사의 추천으로 세계태권도연맹에서 김운용 총재의 비서실장을 하다가 신군부와의 연결을 구실로 협회 전무이사 직무대행을 맡기에 이르렀다. 지나친 언동과 잦은 물의를 빚던 이기해는 결국 협회에서 축출되고 태권도가 IOC에서 올림픽 종목으로 인정되고 올림픽 유치로 인하여 다시 강화된 김운용 회장의 입지 등으로 사회 정화의 열풍을 벗어나면서 이종우, 엄운규 등 원로들이 복귀하고 엄운규가 협회 상근 부회장으로 임명된 것은 1982년에 되어서였다. 이때 이남석은 미국으로 가게 되고 이후로 국내 태권도계에서 활동하지 않게 되어, 엄운규, 이종우, 이남석의 3인 협력 체제가 무너지게 되고 엄운규, 이종우 두 중진으로 세력 판도가 형성되면서 두 중진을 중심으로 하는 경쟁과 갈등이 심화하는 문제점이 나타나는 계기가 되기도 하였다.

9월에 발표된 정부(국보위)의 체육계 정화 방침에 따라 집행부가 일괄 사표를 제출하였다. 김운용 회장과 강원식 전무이사의 사표만이 반려된 채 이에 따른 후속 조치로 1980년 12월 19일부로 구성된 새 집행부는 다음과 같다.

◆ 1980년 임원

회장	김운용
부회장	정호용, 한봉수
전무이사	강원식
이사	이현우, 고흥환, 곽영훈, 권영찬, 김신정, 김영원, 김종수, 박승복, 안현태
감사	마의용, 인창근

당시 특전사령관이며 신군부 실세인 정호용, 안현태, 이현우, 김진영 등이 협회는 물론 국기원과 세계연맹 임원으로 선임되었다.

6. 국가대표 선발전 및 각종 대회

80년 국가대표 선발 최종전이 4월 2일부터 4일까지 국기원에서 개최되었다. 1, 2 차 예선을 통해 선발된 체급별 4명 총 40명의 선수가 최종전을 거쳐 1, 2진으로 최종 선발되었다. 선발된 80년도 국가대표 선수들은 다음과 같다.

◆1980년 국가대표 선수

체급	1진	2진
핀	이진우	이승형
플라이	양기모	김영식
밴텀	최승룡	장명삼
페더	이준걸	김한노
라이트	김영국	박상권
웰터	김정국	박종일
라이트미들	오일남	김금선
미들	조남제	이동준
라이트헤비	정찬	이문희
헤비	강용구	장승화

전국신인선수권대회가 3월 10일부터 6일간 국기원에서 개최되었다. 고등부 513 명, 대학부 77명, 일반부 289명 총 879명의 선 수가 참가하여 남고부 핀급의 고정호와 일반부 핀급의 서동현 등 이후 대표선수가 될 우수한 선수들이 발굴되었다.

제15회 대통령기쟁탈 전국단체대항 대회가 7월 2일과 4일 사이 3일간 국기원에서 개최되었다. 이전에는 학생부(고등부)와 일반부(대학 및 일반)로 개최되었던 경기가 이번 대회부터 처음으로 고등부, 대학부, 일반부로 나누어 치러지게 되었다. 고등부 33개 팀, 대학부 11개 팀, 일반부 11개 팀이 참가하여 고등부는 서울체고가 우승을 차지하였으며, 대학부는 한국체육대학이 그리고 일반부는 해군이 우승을 차지하였다.

전국소년체육대회는 6월 11일부터 12일 사이 춘천 봉의초등학교 체육관에서 개최되었다. 전국체육대회는 11월 8일부터 12일까지 이리 원광대학교 강당에서 개최되었다. 전국체육대회는 고등부, 대학부, 일반부로 구성되어 진행되었다.

주한 외국인 및 여자부 개인 선수권대회는 국기원에서 6월 14일 15일 국기원에서 개최되었다. 1980년 우수선수선발대회가 11월 25일, 26일 양일간 국기원에서 개최되었다.

제2회 전국여성개인선수권대회가 11월 21일, 22일 양일간 국기원에서 유단자부 68명, 유급자부 59명이 참가하여 개최되었다.

7. 제1회 어린이태권왕겨루기대회 열려

제1회 어린이태권왕겨루기 전국국민학교단체대항태권도대회가 1980년 5월 4일부터 전국 38개교에서 382명이 참가한 가운데 '태권어린이는 나라의 기둥'이라는 슬로건으로 이틀간 진행됐다. 5월 4일은 예선전으로 국기원에서 경기를 진행하고 5월 5일 어린이날을 맞아 결선전은 장충체육관에서 경기를 치렀다. KBS TV는 어린이날을 맞아 이 대회를 2시간 동안 생방송으로 중계했고, 미동초등학교 태권도

시범단이 개막 식후공연을 했다.

이번 대회를 주최한 한국국민학교태권도연맹은 지방에서 출전한 선수와 임원들을 유스호스텔에 숙박하게 하는 등 경비 일체를 지원했다. 또 참가선수 전원에게 참가증과 기념품 및 상품을 증정했다. 서울 광희국민학교가 단체전 1위를 했고 최우수선수상은 동명초등학교 정석용이 수상했다.

8. 서울시 태권도협회 창립

80년 서울시체육회가 경기단체를 구성키로 함에 따라 서울시태권도협회가 3월 28일 창립되었다. 4월 7일 집행부 구성이 이루어져 엄운규 회장, 전용화 전무, 임춘길 사무국장 체제가 출범하게 됨으로써 향후 국내 태권도계 판도에 커다란 영향을 미치게 되었다.

9. 기타 동정

비올림픽종목연맹(NOF) 총회 서울 개최

비올림픽종목연맹 총회(Assembly of Non-Olympic International Sports Federations)가 전년도 NOF 회장으로 선출된 김운용 회장의 주도로 서울에서 개최되었다. 5월 19일부터 22일까지 신라호텔에서 개최되어 81년에 개최될 제1회 월드게임에 대한 준비를 점검하고 비 올림픽 종목들의 발전 방안을 논의하였다.

전자호구 논문 발표

태권도 지 제34호(80년 7월 31일 발행)에 실린 연구 논문 중 태권도용품 생산업체
를 운영하고 있던 김일상 씨가 전자호구 개발 가능성을 모색한 논문을 게재하였다.
또 제35호에 당시 국민대 강사였던 유영권의 「태권도 경기에서 받아차기가 승부
에 미치는 영향」을 발표함으로써 태권도 경기 내용과 기술을 소재로 하는 연구가
나타나는 계기가 되었다.

미동초등학교 어린이시범단 미국순회 시범

미동초등학교 어린이시범단이 미국 각 지역을 순회 시범하였다. 7월 31일 출국하
여 뉴욕, 마이애미, 워싱턴 DC, 볼티모어, 신시내티, 인디애나폴리스, 포틀랜드, 샌
프란시스코, 버클리, 로스앤젤레스 등지를 순회 시범하며 태권도 홍보에 크게 이
바지하였다.

미동초등학교 어린이시범단
미국 순회 시범

김운용 회장 국제경기연맹(GAISF) 집행위원 피선

김운용 회장이 10월 16일부터 18일 사이 모로코 몬테카를로에서 개최된 국제경기
연맹 총회에서 집행위원으로 선출되었다.

50 YEARS of the KOREA TAEKWONDO ASSOCIATION

1981   1982   1983   1984   1985

1980년대

1986	1987	1988	1989	1980

국제 스포츠로 발돋움하기 위하여 숨 가쁜 노력을 기울여온 태권도는 1975년 국제경기연맹(GAISF)에 가맹 성공과 1980년 국제올림픽위원회(IOC 제83차 총회)로부터 태권도 종목과 세계연맹을 승인받게 됨으로써 드디어 국제 스포츠로서의 스포츠 외교적 기반을 확보하게 되었다. 이어서 이루어진 1981년 서울올림픽 유치 성공은 태권도의 국제 스포츠로서의 발전에 두 번째 발판이 되어 주었다. 이 기반을 딛고 태권도는 1986년 아시안게임 정식종목, 1988년 서울올림픽 시범종목, 1983년 올아프리칸 게임과 팬암게임 태권도 정식종목 결정 등의 실적을 착착 쌓아갈 수 있었다. 여기에 더하여 김운용 회장의 1986년 국제경기연맹(GAISF) 회장 당선과 IOC 위원 피선, 그리고 1986년 IOC 집행위원 피선은 태권도의 국제 스포츠로서의 발전에 확실한 지렛대가 되어 주었다.

1981년

1. 정기 총회 및 협회 · 국기원 합동이사회

1981년 정기 총회가 1월 15일 대한체육회 강당에서 개최되었다. 이 해에 개최하게 될 월드게임에 대한 기대와 지난해에 이루어진 IOC 태권도 종목 승인에 고무된 분위기에서 개최된 총회는 김운용 회장을 제12대 회장을 재추대하고 특별한 사안이 없이 1억 5천3백만 원의 예산을 통과시켰다. 그 밖에 대한체육회 경기단체규약준칙의 변경에 따라 이사회 정수를 13인 이내로 그리고 부회장은 약간 인으로 하는 규약 개정안을 의결하였다. 또 대의원의 자격은 부회장 이상으로 제한하였다.

이보다 앞서 지난해 9월에 정부의 체육계 정화방침에 따라 제출된 집행부 일괄 사퇴는 12월 초 김운용 회장과 강원식 전무이사만 사표가 반려되었다. 대한체육회의 지침에 따라 새로 구성된 집행부는 1982년 말 까지 향후 2년간 협회를 이끌게 되었다. 총회에 앞서 1월 10일 대한태권도협회 · 국기원 합동이사회가 개최되었다. 합

동이사회의 개최는 김운용 회장의 양 기관의 독립적 운영에 대한 불분명한 생각과 함께 당시까지는 아직 국기원이 협회로부터 실질적으로 분리되지 않았다는 것을 보여주는 것이었다. 선임된 기술심의회 및 전문위원회 임원은 아래와 같다.

◆1981년 협회 기술전문위원회

의장	김순배		
부의장	권경욱, 박명수		
경기위원장	최청대	선수강화위원장	노상석
심판위원장	이영근	국제위원장	백운대
상벌위원장	안영택	도장관리위원장	김호재

◆1981년 국기원 기술심의회

의장	박해만	교육위원회	이규정
부의장	김용서, 강정구	해외위원회	이규석
연구위원회	정찬모	시범위원회	김영작

2. 국가대표 선발전 및 각종 경기대회

81년 국가대표 선발전은 예년과는 약간 다른 방식으로 진행되었다. 1차 예선 1, 2위 자와 전년도 최우수선수권 대회 1, 2위 자 그리고 선수강화위원회 추천 1인으로 체급별 5명의 선수를 라운드 로빈(당시는 리그전 방식이라고 함) 방식으로 대전케 하였다. 1차 예선은 3월 12일과 13일에 있었으며, 최종전은 3월 27일과 28일 양일간 국기원에서 개최되었다. 월드게임과 세계대회에 출전할 선수를 선발하는 대표

선발전에서 체급별 많은 우수 선수들이 등장하여 각축을 벌였다. 핀급에서는 권기문, 이진우, 고정호가 플라이급에서는 양기모와 전웅환이 밴텀급에서는 김종기와 정범수, 한홍식이 페더급은 이준걸과 장명삼, 이재봉, 라이트급은 김영국과 박오성, 라이트 미들급에서는 오일남과 정국현이 새로운 라이벌로 떠올랐다.

당시에는 새로이 창설된 월드게임이 아직 올림픽 종목으로 채택되지 않은 태권도계의 입장에서 매우 중요한 대회로 인식되어 1진을 월드게임에 파견하게 된 것이다. 이 때문에 일부 선수들의 이후 경력과 상훈, 연금에 명암이 엇갈리게 되는 결과를 가져오기도 하였다. 이틀에 걸친 열전 끝에 선발된 1진과 2진은 다음과 같다.

◆ 1981년 국가대표 선수

체급	1진	2진
핀	권기문	이진우
플라이	양기모	전웅환
밴텀	정범수	김종기
페더	이준걸	장명삼
라이트	김영국	박오성
웰터	김정국	박천재
라이트미들	오일남	정국현
미들	이동준	김상천
라이트헤비	정찬	하용성
헤비	박종만	마상현

4월 1일부터 10일까지 1,002명의 선수가 참가한 전국종별신인선수권대회가 국기원에서 개최되었다. 여자부가 처음으로 신설되었으며, 중등부, 고등부, 대학부, 일반부로 나누어 진행되었다.

6월 11일부터 13일까지 3일간 제16회 대통령기 단체대항대회가 대구 경북실내체육관에서 개최되었다. 고등부 38개교, 대학부 17개교, 일반부 13개 팀 총 543명의 선수가 참가한 대회에서 고등부는 경북체육고, 대학부는 한국체대, 그리고 일반부는 특전사가 우승을 차지하였다.

제62회 전국체육대회 태권도 경기가 10월 11일부터 국기원에서 개최되어 서울이 1위, 경남이 2위, 인천이 3위를 차지하였다.

10월 30일 31일 양일간 연세대학교 총장기 전국남녀고교선수권대회가 개최되어 남자부는 성동상전이 여자부는 청산여상이 우승을 차지하였다.

81년도 우수선수권대회는 11월 6, 7일 양일간 개최되어 서동현, 고정호, 노병욱, 장명삼, 전정우, 유종철, 이완희, 신재근, 임재억, 강승우 선수가 우승의 영예를 안았다.

3. 제1회 월드게임 태권도 경기

태권도계가 흥분하여 기다리던 월드게임이 7월 24일부터 미국 캘리포니아 산타클라라에서 개최되었다. 올림픽 경기에 참가하지 못하는 종목을 위한 비 올림픽 종목 경기라는 의미와 함께 올림픽 경기가 가진 규모의 비대화, 지나친 국가 간 경쟁성 등을 지양하는 새로운 대안적 국제종합경기대회를 표방하며 창설된 월드게임은 당시에는 국제 스포츠계에서 상당한 주목을 받았다.

특히 올림픽 종목채택을 아직 이루지 못하고 있던 태권도의 입장에서는 매우 중요한 경기대회였다. 채택된 종목으로는 태권도를 비롯하여 야구, 배드민턴, 소프트볼, 볼링, 보디빌딩, 롤라 스케이팅, 가라테, 파워리프팅, 캐스팅, 줄다리기 등 13개

정식종목과 3개 시범종목이었다. 특히 김운용 회장이 본 대회의 대회집행위원장을 맡음으로써 대회에 대한 태권도계의 관심은 매우 높을 수밖에 없었다.

대회는 7월 24일부터 8월 2일까지 10일간 미국 캘리포니아주 산타클라라에서 개최되었다. 태권도 경기는 7월 29일부터 31일까지 3일 동안 개최되었다. 최청대 감독과 노상석 코치가 이끈 한국대표팀은 핀급 권기문, 플라이급 양기모, 밴텀급 정범수, 페더급 이준걸, 라이트급 김영국, 월터급 김정국, 라이트미들급 오일남, 미들급 이동준, 라이트헤비급 정찬 선수가 금메달을, 헤비급의 박종만 선수가 은메달을 획득하며 종주국 태권도의 화려한 기술을 세계에 알렸다.

화려하게 출발했던 월드게임은 그러나 이후 점차 국제 스포츠계의 관심을 크게 받지 못하고 성장세를 지속하지 못하였으며, 태권도는 이후 세 차례 더 참가하였지만, 올림픽 정식종목 채택 후 자동으로 불참케 되었다.

4. 서울 올림픽 유치

9월 30일 서독 바덴바덴에서 개최된 IOC 총회에서 1988년 개최될 제24회 올림픽경기를 대한민국 서울에서 유치하는 쾌거를 이루었다. 올림픽경기의 서울 유치는 우리나라의 국제적 위상 강화는 물론 한국 체육의 세계적 도약을 이루는 중요한 계기가 되었다. 특히 태권도는 서울 올림픽 유치를 발판으로 세계적 스포츠로 발돋움하면서 올림픽 종목 채택의 결정적 계기를 맞게 되었다. 이어서 이루어진 86아시안게임 유치와 함께 아시안게임 정식종목 채택, 그리고 서울올림픽에서 시범 종목 채택으로 태권도의 눈부신 발전이 이어진 것이다.

5. 「태권도」 지 창간 10주년

1971년 4월 15일 창간호가 발간된 태권도 지가 창간 10주년을 맞이하였다. 태권도 지의 발간은 국내외 태권도계의 소식을 전하는 역할과 함께 대한태권도협회가 추진해온 태권도 조직의 통합과 새로운 태권도 기술 이론의 전파와 특히 태권도의 국기화, 세계화에 중요한 역할을 하였다. 10주년 기념호인 제37호는 지난 10년간의 대한태권도협회 주요 발전상을 화보와 만화로 정리하였다.

1973년 태권도지에 실린
태권만평

1982년

1. 82년 정기 대의원 총회

8**2 정기 대의원 총회가** 81년 12월 19일 대한체육회 강당에서 개최되었다. 재적 21명 대의원 중 충남을 제외한 중앙대의원인 박해만, 권경욱, 이금홍, 김순배와 서울 송봉섭, 부산 김일권, 대구 이종호, 인천 윤치영, 경기 안종웅, 강원 김성태, 충북 김용, 전북 장한철, 전남 조태열, 경북 예조해, 경남 박응용, 제주 고익조, 대학 정찬모, 중고 박창덕, 초등 주상일, 여성 이학선 대의원이 참석하였다.

사업계획 및 예산안은 아시아선수권대회 및 새로이 창설되는 월드컵 대회 참가와 국내대회 8회 개최 등 사업안과 총 1억 9천 320만 원의 예산안을 의결하였다. 학교 연맹들의 심사집행 움직임과 이에 대한 시도협회의 민감한 반응이 심사제도에 대한 열띤 토론으로 이어졌으며, 협회에서 심사제도 개선안 마련을 위임하는 안으로 마무리되었다. 김운용 회장은 태권도 아카데미 설치를 새해 주요사업으로 제시하기도 하였다.

김운용 회장은 전년도인 1981년 12월 15일 개최된 결산이사회에서 그 동안 공석이었던 전무이사 자리에 황춘성 사무국장을 신임 전무이사로 선임하였다. 이로써 강원식 전무이사가 국기원 부원장으로 자리를 옮기게 되는 과정을 전후하여 신군부와의 연계를 명분으로 전무이사직을 차지하기 위하여 무리한 활동을 해왔던 이기해를 배제하고 협회를 안정시키려는 김운용 회장의 인사가 이루어지게 된 것이다. 한편 총회 이후 부회장 선임권을 위임받은 김운용 회장은 국보위 정화 파동 이후 일선에서 어느 정도 거리를 두고 있던 원로들을 서서히 복귀시키기 시작하였다. 먼저 당시 서울시 태권도협회장으로 있던 엄운규를 협회 상근 부회장으로 복귀시켜 협회 운영을 맡겼으며, 이종우 전 세계연맹사무총장을 태권도 아카데미 추진위원장으로 선임하였다. 이는 엄운규, 이종우를 축으로 한 원로 중심 운영에 대한 우려를 다시 자아내게 하였다. (* 당시 이종우, 엄운규 관장 등을 원로로 지칭하였지만, 실제 이들의 나이는 50대 중반에 불과하였다.) 82년 협회 전문위원회와 국기원 기술심의회 명단은 아래와 같다.

◆1982년 협회전문위원회

의장	박해만		
부의장	권경욱, 박명수		
경기위원장	김봉기	상벌위원장	김호재
심판위원장	이영근	국제위원장	이규석
심사위원장	안영택	선수강화위원장	노상석

◆1982년 국기원 기술심의회

의장	이병로	교육분과위원장	이규정
부의장	김용서, 강정구	국제협력분과위원장	김정인
심사분과위원장	문창남	시범선전분과위원장	김영작

당시 시도지부 예산 규모를 돌아본다. 중앙협회에 보고된 각 시도지부의 82년 예산액은 대략 다음과 같았다.

◆1982년 당시 각 시도지부 예산규모

서울	4천5백5십만 원	충북	6백5십만 원	충남	자료 미비
대구	3천5백6십만 원	전남	3천2백3십만 원	부산	4천4백2십만 원
강원	9백9십만 원	경남	3천4백만 원	인천	1천4백7십만 원
경기	2천3십만 원	전북	1천3백3십만 원	경북	3천2백5십만 원
제주	9백5십만 원				

2. 제5회 세계선수권대회 종합우승

전년도에 개최되었어야 할 제5회 세계태권도선수권대회가 남미 에콰도르 콰야킬에서 82년 2월 24일부터 27일까지 나흘간 열렸다. 36개국 229명의 선수가 참가한 선수권대 회는 한층 발전한 각국 선수들의 기량에 놀라면서도 종주국의 우위를 여전히 보여주는 무대가 되었다. 한국 대표팀(감독 안영택, 코치 김인수, 강선장)은 핀급의 김기호 선수가 스페인 선수를 내려차기로 KO를 시켰지만 "갈려 후" 공격으로 판정되어 1차전에서 실격패를 당하는 충격을 받았으며, 또 헤비급의 마상현 선수는 신장과 기량이 뛰어난 독일의 융 선수에게 패함으로써 중량급에서부터 시작되는 서구 선수들의 도전을 실감케 하였다. 그러나 플라이급 전웅환, 밴텀급, 김종기, 페더급 장명삼, 라이트급 박오성, 웰터급 박천재, 라이트 미들급 정국현, 미들급 김상천, 라이트 헤비급의 하용성 선수가 우승하여 종합우승을 달성하였다. 특히 김종기 선수는 세계선수권대회 3연패의 위업을 달성하였다.

3. 제5회 아시아 선수권대회 종합우승

제5회 아시아태권도선수권대회가 82년 12월 9일부터 11일까지 싱가포르에서 개최되었다. 대회는 한국과 주최국 싱가포르를 비롯하여 자유중국, 태국, 오스트레일리아, 필리핀, 카타르, 말레이시아, 쿠웨이트, 요르단, 일본, 뉴질랜드, 브루나이, 인도, 파키스탄, 인도네시아, 타히티 등 17개국 선수단이 참가하였다. 한국은 핀급 최천, 플라이급 권기문, 밴텀급 김종기, 페더급 장명삼, 라이트급 한재구, 라이트 미들급 오일남, 미들급 이동준, 라이트헤비급 문종국, 헤비급 장승화 선수가 1위를 차지했으며 웰터급의 곽동수 선수가 은메달을 차지하여 종합 우승을 달성하였다. 그러나 경량급에서 자유중국(대만) 선수들의 급격한 성장을 느낀 대회였다.

4. 국가대표 선발전 및 각종 대회

82년도 국가대표 선발전 5월 13일, 14일 양일간 국기원에서 개최되었다. 4월 15~17일에 이었던 1차 예선전 1, 2위 자와 지난해 월드게임 입상자, 올해 초에 있었던 세계선수권대회 입상자 그리고 81년 우수선수권 1위 자로 체급별 5명으로 리그전 방식으로 진행되었다. 이 경기에서 1위를 한 선수는 1진으로 제5회 아시아선수권대회에 2위 자는 2진으로 월드컵 대회에 출전하기로 결정되었다.

먼저 밴텀급 김종기, 페더급 장명삼, 라이트급 한재구, 웰터급 곽동수, 라이트 미들급 오일남, 미들급 이동준 헤비급의 장승화 선수들이 4전 전승으로 대표로 선발되었다. 그리고 플라이급 권기문 선수와 라이트헤비급 문종국 선수는 3승 1패로 1진에 선발되었다. 서동현, 이창석, 최천 선수가 동률을 이룬 핀급은 재대전 결과 최천 선수가 1진에 선발되었다. 최종 선발된 선수들은 다음과 같다.

◆1982년 국가대표 선수

체급	1진	2진
핀	최천	이창석
플라이	권기문	고정호
밴텀	김종기	손재열
페더	장명삼	강종길
라이트	한재구	김영국
웰터	곽동수	박천재
라이트미들	오일남	이완희
미들	이동준	신재근
라이트헤비	문종국	정찬
헤비	장승화	박종만

7월에 있을 한·중 친선여자태권도대회를 위한 여자대표선발전이 5월 15일과 16일 이틀간 국기원에 개최되었다. 입상자는 다음과 같다.

◆ 한·중 친선여자태권도대회 대표선발전 입상자

핀	플라이	밴텀	페더	라이트	웰터	미들	헤비
박선영	장희인	임신자	박순경	박필순	최경	전오순	장윤정

전국종별 신인선수권대회가 3월 20일부터 국기원에서 7일간 개최되었다. 1,180명이 참가함으로써 국내대회 최대 참가 기록을 세우게 된 신인선수권대회는 중등, 고등, 대학, 일반, 여자부의 5개 부로 나누어 치러졌다.

6월 12일부터 15일까지 나흘간 제17회 대통령기 대회가 전남 광주에서 개최되었다. 81년 대구에서 개최된 이후 대통령기 대회 유치에 대한 치열한 경쟁 끝에 대회를 유치한 광주는 많은 준비를 하여 대통령기 대회를 태권도 국내 대회 중 가장 중요하고 화려한 대회로 만드는 데 최선을 다하였다. 고등부 46개교, 대학부 23개교 일반부 7개 팀이 참가하여 고등부는 전남체고, 대학부는 한국체대, 일반부는 해군이 차지하였다.

어린이태권왕 겨루기대회가 5월 1일 예선전은 국기원에서 2일 결승전은 장충체육관에서 전국 99개교가 참가하여 개최되었다. 겨루기 대회와 함께 시범과 연예인들이 참가한 어린이 대잔치가 함께 열려 참가자를 즐겁게 하였으며 종합우승은 광희초등학교가 차지하였다. 제11회 소년체육대회 태권도 경기가 5월 20일, 21일에 충남 대전 충남여고 체육관에서 개최되어 함준, 양대승, 이종선, 강철우, 김경환 등 훗날 대표선수로 자라날 꿈나무 선수들을 입상자로 배출하였다.

제63회 전국체육대회 태권도 경기가 10월 15일부터 18일간 나흘간 경남 창원기능대학 체육관에서 개최되어 종합순위 서울 1위, 전남 2위, 경남 3위를 기록하였다. 11월 4일, 5일 이틀간 82년 우수선수 선발대회가 개최되어 지용석, 고정호, 한홍식, 이재봉, 정우용, 최광근, 정국현, 오일남, 고영철, 하용성 선수가 우수 선수로 선발되는 영예를 안았다.

5. 어린이 시범단 일본순방 시범

이규형 사범이 이끄는 미동초등학교 어린이시범단 26명이 일본 각지를 순회하면서 시범 활동을 펼쳐 일본인들로 하여금 태권도에 경탄하게 하였다. 시범단은 1월 14일부터 29일까지 16일에 걸쳐 도쿄, 고베, 교토, 오사카, 나고야, 후쿠오카, 오카야마, 와카야마 등 8개 도시를 순방 시범을 하였다.

6. 사마란치 IOC 위원장 방한과 태권도와 만남

4월 7일 국제올림픽위원회(IOC) 후안 안토니오 사마란치 위원장이 내한하여 서울 올림픽 준비상황을 점검하며 청와대 방문을 비롯한 국내 각계각층의 인사들을 만났다. 올림픽 종목 채택을 향해 모든 노력을 기울이고 있던 태권도계와 김운용 회장으로서는 더 없는 태권도 외교의 기회였다. 대한태권도협회는 사마란치 위원장을 4월 9일 국기원으로 초청하여 환영식을 거행하였다. 김택수 IOC 위원, 조상호 대한체육회장, 김용식 서울올림픽 조직위원장 등이 참석한 환영식에서 미동초등학교 어린이 시범단과 국가대표 성인시범단의 시범이 이루어졌다.

기요카와 마사지 부위원장 등을 대동한 사마란치 위원장은 맞이하여 김운용 회장
은 조지아 핸슨 미국AAU 회장과 하인즈 막스 유럽태권도연맹 회장 등을 배석시키
고 태권도 세계화의 현황과 미래를 설명하면서 태권도의 올림픽 진입 가능성을 타
진하였다. 이에 사마란치 위원장은 태권도 올림픽 정식종목 채택이 현실화될 시기
가 곧 올 것이라고 화답하였다. 이날 사마란치 위원장의 국기원 방문과 태권도를
직접 보고 느끼며 태권도계 인사들과의 대화를 가지게 된 것은 이후 태권도의 올림
픽 진입에 중요한 계기가 되었다.

사마란치 IOC위원장에게
꽃다발을 선물하는 김혜수

7. 태권도 지도자연수원 개원

협회가 설립된 이후 가장 중요한 정책으로 추진되어온 태권도 통합 작업은 심사 사
업을 협회가 통합적으로 실시하는 것이 그 중심이었지만 실제로는 1972년부터 실
시하게 된 지도자 자격교육이 장기적으로는 커다란 영향을 미치게 되었다. 1972

년 4월 4일부터 6일까지 대한체육회관 강당에서 200명의 4단 이상 고단자를 대상으로 실시된 제1회 지도자 교육은 기술과 이론의 통합은 물론 전국의 태권도 지도자를 협회 소속감으로 묶는 중요한 역할을 하였다. 협회는 1976년 11월부터 대한체육회 강당 등 각지에서 실시하던 교육 장소를 국기원으로 옮겨 실시하기로 하였다. 그러나 여전히 교육 시행주체는 협회 기술심의회에서 맡아왔지만 82년 7월에 실시된 제28기 지도자 교육부터 교육 시행 자체를 완전히 국기원에 위탁하기 시작하였다. 이는 9월 1일 국기원 교육원(후에 국기원 태권도 아카데미, 지도자 연수원으로 개칭) 개원으로 태권도 지도자 교육 사업의 본격적 발전 시대를 열게 되는 계기가 되었다.

8. 유도대학 태권도학과 신설

후일 용인대학교가 되는 대한유도대학이 문교부의 인가를 얻어 국내 최초로 태권도 학과를 설치하고 신입생을 선발하였다. 유도대학은 이전에 이미 격기학과를 두어 태권도 전공자를 선발해왔었다. 이규석 교수를 중심으로 한 대한유도대학 태권도학과는 입학 정원 100명으로 실기와 학력고사 및 내신으로 선발하여, 첫해에 300여 명이 지원하는 높은 경쟁률을 보이면서 앞날의 발전에 희망을 보였다. 대한유도대학의 태권도학과 창설은 다음 해 이어진 경희대학과의 태권도학과 창설과 함께 향후 태권도 발전에 커다란 영향을 미치게 되었다.

1983년

1. 83 정기 대의원 총회

1월 21일 정기 대의원 총회가 개최되었다. 협회 규약 일부가 개정되었으며 임원 선출은 김운용 회장 유임을 의결하고 집행부 구성을 김 회장에게 위임하였다. 83년 예산은 2억 1천1백8십만 원으로 의결하였다. 대의원들은 일선 도장이 과외 교습소로 간주하여 운영에 극도로 제한받을 수 있다는 우려와 곧 제정될 유아교육 진흥법이 일선 도장의 유치부 수련생 유치에 제한될 위험도를 심각하게 지적하며 그 대책을 촉구하였다. 전년도 말 새로 임명한 엄운규 상임부회장과 황춘성 전무 이사 체제를 중심으로 하여 김운용 회장이 구성한 신임 임원 명단은 다음과 같다.

◆ 1983년 임원

회장	김운용
상임부회장	엄운규
부회장	김준철, 한봉수
전무이사	황춘성
이사	김신정, 김영원, 마의웅, 김희용, 박승복, 안현태, 유상열, 이상주, 이종하, 이현우, 최운지, 최웅, 황경노
감사	이계광, 인창근

◆1983년 기술심의회

의장	박해만		
부의장	권경욱, 박명수		
경기위원장	김봉기	상벌위원장	임순호
심판위원장	이영근	국제위원장	이규석
심사위원장	안영택	선수강화위원장	노상석

2. 제6회 세계선수권대회 종합우승

제6회 세계태권도선수권대회가 덴마크 코펜하겐에서 10월 20일부터 23일까지 개최되었다. 이규석 감독과 이승국, 진중의 코치를 중심으로 한 한국대표팀은 금메달 8개와 한 개의 동메달을 획득하면서 대회 6연패를 달성하였다.

제6회 세계태권도선수권대회
개막식 장면

금메달은 핀급 왕광연, 플라이급 고정호, 밴텀급 한홍식, 페더급 이재봉, 라이트급 한재구, 라이트미들급 정국현, 미들급 이동준, 그리고 지난 대회 헤비급 우승자인 독일의 융 선수를 결승전에서 꺾은 장승화 선수가, 그리고 동메달은 웰터급의 최광근 선수가 획득하였다. 이번 대회를 통하여 급격하게 성장한 유럽세를 확인할 수 있었다. 특히 금메달을 획득한 스페인과 터키는 물론 독일 등도 빠른 성장세를 보이고 있었다. 개선한 선수단은 서울 시내 카퍼레이드를 벌이고 이영호 체육부 장관이 주최한 환영 오찬을 리버사이드 호텔에서 가졌다.

3. 국가대표선발전 및 각종 국내대회

83년 국가대표 선발 최종전이 4월 22일 국기원에서 개최되었다. 1차 예선전은 4월 13일부터 15일에 개최된 바 있었다. 1위 자는 덴마크에서 개최될 세계선수권대회에 출전하게 된다. 경기 결과 선발된 83년 국가대표선수 명단은 아래와 같다.

◆1983년 국가대표 선수

체급	1진	2진
핀	왕광연	지용석
플라이	고정호	김기호
밴텀	한홍식	박기성
페더	이재봉	장명삼
라이트	한재구	정우용
웰터	최광근	이준명
라이트미들	정국현	최찬웅
미들	이동준	장질환
라이트헤비	문종국	고영철
헤비	장승화	하용성

전국 종별선수권대회가 3월 15일부터 19일까지 국기원에서 개최되었다. 중등부, 고등부, 대학부, 일반부 대학부, 일반부로 구분되어 총 758명이 참가하였다. 제12회 소년체육대회 태권도 경기가 전주 교육대학교 체육관에서 5월 21일부터 23일까지 중등부 8체급 13개 시도 204명이 참가하여 개최되었다.

한편 제4회 어린이 태권왕 겨루기 전국초등학교 단체대항 겸 개인선수권대회가 초등학교연맹과 남산청년회의소 공동 주최로 4월 30일부터 5월 1일간에 개최되었다. KBS가 후원한 본 대회는 5월 1일은 잠실실내체육관으로 옮겨 치러졌으며, 함께 개최된 어린이 대잔치는 당시 인기 연예인인 이주일, 서수남, 하청일, 천하장사 씨름선수 이만기 등 많은 인사가 참가하여 어린이날을 경축하고 어린이들의 태권도 수련을 장려하였다.

6월 21일부터 24일까지 제18회 대통령기쟁탈 전국단체대항 태권도대회가 국기원에서 개최되었다. 고등부 41개교, 대학부 19개교, 일반부 10개 팀으로 539명의 선수가 참가하여 고등부는 성동상고가 그리고 대학부는 한국체대가 일반부는 해군이 우승을 차지하였다. 제19회 대한태권도협회장기 쟁탈전 겸 제10회 한국중고등학교태권도연맹 개인선수권대회가 9월 5일부터 9일까지 잠실학생체육관에서 개최되어 남고 58개교, 여고 15개교, 남중 36개교, 여중 12개교 총 907명의 선수가 참가하였다. 경수중, 청산여상, 그리고 동성고가 각각 부별 단체 우승을 차지하였다.

1983년 국가대표선수선발대회를 마치고 엄운규 부회장이 남자부 시상식을 하고 있다. 사진 뒤에 미들급 이동준, 라이트헤비급 문종국, 헤비급 장승화 선수가 서 있다.

4. 경희대학교 태권도학과 설립

우수한 태권도 지도자를 양성해내기 위해 83년부터 태권도학과를 설립하고 연간 40명의 신입생을 모집한다고 발표하였다. 이후 경희대학교 태권도학과는 김경지, 최영렬 교수 등이 주축이 되어 용인대학교와 함께 태권도 지도자 양성에 큰 축을 이루었다.

5. 팬암게임 정식종목 채택

8월 13일부터 베네수엘라 카라카스에서 개최된 제9회 팬암게임 총회(8월 16일)에서 태권도가 정식종목으로 채택되었다. 대륙게임 대회 가운데서 이 해초에 채택된 올 아프리칸 게임에 이어 팬암게임에도 태권도가 정식종목으로 채택됨에 따라 국제 스포츠로서 태권도의 위상을 크게 강화하게 되었으며 곧 있을 아시안게임 정식종목 채택과 더 나아가서 올림픽 정식종목 채택에도 청신호가 되었다. 본 결정으로 1987년에 개최되는 제10회 팬암게임부터 태권도는 정식종목으로 채택된다.

6. 국기원 태권도지도자연수원 인가

이종우 원장과 강원식 학감이 주축이 된 국기원 태권도 아카데미(교육원)이 문화체육부로부터 1983년 11월 29일 국민체육진흥법 시행령 제22조 제2항의 규정에 따른 체육지도자연수원으로 지정되고 그 정식 명칭을 태권도지도자연수원으로 하였다. 단일 종목으로 국가가 인정하는 정식 지도자연수원으로 인가된 것으로는 최초의 일로서 태권도 지도자 교육에 새로운 전기를 마련하게 되었다. 1977년 4월에 대한태권도협회가 실시한 제1회 전국 사범지도자 교육을 시발로 하여 국기원 개원 이후 당시까지 중단없이 지속해온 지도자 양성 사업의 역량과 성과를 국가적으로 인정받고 또 태권도가 가진 국내외적 위상에 힘입어 이루어 낸 중요한 성과였다. 우선 그때까지 실시해 오던 사범 자격교육인 지도자 교육을 3급 지도자 교육으로 하고 새로이 국가 지도자 자격교육인 2급 경기지도자 교육을 2급 태권도경기 지도자 자격연수 교육으로 시행하였다. 국기원 태권도지도자연수원의 설치로 인하여 태권도 지도자 교육의 질이 한 단계 높아졌으며, 태권도 지도자의 자격 획득에 큰 기폭제가 되었다.

1983년 국기원태권도
지도자연수원 현판식 모습

7. 유럽 태권도 수련단 내한

7월 14일 룩셈부르크 김홍래 사범을 단장으로 하여 서독 이범이, 박웅준, 나진오, 김철환, 최수웅 사범과 네덜란드 허웅택 사범, 덴마크 최경환 사범, 벨기에 이범주 사범이 유럽 10여 개국 50여 명의 수련생을 이끌고 내한하였다. 방한 수련단은 국기원과 유도대학, 태릉 선수촌 등을 방문하고 한국과 종주국 태권도를 체험하였다.

8. 대학연맹, 제1회 국제대학선수권대회 개최

1983년 12월 10일부터 11일까지 국민대학교 체육관에서 한국대학태권도연맹 주최로 제1회 세계대학태권도선수권대회가 열렸다. 이 대회에는 14개국에서 임원과 선수 150여 명이 참가신청을 했으나 대만이 불참해 아쉬움을 남겼다. 한국은 이인재(플라이급) 등 7체급을 석권했다. 이후 이 대회는 1986년 5월 유고의 자그레브에서 개최된 국제대학스포츠연맹(FISU) 집행위원회에서 태권도를 경기종목으로 정식 승인함에 따라 1986년 미국 버클리에서 개최되는 세계대학태권도선수권대회를 제1회로 하게 됨에 따라 세계대학선수권대회의 프레대회로 자리매김하는 셈이 되었다.

9. 설악케이블, 한국스포츠 실업팀 창단

이해 4월 강원도협회와 연고를 가진 설악케이블카 실업팀이 창단되었다. 이어 6월에는 한국스포츠가 성동상고 졸업생을 주축으로 한 실업팀을 창단하였다. 이로써 1978년 현대중공업의 실업팀 창단으로 시작된 태권도의 실업팀이 마침내 본격적으로 발전하는 계기가 되었다. 이후 85년 제천시청, 86년 서울지하철공사, 그리고 1988년 현대자동차 실업팀의 창단으로서 태권도계에도 실업팀이 점차 활성화되기 시작하였다.

◆한국스포츠 실업팀 명단

감독	임성근
코치	조남수
선수	하용성, 윤준철, 김한노, 오배균, 김현덕, 장승화

1984년

1. 정기 대의원 총회

84년 정기 대의원 총회가 1월 21일 대한체육회 강당에서 개최되었다. 중앙대의원으로 박해만, 박명수, 김순배, 전재규, 그리고 시도 및 연맹 대표로 서울 송봉섭, 부산 이용복, 경기 안종웅, 강원 김성태, 충북 정만순, 충남 이진수, 전북 장한철, 전남 조영기, 경북 예조해, 경남 이순달, 제주 좌봉택, 대학 최인범, 중고 박창덕 대의원이 참석하였다.

총회는 2억 5천만의 예산안을 의결하고 활동이 유명무실해진 여성연맹을 해체하고 각급 학교의 여자선수는 각 해당 학교 연맹 대회에 참가하도록 하였다.

또 이날 각 시도지부 및 연맹 등 협회 발전 유공자에 대한 공로패 전달이 있었다.

◆1984년 기술심의회

의장	박해만		
부의장	권경욱, 박명수		
경기위원장	김봉기	연구위원장	백운대
심판위원장	안영택	상벌위원장	이영근
심사위원장	임순호	국제위원장	이승국
선수강화위원장	이규석		

1984년 대의원 총회

2. 86 아시안게임 태권도 정식종목 채택

9월 28일 서울에서 개최된 아시아올림픽평의회(Olympic Council of Asia-OCA) 총회에서 태권도가 1986년 서울에서 개최되는 아시안 게임에 정식종목으로 채택되었다. 이미 결정된 서울올림픽게임에서의 시범종목 채택과 함께 아시안게임 정식종목 채택은 태권도의 세계화와 스포츠로서의 위상 강화에 중대한 분기점이 되었다. 특히 국내 체육계에서 태권도의 위상이 비약적으로 커짐에 따라 지도자와 선수들의 사기 앙양은 물론 일선 도장에도 큰 파급 효과를 미쳤다.

1984년 12월 대한태권도협회 주최로 신라호텔에서 열린 86아시안게임 태권도 정식 종목 채택 자축 리셉션.

3. 84 국가대표 선발전 및 각종 국내 대회

84년 국가대표 최종선발전이 4월 27일 국기원에서 개최되었다. 전년도 세계대회 입상자, 우수대회 1위 자, 1차 예선 1, 2위 자로 체급별 4명의 선수가 풀 리그(라운 드 로빈) 방식으로 경기를 치렀다. 경기 결과 체급별 국가대표 1, 2진에 선발된 선 수는 다음과 같다.

◆1984년 국가대표 선수(남자)

체급	1진	2진
핀	김지태	함준
플라이	김준태	김기호
밴텀	권기문	유명식
페더	장명삼	정우용
라이트	한재구	박봉권
웰터	이준명	최공집
라이트미들	정국현	이강식
미들	박상식	장질환
라이트헤비	김종석	이계행
헤비	고영철	노욱상

5월 4일 개최된 여자 국가대표선발전에서 다음과 같은 선수들이 대표로 선발되었다.

◆1984년 국가대표 선수(여자)

핀	플라이	밴텀	페더	라이트	웰터	미들	헤비
배은정	이영	오명화	임신자	김소영	오순덕	전오순	장윤정

3월 26일부터 31일간 1,070명의 선수가 참가한 84 전국종별선수권대회가 국기원에 서 개최되었다. 제13회 전국소년체육대회 태권도 경기는 제주에서 5월 27일부터 29 일까지 개최되어 하태경, 장혁, 진정우 등 우수 꿈나무 입상자를 배출하였다.

6월 20일부터 23일까지 4일간 대통령기 단체대항전이 국기원에서 개최되었다. 고등부 43개, 대학부 14개, 일반부 7개 팀으로 총 519명의 선수가 참가하였다. 고등부는 이 계승 지도자가 이끈 남대전고등학교가 대학부는 여전히 최강 전력을 보유한 한국체육대학이 그리고 일반부는 통합 군 팀으로 새롭게 구성된 상무가 압도적 전력으로 우승을 차지하였다. 7월 16일부터 19일 사이에 잠실학생체육관에서 개최된 제11회 한국중고연맹회장기 대회는 상인천여자중학교, 동성중학교, 청산여자상업고등학교, 성동상업학교를 단체 우승팀으로 배출하였다.

9월 4일과 8일 사이에 국기원에서 개최된 제20회 대한태권도협회장기 및 제11회 한국중고연맹 개인선수권대회에서는 서울체고와 청산여상, 그리고 경수중과 상인천여중이 우승을 차지하였다. 초등학교연맹은 7월 22일 제5회 체육부장관기타기 전국단체대항 및 개인선수권대회를 개최하였다. 이 대회는 겨루기뿐만 아니라 품새 부문도 포함하였다.

1984년 여자국가대표선수 선발대회 각 체급 2위 입상자들. 핀급 이정미(숭신여고), 플라이급 2위 박선영(청산여상), 밴텀급 2위 김정임(성신여대), 페더급 2위 김명숙(성신여대), 라이트급 2위 오현주(인천체고), 웰터급 왕오순(청산여상), 미들급 2위 김현희(청산여상), 헤비급 정환숙(청산여상)

제65회 전국체육대회 태권도 경기가 10월 11일부터 16일 사이 대구 경원고등학교 체육관에서 개최되었다. 종합 등위는 서울이 1위를 그리고 전남이 2위 충남이 3위를 차지하였다. 제10회 연맹회장기타기 전국초등학교 단체대항대회는 10월 2일, 그리고 제7회 연맹회장기쟁탈 전국대학대회는 11월 8일과 9일 사이에 국기원에서 개최되었다.

한 해를 마무리하는 84년도 우수선수선발대회가 11월 1일과 2일 양일간 국기원에서 개최되었다. 체급별 우승자는 김철호, 박노식, 손재열, 이우선, 이계웅, 김용수, 김윤태, 문종국, 김정태, 장정휘었다.

4. 제1기 태권도 경기지도자 2급 연수과정 교육

1984년 제44기 지도자사범 연수에서 이종우 국기원 부원장이 당부의 말을 하고 있다.

지난해 연말 체육부로부터 인가를 얻은 국기원 태권도지도자연수원이 4월 9일부터 제1기 태권도 경기지도자 2급 연수과정을 시작하였다. 개강식에는 정선호 체육부 차관과 박철민 한국체대 학장 등이 참석하여 최초로 개별 종목으로서 독립 연수원 교육을 하게 된 것을 축하하였다. 첫 교육에 참가한 수강생은 모두 65명이었으며, 20일간의 교육을 거쳐 61명이 자격검정에 합격하였다. 연수원은 매년 2회의 2급 과정을 실시할 예정이다.

5. 제6회 아시아선수권, 금메달 9개로 우승

한국이 제6회 아시아태권도선수권대회 10체급에 출전해 9개 금메달을 획득하며 우승했다. 1984년 11월 6일 필리핀 마닐라에서 열린 이 대회에서 한국은 김봉기 감독과 박현종, 주신규 코치의 지도로 핀급에 출전한 김지태가 예선에서 탈락했지만, 플라이급 김준태, 밴텀급 권기문, 페더급 장명삼, 라이트급 한재구, 웰터급 이준명, 라이트미들급 정국현, 미들급 박상식, 라이트헤비급 김종석, 헤비급 고영철이 금메달을 획득했다.

1984년 제6회 아시아
태권도선수권대회를
앞두고 한국대표선수들이
코칭스태프와 함께 대회
내용을 숙지하고 있다.

6. 국가대표 시범단 유럽 순회 시범

6월 16일부터 7월 13일 사이 28일 동안 국가대표시범단이 유럽 순회 시범을 하였다. 시범단은 핀란드, 스웨덴, 노르웨이, 영국, 오스트리아, 이탈리아의 6개국을 순회하며 시범과 친선 경기를 가졌다. 시범단은 송상근 단장과 김영작 시범조장, 그리고 구정회, 김현성, 최봉호, 이종관, 김충석, 박천재, 정국현, 이재봉, 김기호였다. 또 어린이 시범단은 년 초인 1월 태국협회 초청으로 순회 시범을 다녀오기도 하였다.

7. 대표선수 연금 및 병역특례

태권도 종목의 국민체육진행재단이 지급하는 경기력 향상 연구연금 수혜자가 선정되었다. 세계대회 3연패의 김종기 선수가 월 30만 원의 은장, 월 20만 원의 동장 수혜자로는 세계대회 2회 우승자인 최정도, 허송, 유영합, 박오성, 김상천, 정국현이 선정되었다. 또 국제대회 입상자 가운데서 병역이 면제되는 특례대상자로 박천재, 윤준철, 하용성, 정찬, 여성기, 이동준, 오일남, 정국현, 양기모, 곽동수, 장명삼, 이재봉, 전웅환, 한재구, 최광근, 한홍식, 최천, 문종국, 권기문, 고정호가 선정되었다.

1985년 경기력 향상연구연금
수혜자들. 왼쪽부터 허송, 김종기,
최정도, 김상천, 정국현

8. 아시안게임 대비 국가대표 코칭스태프 임명

10월 24일 기술심의회 전체회의를 열어 86아시안게임에 대비할 국가대표 코칭 스텝 선정을 하였다. 수석코치에는 이승국 당시 한국체대 교수, 코치에는 박현종 당시 전남체중 교사, 트레이너에는 주신규 당시 동대문상고 코치와 진중의 유도대학 조교를 임명하였다.

◆선수 체급(중량) 개정

세계태권도연맹에서는 1983년 9월 19일 덴마크 코펜하겐에서 개최한 제 6차 세계태권도연맹총회에서 결의된 체급을 1985년 1월 1일부터 적용하게 되었다.

남자는 핀급 50kg까지, 플라이 54kg까지, 밴텀 58kg까지, 페더 64kg까지, 라이트 70kg까지, 웰터 76kg까지, 미들 83kg까지, 헤비는 83kg초과, 여자는 43kg까지, 플라이 51kg까지, 밴텀 51kg까지, 페더 55kg까지, 라이트 60kg까지, 웰터 65kg까지, 미들 70kg까지, 헤비 70kg초과

1985년

1. 정기 대의원 총회

8 5년도 정기 대의원 총회가 2월 9일 대한체육회 강당에서 개최되었다. 총회 는 김운용 회장의 유임을 만장일치로 의결하고 나머지 임원 구성을 김 회장 에게 위임하였다. 연중에 계획된 제7회 세계선수권대회 개최 등을 위하여 전년 대비 3배에 달하는 7억 3천6백여만 원의 예산안을 의결하였다. 다음 해로 다가온 아시안게임과 2년 후의 올림픽에 대비하여 태권도의 웅비를 위하여 산적한 과제 를 해결해야 하는 바쁜 한해로서 특히 올해에 개최되는 세계선수권대회의 성공 적 진행이 중요한 과제였다. 새로이 구성된 임원은 아래와 같다.

◆1985년 임원

회장	김운용
상임부회장	엄운규
부회장	김준철, 한봉수
전무이사	황춘성
이사	김신정, 김한주, 김희용, 박승복, 안현태, 유상열, 육완식, 이동건, 이종하, 이현우, 조동원, 최운지, 황경노
감사	이계광, 인창근

◆1985년 기술심의회

의장	권경욱		
부의장	전재규		
경기위원장	김봉기	상벌위원장	김영삼
심사위원장	이영근	편집위원장	정찬성
심판위원장	안영택	국제위원장	박현섭
기획위원장	이승국	선수강화위원장	김경지

2. 태권도, 서울올림픽 시범종목 채택

1985년 6월 2일부터 4일까지 독일 베를린에서 개최된 제90차 IOC 총회에서 야구와 함께 태권도가 서울 올림픽에서 시범종목(Demonstration Sports)으로 채택이 최종적으로 결정되었다. 이는 앞으로 태권도가 올림픽 정식종목으로 채택되는 꿈을 향한 큰 도약의 발판이 되는 성과였다.

3. 제7회 세계선수권대회

1973년 제1회 대회 창설과 1975년 제2회 대회 개최 이후 10년 만에 종주국에서 세계선수권대회를 유치, 개최하였다. 전 세계 65개국 506명의 참가자와 함께 9월 4일부터 8일까지 5일간 잠실 실내체육관에서 제7회 세계태권도선수권대회가 개최되었다. 9월 4일 거행된 개회식은 김운용 회장을 비롯하여 이영호 체육부장관, 김종하 대한체육회장, 염보현 서울시장과 수명의 해외 IOC 위원이 참석하였다. KBS 텔레비전 방송으로 중계된 가운데 진행된 5일간의 경기를 통하여 남자부는 8체급 가운데 이선장, 김영식, 유명식, 한재구, 박봉권, 정국현, 이동준 선수가 금메달을 그리고 강승우 선수가 은메달을 획득하며 압도적 전력으로 종합우승을 차지하였다.

김영인 코치가 이끄는 여자부 경기는 신숙, 임신자, 김지숙, 김현희 선수가 금메달을 획득하며 남자부와 동반 우승의 영광을 차지하였다. 그러나 스페인, 미국 등 외국선수들의 뛰어난 경기력에 종주국 여자 태권도 선수단의 경쟁력 향상을 위한 대책 필요성이 대두한 계기가 되기도 하였다. 또 이 대회에서 전광판으로 된 채점 기록판(스코어 보드)이 최초로 경기에 사용되었다. 이후 점차 국내 대회에도 사용되어 심판들의 채점 공정성이 제고되는 중요한 계기가 되었다.

잠실실내체육관에서 열린 개회식 모습. 이 대회에는 65개국에서 506명의 선수가 참가했다.

김운용 세계태권도연맹 총재와
귀빈들이 단상에 앉아있다.

4. 제2회 월드게임 참가

비 올림픽 종목의 제전인 제2회 월드게임이 1985년 8월 3일부터 영국 런던에서 개최되었다. 4년 전인 1981년에 개최된 제1회 월드게임에 비교하여 관심과 기대가 많이 감소하였지만 황춘성 전무이사를 단장으로 그리고 권경욱 감독과 유형환, 진중의 코치를 중심으로 한 대표선수단은 4일까지 진행된 경기에서 7 체급(김영주, 인해진, 홍종만, 정승환, 이준명, 문종국, 이계행)에 우승을 차지하였다.

5. 국가대표 선발전 및 각종 국내 대회

85년도 국가대표 선발전은 지난해 세계연맹이 개정한 10체급제에서 8체급제로의 변경과 각 체급의 체중 변경 등 사항에 대한 고려와 함께 국내에서 개최되는 세계대회, 그리고 86아시안게임과 88올림픽을 위한 새로운 출발을 위하여 전년도 대표들에 대한 인정이 없이 모든 선수가 1차 또는 2차에 1, 2위로 입상하여 최종전에 진출하는 방식으로 이루어졌다. 치열한 경쟁으로 치러진 1, 2차전 결과 체급별 4명의 선수가 가려졌다. 국내 최정예 4명의 선수가 4월 20일 국기원에서 최종전을 가져 체급별 순위를 가렸다. 1위 자는 세계선수권에 2위 자는 월드게임에 출전하며 3위 자도 상비군으로 강화훈련에 참가하기로 하였다. 체급별 순위는 다음과 같다.

◆1985년 국가대표 선수(남자)

체급	1진	2진	3진
핀	이선장	김영주	이종선
플라이	김영식	인해진	이해진
밴텀	유명식	홍종만	왕광연
페더	한재구	정승환	배창호
라이트	박봉권	이준명	곽동수
웰터	정국현	문종국	최찬웅
미들	이동준	이계행	장질환
헤비	강승우	고영철	임재억

5월 10일 국기원에서 개최된 한국여자대표선수 선발전에서 선발된 체급별 선수는 다음과 같다.

◆1985년 국가대표 선수(여자)

핀	플라이	밴텀	페더	라이트	웰터	미들	헤비
신숙	김정임	임신자	김소영	김지숙	전오순	김현희	장윤정

85년 종별 개인 선수권대회가 3월 15일부터 20일까지 국기원에서 개최되었다. 이 대회부터 전년도에 변경된 체급제도에 따라 10체급에서 8체급으로 조정되어 실시

되는 최초의 대회였다.

소년체전 태권도 경기가 경상북도 경주에서 5월 23일, 24일 양일간 경주여자고등
학교 체육관에서 개최되었다.

제20회 대통령기대회가 7월 2일부터 5일까지 국기원에서 개최되었다. 8체급 개인
단체전을 통하여 고등부는 서울체고가 대학부는 모처럼 경희대가, 그리고 일반부
는 상무가 우승을 차지하였다.

제66회 전국체육대회 태권도 경기가 10월 11일부터 14일까지 강원도 강릉상고 체
육관에서 개최되었다. 한 해를 마무리하는 1985년도 우수선수선발대회는 10월 31
일부터 11월 1일 사이 이틀간 국기원에서 개최되어 김철호, 양대승, 최상진 등 예
비 국가대표 선수들을 우승자로 배출하였다.

1985년 전국종별선수권대
회 남고부 각 체급 우승자. 핀
급 김기환, 플라이급 박범진,
밴텀급 송정용, 페더급 손홍
익, 라이트급 조창현, 웰터급
서정학, 미들급 김민수, 헤비
급 이장원

6. 유아 태권도 교육 개선방안 토론회 개최

대한태권도협회가 유아 태권도 교육의 현황과 개선방안에 대해 토론회를 열었다.
협회는 1985년 6월 22일 대한체육회 10층 회의실에서 이 같은 주제로 토론했다.
기술심의회가 주관한 이 날 토론회는 태권도 수련인구의 저변을 확대하고 조기 교
육의 확산에 부응하는 태권도장에서의 바람직한 유아 교육 프로그램의 골간이 어
떤 것이어야 하는가를 제시하는 데 취지가 있었다.

토론 참석자는 홍성윤 중앙대 사범대학장, 황춘성 협회 전무이사, 김용휘 사무국
장, 정찬성 중앙대 교수, 주상일 은천초등학교 교사, 김명수 협회 편집분과 부위원
장, 이봉 사범, 장재우 사범, 김정인 보육교사, 심용운 사범 등이었다.

홍성윤 박사는 "태권도 사범은 지도하는 아동들을 정서적으로나 지적인 면으로 골
고루 발달시킬 수 있도록 균형 있는 프로그램을 준비하여야 하고 사범의 한계를
보완하는 면에서 보행교육을 병행해서 다양성을 살리는 것이 바람직하다"고 제안
했다.

1985년 6월 대한체육회
회의실에서 열린 유아
태권도 교육의 현황과
개선방안 회의 모습

7. 기타 협회 동정

'86, '88 국제 경기운영 인력으로 대한체육회에 의해 공개 채용된 유호윤, 강병권 신입사원이 태권도협회로 배속되어 4월 1일부로 근무를 시작하였다.

제1회 세계태권도학술발표회가 세계선수권대회 개최에 맞추어 신라호텔에서 개최되어 고려대의 한승조 교수와 선병기 교수, 그리고 서울대 강신복 교수와 연세대 황인승 교수 등이 발표하였다.

김운용 회장이 월드게임위원회(非 올림픽 경기연맹) 회장에 재선되었다. 1985년 10월 21일 네덜란드 암스테르담에서 개최한 월드게임위원회 총회는 김 회장을 임기 4년 회장으로 선출하였다. 월드게임은 태권도, 야구 등 비 올림픽종목 20여 개의 종합경기대회로 제1회 대회는 1981년 7월 미국 산타클라라에서 개최하였고, 제2회 대회는 1985년 영국 런던에서 개최하였다.

대학연맹은 대학연맹 뉴스레터를 10월에 창간하였다. 초등연맹(당시 초등학교연맹)은 12월 31일 「어린이태권도신문」을 창간하였다.

1986년

1. 정기 대의원 총회

1월 13일 1986년도 정기 대의원 총회가 대한체육회 강당에서 개최되었다. 전년도 결산 및 신년도 예산안을 원안대로 심의 의결하고 1986년에 가장 중요한 일로서 아시안게임 태권도 경기의 성공적 개최와 전 체급 우승의 결의를 다졌다. 또 이 해에 개최되는 아시아선수권대회에 최초로 여자부를 파견키로 하고 처음으로 개최되는 월드컵 대회에 대한 준비에도 만전을 기하기로 하였다. 새로운 교본 발간과 아시안 게임을 맞이하여 학술대회 개최 등이 논의되기도 하였다. 1986년도 기술심의회 임원 명단은 다음과 같다.

◆1986년 기술심의회

의장	권경욱		
부의장	김용서, 전재규		
경기위원장	김봉기	상벌위원장	김영삼
심판위원장	안영택	편집위원장	정찬성
심사위원장	고국환	국제위원장	박현섭
기획위원장	이승국	선수강화위원장	김경지

2. 86 아시안게임 7체급 석권

최초의 아시안게임 정식종목 채택이라는 역사적 의의를 '86서울아시안게임 태권도 경기가 수원 성균관대학교에 마련된 태권도 경기장에서 9월 30일부터 시작되었다. 이승국, 박현종, 주신규, 진중의 코치가 이끄는 국가대표팀은 10월 3일 수원 성균관대에서 열린 마지막 날 경기에서 미들급 이계행과 헤비급 강승우가 우승함으로써 밴텀급을 제외한 전 체급에서 7개의 금메달을 획득함으로써 대한민국 종합 2위에 든든한 받침대가 되었다.

이번 대회 최고의 하이라이트였던 경기는 한재구 선수가 페더급 결승에서 요르단 사메르 카말을 2회전 30초에 강력한 오른발 뒤후려차기로 KO승을 거둔 것이었다. 병원으로 후송돼 응급처치를 받은 사메르는 "쇠망치로 얻어맞은 것처럼 충격을 받았다"고 말했다.

◆ 1986아시안게임 금메달 수상자

핀	플라이	페더	라이트	웰터	미들	헤비
이종선	김영식	한재구	박봉권	문종국	이계행	강승우

86아시안게임 태권도 종목에 참가한 한국 남자 대표 선수들

3. 제1회 월드컵태권도대회 종합우승

한국이 제1회 월드컵태권도선수권대회에서 종합우승을 했다. 한국은 1986년 7월 4일부터 6일 사이에 미국 콜로라도 스프링스에서 열린 이 대회에서 금메달 7개와 은메달 1개를 획득했다. 핀급 임성욱, 플라이급 인해진, 밴텀급 유명식, 페더급 장명섬, 라이트급 양대승, 웰터급 정용석, 미들급 박상식, 헤비급 임재억이 금메달을 획득했고, 플라이급 인해진이 부상으로 결승을 기권했다. 대륙 간 대항전으로 처음 열린 이 대회는 각 대륙에서 예선을 거쳐 선발된 10개국 대표와 특별 초청된 5개국과 한국 등 16개국이 참가해 기량을 겨뤘다.

4. 제7회 아시아선수권대회 종합우승

4월 18일부터 20일까지 호주 다윈에서 열린 제7회 아시아태권도선수권대회에서 한국은 8체급에 출전해 금메달 6개, 은메달 1개, 동메달 1개를 획득하며 종합우승을 했다. 플라이급 이해진, 밴텀급 지용석, 페더급 정승화, 라이트급 이창건, 웰터급 윤순철, 헤비급 이정진은 금메달을 획득했고, 핀급 김영주는 은메달, 미들급 장질환은 동메달을 획득했다.

해외에서 개최되는 공식대회에 사상 처음으로 참가한 여자 대표팀은 무더운 기후와 특히 체중 조절에 고생하면서 오명화(플라이급), 전오순(웰터급), 장윤정(헤비급) 선수가 금메달을 획득하였고, 신숙(핀급), 김현희(미들급)선수가 은메달을, 그리고 박선영(밴텀급), 김지숙(페더급)가 동메달을 획득하는 성적을 거두었다. 이대회는 한국대표선수단이 최초로 헤드기어를 착용하고 경기를 치른 대회였다.

5. 제1회 세계대학태권도선수권대회 대표팀 파견

세계대학스포츠연맹(FISU)와 세계태권도연맹(WTF)가 공동으로 주최하는 제1회 세계대학태권도선수권대회가 미국 캘리포니아주 버클리에서 11월 28일부터 11월 30일까지 개최되었다. 이번 대회는 유니버시아드대회를 관장하는 FISU가 7월에 태권도를 공식종목으로 승인한 후 세계태권도연맹과 함께 주최하는 대회이다. 지난 1983년 서울(국민대학교)에서 당시 15개국에서 120명의 대학생 선수들이 참가한 국제대학생태권도대회를 개최한 바 있지만 FISU의 승인과 세계연맹의 승인 등의 관계로 이번 대회가 공식적인 제1회 대회가 되었다. 대표팀 명단은 다음과 같다.

◆ 제1회 세계대학선수권대회 대표선수

남자선수	김철호, 인해진, 서정헌, 최 운, 김용수, 김윤태, 박상식
여자선수	도재선, 오명화, 임신자, 이은영, 김지숙, 전오순, 김현희, 장윤정

6. 국가대표 선발전 및 각종 국내경기대회

이 해에 개최될 대망의 아시안게임에 출전할 국가대표선수를 선발하게 되는 1986년 국가대표선발 최종전이 2월 25일, 26일 이틀간 문화체육관에서 열렸다. 2월 17~19일간에 개최된 1차 선발전에서 1, 2위에 입상한 선수들과 전년도 국가대표 1, 2, 3진으로 체급별 5명의 선수로 리그 방식으로 진행되었다. 일부 경기에서 심판 판정에 과격한 항의들이 나타나 오랜 국가대표선수를 지낸 노장 이동준 선수가 전체 경기 몰수를 당하는 등 판정과 경기 진행의 문제점을 나타내기도 하였다. 이틀 간의 열전으로 아시안 게임, 최초의 월드게임, 아시아선수권대회 등에 출전할 대 표선수들을 다음과 같이 선발하였다.

◆1986년 국가대표 선수(남자)

체급	1진	2진	3진
핀	이종선	임성욱	김영주
플라이	김영식	인해진	이해진
밴텀	홍종만	유명식	지용석
페더	한재구	장명삼	정승환
라이트	박봉권	양대승	이창건
웰터	문종국	정용석	윤순철
미들	이계행	박상식	장질환
헤비	강승우	임재억	이정진

아시아선수권대회에 출전하게 될 여자 대표선수선발전이 2월 24일 문화체육관에 서 먼저 열려 오랜 여자국가대표 터줏대감 임신자 선수를 꺾은 박선영 선수를 비롯 한 각 체급 대표선수들을 다음과 같이 선발하였다.

◆1986년 국가대표 선수(여자)

핀	플라이	밴텀	페더	라이트	웰터	미들	헤비
신숙	오명화	박선영	이은영	김지숙	전오순	김현희	장윤정

3월 24일부터 29일까지 6일간 국기원에서 전국 춘계종별선수권대회가 개 최되었다. 이 해부터 종별대회를 춘계와 추계로 연간 2회 개최하기로 한 최 초의 대회로서 중등부 309명, 고등부 692명, 대학부 86명, 일반부 103명 총 1,190명의 선수가 참가하였다. 소년체육대회는 경남 마산 양덕여자중학교 체육관에서 5월 5일부터 9일까지 개최되었다. 대통령기 단체대항대회는

처음으로 제주도에서 개최되었다. 5월 15일부터 4일간 진행된 대회에서 서울체육고등학교, 한국체육대학교, 상무부대 각 부별 우승을 차지하였다. 또 여자 태권도 경기력 향상을 위하여 개최되는 전국여자개인선수권대회가 국기원에서 개최되어 145명의 선수가 참가하여 5월 22일, 23일 양일간 열전을 가졌다. 6월 20일부터 25일까지 제67회 전국체육대회 태권도 경기가 개최되었다. 아시안게임에 대비하여 평년보다 일찍 개최된 전국체육대회는 아시안게임 예비 점검을 위하여 아시안게임 태권도 경기장으로 건설된 성균관대학교 실내체육관에서 진행되었다.

10월 14일부터 18일까지 최초의 추계종별선수권대회가 국기원에서 개최되었다. 김영희 사범이 지도하는 아마추어 팀인 서울지하철 공사 태권도회가 처음으로 대회에 참가하여 이후 실업팀으로 창단되는 계기를 만들었다. 11월 4일부터 6일까지 우수선수선발대회가 국기원에서 개최되어 격동의 1986년을 마감하였다.

7. 제10회 아시안게임 개막식 태권도시범 '약동'

아시아의 평화와 전진을 염원하는 대회이념뿐만 아니라 한국의 고유한 문화전통을 부각하게 될 아시안게임 개막 공개행사에서 미동초등학교 어린이 태권도시범단 300여 명과 특전사 소속 700명의 장병이 함께 태권도 시범 '약동'을 선보였다. '약동'은 가장 질서 정연하고 조직적인 프로그램으로 개막 공개행사 전 종목 중 한국인의 씩씩하고 감한 기상을 잘 나타낸 것으로 가장 많은 갈채와 호평을 받으며 외국 선수단은 물론 중계방송을 통하여 전 국민에게 강렬한 인상을 남겼다.

아시안게임 개막 공개행사에서 미동초등학교 어린이 태권도시범단 300여 명과 특전사 소속 700명의 장병이 함께 태권도 시범 '약동'을 선보이고 있다.

8. 일선 도장 운영실태 조사

대한태권도협회는 창립 이래 최초로 일선 태권도장의 운영 실태와 사범들의 의식 구조에 관해 설문조사를 했다. 1986년 대한태권도협회 전무였던 황춘성은 "일선 도장 육성과 사범 복지제도에 관한 정책을 수립하기 위해 설문조사를 했다"고 밝혔다. 이 설문조사는 1985년 3/4분기에 설문지를 제작해 4/4분기부터 1986년 3월까지 전국 일선 도장에 배포해 그중 259개를 회수해 통계분석의 방법으로 정리했다. 이번 설문에 응답한 259개 도장의 수련 인원은 평균 89명으로 나타났고, 이중 유치원생이 31%, 초등학생이 48%, 중·고등학생이 15%, 성인이 6%로 집계됐다.

이 설문조사를 통해 대한태권도협회는 다음과 같은 결론을 내렸다.

첫째, 일선 도장의 운영 실태는 시설 규모에 있어 영세성을 완전히 탈피하지는 못하고 있으나 법정 수준을 상회하고 있어 사회 체육 발전에 크게 이바지할 수 있는 잠재력이 있다. 둘째, 일선 사범들은 직업관이 명확하고 사범직에 대한 만족도도 높으나 전문 체육인들의 일반적인 문제인 생활의 안정성과 노후대책에 대해 불안을 느끼고 있다. 셋째, 일선 도장이 사회체육기관의 기능을 확대하기 위해선 시설 규모를 개선하고 경쟁력을 높여야 한다.

9. 김운용 회장 IOC 위원 선출과 GAISF 회장 당선

김운용 세계태권도연맹 총재는 1986년 10월 17일 스위스 로잔에서 열린 제91차 국제올림픽위원회 총회에서 만장일치로 IOC 위원에 선출됨과 동시에 10월 25일 모나코의 몬테카를로에서 열린 제20차 국제경기연맹연합회에서 신임회장으로 피선되었다. '88서울올림픽을 앞둔 한국은 김운용 세계태권도연맹총재가 올림픽운동을 주도하는 IOC의 위원으로 선임됨과 아울러 또 하나의 막강한 세계스포츠기구인 GAISF 회장으로 당선됨에 따라 한국스포츠가 국제적인 발언권이 강화됨으로써 '88서울올림픽 성공의 새로운 전기를 마련하게 되었으며 태권도가 올림픽 정식종목 채택의 가능성을 한발 앞으로 당기는 계기가 되었다. 특히 한국인으로 6번째 IOC 위원에 선임된 김운용 회장은 이후로 국제 스포츠계에서 빠르게 두각을 나타내며 한국 스포츠 외교의 정점으로, 그리고 국제스포츠계의 거물로 성장하게 되었다.

10. 기타 협회 동정

1월 8일부터 2월 6일까지 중고태권도연맹 선수단이 처음으로 미국, 캐나다, 멕시코, 일본 등 4개국을 순회하며 해외 원정 친선경기를 했다.

아프리카 지역 태권도 보급과 특히 서울올림픽 참가를 독려하기 위하여 코트디부아르에서 12월 13일, 14일간 개최되는 국제태권도대회에 대표팀을 파견하였다.

◆ 국제태권도대회 대표팀 명단

단장	엄운규	감독	이승국	코치	주신규
선수	이종선, 김영식, 홍종만, 한재구, 박봉권, 문종국, 이계행, 강승우				

1987년

1. 대의원 총회

1987년 정기 대의원 총회가 1월 15일 체육회관 대강당에서 열렸다. 총회에 앞서 1월 8일 개최된 결산 이사회에서 의결된 결산안과 예산안을 승인하고 이계광, 인창근 감사를 유임시켰다. 3월 6일 서울올림픽 조직위원회에서 88올림픽경기 태권도 운영위원회를 결성하였다. 김운용 회장을 위원장으로 하고 엄운규 부회장을 부위원장으로 하여 전효식 담당관 등 운영위원회를 구성, 발족하였다. 1987년도 기술심의회 임원은 다음과 같다.

◆1987년 기술심의회

의장	권경욱		
부의장	김용서, 전재규		
경기위원장	김영삼	상벌위원장	고국환
심판위원장	안영택	편집위원장	정찬성
심사위원장	김봉기	국제위원장	박현섭
기획위원장	이승국	선수강화위원장	김경지

2. 세계선수권대회 남녀 동반 우승

 제8회 세계선수권대회와 제1회 세계여자선수권대회가 10월 7일부터 11일까지 5일간 스페인 바르셀로나에서 개최되었다. 사상 최초로 창설된 세계여자선수권대회에는 전 세계에서 32개국이 참가하였으며, 남자는 56개국이 참가하였다. 김용서 감독과 남자부 유병호, 이계승 코치와 여자부 김영인, 강중식 코치가 이끄는 한국대표팀은 남자부에서 금메달 6개로 그리고 여자부는 금메달 3개와 은메달 2개 동메달 1개로 동반 종합 우승을 차지하였다. 준우승은 남자부는 개최국인 스페인이, 여자부는 대만이 차지하였다. 특히 이 대회에서 정국현 선수가 최초로 세계선수권대회 4연패의 위업을 달성하였다.

◆ 제8회 세계선수권대회 남자부 입상자

1위	임성욱(핀급)	강창모(플라이급)	유명식(밴텀급)
	양대승(라이트급)	정국현(웰터급)	이계행(미들급)

◆ 제1회 세계여자선수권대회 여자부 입상자

1위	장이숙(핀급)	김소영(페더급)	이은영(라이트급)
2위	이영(플라이급)	김지숙(웰터급)	
3위	장윤정(헤비급)		

제8회 세계선수권대회 개막식

3. 월드컵 종합 우승

5월 15일부터 17일까지 3일간 핀란드 헬싱키에서 87년도 월드컵 태권도 대회가 개최되었다. 송봉섭 감독과 박수복 코치가 이끈 한국 대표단은 핀급의 이종선, 밴텀급의 지용석, 페더급의 장명삼, 라이트급의 박봉권, 웰터급의 윤순철 선수가 금메달을, 그리고 플라이급의 전웅환 선수와 미들급의 연기호 선수가 은메달을 획득하면서 종합 우승을 차지하였다.

4. 태권도 기본용어 일부 변경

2월 26일 국기원이 한글학회의 자문을 얻어 태권도 기본용어 일부를 순우리말 식으로 변경하는 결정을 하였다. 이 변경 결정을 통하여 품세(品勢)가 순우리말을 사용한다는 논리로 앉음새, 모양새, 짜임새와 통하는 품새로 바뀌었다. 또 아금손⇒아귀손, 두발당상⇒두발당성, 앞에치기⇒앞치기, 자진발⇒잦은발, 멍애치기⇒멍에치기, 제비품막기⇒비틀어막기로 바꾸었으며 그 가운데서 호신술⇒몸막이, 수신호⇒몸짓신호 등 지나치게 순우리말에 집착하여 현장감을 무시함으로 이후에 사용되지 않고 외면된 용어나 「품새」 와 같이 계속된 논란에 빠진 경우도 일부 있었다.

5. 국가대표 선발전 및 각종 국내 대회

스페인에서 개최되는 제8회 세계선수권대회와 핀란드에서 개최될 예정인 월드컵 등 각종 국제대회에 참가하게 될 국가대표 선수 최종선발전이 4월 9일과 10일 이틀에 걸쳐 국기원에서 개최되었다. 최종전은 전년도 대표 1, 2, 3진과 전년 말 개최된 우수선수선발전 우승자, 그리고 4월 1일~3일에 있었던 대표 1차 선발전 우승자로 체급별 5명의 최고 선수가 리그 방식으로 최강자를 가리는 열전을 가졌다. 플라이급에서 고교 3년생인 강창모 선수가 대표선수 자리를 차지하며 파란을 일으켰으며, 임성욱, 양대성 등 대학 1년생들과 함께 정국현 선수도 노장으로 대표선수 자리를 다시 차지하는 투혼을 보였다. 1987년 국가대표 1, 2, 3진 선수 명단을 다음과 같다.

◆1987년 국가대표 선수(남자)

체급	1진	2진	3진
핀	임성욱	이종선	권태호
플라이	강창모	전웅환	이해진
밴텀	유명식	지용석	함준
페더	정승환	장명삼	윤정욱
라이트	양대승	박봉권	이창건
웰터	정국현	윤순철	최상진
미들	이계행	연기호	김현곤
헤비	고영철	노신	임재억

최초의 공식적 제1회 세계선수권대회가 개최되는 역사적인 해의 여자 국가대표 선발전은 5월 8일 국기원에서 개최되었다. 체급별 대표선수로 선발된 선수는 아래와 같다.

◆1987년 국가대표 선수(여자)

핀	플라이	밴텀	페더	라이트	웰터	미들	헤비
장이숙	이영	배은정	김소영	이은영	김지숙	김현희	장윤정

87년도 춘계종별선수권대회가 3월 16일부터 21일까지 국기원에서 개최되었다. 1,450명의 선수가 참가하는 연중 최대의 대회로서 신인선수들의 등용문으로 중요한 역할을 하였다. 특히 이 대회에서 3명의 여자 심판(서춘희, 양인옥, 박정옥)이 활약함

으로써 여자 심판들의 활동이 예고되었다. 추계종별대회는 9월 21일부터 26일까지 국기원에서 857명의 선수가 참가하였다. 세계선수권대회 여자대회 정식 발족과 함께 점차 활성화해가는 여자 태권도 경기 분야의 유일한 여자대회인 전국여자개인선수권대회가 4월 21일~22일간에 국기원에서 개최되었다. 중학교와 고등학교, 그리고 대학, 일반부가 부별 구분 없이 치러지는 이 대회에 228명의 선수가 참가하여 전년보다 참가자 수가 큰 폭으로 증가하였다.

초등학교연맹이 주최하는 제8회 어린이태권왕 겨루기대회가 5월 16일 17일 양일간 제주도에서 전국 51개교가 참가하여 개최되었다. 제22회 대통령기 단체대항 대회가 6월 13일부터 16일까지 4일간 부산 구덕체육관에서 개최되었다. 고등부 59개교, 대학부 15개교, 일반부 21개 팀 607명의 선수가 참가한 대회에서 동성고교, 한국체대, 상무부대가 부별 우승을 차지하였다.

제68회 전국체육대회 태권도 경기는 10월 14일부터 17일까지 4일간 새로이 광역시로 승격한 광주의 광주일고체육관에서 열전이 펼쳐졌다. 이 해의 전국체전도 예년과 마찬가지로 판정을 둘러싼 시비로 경기장을 얼룩지게 하였다. 한 해를 마감하는 우수선수선발대회가 11월 4일부터 6일까지 국기원에서 개최되어 남자 플라이급의 하태경, 여자 핀급의 원선진 등 장래의 대표선수 재목을 발굴하면서 유명식을 남자부 최우수로, 김소영을 여자부 최우수선수로 선발하였다.

6. 기타 협회 동정

'88 서울올림픽대회 태권도경기 운영위원회 발족식 겸 제1차 회의

태권도경기 운영위원회를 3월 6일 대회운영담당 회의실에서 구성하고 발족식을 했다. 위원장은 김운용 회장이며 부위원장은 엄운규 부회장 그리고 태권도 담당관 전효식 등이 위촉되었다.

제2회 CISM 국제군인태권도선수권대회 개최

제2회 CISM 국제군인선수권대회가 상무부대에서 개최되었다. 15개국 124명의 참가하여 10월 25일부터 11월 1일까지 8일간 열전을 가져 한국 상무팀이 편세영, 김준태, 김대환, 허현배, 최상진, 이정진, 김병수 선수 등이 우승하면서 종합우승을 차지하였다.

일본 원정 태권도 시범 경기

일본 가라테협회 초청으로 태권도 시범단 8명이 9월 4일부터 8일까지 일본의 도꾸꾸왕체육관에서 거행된 가라테 시합장에서 태권도 겨루기 시범을 보였다.

◆ 일본 원정 태권도 겨루기 시범단

단장	엄운규	감독	김광성
코치	이승국	국제심판	김기용
선수	이종선, 전웅환, 지용석, 박봉권		

유럽 태권도 순회 시범

9월 28일부터 10월 11일까지 태권도시범단원 17명, 대한태권도협회 국가대표 3진 8명 등 25명의 시범단이 스위스 로잔의 IOC 본부 및 오스트리아 빈, 스페인 바르셀로나 등 유럽 태권도 순회시범을 하였다.

◆ 유럽 태권도 시범단

단장	홍종수		
감독	김병운	코치	김영작
행정	이창묵	섭외	조희석
시범요원	박덕규, 이규형, 이종관, 구정회, 정우용, 박병분, 조성칠, 오제대, 김충석, 권태호, 표낙선, 이해진, 배지영, 함 준, 장명삼, 윤정욱, 김옥성, 이창건, 심창수, 최상진, 장 권, 김현곤, 임재억, 최광근		

1988년

1. 대의원 총회

협회는 1988년 1월 22일 무교동 체육회관 10층 강당에서 정기 대의원 총회를 열고 올해는 88서울올림픽 태권도 시범경기가 열리는 만큼 태권도인들이 화합과 단결로 성공적인 대회를 개최하는 데 총력을 기울이자고 다짐했다. 김운용 회장은 "시범종목으로 펼쳐질 태권도가 세계적으로 받아들여지는가를 가름질 하는 중요한 계기가 될 것"이라며 올림픽 정식종목에 태권도가 채택되도록 최선을 다할 것을 당부했다. 이날 총회에서는 한 해의 사업목표로 산하지부 및 연맹 육성 강화, 국가대표 상비군 훈련 강화, 태권도 세계화에 따른 기술 개발, 태권도 경기용구 개발과 경기용품 품질 개선 등을 정하고 이를 달성하기 위해 힘쓰기로 했다.

◆1988년 기술심의회

의장	권경욱		
부의장	김용서, 전재규		
경기위원장	김영삼	상벌위원장	고국환
심판위원장	안영택	편집위원장	김대연
심사위원장	김봉기	국제위원장	박현섭
기획위원장	이승국	선수강화위원장	김경지
여성위원장	장정남		

2. 서울 올림픽 태권도 경기

1988년 9월 17일 잠실 주 경기장에서 태권도 시범 〈벽을 넘어서〉와 함께 감동적으로 개막된 서울 올림픽대회에 사상 최초로 태권도 경기가 시범종목으로 데뷔하였다. 개막 첫날인 17일부터 장충체육관에서 열린 태권도 경기에 만원을 이룬 관중들은 올림픽 수준으로 잘 조직된 태권도 경기와 경기 중간 실시된 태권도 시범으로 태권도의 매력에 흠뻑 빠져들었다.

첫날 경기는 남자 플라이급의 하태경 선수가 예선에서 필리핀과 미국을 꺾고 준결승전에서 요르단 선수를 이기고 결승전에서 스페인의 가브리엘 가르시아 선수를 꺾고 금메달을 차지하였다. 남자 웰터급은 한국의 간판선수인 정국현이 월등한 경기력으로 캐나다, 터키를 가볍게 꺾고, 준결승에서 만난 미국의 제이 워워 선수를 1회전에 뒤후려차기로 케이오로 누르고 결승에서는 이탈리아 선수의 1회전 중반 기권으로 금메달을 목에 걸었다.

여자부 플라이급의 추난율 선수는 호주선수를 누르고 결승에서 스페인의 마리아 나란호 선수를 꺾어 금메달을 차지하였다. 여자 웰터급에 출전한 김지숙 선수는 앞발 밀어차기를 앞세운 미국의 알린 리마스 선수에게 패하여 은메달에 머물렀다.

대회 이틀째인 18일 남자 밴텀급에 출전한 지용석 선수는 스피디하고 화려한 몸놀림으로 터키와 프랑스, 그리고 미국을 차례로 꺾고 결승전에서 스페인의 호세 사나브리아 선수를 제압하고 금메달을 획득하였다. 남자 미들급의 이계행 선수는 에콰도르, 미국, 터키, 이집트를 차례로 누르고 우승을 차지하였다. 여자 밴텀급의 박선영 선수는 예선에서 말레이시아를 꺾고 준결승에서 대만의 스타 플레이어 첸이안 선수에게 패하였다. 여자 미들급의 김현희 선수는 뉴질랜드와 스페인, 그리고 네

덜란드 선수를 힘겹게 이기고 우승을 하였다.

대회 셋째 날인 19일 한국대표팀 남자 핀급의 권태호 선수가 쿠웨이트, 이탈리아, 멕시코 선수를 차례로 꺾고 결승전에서 미국의 후안 모레노 선수와 대전하여 힘겹게 우세승으로 금메달을 차지하였다. 여자 핀급의 이화진 선수는 스페인, 멕시코 선수를 누른 후 결승에서 대만의 친유팡 선수에게 패하여 은메달에 머물렀다. 남자 라이트급의 박봉권 선수는 예선에서 이집트와 일본 선수를 가볍게 누르고 준결승에 진출하여 미국과 치열한 열전 끝에 우세승으로 결승에 진출하여 스페인 선수를 3 : 1로 꺾고 금메달을 목에 걸었다. 여자 라이트급의 이은영은 예선에서 대만의 첸준펑 선수에게 패하여 예선 탈락의 고배를 마셨다. 이 체급에서는 미국의 대나 히 선수가 우승을 차지하였다.

대회 마지막 날인 20일 한국 팀은 남자 페더급의 장명삼 선수가 화려한 기술 동작으로 종주국 기술의 진수를 과시하며 코트디부아르, 스페인, 사우디, 터키 선수들을 차례로 꺾고 금메달을 목에 걸었다. 여자 페더급의 김소영 선수는 준결승에서 덴마크 선수에게 패하였으며, 여자 헤비급의 장윤정 선수는 국제대회에서 몇 차례 패했던 숙적 미국의 리넷 러브 선수에게 패하여 은메달에 머물렀다. 남자 헤비급의 김종석 선수는 카타르, 이집트, 독일을 누르고 결승에서 미국의 한국계 선수인 지미 김에게 아쉬운 패배를 하여 은메달을 획득하였다.

서울올림픽경기 태권도 경기는 한국 팀의 성적보다 대회 운영 흥미 등 태권도 경기의 질적 측면이 IOC 위원들을 비롯한 전 세계 스포츠인들과 미디어, 그리고 국민들에게 어떤 평가를 받느냐가 더욱 중요한 것이었다. 사마란치 IOC 위원장을 비롯한 많은 국제 스포츠 지도자들이 태권도 경기를 관전한 사실 그 자체만으로도 올림픽 정식종목을 향해 달려가고 있는 태권도로서는 큰 성과라고 할 수 있었다. 특히

서울 올림픽 개막식의 태권도 시범과 김운용 회장의 IOC 집행위원 피선은 태권도
가 국제 스포츠 무대에서 발전할 수 있는 한층 넓은 입지를 마련하게 된 것이었다.
올림픽 무대에서 최초로 벌어지는 역사적인 태권도 경기에 참가한 각국 선수단에
지도자로 참가한 자랑스러운 한국 사범들이 34개국 참가국 가운데 21개국 24명이
었다. (홍성천-필리핀, 문대원, 박상권-멕시코, 김영태-아이보리코스트, 박영길-이
탈리아, 나종열-카타르, 고태정-덴마크, 박수남-독일, 이상철-미국, 윤오장-캐나다,
오영렬-호주, 이경명-오스트리아, 이정남-뉴질랜드, 이문호-프랑스, 이광배-유고
슬라비아, 이규홍-스페인 등)

◆ 서울 올림픽 태권도경기 남자 입상자

금메달	권태호(핀급)	하태경(플라이급)	지용석(밴텀급)	장명삼(페더급)
	박봉권(라이트급)	정국현(웰터급)	이계행(미들급)	
은메달	김종석(헤비급)			

◆ 서울 올림픽 태권도경기 여자 입상자

| 금메달 | 추난률(플라이급) | 김현희(미들급) | |
| 은메달 | 이화진(핀) | 김지숙(웰터급) | 장윤정(헤비급) |

제24회 서울올림픽대회 태권도 88. 9. 17 ~ 10. 2
88. SEOUL OLYMPIC GAMES TAEKWONDO

3. 제8회 아시아선수권대회 종합 우승

제8회 아시아선수권대회가 네팔 카트만두에서 3월 23일부터 25일까지 개최되었다. 한국 선수단은 고국환 감독, 강선장, 이용환 남자팀 코치, 김영수, 김경주 여자팀 코치와 남녀 각 8명의 대표선수가 출전하였다. 남자부는 전 체급 금메달로 권태호(핀), 하태경(플라이), 조영남(밴텀), 장명삼(페더), 박봉권(라이트), 정국현(웰터), 정용석(미들), 김종석(헤비)을 석권하며 종합우승을 차지하였다.

여자부는 8체급 중 7체급에서 이화진(핀), 박선영(밴텀), 김소영(페더), 이은영(라이트), 김지숙(웰터), 김현희(미들), 장윤정(헤비)이 금메달을 차지하며 종합 우승을 거두었다.

4. 국가대표 선발전 및 각종 국내대회

사상 최초의 올림픽 무대에서 치러지게 될 '88서울올림픽 태권도경기에 출전할 '88년도 남자 국가대표 선발 최종전이 2월 11일, 12일 양일간 성남 상무체육관에서 개최되었다. 2월 3일~5일에 있는 1차 예선전 우승자와 전년 말에 개최된 우수선수 선발대회 우승자가 지난해 대표선발 1, 2, 3진 선수들과 함께 체급별 5명의 선수로 풀 리그방식으로 진행되었다. 본 선발전에서 1, 2위 자를 선발하여 향후 수차례의 평가전을 치러 최종 출전자를 결전하기로 하였다. 치열한 열전 끝에 선발된 체급별 1, 2위 자는 다음과 같다.

◆1988년 국가대표 선수

체급	1위	2위
핀	권태호	임창섭
플라이	하태경	정재정
밴텀	조영남	지용석
페더	장명삼	김병철
라이트	이창건	박봉권
웰터	정국현	김용수
미들	정용석	이계행
헤비	김종석	김현일

이후, 세 차례(4월 25일, 5월 18일, 6월 22일)의 평가전을 통하여 서울올림픽에 출전할 대표 선수를 다음과 같이 확정하였다.

◆1988서울올림픽 출전 대표선수(남자)

핀	플라이	밴텀	페더	라이트	웰터	미들	헤비
권태호	하태경	지용석	장명삼	박봉권	정국현	이계행	김종석

남자 대표선발전에 앞서 2월 9일~10일에 상무체육관에서 여자국가대표선발전이 개최되었다. 서울올림픽과 곧 있을 아시아선수권대회에 출전할 여자 대표선수들이 다음과 같이 선발되었다.

◆1988서울올림픽 출전 대표선수(여자)

핀	플라이	밴텀	페더	라이트	웰터	미들	헤비
이화진	추난률	박선영	김소영	이은영	김지숙	김현희	장윤정

이 해의 소년체전(17회)과 전국체전(69회)은 올림픽 개최에 따라 통합하여 5월 25일부터 30일까지 6일 동안 함께 진행되었다. 25일과 26일은 소년체전이 27일부터 30일까지는 전국체전이 전주실내체육관에서 진행되어 소년체전, 전국체전 모두 서울이 종합우승을 차지하였다.

이보다 먼저 춘계 종별선수권대회가 3월 21일부터 27일까지 국기원에서 개최되었다. 이 해의 종별 선수권대회는 대학부와 일반부가 통합되어 치러졌다. 또 여자 개인선수권대회가 4월 13일부터 15일까지 국기원에서 개최되어 149명의 선수가 출전하였다.

6월 13일부터 16일까지 88체육관에서 개최된 대통령기 단체대항대회에서 국군체육부대가 대회 5연패를 그리고 한국체육대학이 대회 3연패를 달성하여 우승하였다. 고등부는 동성고등학교가 대회 2연패를 하면서 우승했다. 우수선수 선발전이 11월 2일부터 4일까지 국기원에서 개최되어 김철호(플라이), 함준(밴텀), 양대승(라이트) 등 우수 선수들이 선발되었다.

5. '88서울올림픽 개막식 공연 '벽을 넘어서' 태권도 시범

역사적인 '88서울올림픽 개막식이 잠실 올림픽 주 경기장에서 10만 명의 관중과 전 세계가 텔레비전을 통해 지켜보는 가운데 화려하게 거행되었다. 개막을 축하하는 공개행사 가운데 일천팔 명의 태권도 시범단이 펼친 "벽을 넘어서" 공연이 최고의 프로그램으로 갈채를 받으며 태권도의 멋진 모습을 전 세계에 알렸다.

미동초등학교 200명의 시범단과 육군 비호태권도단 8백8명의 순백의 도복을 입은 시범단이 주 경기장으로 물밀 듯이 쏟아져 들어오는 순간부터 관중들을 압도하였다. 놀라운 절도와 우렁찬 기합과 함께 기본동작과 격파 묘기로 진행된 태권도 시범 공연은 많은 국내외 언론으로부터 찬사를 받았다. '86아시안게임 개막 공연에서 실시된 "약동"에 이어 '88올림픽 개막 공연 "벽을 넘어서"는 이후 태권도 시범의 중요성과 가치를 크게 높였으며 더 나아가서 태권도의 전 세계적 홍보와 위상제고에 커다란 역할을 하였다.

6. 김운용 회장 한국인 최초로 IOC 집행위원으로 선출

김운용 회장은 한국 스포츠 사상 처음으로 9월 15일 신라호텔에서 열린 제94차 IOC 총회에서 IOC 집행위원으로 선출되었다. 김운용 회장은 86년 10월 IOC 위원에 피선된 지 2년 만에 집행위원에 선출돼 IOC 역사상 최단기록을 세우기도 했다. 현재, 세계태권도연맹(WTF)총재, IOC TV 분과위원회 부위원장, 국제경기연맹 총연합회(GAISF) 회장 등 국제 스포츠계의 여러 중요한 직책을 맡은 김운용 회장이 IOC의 집행위원에 피선됨에 따라 향후 한국 스포츠 외교에 핵심적 역할을 하게 되는 큰 계기가 되었고, 특히 태권도의 올림픽 정식종목 채택에 결정적 발판이 되었다.

7. 태권도 교육용 비디오 제작

대한태권도협회는 1988년 2월, 태권도가 서울올림픽 시범종목으로 채택된 것을 기념하고 올림픽 정식종목으로 도약하기 위한 목적으로 태권도 교육용 비디오 교재를 만들기 위해 교육기획물 전문회사인 B.M코리아와 협찬 제작을 체결했다.

비디오 교재 제작 기본 계획을 수립한 후 시나리오 작성, 촬영 등을 마치고 삽수 및 편집에 이어 8개월 만에 시청각 교재인 비디오 교재가 나왔다. 그동안 국내외에서는 태권도의 기술과 경기 모습을 부분적으로 편집해 제작한 비디오테이프가 있었으나 태권도 교육용 차원에서 태권도 역사와 기본동작, 품새, 겨루기, 시범, 기술 등을 체계적으로 제작한 것은 처음 있는 일이었다.

태권도 교육 비디오는 총 4개의 테이프로 제작됐다. 제1편은 태권도의 역사, 원리, 미래 등을 다뤘고, 2편은 기본자세 및 유급자 품새, 3편은 유단자 품새, 4편은 겨루기 및 시범으로 구성되었다. 제작비는 7천만 원이었다. 대한태권도협회는 이 교육 비디오에 대해 "우리말과 영어로 제작되어 국내외 태권도 보급 발전에 큰 역할을 하고 일선 도장 수련생들에게 훌륭한 길잡이가 될 것으로 본다"고 밝혔다.

8. 태권도학회 창립 및 첫 학술발표회 개최

태권도학회는 1988년 11월 26일 63빌딩 3층 코스모스홀에서 제1회 학술발표회를 했다. 전년도 11월 7일 발족한 태권도학회가 최초로 주최한 이번 학술발표회는 태권도가 국제적인 스포츠로 더욱 발전할 수 있는 미래지향적인 방향 설정과 태권도 세계화를 위한 태권도철학의 정립 및 태권도 영역의 문제점에 대한 과학적 연구를 하는 데 그 취지가 있었다. 강원식 태권도학회 회장은 개회사에서 "이번 학술발표회가 태권도 발전을 위한 좋은 활력소가 되기를 기대한다"고 말했다.

이번 학술발표회는 △정찬모 단국대 교수-태권도 우수선수의 체력평가 기준치 설정 △김홍식 동신실업전문대 교수-태권도 수련실태에 관한 의식조사 연구 △성낙준 스포츠과학연구소 연구원-태권도 기본 발차기의 역학적 분석 △정락희 한국체육대학교 교수-태권도 경기의 공격유형에 따른 득점 변인과 실점 변인 분석 △김철 원광대 교수-2000년대 태권도 발전방향에 대한 모색 △배영상 계명대 교수-태권도 뒤차기에 있어 차기다리의 기계적 에너지 변화 △고병교 육군사관학교 교수-대학태권도 수업에 있어서 ALT-PE System의 검증 △조근종 한양대 교수-태권도 발차기 시간과 체중 및 하지장과의 상관에 관한 연구 △양진방 국기원 지도자연수원 교학과장-태권도 과학화의 선결 과제 △김석련 대성중 교사-스포츠 마사지가 근지구력에 미치는 영향 등을 발표했다.

9. 기타 협회 동정

제1회 이란국제태권도대회가 2월 9일 개최되어 대구태권도협회가 계명대학교 선수를 중심으로 선수단을 구성하여 참가하였다. 올림픽 공식 연습장으로 지정된 국기원이 2월 초부터 시설 보수에 착수하여 새 단장을 마쳤다.

올림픽 경기가 끝난 후 대표팀의 주장인 정국현 선수가 은퇴를 선언하였다. 정국현 선수는 서울올림픽 금메달과 세계선수권대회 4연패의 기록을 남겼다.

1989_년

1. 대의원 총회

대한태권도협회는 1989년 1월 17일 무교동 체육회관 대강당에서 정기 대의원 총회를 열고 4년 임기의 새 회장에 김운용 회장을 대의원 만장일치로 재추대(제14대)하고 임원 구성은 김 회장에게 위임하기로 했다. 또 1989년도 사업예산안을 전년 결산액인 3억 7천6백여만 원의 3배에 가까운 9억 7천8백여만 원으로 의결하였다. 이는 이 해에 대한태권도협회가 개최하는 세계선수권대회의 예산이 반영된 것이기는 하지만, 올림픽 이후 달라진 태권도협회의 위상을 보여주는 한 단면이기도 하였다. 이 해에는 협회가 직접 개최하는 세계선수권대회 이외에도 월드게임, 월드컵, 그리고 세계대학선수권대회 등 많은 국제대회가 있는 해이기도 하였다.

김운용 회장은 3월 20일 자로 82년부터 협회를 이끌어왔던 황춘성 전무이사를 강원식 전무이사로 교체하고 상근부회장으로 엄운규 부회장 후임으로 홍종수 부회장을 임명하였다. 또 김용휘 사무국장 후임으로 임춘길을 임명하였다. 또 이어서 당시 연수원장으로 재직하고 있던 이종우는 세계연맹 부총재 겸 사무총장으로, 엄운규 협회 상근부회장은 국기원 상근부원장으로, 그리고 김봉식 세계연맹 사무총장은 연수원 부원장으로 전임되면서 태권도계의 중요한 인사이동이 마무리되었다. 새롭게 협회를 이끌 주요 임직원은 다음과 같다.

◆ 1989년 임원

회장	김운용
상임부회장	홍종수
부회장	김동석, 김순배, 김준철
전무이사	강원식
사무국장	임춘길
이사	김신정, 김현우, 박승복, 송덕영, 우종림, 유상열, 이금홍, 이방원, 이상구, 이우석, 이유생, 임정태, 조동원, 황경노
감사	이계광, 인창근

◆ 1989년 기술심의회

의장	황춘성		
부의장	김용서, 전재규		
경기위원장	김봉기	연구위원장	이택명
심판위원장	박현섭	상벌위원장	김영삼
심사위원장	김영작	편집위원장	이규정
기획위원장	김대연	국제위원장	이승국
여성위원장	장정남	선수강화위원장	김경지

홍종수 상임부회장   강원식 전무이사

2. 한국 남녀, 세계선수권대회 동반 우승

한국팀이 제9회 세계태권도선수권대회 및 제2회 세계여자태권도대회에서 남녀 동반 우승을 했다. 1989년 10월 잠실학생체육관에서 열린 대회에서 남자는 9연패, 여자는 2연패를 했다. 여자는 플라이급 원선진, 밴텀급 정남숙 페더급 김소영, 라이트급 이은영, 헤비급 정완숙이 금메달, 김지향과 웰터급 김지숙이 각각 동메달을 획득했다. 미들급 김현의는 예선 탈락했다. 원선진은 수원수성여중 3학년으로 우승해 시선을 끌었다. 한편 3억 8천만 원을 투자한 이 대회에는 남자 65개국, 여자 40개국 등 70개국에서 800여 명의 선수가 참가했다.

3. 8회 아시아선수권대회 8체급 석권

제8회 아시아태권도선수권대회가 1989년 3월 23일부터 25일까지 네팔 카트만두 다시라스체육관에서 열렸다. 18개국 154명이 참가한 이 대회에서 한국은 1회 대회 이후 14년 만에 8체급 모두 석권하며 우승했다. 핀급 권태호, 플라이급 하태경, 밴텀급 조영남, 페더급 장명삼, 라이트급 박봉권, 웰터급 정국현, 미들급 정용석, 헤비급 김종석이 금메달을 획득했다.

4. 월드컵 대회 종합 우승

박병철 감독과 이백운 코치가 이끄는 대표선수단은 2월 22일부터 4일간 이집트 카이로에서 개최된 '89년 월드컵 대회에 참가하여 종합우승을 차지하였다. 선수단은 임창섭(핀), 정재정(플라이), 김병철(페더), 정용석(미들)이 금메달을, 그리고 김용수(웰터) 선수가 은메달과 이창건(라이트), 김현일(헤비) 선수가 동메달을 확보하여 종합 우승을 차지하였다.

5. 국가대표선발전 및 각종 국내대회

세계선수권대회 등 각종 국제대회에 출전할 1989년 국가대표선수 선발 최종전이 5월 25일, 26일 양일간 국기원에서 개최되었다. 5월 9일~11일간에 있었던 1차 예선전에서 1, 2위로 입상한 선수와 전년도 국가대표 1, 2진, 그리고 전년 말 우수선수 선발전 1위자료 체급별 5명의 선수가 풀 리그 방식으로 최종 승자를 가려 1위 자는 세계선수권대회에 그리고 2위 자는 월드게임에 출전하게 된다.

서울올림픽 이후 국가대표 선수진의 세대교체를 보여준 대회 결과는 뒤 표와 같다.

남자 대표선발전에 앞서 5월 23일, 24일 양일간 개최된 여자 대표선발전에서 89년 전국종별선수권대회가 3월 20일부터 25일까지 국기원에서 개최되어 중등부 435명, 고등부 864명, 일반부 148명 총 1,447명이 참가하여 태권도 선수들의 증가 추세를 잘 나타내었다. 또 여자개인선수권대회가 4월 25일, 26일 양일간 국

기원에서 276명의 선수가 참가하여 개최되었다. 경희대학교총장기타기 전국고

등학교 남·여태권도선수권대회가 창설되어 7월 28일부터 30일까지 국기원에

서 제1회 대회가 개최되었다.

◆1989년 국가대표 선수(남자)

체급	1진	2진
핀	권태호	신재현
플라이	김철호	정동현
밴텀	함준	조영남
페더	장혁	김병철
라이트	양대승	박세진
웰터	이현석	진정우
미들	정용석	공두환
헤비	최상진	김현일

◆1989년 국가대표 선수(여자)

체급	1진	2진
핀	김지향	이화진
플라이	원선진	박은미
밴텀	정남숙	박동선
페더	김소영	박경숙
라이트	이은영	정은옥
웰터	김지숙	박경희
미들	김현희	박혜영
헤비	정완숙	장철

6. 태권도, 92년 바르셀로나올림픽 시범종목 채택

1989년 4월 27일 스페인 바르셀로나에서 열린 국제올림픽위원회(IOC) 집행위원회에서 태권도가 88년 서울올림픽에 이어 92년 바르셀로나올림픽에서도 시범종목으로 채택됐다.

김운용 세계태권도연맹 총재는 "IOC 헌장 제48조에 따르면 시범종목은 두 종목밖에 안 되게 되어 있어 추가할 수 없는 것을 사마란치 IOC 위원장과 집행위원회 위원들의 특별한 협조로 태권도를 시범종목에 추가하게 되었다"고 설명했다. 다른 두 개의 시범종목은 롤라 하키와 펠로타 버스카이다.

7. 전국태권도코치상조회 결성

1989년 4월, 대한태권도협회에 등록한 태권도 지도자들이 '전국태권도코치상조회'를 만들었다. 이 모임은 서울 강서구 노스탈쟈 호텔에서 창립총회를 열고 코치들 상호 간에 협동하고 신뢰하며 공명정대한 승부를 가리자고 다짐했다.

초대 회장으로 취임한 주신규 서울체고 감독은 "(우리는) 승리라는 목표 속에서 서로 경쟁을 하는 사이지만 경기가 끝나면 태권도라는 한울타리 안에서 서로가 연결된 스승과 사제, 선배와 후배, 동료 관계로 이어져 있다"며 "우리 지도자들도 바른 몸가짐과 바른 예절, 서로서로 이해하는 마음으로 최선을 다하자"고 말했다.

이 모임의 주요 사업은 ▷회원 상조사업 ▷회원 친목증진 ▷경기 기술 교환과 친선 경기 등으로, 지도위원 32명, 임원 8명, 운영위원 15명, 정회원 62명 등 115명으로 구성되었다. 지도위원은 그동안 태권도 감독과 코치직을 수행하면서 지도 일선에 종사하고 있는 40세 이상의 지도자들로 구성했다. 노상석, 이택명, 김경지, 정찬모, 최인범, 정만순, 이규석, 최영렬, 김우규, 윤종완, 이승국, 배영상, 강진홍 등이 지도위원이었다. 이 모임 회장은 주신규, 부회장은 이계승, 김영인, 윤종욱, 이백운, 이철주였고, 감사는 이용환, 장용규, 총무는 김세혁이었다.

8. 올림픽회관으로 사무실 이전

대한태권도협회 사무실이 올림픽회관 608호로 이전했다. 1966년 7월부터 23년 4개월 동안 사용했던 무교동 체육회관 시대를 마감하고, 1989년 12월 3일 송파구 오륜동에 위치한 올림픽 회관 이전했다. 올림픽회관에는 대한체육회를 비롯해 경기단체, 서울올림픽기념국민체육진흥공단이 입주해 있다.

대한태권도협회 선정, 1980년대 8대 뉴스

대한태권도협회는 격동의 1980년대를 보내며 태권도계에서 일어난 일 중 8대 뉴스를 선정했다. 8대 뉴스는

▲태권도, 88서울올림픽 시범종목 채택

▲김운용 회장, 국제올림픽위원회 집행위원으로 선출

▲세계태권도선수권대회 정국현 4연패, 김종기 3연패

▲태권도 실업팀 창단 붐

▲국가대표 선수들에 각종 혜택 부여

▲ 용인대와 경희대, 태권도학과 신설

▲여자 선수들도 세계태권도선수권대회 참가

▲경기규칙 개정과 태권도 용구의 과학화 등이다.

이중 태권도 실업팀 창단은 태권도 선수들의 진로 확대와 사기 진작을 북돋웠다. 1983년 4월 설악케이블카가 실업팀을 창단한 것을 계기로 85년 제천시청, 86년 서울지하철공사, 88년 현대자동차, 89년 현대정공 등이 연이어 실업팀을 창단했다.

대한태권도협회 측은 실업팀 창단에 대해 "대학을 졸업하고 소속을 갖지 못해 일찍 은퇴하는 선수들에게 계속된 활동 무대를 제공, 우수선수 배출과 일반부 기량 향상에 지대한 공헌을 하고 있다. 실업팀의 창단은 앞으로 기업 홍보 효과와 시 · 도지부의 지원 아래 계속 증가할 전망"이라며 의미를 부여했다.

남자 선수들만 참가하던 세계태권도선수권대회에 여자 선수들도 참가하게 된 것도 큰 의미를 지닌다. 1987년 10월 7일, 스페인 바르셀로나에서 개최된 제8회 세계태권도선수권대회부터 여자 선수들이 참가해, 87년이 제1회 여자 세계태권도선수권대회의 효시라고 할 수 있다.

1990년

1. 정기 대의원 총회 개최

협회는 1월 17일 올림픽 회관 1층 중회의실에서 정기 대의원 총회를 개최하여 지난 일 년을 결산하고 1990년 협회 운영방향을 정하였다. 총회는 전년도 결산으로 8억 4천4백만 원을 그리고 새해 예산안으로 6억 7천5백여만 원을 승인하였다. 당시 시도협회의 결산액을 살펴보면, 규모가 큰 서울시가 약 2억 원, 경기도가 약 1억 2천만 원, 부산이 약 8천만 원, 규모가 적은 광주, 전북, 강원, 대전 등이 5천만 원 내외였으며, 중앙협회와 전국시도지부의 새해 예산 총액은 19억 7천여만 원이었다. 새해 협회 사업의 중요한 과제로 올림픽 정식종목 채택을 위한 각종 활동의 활성화를 강조하였다.

◆1990년 기술심의회

의장	권경욱		
부의장	김경지, 김용서, 전재규		
경기위원장	김봉기	연구개발위원장	이승국
심판위원장	박현섭	상벌위원장	김대연
심사위원장	김영삼	국제위원장	배성실
기획위원장	이규정	홍보위원장	이택명
생활체육위원장	김영작	경경기력향상위원장	박창덕
여성위원장	장정남		

김운용 회장은 총회 후 3월 광주직할시태권도협회를 시작으로 대전, 전남, 전북, 충남 등 5개 시도지부를 방문해 지역 태권도 발전에 공로가 큰 임원들의 노고를 치하하고 간담회를 통해 지방 태권도 발전 방향에 대해 논의하였다.

2. 국가대표 선발대회 개최

국가대표 선발 최종대회가 4월 26일부터 27일 양일간 국기원에서 개최되었다. 이 해의 대표선발전은 3월 기술심의회에서 새롭게 마련한 대표선발방식 규정에 따라 종전의 리그전 방식이 아닌 토너멘트 방식으로 치루어졌다. 각 체급별 전년도 대표 1, 2, 3진, 우수대회 우승자, 그리고 4월 10-12일간에 있었던 1차 대표선발전 1, 2, 3위자로 총 7명이 토너먼트 방식으로 경기를 가졌다. 최종전에 참가한 최고 기량의 선수들의 팀별 분포를 보면, 한국체대 16명, 경희대 7명, 체육부대 6명, 동아대 5명, 현대자동차 3명, 대한체육과학대(용인대) 2명, 인천전문대 2명, 그리고 고등학교로 성동고가 1명을 출전시켰다.

◆1990년 국가대표 선수(남자)

체급	1위	2위
핀	김인경	신재현
플라이	김철호	
밴텀	장혁	
페더	하태경	김현철
라이트	양대승	박세진
웰터	이현석	진정우
미들	박은석	정용석
헤비	김광섭	최상진

각 체급별 우승자는 9월 스페인에서 개최되는 월드컵에 출전하게 되며, 2위자는 6월 대만에서 개최되는 아시아선수권대회에 출전하게 된다. 각 체급별 선발 선수는 다음과 같다.

◆1990년 국가대표 선수(여자)

체급	1위	2위
핀	유수진	김진성
플라이	진용순	모선영
밴텀	박동선	이승민
페더	박선영	박진경
라이트	박정희	남정동
웰터	이성미	고재경
미들	양인덕	장 철
헤비	백영미	김태희

여자국가대표선발전은 4월 24일, 25일 양일간 국기원에서 개최되었다.

3. 9회 아시아선수권대회, 한국 남자 종합우승

1990년 6월 2일부터 4일까지 대만 타이페이에서 열린 제9회 아시아태권도선수권대회에서 한국 남자는 금메달 5개, 은메달 2개로 우승했지만, 여자는 대만에 밀려 2위를 했다.

남자는 플라이급 권혁선, 밴텀급 김성진, 라이트급 박세진, 웰터급 진정우, 미들급 정용석이 금메달, 페더급 김현철과 헤비급 최상진이 은메달을 획득했다. 핀급 신재현은 체중조절에 실패해 예선 탈락했다.

여자는 금메달 2개, 은메달 3개, 동메달 1개로 금메달 4개와 은메달 2개를 획득한 대만에 우승을 내주었다. 밴텀급 이승민과 웰터급 고재경만 금메달을 획득하고 핀급 김진성과 페더급 박진경, 라이트급 남정동은 은메달, 플라이급 모선영은 동메달에 그쳤다. 미들급 장철은 예선 탈락했고 헤비급 김태희는 대만 선수 등 2명만 출전해 경기가 성립되지 않았다.

4. 1990 월드컵대회 남자 종합우승

1990년 월드컵 대회가 11월 9일부터 11일까지 3일간 스페인 마드리드에서 개최되었다. 한국 대표선수단은 핀급의 김인경, 플라이급 김철호, 페더급 하태경, 라이트급 양대승 선수가 금메달을 차지하면서 대회 종합우승을 달성하였다. 그러나 여자팀은 대만의 선전에 밀려 금메달 2개에 그침으로써 여자팀 경기력 형상에 대한 과제를 던져주었다.

5. 경기규정 개정

대한태권도협회는 3월 7일부터 새로 개정된 경기규칙을 시행하기로 하였다.

세계연맹이 1989년 10월 7일 총회에서 개정한 경기규칙에 대해 1년간의 유예기간을 두고 금년 10월 7일부터 국제대회에 적용키로 하였으나 협회는 종주국으로서의 선도적 역할과 국제대회의 조속한 적응을 위해 3월 7일부터 국내대회에 적용키로 하였다. 협회는 이를 위해 1월 중 국내 적용안을 준비하여 2월 한 달간 기술심의회 임원과 코치 심판들이 참가한 가운데 3차례의 공청회를 통해 개정안과 해석내용을 확정하였다.

협회는 개정된 경기규칙의 홍보를 위해 경기규칙과 해설서를 발간하고 3월 7, 8일 전국심판보수교육과 3월 12일부터 14일까지 실시한 심판강습회에서 개최하였다.

주요 개정 내용으로는:

1. 과거 각 회전 종료 후 득점내용이 표출되던 방식에서 득점 즉시 부심들에 의해 표출 되도록 하였다. 협회는 이를 위해 즉시 채점기를 개발 중에 있으며 금년 후반기에 선보 일 예정이다. 채점기가 개발될 때까지는 절충의 방식으로 운영된다.

2. 경고 1회를 계상치 않고 경고 2회를 감점1로 한다.

3. 주심에게 우세결정권을 독자 부여함으로써 주심의 권한을 강화하였다.

4. 우세의 기준이 크게 바뀌었다. 개정된 우세기준은

1) 감점에 의해 동점일 경우는 득점이 많은 쪽이 우세하다.

2) 위 1에 의하지 않은 동점이나 무득점의 경우에는 경기의 주도권으로 우세를 판정하 며 기준은 다음과 같다.

①선제공격이 많은 쪽 ②기술발휘 횟수가 많은 쪽 ③고난이도 기술을 많이 사용한 쪽 ④ 금지행위의 횟수가 적은 쪽을 우세로 한다.

5. 91년 1월 1일부터 초등학교와 중학교부의 체급의 중량이 바뀐다.

협회는 국민학생과 중학생의 체위 향상에 따라 현행의 기준 중량이 부적합하다고 판단 하여 체급의 중량을 상향 조정하였으며 그간 남녀 구분이 없던 중학부 체급을 남녀부로 구분, 합리화하였다.

6. 컴퓨터 채점기-우세채점기 개발 및 적용

대한태권도협회는 6월 30일 컴퓨터채점기를 개발 완료하고 7, 8월, 2개월간의 시험기간을 거쳐오는 9월부터 전국대회에서 사용키로 하였다. 협회는 금년 3월부터 개정 적용한 경기 규칙상의 '즉시채점ㆍ즉시표출'을 위해 3월초 개발에 착수하여, 3개월의 시험제작기간 끝에 가동에 성공하였다. 1천만 원의 제작비를 투입한 이 프로그램 및 기기는 2명 이상의 부심이 인정한 득점이 컴퓨터단말기를 통해 집계되어 전광판에 즉시 표출되도록 되어있다.

또한 심판들의 부정확한 판정행위를 방지하기 위해, 최초 심판이 작동한 후 2초 내에 다른 심판이 작동해야 득점으로 인정되어 전광판에 표출된다. 협회는 7월 1차 평가회에서 지적한 결점을 보완하고 8월 국기원에서 2차 평가회를 가졌다. 이날 평가회에는 경희대, 한국체대, 체육과학대 등 3개 대학을 초청, 실제 경기를 치렀다. 8체급 24경기를 통해 합격 판정을 받았다.

이와 함께 협회는 태권도 경기의 상당 부분을 차지하고 있는 '우세판정'을 합리적으로 판정하기 위해 우세채점기를 개발하고 1990년 전국체전부터 사용하기로 했다. 우세채점기는 주심이 매 회전마다 10점 만점제로 우세 내용을 수치화해 공개하도록 제작했다. 채점기 개발에 전력을 기울여왔던 강원식 전무이사는 "그동안 태권도 경기장의 질서문란의 주요인이던 판정시비 불식에 크게 기여할 것이다. 득점내용이 즉시 표출됨으로써 관중들의 이해를 돕고, 훨씬 흥미롭게 경기를 관전케 될 것이다. 또한 부심들의 입력내용으로 정확한 경기기록을 보관 유지할 수 있으며, 고과표 작성의 근거자료로 삼음으로써 심판들의 자질향상에도 이바지할 것으로 본다."고 기대를 밝혔다.

7. 임원등록제, 상임심판원제 시행 선수단 임원(감독, 코치)등록제도

금년부터 전국대회에 참가하는 선수단 임원은 3월 31일까지 소정의 절차에 따라 협회에 등록을 해야한다. 각 선수단의 임원은 감독 1명, 코치 1명(사범자격소지자)으로 구성되며 소속장과 시도협회장의 추천을 받아 협회에 등록한다.

등록은 매년 해야 하며 협회에서 발급한 임원증 소지자에 한해 경기장 출입이 가능하다. 또한 임원으로 등록한자는 당해 넌도 심판원으로 활동할 수 없으며 선수로 등록한 자는 임원으로 등록할 수 없는 것이 이 제도의 주요 내용이다.

8. 상임심판원 제도

금년부터 경기장 내 판정시비를 없애고 심판부의 신뢰회복을 위해 전국의 4,200여 심판자격 소지자 중 70명을 선발하여 협회 상임심판원을 구성, 전국대회에 투입한다. 상임심판원은 감독관 12명(1급) 주심 12명(2급) 부심 46명(3급)으로 구성되는데 선수단 임원(감독, 코치)으로 등록한 자는 위촉받을 수 없다.

상임심판원은 매년 심판강습회와 보수교육 종료후 7일 내 본인의 신청에 따라 협회에서 자격 심사 후 위촉한다. 협회는 우수심판원에 대해서는 표창과 국제심판 파견에 우선 배정하고 문제가 된 심판원은 강한 징계조치를 부과하는 등 고과표 작성을 통해 상임심판원을 엄격하게 관리할 뜻을 밝히고 있다. 이와 함께 협회는 두 제도의 효율을 높이기 위해 별도의 교육(코치세미나, 상임심판원 교육)을 계획 중에 있으며, 이 제도가 효과를 거둘 경우 경기장 내의 판정불복 시비와 상호 불신감이 해소될 것으로 기대하고 있다.

9. 김운용 회장 GAISF 회장에 재선

김운용 회장은 10월 31일부터 11월 3일까지 모나코 몬테카를로에서 개최된 제24차 국제경기총연합회(GAISF) 총회에서 회장에 재선되어 3번째 연임 회장이 되었다. 또 김운용 회장은 지난해 일본에서 출판된 이래 올해 4월 영문판으로 나온 「위대한 올림픽」이 한국어판으로 출간되어 12월 21일 세종문화회관 세종홀에서 출판기념회를 했다.

50 YEARS of the KOREA TAEKWONDO ASSOCIATION

1991   1992   1993   1994   1995

1990년대

1996   1997   1998   1999   2000

1980년대를 통하여 이루어진 전 세계적인 태권도의 보급과 활성화, 그리고 특히 국제 스포츠계에서의 성취에 힘입어 태권도는 자신감으로 충만하였으며 올림픽 정식종목 채택을 향한 야망을 대내외적으로 확실하게 표명하기 시작하였다. 1992년 바르셀로나 올림픽 시범종목 채택에 이어 1993년 뉴욕 매디슨 스퀘어가든에서 세계대회를 개최하는 등 야심 찬 행보를 보였으며, 국내에서는 올림픽종목 채택추진위원회 구성(1994) 등 구체적인 노력을 가시화하였다. 드디어 1994년 9월 4일 제103차 IOC 총회에서 2000년 시드니올림픽 정식 경기종목으로 태권도가 채택되는 역사적 쾌거가 실현되었다.

1961년 협회 창립으로부터 불과 30여 년만에 스포츠로의 변신에 첫걸음으로부터 국제적인 스포츠 종목으로, 그리고 드디어 올림픽경기의 정식종목으로 채택되는 놀라운 발전을 이룩한 것이다. 올림픽종목 채택의 여파는 국내 태권도에 있어서도 커다란 성장 여파를 나타내었다. 다수의 실업팀 창단과 학교팀의 증가와 함께 도장의 활성화 등 태권도 전반의 활성화가 나타났으며, 1996년 정부는 태권도를 한국문화의 10대 문화상징의 하나로 지정하였으며 또 1996년부터 「삼성」이 협회 회장사를 맡게 되었다.

1991년

1. 총회와 최세창 회장 취임

협회는 1월 17일 올림픽 회관에서 정기 대의원 총회를 개최하고 최세창 당시 대한 광업진흥공사 사장을 제15대 회장으로 선출하였다. 지난 20년간 태권도협회를 이 끌어 왔던 김운용 회장의 뒤를 이은 최세창 회장은 신군부 실세 중 한 사람으로 합 참의장을 지낸 4성 장군 출신으로 김운용 회장의 고교후배이기도 하다. 최세창 회 장은 취임사에서 올림픽 정식종목 채택을 위한 노력과 종주국 역량 신장, 생활체육 으로 정착 등을 약속했다. 최세창 회장은 신임 집행부와 기술심의회를 다음과 같 이 구성하였다.

◆1991년 임원

회장	최세창
상임부회장	홍종수
부회장	김순배, 송덕영, 이정길
전무이사	강원식
이사	김성민, 김영환, 김인석, 김현식, 김현우, 노희덕, 박세영, 백운대, 우종림, 유상열, 이금홍, 이상구, 이석훈, 이유생, 임정태, 정세화, 조석구, 황경노
감사	송봉섭, 조영기

◆1991년 기술심의회

의장	김인석		
부의장	김경지, 이영근, 안영택		
경기위원장	고칠성	연구위원장	최영렬
심판위원장	김대연	상벌위원장	배성실
심사위원장	박덕규	국제위원장	박현섭
기획위원장	이택명	홍보위원장	조호철
생활체육위원장	양영모	경경기력항상위원장	박창덕
여성위원장	장정남		

1992년 최세창 대한태권도협회 회장이 시도태권도협회를 방문해 임원들을 격려하고 태권도 발전 방향을 논의했다

2. 1991 국가대표선발 대회

4월 24일과 25일 양일간 국기원에서 최초로 남녀 대표선발전이 동시에 개최되었다. 전년도 대표 1, 2진, 우수대회 1, 2위자, 그리고 대표선발 1, 2차 예선전 각 1, 2위자로 체급별 8명의 선수가 토너먼트 방식으로 경기를 가졌다.

남자부는 김철호(플라이), 장혁(페더), 양대승(라이트) 등 우수한 선수들이 많이 배출된 반면, 여자부는 88올림픽 이후 대거 은퇴한 선수들의 경기력을 이을 훌륭한 차세대가 부재한 대회로 평가 되었다.

◆1991년 남자 국가대표 선수

체급	1진	2진
핀	강철우	김건일
플라이	김철호	김인경
밴텀	선상준	권태호
페더	장 혁	강창모
라이트	양대승	하태경
웰터	박용웅	이현석
미들	윤순철	박종범
헤비	김봉근	정주석

◆1991년 여자 국가대표 선수

체급	1진	2진
핀	김진성	
플라이	이화진	
밴텀	박동선	
페더	박진경	
라이트	정은옥	
웰터	조향미	
미들	양인덕	
헤비	박영미	

3. 세계선수권대회, 남자 10연패-여자 3연패

1991년 10월 28일부터 11월 3일까지 그리스 아테네에서 열린 제10회 세계태권도선수권대회(여자는 3회)에서 한국 남자부는 금메달 5개, 동메달 2개를 따내며 덴마크와 스페인을 제치고 종합우승을 했다.

이번 대회에서 양대승은 8, 9회 대회에 이어 대회 3연패를 했고, 플라이급 김철호와 페더급 장혁도 세계대회 2연패의 영광을 안았다. 웰터급 박용웅과 미들급 윤순철도 금메달을 획득했으며 핀급 강철우와 밴텀급 선상준선수는 동메달을 획득하였다.

연이은 부진으로 우려를 자아냈던 여자부는 걱정과는 달리 선전을 펼쳐 금메달 3개와 동메달 2개로 종합우승을 했다. 밴텀급 박동선과 라이트급 정은옥, 미들급 양인덕이 금메달을 획득했고, 여고생 핀급 김진성과 웰터급 조향미가 동메달을 따냈다. 플라이급 이화진과 헤비급 백영미는 예선 탈락했다.

이전까지 국제대회에서 강세를 보였던 대만은 금메달 1개로 종합 5위에 머무르는 예상 밖의 부진을 보였다. 국내에서 이미 개발되어 사용되기 시작한 즉시 채점 시스템이 아직 세계대회에서는 활용되지 못하여 아쉬움이 있었다.

4. 1991 월드컵 대회 남자 종합 우승

5월 16일부터 18일까지 유고슬라비아 자그레브에서 동구권 최초의 세계급 대회인 '91월드컵대회가 개최되었다. 한국 대표팀은 남자부에서 김건일(핀), 권태호(밴텀), 강창모(페터), 하태경(라이트), 이현석(웰터), 박종범(미들) 선수가 우승하여 금메달 6개로 대회 창설 이래 5연패를 달성하였다. 그러나 여자부는 부진을 보여 진용순(플라이), 고재경(웰트) 두 선수만 금메달을 확보하여 대만, 스페인에 이어 종합 3위에 머물렀다. 이번 대회를 통하여 여자부 국제 경기력 제고를 위한 대책이 중요한 과제로 부각되었다.

5. 제3회 국제군인선수권대회

국제군인체육회(CISM)가 주최하는 제3회 국제군인 태권도선수권대회가 6월 13일부터 20일까지 국군체육부대 상무체육관에서 개최되었다. 전 세계에서 벨기에, 영국, 소련, 이태리, 사우디아라비아, 요르단, 이란, 말레이시아, 필리핀, 태국, 미얀마, 이란, 미국, 캐나다, 리비아, 수단, 코트디브와르, 그리고 한국을 포함하여 17개국 190명이 참가하였다. 한국 대표단은 강철우(핀), 임창섭(플라이), 오영주(밴텀), 김수(페터), 윤순철(미들), 노신(헤비) 선수가 각각 우승하여 금메달 6개로 종합 우승을 차지하였다.

6. 각종 국내 대회

 제72회 전국체육대회 태권도 경기가 10월 8일부터 12일 사이 전북 전주고 체육관에서 개최되었다. 주최시도인 전북이 종합 우승을 차지하며 막을 내렸으나, 최초로 즉시채점기를 사용함으로써 기대되었던 판정에 대한 인식의 변화는 나타나지 않았으며, 그 어느 때 못지않은 심한 판정 시비와 소란으로 눈살을 찌푸리게 만드는 전국체전으로 마감하였다.

 한 해를 마무리하는 대회로서 우수선수선발대회가 국기원에서 11월 6일부터 8일까지 개최되었다. 남자부는 미들급의 박종범 선수가 그리고 여자부는 역시 미들급의 박혜영 선수가 1991년 최우수 선수로 선정되었다.

한편 제26회 대통령기대회는 6월 10일부터 13일까지 인천에서 개최되어 고등부는 동성고가, 대학부는 동아대가, 그리고 일반부는 현대자동차가 우승을 차지하였다.

제1회 대한체육과학대학장기 전국남녀대회가 7월 16일부터 19일까지 국기원에서 개최되었다. 타 대회가 개인전 토너먼트에 의한 단체전 복합방식이던 것과는 달리 학교별로 팀을 구성해 통합 4체급에 대한 단체대항 토너먼트 방식으로 단체전이 펼쳐졌는데 남고부 29개교, 여고부 12개교 등 총 41개 고가 참가했다. 또한, 개인전에는 남고부 100개교 434명, 여고부 49개교 143명 등 총 148개교에서 577명이 참가한 가운데 열전을 펼쳤다.

1992년

1. 정기 대의원 총회

협회는 1992년 2월 올림픽회관 1층 중회의실에서 정기 대의원 총회를 열고 사업예산을 지난해보다 14% 증액된 약 8억 9천7백만 원으로 확정했다. 주요 사업으로 △제1회 협회장기 품새 및 시범경연대회(태권도한마당) 개최 △태권도체조 개발 공모 △남북 태권도 교류 추진 △해외 태권도 보급 지원 △태권도 홍보 만화 제작 △시도지부 지원 강화 등을 승인하였다.

눈에 띄는 것은 태권도 생활체육 활성화를 위해 시범경연대회를 신설하기로 한 것이다. 겨루기 일변도 대회에서 벗어나 품새, 격파, 특기부문 및 창안 품새를 종목으로 만들어 경연방식의 대회를 만들자는 의도였다. 또 태권도가 지닌 무도적인 측면을 확대, 발전시키기 위해 무도경연대회의 성격도 띠게 하였다. 이렇게 하여 태권도한마당이 탄생하게 되었다.

2. 바르셀로나올림픽 태권도 시범종목 경기 참가

역사상 두 번째로 이루어진 올림픽게임에서의 태권도시범종목경기가 바르셀로나올림픽대회에서 8월 3일부터 5일까지 열렸다. 남자 26개국 64명, 여자 25개국 64명이 참가한 이 대회에서 한국 남자는 금메달 3개, 동메달 1개로 1위를 차지하였고, 여자부는 금메달 2개, 은메달 1개로 스페인과 대만에 이어 3위를 하였다.

한국 선수들은, △남자부 ■금메달=김병철(페더급), 하태경(웰터급), 김제경(헤비급) ■은메달=서성교(플라이급) △여자부 금메달=황은숙(밴텀급), 이선희(미들급) ■은메달=정은옥(라이트급) 의 성적을 거두었다.

1992년 8월 바르셀로나 올림픽 태권도 시범종목에서 좋은 성적을 거두고 돌아온 한국태권도대표팀이 서울 시청 앞에서 열린 환영 카퍼레이드에 참석했다. (사진 왼쪽부터 김병철 선수, 하태경 선수, 주신규 코치)

1992

3. 10회 아시아선수권대회, 남녀동반 우승

1992년 1월 31일부터 2월 2일까지 말레이시아 쿠알라룸푸르에서 열린 제10회 아시아태권도선수권대회에서 한국이 남녀동반 우승을 했다. 특히 여자는 9회 대회에서 우승을 빼앗긴 대만에 설욕했다.

남자부는 플라이급 서성교, 밴텀급 권태호, 페더급 강창모, 웰터급 임영호, 미들급 윤순철, 헤비급 김제경이 금메달을, 핀급 진승태가 은메달을 각각 획득했다.

여자부는 핀급 이순영, 플라이급 모선영, 밴텀급 원선진, 라이트급 정은옥, 미들급 이선희가 금메달을, 페더급 김성숙과 헤비급 정명숙이 각각 은메달을 따냈다.

4. 제3회 세계대학선수권대회

10월 12일부터 15일까지 멕시코 과달라하라에서 개최된 제3회 세계대학선수권대회에서 우리 대학대표선수단이 남녀 종합우승을 차지하였다.

남자부는 김정오(핀), 맹성재(플라이), 김병욱(밴텀), 안홍엽(페더), 박세진(라이트), 박종범(미들), 강승수(헤비) 선수가 우승을 차지하였으며, 여자부는 유수진(핀), 윤현정(헤비), 이승민(밴텀) 선수가 금메달을 조향미(웰터) 선수와 김성숙(페더)가 은메달을 차지하는 등 선전을 펼쳤다.

5. 국가대표 선발전 및 각종 국내 대회

1992년도 국가대표선발 최종전은 전년인 1991년 12월 26일부터 28일까지 국군체육부대 상무체육관에서 개최되었다. 1위 자는 2월에 대만에서 개최되는 아시아선수권대회에 출전하게 되었지만, 선수들이 더 많은 관심을 가진 것은 아테네 올림픽 최종 선발 출전권이었다. 각 체급 1, 2위 자에게 주어지는 최종전 티켓을 위하여 치열한 경기가 펼쳐졌다.

3월 10일, 11일 양일간 국기원에서 바르셀로나올림픽 경기에 출전할 대표선수 선발 최종전이 개최되었다. 남자 플라이급은 서승교가 진승태와 임창섭, 박재성을 누르고 대표선수로 선발되었으며, 페더급에서는 김병철이 권태호, 강창모, 남학현을 누르고 대표선수로 선발되었다. 헤비급은 최강의 경기력을 과시하던 김제경이 박종범과 윤순철, 김현일을 이겨 대표선수 자리를 지켰다. 여자부에서는 핀급의 모선영과 밴텀급의 황은숙, 라이트급의 정은옥, 그리고 미들급의 이선희가 올림픽 출전권을 차지하였다. 제27회 대통령기대회가 6월 19일부터 22일까지 제주 한라체육관에서 개최되어 대전체육고, 한국체대, 지하철공사가 각각 우승을 차지하였다.

 제73회 전국체육대회가 대구 계명대학교체육관에서 10월 11일부터 16일까지 개최되어 서울이 종합 우승을 개최지인 대구가 2위를 차지하였다. 국방부장관기전국태권도대회가 창설되어 침체되어 가던 군 태권도 활성화에 큰 기여를 할 것을 기대를 모았다. 군 선수단 경기와 함께 대학, 일반부 및 여자부 경기가 함께 열려져 새로운 경기대회의 분위기가 선보였다. 1992년도 우수선수선발대회가 11월 11-13일간 국기원에서 개최되었다. 김제경 선수와 이승민 선수가 이 해의 남여 최우수 선수로 선정되었다.

6. 제1회 태권도한마당 개최

제1회 태권도한마당대회의 마스코트. 인간에게 많은 도움을 주는 소를 친근감 있게 표현했다.

12월 9일, 대한태권도협회가 야심차게 기획한 제1회 태권도한마당이 서울 올림픽공원 제2체육관에서 열렸다. 총 392팀 1,346명의 선수가 참가한 가운데 열린 개회식에 최세창 회장과 김운용 세계연맹 총재, 이진삼 체육청소년부장관, 특전사령관, 제3공수여단장 등 체육계 및 태권도 관련 군부대장들이 대거 참석하였다. 이날 개막식에서 최 회장은 "태권도 종주국으로서 세계 속에 태권도 문화를 지속적으로 주도 공급할 수 있는 체계를 확립하는데 이 대회가 기여할 것"이라고 말했다. 국내 주요 언론들도 큰 관심을 보였다. '태권도가 엘리트 체육뿐만 아닌 생활체육의 모습을 갖추기 위해 힘찬 출발을 하고 있다.' 〈생활스포츠저널 92년 10월 9일자〉 '전국체전, 아시안게임, 올림픽 등 종합체육대회의 정식종목 채택의 길을 걷는 동안 무도로써의 위력과 신비감을 상실하고 운동 경기의 하나로 전락해 버린 '무도 태권도'의 본질을 회복하자는 움직임이 일고 있다.'〈일간스포츠 11월 7일자〉

식후 공개행사에서 제4대 대한태권도협회장을 역임한 고령의 노병직 관장의 품새 시범이 있어 많은 박수갈채를 받았다.

제1회 태권도한마당대회에 참가한 어린이들의 귀여운 경연

강원식 전무이사는 "한마당 대회는 엘리트 선수만을 대상으로 하는 겨루기 중심의 일반 대회와는 달리 태권도를 즐기는 동호인이라면 누구나 참가할 수 있도록 품새와 격파를 주로 한 경연대회이다. 협회는 연간 10여 차례나 개최되는 모든 대회에서 겨루기 부문만 실시함으로써 일반인들에게 태권도의 전체적인 개념을 왜곡시킨다는 지적과 국민들의 생활체육에 대한 관심 고조에 따라 태권도의 생활체육적 가치를 홍보해야

한다는 일선의 요구에 부응하여 이 대회를 창설하기로 했다." 또 "태권도 본맥(本脈)을 되찾고 전 태권도인들이 화합할 수 있는 계기를 마련한 것은 무엇보다도 큰 성과"라고 말한 뒤 "이번 대회에 대비해 격파 고정틀을 새롭게 고안하고 품새 평가기준을 새로 만드는 등 태권도에 보다 과학적으로 접근하는 노력을 기울여 태권도인들로부터 긍정적인 평가를 받은 것도 큰 수확"이라고 말했다.

노익장을 과시하는
불광건민조기회
할아버지들

대한태권도협회는 태권도 동호인의 참여를 유도하기 위해 소년부(초,중), 청년부(고, 대, 35세 미만 일반), 장년부(35세 이상), 여성부(고교이상) 등 4개 부로 나누어 품새와 격파경연을 실시키로 했다. 품새경연은 일반, 창작품새 부문으로 구분하고 격파도 위력을 중심으로 하는 부문과 묘기를 중심으로 하는 부문으로 나누어 실시한다고 밝혔다. 또 일반품새 부문은 기존의 유급(단)자 품새에 대한 단체경연이지만, 창작품새와 건강품새는 참가자가 직접 품새를 창작, 발표함으로써 우열을 가리게 했다.

7. 중국에 최초로 시범단 파견

협회는 12월 20일부터 31일까지 중국 연변조선족자치주체육총회의 초청으로 태권도 시범단을 파견했다. 시범단은 홍종수 협회 상근부회장을 단장으로 임원 4명, 단원 8명 등 총 12명으로 구성됐다. 대한태권도협회는 시범단을 중국에 공식적으로 파견한 것은 이번이 최초로, 시범단은 연길시와 연길대학에서 시범공연을 했다. 중국과 체육교류 확대 일환으로 추진된 이번 공연을 통해 중국에 태권도 보급을 확산시키는 데 기여했다.

8. 히로시마 아시안게임 태권도 종목채택 대책위 구성

대한태권도협회는 1992년 3월 '94히로시마 아시안게임조직위원회가 태권도를 제외한 31개 종목을 잠정 확정함에 따라 대책위원회를 구성하여 추가 채택을 위한 협상 활동에 들어갔다. 31개 종목에는 가라테와 우슈가 포함되어 있었다. 이에 협회는 그동안 종목 채택을 위해 아시아 회원국에 협조 공문을 발송하는 소극적인 활동에서 탈피해 체육청소년부와 대한올림픽위원회, 세계태권도연맹, 아시아태권도연맹 등 모든 스포츠 외교 채널을 가동해 적극적인 활동을 벌여나가기로 했다. 이 같은 협회의 강력한 요청에 따라 정부 기관들은 올림픽유스호스텔에서 대책위원회를 열고 최원영 아시아태권도연맹 회장을 위원장으로 추진위를 구성했다.

9. 경기규칙 일부 개정 및 용품 공인제도 도입

협회는 그간 논란이 되어온 경기규칙 제11조 2항 '허용부의'와 '득점부위' 문제를 해결하기 위하여 〈허용부위〉를 없애고, 〈득점부위〉를 확대하기로 하였다. 이번 개정에서는 득점부위가 확대됨으로써 판정시비의 불식과 과감한 공격과 더욱 많은 득점을 유도하는 효과를 기대하고 있다.

경기용품의 품질 개선과 규격 통일, 질적 향상을 위하여 태권도 경기용품에 대한 공인 제도가 마련되어 9월 1일부터 시행에 들어갔다. 공인용품은 10월에 개최될 제73회 전국체육대회부터 실질적으로 사용하게 되는데 품목은 팔다리보호대, 호구 샅보대, 머리보호대, 매트이다. 특히 청, 홍 구분 없이 흰색을 사용하던 머리보호대는 각기 다른 청, 홍 색상을 착용하도록 하였다.

1993년

1. 정기 대의원 총회 개최

협회는 1월 14일 올림픽회관에서 정기 대의원 총회를 개최하고 임기가 만료된 집행부를 새로 구성하였다. 지난 2년 동안 태권도협회의 위상 제고에 기여하였으며, 국방부장관기 대회를 창설하는 등 태권도 발전에 노력한 최세창 회장을 임기 4년의 회장으로 재추대하고 새로운 집행부를 구성하였다. 홍종수 상임부회장과 강원식 전무이사는 유임되었으며, 조영기, 송봉섭 감사도 재선출되었다.

총회는 지난해 8천5백1백만 원의 결산액보다 1억 4천6백만 원이 늘어난 9억 9천7백만 원의 예산을 확정하고, 주요 사업추진 방향으로 사회주의 국가인 중국과 베트남에 태권도시범단을 파견하고 태권도 인사를 초청해 태권도 교류를 확대해 나가기로 하며, 또 제2회 태권도한마당을 성공적으로 개최해 태권도가 생활체육으로 굳건히 자리 잡을 수 있도록 TV 홍보를 하고 해외지부 참가를 유도하기로 하였다.

◆1993년 임원

회장	최세창
상임부회장	홍종수
부회장	김종식, 정진규
전무이사	강원식
이사	김성민, 김옥중, 김인석, 김현식, 김현우, 노희덕, 박세영, 박충일, 박희원, 백운대, 송덕영, 이금홍, 이명희, 이장원, 이정길, 이청재, 임태정, 장준웅, 정세화, 정태인, 조덕연, 주영호, 황경노
감사	송봉섭, 조영기

2. 세계선수권대회, 남녀 동반우승

제11회(여자 제4회) 세계태권도선수권대회가 미국 뉴욕의 메디슨 스퀘어 가든에서 8월 19일 개막하였다. 세계적으로 유명한 스포츠 명소인 메디슨 스퀘어 가든에서 세계선수권대회를 개최하고 또 미국 ABC 텔레비전사에서 중계방송을 함으로써 국제 스포츠계에 태권도의 위상을 높이고 이를 통하여 올림픽 정식종목 채택에 유리한 여건을 조성하고자 한다는 점에서 커다란 의미를 가진 대회였다.

경기 첫째 날 남자 밴텀급의 김인경 선수가 필리핀, 캐나다를 준결승, 결승에서 차례로 꺾으며 우승을 차지하였으며, 페더급의 김병철 선수도 스페인과 브라질 선수를 준결승, 결승에서 이겨 우승을 차지하였다. 둘째 날 라이트급의 박세진 선수가 전 경기에서 무난히 이기며 우승하였다. 다음날 핀급의 진승태 선수와 웰터급의 임영호 선수도 우승을 차지하였다. 특히 헤비급의 김제경 선수는 월등한 기량과 세계적 명성에 힘입어 수차례의 기권승과 케이오 승을 얻어내면서 화려하게 우승하였다. 남자부에서는 스페인과 프랑스가 각각 금메달을 하나씩 획득하며 2, 3위를 차지하였다. 여자부는 플라이급의 유수미 선수, 페더급의 이승민 선수, 웰터급 김미영 선수, 미들급 박은선 선수, 헤비급의 정명숙 선수가 우승을 차지하였으며, 라이트급의 박경숙 선수는 은메달을 그리고 밴텀급의 원선진 선수는 동메달을 확보하여 종합 우승을 차지하였다.

3. 국가대표 선발 전 및 각종 주요 국내대회

미국 뉴욕에서 개최되는 세계선수권대회에 출전할 국가대표 선발전이 3월 중에 두 차례의 예선대회와 최종대회가 모두 개최되었다. 제1차 국가대표선발 예선전이 3월 2일부터 5일까지, 그리고 2차 예선대회가 3월 9일부터 11일까지 올림픽 제2체육관에서 개최되었다. 1차전은 남자부 246명, 여자부 99명이 그리고 2차전은 남자부 224명, 여자부 76명이 참가하였다. 대표선발 최종전은 전년도 대표 1, 2진, 92년도 말에 선발된 우수선수 1, 2위자, 그리고 예선 1, 2차전 1, 2위자로서 각 체급별 8명으로 토너먼트 방식으로 3월 29일부터 31일까지 3일간 서울체고 강당에서 개최되었다.

남자부 미들급에서 서울체고의 이동완 선수가 현역 대표선수인 이현석 선수를 꺾고 고등학생으로 대표선수에 선발되는 파란을 일으켰으며, 헤비급의 김제경을 비롯하여 진승태(핀), 박재성(플라이), 김인경(밴텀), 김병철(페터), 박세진(라이트), 임영호(웰터)가 선발되었다. 여자부는 유수진(핀), 유수미(플라이), 원선진(밴텀), 이승민(페터), 박경숙(라이트), 김미영(웰터), 박은선(미들), 정명숙(헤비)가 태극마크를 달았다. 네덜란드 헤이그에 열리게 되는 제4회 월드게임에 참가하게 될 2진으로는 남자부의 서성교(플라이), 김정호(페터), 장종오(웰터), 김현일(헤비)가 선발되었으며, 여자부는 모선영(플라이)와 조향미(웰터)가 선발되었다.

세계태권도선수권대회에 파견될
남자부 선수들(좌),
여자부 선수들(우)

제28회 대통령기 단체대항대회가 6월 16일부터 19일까지 잠실학생체육관에서 개최되었다. 고등부는 포천 영북종고가 우승을 차지하여 파란을 일으켰으며, 대학부는 경희대가 우승을 차지하였고 일반부는 춘천시청팀이 우승을 하였다. 여자 태권도인들의 숙원이었던 여자부가 제74회 전국체육대회 시범종목으로 채택됐다.

대한체육회는 1991년 12월 16일 열린 이사회에서 1993년 광주 전국체육대회 태권도 종목에 여자부 8체급 경기를 시범종목으로 실시하기로 결정했다. 이는 대한태권도협회는 1987년부터 여자 태권도 활성화를 위해 대한체육회에 요구해온 결과 4년만에 이뤄진 것이다. 그 후 여자부 정식종목은 1995년 전국체전부터 채택됐다. 제22회 소년체육대회 태권도 경기는 5월 28일부터 31일 사이에 국기원에서 개최되었다.

4. 경기용품 공인규정 개정 시행

대한태권도협회는 1993년, 1992년 4월 15일에 제정했던 경기용품 중 몸통보호구 및 여성용 샅보대를 더 안전하도록 보완 개정했다. 몸통보호구의 외피, 방력판, 득점부위로 모양을 구분하여 보완했고, 구조면에서는 보호 부위를 규정하고 색상 지정, 재질 및 표면처리도 더 안정하게 바꾸어 선수들의 부상을 막고 경기력 발휘에 불편함이 없도록 했다. 협회는 몸통보호구의 경우 방력판의 경도를 60도로 규정했으나 이를 수거해 검사한 결과 대다수가 규격 미달 제품으로 밝혀져 공인 용구개발사에 시정을 촉구하기도 했다.

 이와 함께 협회는 1993년 5월 각 공인업체들의 경기용품 제작의 규정 준수 여부를 지속적으로 관리하기 시작했다. 공인에 참여한 업체는 상무사를 포함해 6개사로 이들 제품에 대해 부정기적으로 확인해 경기용품이 세계 시장에서 우위를 점유하도록 노력해 나가기로 했다.

5. 태권도시범단, 중국에서 7차례 시범 공연

1993년 10월 25일부터 11월 9일까지 대한태권도협회는 중국 국제우의 촉진회의 초청으로 중국에 태권도시범단을 파견해 북경과 심양, 하얼빈, 상해 일원에서 시범공연을 했다. 홍종수 협회 부회장이 단장을 맡고 노우종 운영부장이 감독이 돼 파견된 시범단은 7차례에 걸쳐 공연을 했다. 10월 26일 북경체육사범학원에서 열린 공연에는 1,200여 명의 관중이 지켜봤다.

1994년

1. 정기 대의원 총회 개최

협회는 1월 14일 올림픽회관 중회의실에서 대의원 총회를 개최하여 1994년 11억 2천만 원의 예산안과 각종 사업계획을 확정하였다. 국민체육진흥기금 지원비를 법인화 기금으로 적립하기로 하고 다가오는 히로시마 아시안 게임에 금메달 3개를 목표로 설정하고, 이에 대비한 경기력 향상과 올림픽 정식종목 채택을 위한 각종 노력과 한마당대회 성공적 개최 등이 논의되었다.

2. 태권도 올림픽 정식종목 채택

태권도가 드디어 올림픽 정식 종목으로 채택되었다. 1994년 9월 5일 새벽(한국시각, 4일 프랑스 현지시각) 프랑스 파리에서 개최된 국제올림픽위원회(IOC) 제103차 총회에서 태권도가 2000년 시드니올림픽 정식종목으로 채택되었다. 김운용 IOC 부위원장(세계연맹총재 총재, 본회 전 회장)의 노력과 전략에 힘입어 기습적으로 상정된 태권도 종목 채택안은 반대 없이 만장일치로 통과되는 역사적 쾌거를 이루었다. 이로써 지난 30년간 지속적이고도 전략적으로 추진되어온 태권도의 국제 스포츠화는 그 역사적 결실을 맺게 되었다. 1962년 본 협회가 창립되어서 태권도의 경기화가 본격적으로 추진되었고, 1971년 김운용 회장의 취임으로 본격적으로 추진된 국제 경기화가 드디어 그 정점의 결실을 이루게 된 것이다.

1962년 협회 창립 이후 경기규정 제정과 지속적인 개량 노력, 보호구와 각종 경기 용구의 개발, 각종 국내 대회의 창설, 각급 학교 선수단의 창설, 지도자 및 심판 교육 등을 통하여 무도에서 경기 스포츠로 변신을 꾀하였다. 1971년 김운용 회장의 취임 이후 협회는 태권도의 국제 스포츠화에 그 구체적 방향을 두고 계획적이고도 지속적인 노력을 기울여 왔다.

1973년 제1회 세계선수권대회 창설을 시작으로 1974년 아시아선수권대회 창설, 1975년 국제경기연합회(GAISF)가입, 1976년 국제군인체육회(CISM) 정식종목채택, 1980년 IOC 총회에서 태권도가 IOC 승인종목으로 결정되는 등 숨 가쁜 일정을 달려왔다. 특히 88서울올림픽 유치를 통하여 우리나라의 국제스포츠계의 위상 강화와 88올림픽게임에서 태권도가 시범종목으로 채택되어 국제 스포츠계에 태권도의 존재와 가치를 알릴 수 있었던 것 역시 큰 디딤돌이 되었던 것이다. 태권도의 올림픽 정식종목 진입 성공은 특히 김운용 전 회장(당시 세계태권도연맹 총재)의 국제스포츠계에서의 영향력 확장과 이를 바탕으로 한 김 회장의 지속적 노력, 그리고 김 회장의 탁월한 전략과 김운용 회장을 중심으로 한 협회는 물론 세계 각국에 진출해 있던 태권도 지도자들의 단결된 노력과 협력이 역사적 성취의 원동력이 되었다.

태권도의 올림픽 정식종목 채택은 앞으로 태권도의 위상을 몇 단계 제고할 것으로 보여진다. 국내에는 올림픽 상위권 진입을 위한 핵심 종목으로 인정을 받게 될 것이며, 태권도의 활성화에도 크게 영향을 미치게 될 것으로 보인다. 국제적으로는 한국어를 공식 경기언어로 하는 올림픽의 정식종목으로 우리의 스포츠가 채택됨으로 한국 스포츠의 국제적 위상제고에 큰 역할을 할 것이며, 여러 나라에서도 태권도가 주요 스포츠로 부상하게 되는 계기가 될 것으로 보인다. 올림픽 정식종목 채택은 동시에 태권도에 새로운 많은 과제를 부과하게 될 것이다. 경기 규정과 방식의 선진화, 과학화는 물론 다양한 측면에서 국제 스포츠로서 손색이 없는 질적 발전을 추구해야 할 것이다.

김운용 세계태권도연맹 총재를 비롯한 각계 인사들이 국기원에서 하계올림픽 정식종목으로 채택된 태권도 기념석을 제막하고 있다.

3. 아시안 게임 태권도 출전 전 체급 우승

일본에서 개최되는 제12회 아시안게임은 태권도 종목의 채택 여부로 논란을 겪는 우여곡절을 거쳤지만, 각국이 8체급 가운데 4개 체급만 참가하는 방식으로 최종 결정되어 10월 8일과 9일 양일간 히로시마 아키센터에서 경기가 열렸다. 대한민국 선수단은 플라이급의 진승태, 밴텀급의 김현용, 웰트급의 정광채, 그리고 헤비급의 김제경이 문원재 코치와 함께 출전하였다. 이틀간의 경기를 통하여 한국선수단은 전원이 우승하는 성과를 거두며 대한민국 선수단의 종합 2위 달성에 일익을 담당하였다.

11회 아시아선수권대회, 남자 우승-여자 대만과 공동우승

1994년 1월 28일부터 30일까지 필리핀 마닐라에서 열린 제11회 아시아태권도선수권대회에서 한국 남자가 금메달 7개를 획득하며 11연패를 달성했다. 핀급 최용훈, 플라이급 고동완, 밴텀급 김현용, 페더급 양재철, 라이트급 정광채, 미들급 박종범, 헤비급 김제경이 금메달을 획득했다. 웰터급에 출전한 고교생 김경훈은 예선 탈락했다.

여자는 금메달 4개와 은메달 1개를 따내 대만과 공동우승했다. 플라이급 이순영, 밴텀급 진용순, 미들급 박선미, 헤비급 김태희가 금메달을 획득했고 페더급 신동선 은메달, 핀급 양소희와 라이트급 강해은, 웰터급 조향미가 동메달을 획득했다.

4. 올림픽 정식종목 채택기념 KBS배 국제 태권도대회 개최

올림픽 정식종목 채택을 기념하기 위해 열린 KBS배 국제태권도선수권대회가 1994년 12월 10일과 11일 장충체육관에서 열렸다.

KBS와 세계태권도연맹이 공동 주최한 이 대회는 지난 9월 프랑스 파리에서 개최된 제103차 IOC 총회에서 태권도가 2000년 시드니올림픽 정식종목으로 채택된 것을 기념하기 위해 개최된 것으로 올림픽 정식종목으로서의 태권도 위상을 강화하고 세계화에 성공한 태권도의

인식을 새롭게 하기 위해서였다. 이 대회에는 한국을 비롯해 각 대륙의 태권도 강호 12개국이 참가했다.

개회식에서 김영삼 대통령은 치사를 통해 "전통무예로 세계화에 성공한 태권도를 축하하며 세계인이 즐기는 생활스포츠로 발전하도록 박차를 가해 달라"고 당부했다.

개회식 식후행사 후 태권도 유단자인 탤런트 김혜수(3단)와 이동준(5단)과 미동초등학교 어린이 2명이 태권도복과 꽃다발을 김 대통령 내외에게 증정하자 김 대통령은 즉석에서 태권도복을 입고 띠를 맸다.

1994년 장충체육관에서 열린 KBS 국제태권도대에서 김영삼 대통령이 태권복을 입고 관중들의 환호에 두 손을 들고 환하게 웃고 있다. 이 대회는 태권도 올림픽 정식종목 채택을 기념하기위해 대한태권도협회가 주최했다.

5. 아시안게임 국가대표 최종 선발전 및 국내대회

히로시마 아시안게임 출전을 위한 국가대표 선발전이 치러져 플라이급은 진승태가 최용훈, 서성교, 고동완을 이기고 선발되었으며, 패더급은 김현용이 김인경, 이준희, 양재철을 이기며 선발되었다. 웰터급은 정광채가 김경훈, 김길훈, 성의천을 꺾고 선발되었으며, 헤비급의 김재경은 이동완, 박종범, 김정규를 누르고 대표로 선발되었다.

대한태권도협회는 1994년 6월 13일부터 17일까지 부산 구덕체육관에서 제29회 대통령기 전국단체대항 태권도대회를 개최하고, 20년 만에 5명 단체전을 부활했다. 경기 시작 10분 전에 경기 출전 순서를 제출해야 하기 때문에 각 팀의 코칭스태프는 머리싸움을 해야 했다. 이번 대회 고등부는 신흥강호로 부상한 풍생고가 차지했고, 대학부는 한국체대, 일반부는 국군체육부대가 거머쥐었다.

6. 태권도 사진공모전 개최 – 법인화 추진 기금 적립

제1회 태권도 사진공모전이 추진됐다. 대한태권도협회는 1994년 1월 올림픽회관 중회의실에서 열린 정기 대의원 총회에서 태권도한마당 기간에 태권도 문화행사의 일환으로 태권도 사진공모전을 개최하기로 하고, 4월 1일부터 9월 30일까지 사진을 접수하기로 했다. 작품 내용은 주변에서 찾아볼 수 있는 생활체육 태권도, 태권도의 예술적 가치가 돋보이는 내용, 소장하고 있는 태권도 사적 자료 사진 등이었다. 상품도 풍부해 대상 1명에게는 뉴욕왕복항공권 2매와 문화체육부장관상을 수여하기로 했다.

협회는 문화체육부 및 대한체육회의 경기단체 법인화 계획에 따라 지난해 1억 7천2백만 원의 국민체육진흥공단 지원비를 전액 법인화 기금으로 적립했다. 협회는 자체 적립금이 5억 원이 확보되는 96년에 문화체육부의 5억 원 지원금과 함께 10억 원의 기금을 토대로 법인설립을 추진하기로 했다. 경기단체의 법인화는 문화체육부가 90년부터 경기단체의 재정 자립을 위해 권장해 왔다.

1995년

1. 정기 대의원 총회 개최

대한태권도협회는 1995년 1월 24일 올림픽회관 중회의실에서 정기 대의원 총회를 개최하여 11억 9천6백만 원의 사업예산안을 만장일치로 통과시켰다. 그리고 송봉섭 서울시협회 부회장과 조영기 전남태권도협회 부회장을 감사로 유임시켰다. 최세창 회장은 홍종수 상근부회장과 강원식 전무이사 등 대부분 임원을 변함없이 신임하였으며, 김인석 기술심의회 의장 역시 유임시킴으로써, 강원식 전무이사와 임춘길 사무국장을 중심으로 한 운영체제에 큰 변화없이 협회를 끌어가겠다는 의지를 보였다. 그러나 이 해 후반기에 일어난 신군부 핵심세력에 대한 기소와 재판으로 최세창 회장이 구속됨으로써 더는 협회장직을 수행할 수 없는 상황이 야기되어 5년 동안 지속하여온 최세창 체제는 더 이상은 계속될 수 없었다.

협회는 이 해에 기술심의회를 대폭 확대 개편하여 11개 분과위를 15개 분과위로 확충하였다. 특히 이들 15개 분과위를 기능에 따라 3개 분야로 크게 나누어 각 부의장이 총괄하는 체제를 갖추었다.

2. 세계선수권대회, 남자 12연패 – 여자 5연패 달성

11월 17일부터 21일까지 필리핀 마닐라에서 개최된 제12회 세계태권도선수권대
회(여자 5회)에서 김경지(감독), 전판선, 장권 코치가 이끈 남자선수단은 12연속,
윤판석(감독), 유황국, 이경배 코치가 이끈 여자선수단은 5연속 종합우승의 위업
을 달성하였다.

남자 74개국 377명, 여자 50개국 219명이 참가한 이 대회에서 한국 남자는 금메
달 5개, 여자는 금메달 5개와 은메달 2개를 따냈다. 남자부는 스페인과 독일, 터
키, 프랑스 선수들의 거센 추격 속에 핀급의 진승태, 밴텀급의 장대순, 페더급의
김병욱, 미들급의 이동완과 헤비급의 김제경이 금메달을 따내며 종합우승을 이
끌었다.

여자부는 대만과 터키, 스페인의 선수들과의 각축 밴텀급의 원선진과 페더급의
이승민, 라이트급의 박경숙, 웰터급의 조향미, 그리고 헤비급의 정명숙이 금메달

을 획득하였으며, 핀급의 양소희와 미들급의 박선미가 은메달을 획득하며 종합 우승을 차지하였다. 특히 헤비급의 김제경 선수는 지난 대회에 이어 2회 연속 대회 최우수 선수로 선정되어 삼성컵을 수여받는 영예를 누렸다. 또 진승태, 김제경, 원선진, 이승민, 정명숙 등 5명의 선수는 본 대회 우승으로 세계선수권 2연패의 영광을 차지하기도 하였다.

태권도가 올림픽 정식종목에 채택된 이후 처음으로 치러진 세계대회로서 전 세계 87개국이 참가하는 성황과 함께 13개국이 세계연맹의 신규회원으로 가입함으로 137개국의 회원국으로 확대되는 등 올림픽 종목 채택에 따른 태권도의 새로운 발전 열기를 나타내 보였다. 이러한 세계적 열기는 동시에 각국 선수단의 경기력 향상으로 이어져 더욱 치열한 국제 경기력의 경쟁시대를 예고하기도 하였다. 차기 대회는 2년 후 홍콩에서 개최하기로 하고 11월 22일 마닐라 세계대회는 폐막하였다.

3. 국제태권도대회 참가 활발

대한태권도협회는 이 해에 오픈대회 성격의 각종 국제태권도대회에 한국선수단을 활발하게 참가시켰다. 1995년 1월 12일부터 14일까지 이집트 카이로에서 열린 제1회 이집트국제태권도대회에 협회는 임원 2명과 남녀 선수 각 6체급, 심판 1명 등 15명을 파견했다. 이 대회에서 한국은 남자 금메달 5개 동메달 1개, 여자는 금메달 6개를 획득했다. 1월 27일부터 29일까지 이란 이스파한에서 열린 제8회 이란 혁명기념태권도대회에 8명의 선수를 파견했다. 12개국 14개 팀이 참가한 이 대회에서 한국은 핀급 진승태, 밴텀급 조진호, 미들급 이동완, 헤비급 김정규 등의 선전으로 금메달 5개, 동메달 1개를 획득해 종합우승을 했다.

5월 7일에는 이탈리아 로마에서 이탈리아국제태권도대회가 열렸다. 14개국이 참가한 이 대회에서 한국은 남녀 각 2체급이 출전해 금메달 2개, 은메달 1개, 동메달 1개를 획득해 터키와 공동 우승했다. 8월 2일부터 6일까지 베트남 하노이에서 열린 제2회 하노이국제태권도대회에서 한국은 금메달 6개, 은메달 1개로 종합우승을 했다. 5개국에서 7개 팀이 참가한 이 대회에 한국은 국가대표 2진으로 구성된 7명의 선수를 파견했다.

4. 시범단 해외 파견

협회는 5월 22일부터 국가대표시범단을 중국에 파견하여 대륙에 태권도를 전파하는 노력을 하였다. 상하이, 쿤밍, 시안, 그리고 베이징에서 시범을 펼침으로써 전년도에 세계태권도연맹에서 파견된 양진방 사범에 의하여 이제 막 태권도를 정식으로 시작하게 된 중국에 태권도와 종주국의 위상을 알리는 중요한 역할을 하였다. 또 8월 3일 미국 씨애틀 지역에 광복 50주년 기념행사의 일환으로 국가대표시범단을 파견하였다. 협회는 9월 18일부터 10월 3일간 불가리아, 루마니아, 이집트, 바레인을 순방하는 시범단을 파견하였다. 이규형 단장을 중심으로 이춘우, 강명언, 박병분, 최태호, 최규영, 이정민, 이덕회, 구본훤, 임미라, 정병민, 변관철, 박훈 등 단원들이 태권도 홍보와 기술 전수를 위하여 노력하였다.

협회는 11월 22일부터 12월 9일 사이에 대표시범단을 남미 브라질, 아르헨티나, 칠레 3개국에 파견하였다. 이규형 단장과 이춘우, 최창익, 곽택용, 양재철, 최규영, 이정민, 구본흰, 임미라, 정병민, 변관철, 이광호, 박준성 등 단원으로 구성되었다.

브라질, 아르헨티나,
칠레 파견시범

5. 태권도 세계화를 위한 학술세미나 개최

대한태권도협회는 태권도한마당 문화행사로 8월 25일 서울 뉴스타호텔에서 태권도 세계화를 위한 학술세미나를 개최했다. 이날 세미나에서는 2000년 시드니올림픽 정식종목으로 채택된 태권도 발전방향에 대해서도 토론했다.

정찬모 단국대 교수는 '태권도 세계화'를 주제로 기조강연을 했다. 장주호 경희대 체육대학장은 "태권도 교육의 세계화로 영구 올림픽 종목이 되자"고 강조했고, 성낙준 호서대 교수는 태권도 경기의 개선방향에 대해 발표했다. 또 고두현 전 서울신문 체육부장은 민간외교와 태권도 문화창달에 대해 발표했고, 고의민 재독일 사범은 태권도의 해외 보급과 세계화에 대해 발표했다.

1995년 8월 대한태권도협회가 주최한 태권도 세계화를 위한 학술세미나

6. 각종 국내대회

소년체전 경기는 대전 신탄진 초등학교에서 5월 27~29일 개최되었으며, 6월 12일부터 16일까지 제30회 대통령기 전국대회가 학생체육관에서 개최되었다. 전국체육대회는 10월 2일부터 6일 사이에 경북 포항고등학교 체육관에서 열렸다.

6월 12일 부터 16일 사이 순천 팔마체육관에서 개최된 대통령기 대회에서 리라공고, 한국체대, 국군체육부대가 각각 단체 우승을 차지하였다.

10월 23일부터 27일 사이에 제4회 국방부장관기대회가 개최되어 남자대학부, 남자일반부, 여자일반부(대학부와 통합), 그리고 군부로 나누어 치러졌다. 이 해의 우수선수선발대회는 12월 4~6일 국기원에서 개최되었다.

1996년

1. 정기 대의원 총회

1월 26일 정기 대의원 총회가 올림픽회관에서 개최되어 13억 9천8백만 원의 예산안과 사업계획을 의결한 후 최세창 회장의 퇴진으로 공석이 된 협회장 선출의 건은 김운용 전 회장에게 일임하는 것으로 의결하였다. 김운용 회장을 중심으로 하여 태권도계 내외의 논의를 통하여 삼성그룹의 태권도 협회 참여가 이루어졌다. 3월 20일 호텔신라 다이너스티 홀에서 대한태권도협회 제17대 회장으로 이필곤 삼성물산 대표이사 총괄부회장이 취임함으로써 협회의 삼성 시대를 열게 되었다.

삼성그룹의 태권도 협회 참여를 대표하는 이필곤 회장은 취임사를 통해 "태권도를 21세기 세계 스포츠문화의 총아로 더욱 발전시켜 나아가는데 종주국협회의 역할이 매우 중요하다."고 역설하며 국민에게 사랑받는 태권도 문화를 가꾸어 나가기 위해 도장운영, 경기방식, 권위의식 등 태권도 발전을 저해하는 요소들을 과감히 개선하겠다고 밝혔다. 또한, 태권도 종주국의 위상 확립을 위해서 태권도센터 건립 문제 등 태권도계의 숙원사업을 다양한 시행 방안을 검토해 나가고, 꿈나무 육성 대책을 적극적으로 추진하겠다고 했다.

삼성그룹의 태권도협회 참여로 태권도계 전체는 커다란 기대를 하게 되었다. 삼성그룹은 이회창 한나라당 대표의 전 비서실장을 역임했던 이홍주 삼성전자 상임고문을 협회 상임부회장으로 파견하여 협회 운영의 실권을 진두 감독하게 하였으며, 전무이사로는 동아대를 졸업하고 아프리카에서 정부파견사범으로 활동도 한 바 있지만, 오랫동안 태권도계 일선을 떠났던 당시로는 무명에 가까운 김철오를 지명함으로써 태권도계를 놀라게 하였다.

1996년 3월 제17대 대한태권도협회 회장으로 취임한 이필곤 회장이 협회기를 휘날리고 있다.

최세창 회장의 급작스런 퇴진을 계기로 하여 이루어진 삼성그룹의 협회 진입은 이홍주 상임부회장, 김철오 전무이사, 그리고 김찬원 삼성그룹 파견이사 등을 중심으로 하는 운영체제를 갖추게 되었다. 이때부터 부회장으로 선임된 이승완과 부회장 겸 기술심의회 의장으로 지명된 황춘성의 역할도 주목되었다. 삼성은 회장 취임에 즈음하여 1월 26일 대의원 총회에서 승인된 13억 9천8백만 원보다 11억 5천만이 상향된 26억 4천8백만 원으로 예산을 확대 편성하는 것을 발표하면서 주요 추진 사업으로는 태권도 센터 건립 추진위원회 구성, 태권도 발전기금의 조성, 시도 지부 및 연맹 지원 확대, 삼성 태권도팀 창단, 2천 년 시드니 올림픽 대비 선수 훈련지원, 장학 사업의 대폭확대, 연구 개발 사업 추진, 회원 서비스 향상 등의 청사진을 제시하였다.

◆ 1996년 임원

회장	이필곤
상임부회장	이홍주
부회장	김순배, 이승완, 황춘성
전무이사	김철오
이사	김찬원, 남상해, 노희덕, 박재신, 박충일, 박태웅, 윤홍선, 이규석, 이도상, 이민우, 이장원, 장종호, 장준웅, 진 영, 채정석, 하정조, 한기복
감사	송봉섭, 조영기

◆1996년 기술심의회

의장	권경욱		
부의장	김용서, 전재규		
경기위원장	김봉기	상벌위원장	김영삼
심판위원장	안영택	편집위원장	정찬성
심사위원장	고국환	국제위원장	박현섭
기획위원장	이승국	선수강화위원장	김경지

2. 아시아선수권대회

1996년 6월 14일부터 16일까지 호주 멜버른에서 열린 제12회 아시아태권도선수권 대회가 열렸다. 대한태권도협회는 이 대회에 국가대표 1진을 파견하여 남녀 종합우승을 하였다. 차동철(감독), 정국현, 문종국 코치가 지휘하는 남자 선수단은 김병태(핀), 유영택(플라이), 김현용(밴텀), 심기선(라이트), 김경훈(웰터), 이동완(미들)이 금메달을 획득하였으며, 유용진(페더)은 2위를 하였지만 문대성(헤비)은 메달권에 진입하지 못하였다. 그리고 유문규(감독), 강성철 코치가 이끈 여자 선수단은 양소희(핀), 이승민(페더), 이선희(라이트), 조향미(웰터), 박은선(미들), 정명숙(헤비)가 금메달을 그리고 김보인(플라이), 원선진(밴텀)이 은메달을 획득하였다.

3. 월드컵태권도대회

5월 24일부터 26일까지 브라질 리오데자네이로 마라카나체육관에서 개최된 '96월드컵태권도대회에서 남자팀은 금 3. 은 1개로 종합 2위를 차지하였으나 대회 3연패

에 실패했다. 여자부는 금 1, 은 3개를 획득하여 종합 3위를 하였다. 남자
선수단은 정대영(밴텀)과 곽태용(라이트)이 여자부는 박경은(핀)이 금메
달을 획득하였다.

4. 제1회 세계주니어태권도선수권대회

6월 27일부터 30일까지 스페인에서 제1회 세계주니어선수권대회가 개최되었다. 바
르셀로나 팔라시오-테포르떼체육관에서 55개의 나라에서 470명의 선수가 참가한
가운데 열린 제1회 대회에서 중고연맹이 주축이 되어 출전한 한국선수단은 남자 금
메달 4개와 은메달 3개를 획득하며 종합 우승을 그리고 여자부는 4개의 금메달을
획득하며 창설대회에서 종합 우승을 각각 차지하였다.

5. 국가대표 선발전 및 각종 국내대회

4월 16일부터 18일까지 KBS 88체육관에서 개최 되었다. 참가자격은 95년도 국가
대표 체급별 1, 2위자, 95년도 우수선수선발대회 체급별 1, 2위자, 96년도 국가대표
예선 선발대회 체급별 1, 2, 3위자들이 참가하여 8체급 토너먼트 개인전 3분 3회전,
중간휴식 1분의 경기방식으로 대표선수 선발전이 열렸다. 체급별 1위자는 호주 멜
버른에서 개최되는 제12회 아시아태권도선수권대회에 파견, 체급별 2위자는 브라
질 리우데자네이로에서 개최되는 96년도월드컵태권도대회에 파견한다. 다음은 부
문별 1위 수상자 명단이다.

◆1996년 국가대표 선수 (남자)

체급	1진	2진
핀	김병태	김광호
플라이	유영택	박희철
밴텀	김현용	정대영
페더	유용진	이두견
라이트	심기선	곽택용
웰터	김경훈	장종오
미들	이동완	김민우
헤비	문대성	박형래

◆1996년 국가대표 선수 (여자)

체급	1진	2진
핀	양소희	박경은
플라이	김보인	윤송희
밴텀	원선진	이선영
페더	이승민	윤명숙
라이트	이선희	강해은
웰터	조향미	김은이
미들	박은선	박선미
헤비	정명숙	김윤경

제31회대통령기전국단체대항대회는 6월 24일부터 27일까지 대구실내체육관에서 개최되었다. 다음은 부문별 1위 수상자 명단이다.

◆제31회 대통령기 단체 우승

고등부 1위	서울체육고
대학부 1위	한국체육대학교
일반부 1위	영천시청

제25회 전국소년체육대회 5월 25일부터 28일까지 경상북도 영천시에서 개최되었다.

6. '98방콕 아시안게임 정식종목 채택

1996년 12월 9일 태국 방콕에서 43개 회원국 대
표가 참석한 가운데 제15차 아시아올림픽평의
회(OCA) 총회에서 태권도가 '98방콕아시안게
임 정식종목으로 채택되었다. 이로써 태권도는
'94히로시마아시안게임에 이어 2회 연속 정식종
목으로 채택됐다. 특히 '98방콕아시안게임에서

98 방콕 아시안게임 태권도
종목에 참가한 한국대표팀
선수들과 대한태권도협회
임원들이 포즈를 취하고 있다.

'86·'94아시안게임과는 달리 남자 8체급 이외에 여자 8체급도 추가로 채택되어 태
권도 위상제고와 여성 태권도 활성화에도 크게 기여하게 되었다.

7. 태권도 – 한국문화 상징 CI 선정

태권도가 세계인들에게 한국문화를 상징적으로 보여줄 '한국문화 CI(통합이미지)'
로 선정되었다. 문화체육부는 1996년 3월부터 관계전문가 자문회의, 청소년, 외국
인 등에 대한 설문조사를 거쳐 11월 19일 태권도 이외에 한복, 한글 김치-불고기, 불
국사-석굴암을 베스트 5로 선정했다.

태권도는 한국인의 심신단련 및 정신적, 육체적 수련이 중시되는 무도라는 점과 스
포츠로 2000년 시드니올림픽 정식종목으로 채택되어 앞으로 이미지 메이킹 가능성
이 높다는 점이 높이 평가되었다. 또한, 세계에서 가장 많이 알려진 한국문화의 이
미지라는 점이 고려되었다.

8. 협회 사무실 올림픽공원 편익시설로 이전

대한태권도협회는 1996년 7월 18일 이필곤 회장을 비롯해 최창신 문화체육부 차관, 엄운규 국기원 부원장, 태권도 원로들이 참석한 가운데 올림픽공원 내 편익시설로 협회 사무실 이전행사와 현판식을 했다. 1962년 10월 5일 서울 종로구 북창동 대한체육회 302호에 사무실을 개설한 이후 1966년 7월 3일 서울 중구 무교동 19번지 대한체육회관으로 이전했던 협회는 이번에 사무실을 이전하기까지 7년 동안 서울 송파구 오륜동 99번지 올림픽회관 내 6층 사무실을 이용해 왔다.

1996년 7월 대한태권도협회 사무실을 올림픽공원 편익시설로 이전하고 현판식을 가졌다.

9. 태권도성전건립추진위원회 창립총회 개최

1996년 12월 26일 올림픽파크텔 1층 올림피아 홀에서 (가칭)태권도성전건립추진위원회 창립총회가 열렸다. 김집 청소년연맹 총재가 임시의장으로 선출돼 정관(안) 승인과 임원선출 과정을 진행해 명예위원장에 김운용 대한체육회장, 위원장에는 이필곤 대한태권도협회장을 선출했다. 이필곤 위원장은 인사말에서 "25년 전에 종주국 중앙도장으로 국기원 건립의 위업을 완성한 김운용 명예위원장과 태권도 원로들의 노고에 고마움을 전하며 이제 태권도인 모두는 세계 태권도인의 염원인 태권도 성전 건립에 나서고자 한다."고 밝혔다. (가칭)태권도성전건립추진위원회 창립 경과는 다음과 같다.

-1996년 3월 20일 : 대한태권도협회 이사회에서 태권도성전건립추진위원회
　　　　　　　　　　연내 구성 결의
-1996년 5월 25일 : 태권도 발전 종합계획 수립(태권도성전 과제 포함),
　　　　　　　　　　문화체육부장관에게 보고
-1996년 9월 18일 : 태권도발전대토론회에서 태권도성전 건립방안 논의, 여론 수렴
-1996년 11월 20일 : 태권도성전건립추진위원회 출범(안)에 대한 주요인사 의견 수렴
-1996년 12월 10일 : 태권도성전건립추진위원회 창립 공동준비위원장 4명 압축
-1996년 12월 26일 : 태권도성전건립추진위원회 창립총회 및 기자간담회

10. 협회 창립 35주년 기념 태권도 발전 대토론회 및 연구개발특별위원회 발족

대한태권도협회는 1996년 9월 18일 2시 올림픽회관 1층 대회의실에서 400여 명 이 참석한 가운데 협회 창립 35주년 기념태권도발전 대 토론회가 열렸다.

이날 대토론회는 태권도계의 염원인 (가칭)태권도센터 건립 방안과 경기규칙 개 정 방안이라는 두 가지 주제를 놓고 주제발표, 토론자 토의, 방청객 토론 순서로 진행됐다.

협회는 10월 31일 올림픽회관 중회의실에서 태권도의 올림픽 영구 종목화, 생활 체육화, 종주국으로서의 위상정립을 위한 구체적인 소프트웨어 개발을 목표로 한 연구개발특별위원회를 구성하였다.

위원회는 홍종수 위원장과 황춘성 기술심의회 의장, 전재규 국기원 기술심의회 의 장, 이규석 세계태권도연맹 기술위원장, 서성갑 문체부 지원육성과장, 배영상 계명 대학교 학생처장, 고두현 전 서울신문 국장급 기자, 유명석 전 국민일보 체육부장, 정효심 여성분과위원장 등 8인의 위원과 산하 4개 팀(경기규칙연구팀, 품새개발 팀, 수련프로그램개발팀, 역사정신연구팀)연구원 16명 등 24명으로 구성되었다.

96 대토론회

11. 아프리카 2개국 순회 시범 및 실업 팀 창단

대한태권도협회는 태권도 취약지구인 아프리카에 5월 4일부터 18일까지 태권도 시범단을 파견하였다. 시범단은 모리셔스, 카메룬 2개국을 순회하며 태권도 시범을 통해 보급 열기를 확산시키고 FIFA집행위원 보유국인 두 나라에 한국에 대한 이미지를 고양시켜 2002년 월드컵축구 유치의 유업을 달성하는데 큰 몫을 담당하였다. 19명으로 구성된 시범단과 고우방(제주도태권도협회장), 함순식(문화체육부 사무관), 이규형(지도사범) 등 이었다.

이해 3월 대구에 자리한 보성주택에서 서성교를 코치로 하여 실업팀을 창단하였으며, 진로그룹은 6월 정국현을 코치로 하여 실업팀을 창단함으로써 선수들의 진로를 확대하고 태권도 경기발전에 기여하게 되었다. 또 회장사를 맡게 된 삼성에서는 삼성물산 실업팀을 그리고 공기업인 가스공사에서도 창단작업을 추진하고 있어 다음해 초 창단이 공식화될 것으로 예상하고 있었다.

카메룬 국립대학에서의
태권도 시범 모습

1997년

1. 정기 총회

협회는 1997년 1월 23일 올림픽회관 중회의실에서 1997년도 정기 대의원 총회를 열고 31억 6천2백여만 원의 예산과 사업계획을 통과시켰다. 삼성이 협회에 참여한 이후 본격적인 지원이 추진됨으로써, 97년도 사업예산은 대한체육회 가맹 경기단체 가운데 개인경기종목단체로는 가장 많은 예산을 확보하게 되었다. 특히 단체경기종목까지 포함한 가맹 경기단체에서도 지난해에 이어 3위에 랭크되는 규모의 예산이었다. 이러한 예산 편성과 함께 이필곤 회장은 "경기규칙 개정, 품새 및 수련 프로그램 개발, 역사정신 연구, 태권도성전 건립 등 태권도인들의 숙원사업을 과감히 추진해 나가겠다."는 포부를 밝혔다.

한편 총회 직전에 열린 이사회에서 선임 첫해 다양한 새로운 아이디어로 경기장 변화를 의욕적으로 추구해왔던 김철오 전무이사가 내외부의 반발을 원만히 수습하지 못하여 퇴진하게 되었다. 이필곤 회장은 후임 전무이사로 오랫동안 협회 직원으로 근무해왔던 노우종 사무국장을 전무이사로 선임하였다. 노우종 신임전무는

1972년 협회 직원으로 입사한 이래 25년간 운영부장, 사무국장 등으로 근무해오다 전무이사로 선임되었다.

◆ **1997년 기술심의회**

의장	황춘성		
부의장	양영모, 최영렬, 한규인		
경기위원장	김갑식	연구개발위원장	조근종
심판위원장	심명구	상벌위원장	최정도
심사위원장	김기용	국제위원장	김화룡
기획조사위원장	김용길	홍보위원장	윤종완
경연위원장	이종관	도장위원장	이백운
교육위원장	조광민	사업위원장	김강인
경기력향상위원장	성재준	기록위원장	조호철
여성위원장	남궁숙		

노우종 신임 전무이사

2. 제13회 세계태권도선수권대회 남녀동반 우승

제13회 세계태권도선수권대회 겸 제6회세계여자대회가 11월 19일부터 23일까지 전 세계 80개국 1천여 명의 선수들이 참가한 가운데 홍콩이 중국에 반환된 이후 처음으로 열리는 세계선수권대회급 국제대회로 홍콩 콜로시엄에서 개최되었다. 한국 대표선수단은 남자부에서 금메달 4개, 동메달 2개, 여자부는 금메달 7개와 은메달 1개를 획득하며 다시 한 번 남녀 동반 종합우승을 차지하였다.

전정우와 양대승 코치가 이끄는 남자부는 플라이급 진승태, 페더급 김인동, 미들급 이동완, 헤비급 김제경이 금메달을 획득하며 라이트급 심기선과 웰터급 김경훈의 동메달을 더하여 대회 통산 13연속 종합 우승을 차지하였다. 그러나 금메달 2개를 획득한 스페인을 비롯한 대만, 이집트, 터키 등은 물론 아시아권의 이란 역시 무서운 기세로 경기력을 향상시키며 추격하는 양상을 보였다.

박영수와 임신자 코치가 이끈 여자부는 핀급 양소희, 밴텀급 황은숙, 페더급 정재은, 라이트급 강해은, 웰터급 조향미, 미들급 우연정, 헤비급 정명숙이 금메달, 플라이급 윤송희가 은메달을 각각 획득함으로써 압도적인 종주국의 경기력을 과시하였다. 특히 헤비급의 정명숙은 본 대회 우승을 차지함으로써 세계선수권 3연패의 위업을 달성하게 되었다.

대회 기간 중 개최된 세계연맹 총회에서 김운용 총재가 차기 총재로 다시 재 신임되었으며, 세계연맹 회원국이 153개국으로 증가하였다. 차기 세계선수권대회는 캐나다 에드먼턴으로 확정되었다.

1997년에는 세계선수권대회 이외에도 3월 이집트 카이로에서 개최된 월드컵 대회에도 남녀 동반 우승을 차지하였으며, 5월 부산에서 개최된 제2회 동아시안게임 태권도 경기에서도 전체 8체급 중 7체급을 우승하는 등 성과를 거두었다.

3. 국가대표 선발 및 각종 국내대회

97년도 국가대표선수 선발전은 남녀 각 8체급 1, 2진을 선발한 다음 합숙훈련을 함께하면서 세 차례의 평가전을 통하여 홍콩 세계선수권대회에 출전할 대표선수를 선발하는 방식을 채택하였다. 2월 12일부터 14일까지 국기원에서 남녀 각 8체급이 토너먼트 방식으로 1, 2진을 선발하였으며 이후 9월 4일까지 세 차례의 평가전을 실시하여 2회 승자를 대표선수 1진으로 확정지었다.

남자 핀급은 김병태가 박희강을 이기고, 플라이급은 진승태가 최만용을 꺾고, 밴텀급은 김현용이 황병련을 누르고, 페더급은 김인동이 신진식을 제압하고, 라이트급은 심기선이 김병욱을 제치며, 웰터급은 김경훈이 양원철을 미들급은 이동완이 김민우를 그리고 헤비급은 강자 김제경이 빙원철을 물리치고 대표선수로 선발되었다. 여자부는 핀급은 양소희, 플라이급은 윤송희, 밴텀급은 황은숙, 페더급은 정재은, 라이트급은 강해은, 웰터급은 조향미, 미들급은 우연정 그리고 헤비급은 정명숙이 대표선수로 선발되었다.

7년 만에 부활한 제27회 협회장기 전국단체대항대회가 5월 7일부터 10일 사이에 국기원에서 개최되었다. 남고부는 서울체고가 그리고 여고부는 리라공고가 우승을 차지했으며, 대학부는 남여부 모두 경희대가 우승을 그리고 남자부만 있는 일반부는 춘천시청이 우승을 차지하였다.

제32회 대통령기 전국단체대항대회가 6월 2일부터 6일까지 제주도 한라체육관에서 61개 단체 315명이 참가한 가운데 열렸다. 고등부 우승은 서울체고(손우락, 조익래, 이창희, 강대리, 조원철), 대학부 우승은 경희대(김동현, 심기선, 이광석, 강남원, 장순호), 일반부 우승은 영천시청(임영호, 박세진, 한영용, 김종운, 김현용)

1997

이 차지하였다.

10월 8일부터 13일 사이에 경남 마산 양덕여중 체육관에서 개최된 제79회전국체육대회는 여고부가 정식종목으로 신설되어 여자 태권도 활성화에 크게 기여하게 되었다. 그리고 강원도 동해에서 개최된 이 해의 소년체육대회에서는 여중부가 시범종목으로 치러졌다. 국방부 장관기는 9월 22일과 27일 사이 상무부대에서 그리고 우수선수선발대회는 11월 5일부터 7일 사이에 국기원에서 개최되어 이 해의 경기를 결산하였다.

◆1997년 국가대표 선수(남자)

체급	1진	2진
핀	김병태	박희강
플라이	최만용	진승태
밴텀	황병련	김현용
페더	신준식	김인동
라이트	심기선	김병욱
웰터	김경훈	양원철
미들	이동완	김민우
헤비	김제경	빙원철

◆1997년 국가대표 선수(여자)

체급	1진	2진
핀	박정희	양소희
플라이	서미라	윤송희
밴텀	황은숙	전남수
페더	진용순	정재은
라이트	신동선	강해은
웰터	조향미	안근아
미들	박선미	우연정
헤비	정명숙	권지희

4. 삼성물산·한국가스공사 태권도단 창단

삼성물산 태권도 선수단이 1월 27일 신라호텔 다이너스티홀에서 창단식을 거행하면서 협회 창립 이래 오랜 숙원이었던 정상급 실업팀 시대가 열리게 되었다. 삼성물산 태권도단은 감독에 동성고등학교팀을 이끌며 많은 대표선수를 배출하며 최고 명성을 쌓은 김세혁을 선임하였다. 김세혁 감독은 트레이너로 김철호를 그리고 선수에는 남자 라이트급 정광채와 여자 페더급 이승민, 밴텀급 원선진 등 3명으로 선수단을 구성하여 출범하였다.

삼성 선수단의 창단에 이어 7월에는 공기업인 한국가스공사가 태권도 선수단을 창단하였다. 가스공사 선수단은 국가대표 코치를 여러 번 역임했던 주신규를 감독으로 영입하고 신재근을 코치로 선임하였다. 창단 선수로 강동국, 진승태, 장대순, 이임수, 심기선, 김정규를 영입하였다. 삼성과 가스공사 태권도단의 창단은 실업태권도의 새로운 시대를 열면서 태권도 선수들의 장래에 희망을 가져다 주었고, 두 팀의 라이벌 관계 형성 등으로 국내 태권도계에 큰 활력소가 되면서 협회의 발전에도 다양하게 기여하였다.

삼성물산 태권도단 창단식
한국가스공사 태권도단 창단식

5. 미주 한인사범 100명 초청

1997년 11월 대한태권도협회가 주최한 재미 태권도사범 환영만찬에서 참석자들이 포즈를 취하고 있다.

미주에서 태권도 보급에 힘쓴 한인 사범 100명이 대한태권도협회 초청으로 고국을 방문했다. 문화체육부가 후원한 이 초청사업은 1997년 11월 9일부터 16일까지 진행되었다. 이필곤 대한태권도협회장은 환영 축사에서 "한인 사범 여러분들은 우리 역사에서 한국문화의 세계화라는 위업을 달성한 역사의 주인공"이라고 했고, 이상철 미국태권도협회(USTU) 회장은 "우리의 조국인 한국이 우리를 잊지 않고 불러줘 감개무량하다."고 말했다. 이 초청사업은 문화체육부가 입안하여 대한태권도협회가 기획, 운영하였다. 태권도 선수 출신인 최창신 차관보가 '96년 한민족체전에서 한인 사범들을 30여 명 초청한 것이 계기가 되었다.

6. 시범단 해외 순회시범

협회는 태권도 보급을 위하여 남아공, 케냐, 스와질랜드를 대상으로 한 아프리카 순회 시범단을 9월 15일부터 10월 1일 사이에 파견하였다. 이규형 단장 등 20여 명으로 구성된 시범단은 아프리카에 태권도 보급과 대한민국의 홍보를 위한 시범활동을 펼쳤다. 국가대표 시범단은 10월 9일부터 22일까지 그리스, 유고슬라비아, 영국의 주요 도시에 파견되어 태권도 홍보활동을 펼쳤다. 특히 유고슬라비아에서는 국가원수 및 장관, 각계 유명인사가 참관하는 등 가장 높은 관심을 보였다. 유고슬라비아는 과거 공산국가시절부터 국제대회에 참가하는 등 태권도 활성화에 적극적인 모습을 보여 왔다.

7. 제32대 대한체육회장에 재선 – 김운용세계연맹 총재

김운용 세계연맹 총재가 제32대 대한체육회장에 재선되었다. 2월 26일 제32대 대한
체육회장에 재선된 김운용 회장은 2000년까지 4년의 임기로 활동하게 된다. 김 회
장은 당선 후 모 일간지와 인터뷰에서 지난 4년 동안 가장 보람 있었던 일로 태권도
가 2000년 시드니올림픽 정식종목으로 채택된 것을 꼽았다. 김 회장은 시드니올림
픽 이후에도 태권도가 올림픽 정식종목으로 유지되도록 총력을 쏟겠다고 말했다.
또 대한체육회장 겸 국제올림픽위원회 위원을 맡고 있는 김운용 회장은 한국의 스
포츠 및 체육문화 발전에 공헌한 것을 인정받아 2월 25일 한국체육대학으로부터 명
예박사 학위를 받았다.

8. 대회 참가비 없애고 선수 상해보험 가입

대한태권도협회는 1997년부터 선수들과 팀들의 부담을 줄이고 많은 참가를 유도하
기 위해 대회 참가비를 없애기로 했다. 이로써 협회는 연간 1천 5백여만 원의 수입이
감소할 것으로 예상했다. 이와 함께 선수들이 경기 도중 입을 수 있는 상해를 보험
으로 충당할 수 있도록 협회가 보험료를 지불해서 상해에 대비하기로 했다. 이를 위
해 협회는 연간 3천만 원을 추가로 부담하게 됐다.

1998년

1. 정기 총회

협회는 1월 20일 올림픽회관에서 1998년 정기 대의원 총회를 개최하였다. IMF(국제통화기금) 한파로 사회 전반이 극도로 위축된 상황에서 태권도 역시 그 영향을 비켜갈 수 없었다. 협회는 전년에 비하여 약 16% 정도 축소된 24억 4천만 원의 예산을 통과시키고 IMF 금융위기로 초래된 도장 경영상황의 악화에 대한 타개책이 집중적으로 논의되었다.

총회 직전인 1월 13일 개최된 이사회에서 삼성의 협회 회장사 참여와 함께 협회의 실질적 운영을 총괄해왔던 이회창 당시 대통령 후보의 특보였던 이홍주 상임부회장이 사퇴를 하게 되었다. 당시 삼성 중국지사장으로 중국에 주로 머물고 있던 이필곤 회장을 대신하여 협회 업무를 총괄할 후임 상임부회장으로 전수신 당시 삼성 스포츠단 사장이 선임되었다.

신임 전수신 상임부회장은 삼성의 전문 경영인으로 협회 경영에 새로운 활력을 불어넣을 것으로 기대를 모았다. 그러나 전수신 상임부회장은 태권도계 내의 신뢰와 화합을 이끌어 내지 못하고 오히려 갈등과 불화에 휩쓸리는 등, 이 해말 삼성이 협회를 떠나게 되는 원인을 제공했다는 평을 듣게 되기도 하였다. 협회는 이 해부터 기술심의회에 의무분과위원회를 설치함으로써 전체 분과위원회가 16개로 늘어났다.

◆1998년 기술심의회

의장	황춘성		
부의장	노상석, 양영모, 이택명		
경기위원장	김갑식	연구개발위원장	조근종
심판위원장	박현섭	상벌위원장	유상철
심사위원장	심명구	국제위원장	김화룡
기획조사위원장	김진수	홍보위원장	윤종완
경연위원장	이백운	도장위원장	이종찬
교육위원장	김강인	사업위원장	강세형
경기력향상위원장	김세혁	기록위원장	서경무
여성위원장	장용갑	의무위원장	황영갑

2. 제13회 아시안게임, 금메달 11개 – 은메달 1개 획득

1998년 12월 7일부터 10일까지 태국 방콕의 타마사트대학교 체육관에서 제13회 아시안게임 태권도 경기가 29개국 181명(남 118명·여 63명)의 선수가 참가한 가운데 개최되었다. 아시안게임 사상 처음으로 여자부가 정식종목으로 채택이 되었고, 남녀 16체급으로 치러졌지만, 각 국가는 남녀 각 6체급까지만 출전할 수 있는 출전제한을 시행하였다. 한국은 남녀 12명이 출전, 금메달 11개와 은메달 1개를 차지함으로써 기록적인 메달획득을 하였다. 그러나 대회 중 판정 방식의 후진성과 판정번복 사태 등으로 아시아연맹의 경기운영 미숙성에 대한 비판이 거셌다. 남자부는 박희강(핀), 강남원(페더), 김병욱(라이트),

1998

류근무(웰터), 강동국(미들), 김제경(헤비)의 전 출전 선수가 금메달을 획득하였다. 여자부는 정정은(핀), 이지은(밴텀), 조향미(웰터), 이희영(미들), 정명숙(헤비)가 금메달을, 그리고 이선희(라이트)가 은메달을 획득하였다.

3. '98 월드컵태권도대회, 아시아선수권대회, 세계주니어선수권대회

6월 5일부터 7일까지 독일 신델핑겐에서 남녀 각 22개국씩 참가하는 월드컵 태권도 대회가 개최되었다. 한국은 남자부에서 금메달 4개와 동메달 1개를 획득하면서 종합 우승을 차지하였고, 여자부는 금메달 2개, 은메달 1개 그리고 동메달 1개를 획득하였지만, 스페인에 종합우승을 내주면서 준우승을 차지하였다. 대회기간 중 개최된 세계연맹 총회에서 다음 해에 개최될 최초의 올림픽선발전을 크로아티아에서 개최하기로 하였다.

한편 5월 15일부터 17일 사이 베트남 호찌민시에서 개최된 제13회 아시아 선수권 대회에 출전한 한국 대표선수단은 남자부에서 7개의 금메달(최만용, 김의철, 강남원, 김병욱, 류근무, 강동국, 김제경)과 1개의 동메달(김병태)을 획득하며 종합우승을 차지하였으며, 여자부는 4개의 금메달(장정은, 이지은, 김미영, 정명숙)과 1개의 은메달(심혜영) 그리고 3개의 동메달(정재은, 이선희, 오정희)을 획득하며 역시 종합우승을 차지하였다.

터키 이스탄불에서 9월 9일부터 13일 사이에 개최된 제2회 세계주니어선수권대회에서 남녀 모두 종합우승을 차지하였다. 남자부는 금메달 7개와 은메달 1개를, 그리고 여자부는 금 3, 은 1, 동 3개를 획득하였다.

4. 국가대표 최종선발대회 및 각종 국내대회

3월 11일 국기원에서 1998년 국가대표 최종선발대회를 개최하였다. 남자부에서는 실업팀의 강세가 두드러졌다.

제79회 전국체육대회 태권도경기가 9월 25일부터 30일까지 제주도 동홍체육관에서 개최되었다. 이번 체전은 12월 방콕아시안게임을 앞둔 최종 전력점검 기회여서 전 국가대표들과 아시안게임 대표선수들이 출전했다. 그리고 '꿈나무들의 잔치' 제27회 소년체육대회 태권도경기가 5월 23일부터 26일까지 경남 마산 양덕체육관에서 개최되었다. 올해 정식종목으로 채택된 남자 초등부를 비롯해 남자 중등부, 시범종목으로 치러진 여자 중등부 등 16개 시도에서 511명의 선수가 출전했다.

◆1998년 국가대표 선수(남자)

체급	1진	2진
핀	김병태	박희강
플라이	최만용	진승태
밴텀	김의철	정대영
페더	강남원	이두견
라이트	김병욱	심기선
웰터	류근무	장종오
미들	강동국	김민우
헤비	김제경	문용철

◆1998년 국가대표 선수(여자)

체급	1진	2진
핀	장정은	양소희
플라이	심혜영	윤송희
밴텀	이지은	김병희
페더	정재은	채혜경
라이트	이선희	신동선
웰터	김미영	조향미
미들	오정희	이희영
헤비	정명숙	권지희

5. 도장 활성화 방안 모색

1998년 2월 대한태권도협회가 주최한 태권도장 활성화 공개토론회가 올림픽회관 대강당에서 열렸다.

대한태권도협회가 일선 도장의 경쟁력을 강화하고 태권도의 사회인식을 제고하기 위해 구성한 T/F(Task Force)팀 회의가 1998년 4월 대한태권도협회 회의실에서 열렸다. 이날 회의는 대한태권도협회와 코리아리서치가 공동 조사한 「태권도장 활성화 방안 마련을 위한 조사결과 보고서」를 토대로 미흡한 점을 보완하고 새로운 방안을 모색하는 데 주안점을 뒀다.

코리아리서치센터가 10일간에 걸쳐 관장 및 수련생 학부모 등 701명을 대상으로 조사한 보고서에는 ▷수련생 감소원인 분석 ▷태권도장에 대한 학부모 평가 ▷태권도장 이미지 및 경쟁력 분석 ▷일선 관장의 수련 프로그램 수요 등이 수록되었다.

대한태권도협회는 이 조사보고서를 통해 날이 갈수록 심각해지는 도장의 운영난을 타개하고 태권도 수련인구를 확대하기 위한 기초자료로 삼아 정책수립에 활용할 방침이다.

협회 류호윤 기획부장은 "이번 보고서는 앞으로 도장연구의 과학적 근거 자료가 될 것"이라며 "일선 도장과 시·도협회가 이 보고서를 활용해 정책입안과 홍보계획을 수립할 수 있도록 도움을 주는 것이 전상임부회장의 방침"이라고 말했다.

한편 코리아리서치센터가 설문조사한 결과에 의하면 성인 수련층은 3.4%에 불과했다. 도장 수련층 지역 위치별로 보면 ▷아파트 밀집지역은 1.6% ▷일반 주택가는 3.5% ▷상가지역은 4.1%로 나타났고, 지역 규모별로 보면 ▷대도시는 2.8% ▷중소도시는 3.5% ▷읍면지역은 5.3%로 각각 집계됐다. 이 같은 사실과 관련, 코리아리서치 정태수 담당자는 "인구, 성별, 연령별 등을 고려해 지역을 선정한 후 포인트를 추출했다"고 전제한 뒤 "지역에 따라 다소 차이는 있을 수 있다"고 설명했다.

6. 아시안게임 국가대표 상비군 코칭스태프 선임

대한태권도협회는 올해 국가대표 상비군을 지도할 코칭스태프를 임명했다. 4월 1일부터 태릉선수촌에 입촌, 국가대표선수단을 지도하게 된 상비군 총감독에는 최정도가 임명되었고, 코치에는 신재근(한국가스공사 코치), 트레이너에는 김철호(삼성물산 코치)와 함 준(한체대 코치)이 각각 임명되었다. 이들은 방콕 아시안게임이 끝나는 12월까지 국가대표선수단의 강화훈련을 담당하게 된다.

총감독을 맡은 최정도는 "우선 새롭게 코칭스텝이 결성된 만큼 유대관계를 돈독히 하여 앞으로 국가대표 강화훈련을 차질 없이 진행하도록 하겠다."면서 "앞으로 5월에 있을 아시아선수권대회, 6월의 월드컵대회를 비롯해 12월에 있을 아시안게임의 우승을 목표로 본격적인 훈련에 돌입하겠다. 대표선수들이 강한 체력과 한발 앞선 스피드로 국제무대에서 최고의 경기력을 발휘할 수 있도록 체력훈련과 전문기술훈련에 온 힘을 쏟겠다."고 말하며 힘찬 출발을 다짐했다.

7. 공인대회 최초로 품새 종목 신설

제8회 용인대학교총장기 전국남녀고등학교태권도대회가 4월 22일부터 24일까지 용인대체육관에서 개최되었다. 참가현황을 보면 겨루기부분에 남고부가 100개교 556명, 여고부가 58개교 274명 등 총 158개교에서 830명이 참가해 치열한 열전을 펼쳤다. 태권도의 균형적인 발전을 위해 공인대회로는 최초로 신설된 품새 부분에는 42개교에서 110명이 출전하였다. 양진방 교수는 품새 종목을 신설하게 된 취지는 "태권도는 겨루기 위주로 발전해 태권도의 기본이라 할 수 있는 품새의 발전이 낙후되었습니다. 그래서 품새 경기를 통해 품새의 관심을 유도하고 수준 향상을 모색해 태권도의 균형적인 발전을 이룩하는 계기를 마련하기 위해 신설하게 되었습니다."고 하였다. 이 대회는 남녀 구분 없이 실시하였으며, 평가기준은 정확하고 절도있는 품새에 역점을 두었다. 품새 입상자명단은 다음과 같다.

◆제8회 용인대학교총장기 입상자

1위	2위	3위	감투상	장려상
홍희정	김영혜	강유진	전민우	김미현

8. 삼성 회장사 퇴진과 김운용 회장 재추대

이필곤 협회장이 사임했다. 이필곤 회장이 서울시 행정부시장으로 부임함에 따라 10월 20일 이사회를 열고 집행부 총사퇴를 의결하였다. 삼성의 협회 회장사로서 참여함에 따라 이필곤 회장이 1996년 1월부터 회장으로 취임한 후 삼성물산 태권도단을 창단과 3년 동안 약 30억 원의 예산을 지원하면서 협회 발전을 위하여 다양한 노력과 기여를 하였다. 그러나 태권도계 내외의 끊임없는 잡음과 갈등, 그리고 삼성에서 파견된 임직원들과 태권도계 임원들간의 불화와 대립 등으로 이필곤 회장의 서울시 부시장 취임을 기화로 삼성이 협회 회장사를 포기하고 3년 만에 퇴진하게 되었다.

이로써 재벌그룹으로부터 전폭적 지원을 받아 태권도와 협회를 획기적으로 발전시키고자 했던 희망은 사라지고 협회 운영은 다시 태권도 인의 손으로 돌아왔다. 엄운규, 이승완 등 원로와 중진들은 유력한 정치인 영입 등 대안을 고심하다가 결국 태권도계를 잘 알며 쉽게 혼란을 수습하고 의견을 결집할 수 있는 전임 김운용(당시 세계연맹 총재 및 대한체육회장)을 회장으로 다시 추대하기로 합의하였다. 협회는 1998년 11월 3일 올림픽회관 중회의실에서 임시대의원 총회를 열고 김운용 회장을 다시 협회장으로 추대하고 새 집행부 구성은 김운용 회장에게 위임하였다.

9. 김운용 총재, 32차 GAISF 총회서 회장 재선

10월 14일부터 17일까지 모나코 몬테카를로의 메리디안 비치호텔서 열린 제32차 GAISF 총회에서 김운용 총재가 회장에 재선되었다. 이로써 김운용 총재는 86년에 회장에 오른 이후 7번째 연임하게 되었다. 이 회의에서는 조시아 헨슨 부총재, 이금홍 사무총장, 박선재 집행위원이 참석했다.

10. 호주, 뉴질랜드 태권도 순회시범

11월 12일부터 21일까지 호주와 뉴질랜드에 임원과 선수 20명으로 구성된 태권도 시범단을 파견했다. 태권도 국가대표 시범단은 2000년 시드니 올림픽 정식종목으로 채택된 태권도의 사전 홍보뿐만 아니라 영구종목으로 채택될 수 있도록 태권도의 우수성을 알렸다.

◆ 시범단 명단

단장	이민우	감독	이규형	주무	김동철, 윤문희, 박기인
단원	이춘우, 정재환, 곽택용, 이정민, 장도영, 변관철, 박동영, 전병수, 이선우, 박웅기, 서하영, 김환섭, 최미정, 박진수, 정재은				

1999년

1. 정기 대의원 총회

1월 20일 올림픽회관 중회의실에서 정기 대의원 총회를 열고 98년도 사업 및 수지 결산, 그리고 올해 사업계획 및 예산 18억 1천1백3만9천 원을 통과시켰다. 8년 만에 협회장으로 돌아온 김운용 회장이 현임 대한체육회장으로서 여러 경기단체장을 겸임하고 있지만, 특별히 총회에 참석하여 태권도협회에 대한 특별한 애착을 나타내 보였다. 그러나 삼성의 퇴진으로 줄어든 찬조금과 IMF 금융위기로 인한 여건 악화로 전년대비 30% 이상의 긴축재정을 편성하지 않을 수 없었다.

김 회장은 효율적인 사업운영과 예산절감을 호소하면서도 시드니 올림픽 대비와 태권도전당 건립 등 협회 발전을 위한 포부를 내비쳤다. 임원 선임권을 위임받았던 김운용 회장은 이승완을 상임부회장에 선임하고 노우종 전무이사를 유임시키고 기술심의회 의장에 노상석을 새롭게 임명하였다. 신임감사로 제주의 김창기 대의원이 선출되었으며 회계감사로 일해 온 홍승해 감사(회계사)는 유임되었다.

올해부터 한마당 경연대회를 국기원 사업으로 이관하기로 의결하고 소년체육대회에 여중부, 대통령기단체대항대회에 여자부가 신설되어 여자 태권도 활성화를 도모할 수 있게 하였다. 이와 함께 세계태권도연맹 경기규칙 개정 시행에 따라 체급별로 당일 경기 종료, 선수 보호용구는 공인용품만 허용, 감독관제를 폐지하고 심판은 4심제로 운영하기로 하였다.

2. 세계선수권대회 남녀선수단 종합우승

1999년 세계태권도선수권대회에서 남자 14연패, 여자 7연패를 달성한 한국대표 선수들이 기뻐하고 있다.

6월 2일부터 6일까지 캐나다 에드먼턴에서 열린 제14회(여자는 7회) 세계태권도선수권대회에서 한국대표팀이 남녀동반 우승을 했다. 이 대회에서 양영모(감독), 유상철, 문원재 코치가 이끈 남자 선수단은 금메달 6개(민병석, 윤종일, 고대휴, 노현구, 장종오, 문대성) 은메달 1개(김병욱)를 획득해 종합우승 14연패를 달성하였고, 오광웅(감독), 김범수, 이창건 코치가 이끈 여자 선수단은 금메달 3개(강해은, 조향미, 김윤경)과 은메달 각 3개(윤송희, 심혜영, 정재은)를 획득해 스페인과 대만을 제치고 종합우승을 차지하였다. 조향미는 라이트급에서 1위를 해 여자 선수로서는 역대 두 번째로 세계선수권 3연패를 달성하였다. 대회 기간 중 개최된 세계연맹 총회에서 차기 세계선수권대회 개최지로 한국의 제주가 선택되었다. 또 시드니 올림픽 경기에서 서든데스 연장전 제도가 도입되기로 하였다.

3. 제2회 세계군인체육대회

8월 8일부터 16일까지 국제군인체육회(CISM)주최로 크로아티아에서 열린 제2회 세계군인체육대회가 개최되었다. 태권도 경기는 21개국 135명의 선수가 참가하였다. 남자부는 박동종, 이순태, 유용진, 김인동, 김남웅, 김부권, 차용희 등이 금메달을 획득하고 유영택이 은메달을 차지했다. 여자부는 김정윤이 은메달을 획득하였다. 한국은 전 선수단이 획득한 금메달 10개 중 태권도에서 7개의 금메달을 획득하여 한국이 종합 5위를 차지하는데 태권도가 큰 수훈을 세웠다.

4. 국가대표 선발

3월 9일부터 12일까지 국기원에서 국가대표최종선발대회를 개최했다. 대회 우승자는 6월 캐나다 앨버타에서 열리는 세계태권도선수권대회에 파견한다. 전통적으로 풀 리그전으로 치러지든 국가대표 최종선발전이 한동안 단순 토너먼트(싱글 일리미네이션)방식으로 운영되어 우수한 선수가 한 차례의 패배로 탈락되어 버리는 문제점이 지적되어왔다. 이 해의 선발전에서 처음으로 패자부활전을 도입하여 한 차례 지더라도 다시 싸울 수 있는 기회를 부여함으로써 최고의 기량을 가진 선수를 국가대표로 선발하도록 개정하였다. 체급별 경기전적은 다음과 같다.

◆1999년 국가대표 선수

체급	핀	플라이	밴텀	페더	라이트	웰터	미들	헤비
남자1위	민병석	윤종일	고대휴	노현구	김병욱	장종오	이동완	문대성
남자2위	진승태	김천규	강남원	김인동	조원철	장순호	박천덕	김제경
여자1위	윤송희	심혜영	정재은	강해은	조향미	이정민	김윤경	신경현
여자2위	이혜영	김경희	윤명숙	신현순	김수현	박은선	김유진	정명숙

5. 시드니올림픽 출전 체급 결정과 세계예선대회 출전 대표선수 선발

협회는 2월부터 수차례의 경기력향상위원회의와 경기력향상위와 기심의장단 연석회의 그리고 최종적으로 4월 15일 이사회를 개최하여 최종적으로 시드니 올림픽에 출전할 체급을 확정하였다. 각 팀의 첨예한 이해관계가 대립된 가운데 최초의 정식올림픽 경기에 출전할 유리한 체급을 결정하기 위하여 2개월이 넘도록 심각한 논의가 진행되었다. 최종적으로 남자부는 -68kg과 +80kg 체급이 그리고 여자부는 -57kg과 -67kg 체급이 선택되었다. 당시 결정사항에는 만약 이들 체급 가운데서 세계예선대회에 출전권 획득에 실패하는 경우에는

1999년 12월 국기원 경기장에서 열린 시드니올림픽 국가대표선수선발대회 1차 예선전에서 여자 -67kg급 시흥중 양정임(왼쪽)이 경희대 남보라와 경기를 하고 있다.

나머지 두 체급중에 한 체급이 아시아지역 예선전에 출전한다는 단서가 있었다. 그러나 실제로 세계예선대회에서 출전권 획득에 실패한 -68kg급의 경우 다시 지역 예선에 같은 체급의 다른 선수(김병욱)가 출전하는 해프닝이 있었다.

4월 26일부터 27일 사이에 서울체육고에서 열린 올림픽 세계예선전 출전 대표선수 선발전은 많은 이변을 낳으면서 -68kg급은 노현구, 김병욱을 제친 상무의 유용진이 선발되었으며, +80kg급은 최강자 김제경이 탈락하면서 도시철도의 박형래가 선발되었다. 여자부는 -57kg급에 상명대의 강해은이 -67kg급은 고교생인 송곡고 이정민이 선발되어 예상 밖의 결과가 나타났다. 협회는 세계선수권대회 이후 6월 15일 경기력 향상위원회를 열어 세계선수권대회 참가결과를 바탕으로 경기력에 대한 우려를 해소하기 위하여 세계예선전 출전 선수 일부를 교체하기로 하고, 남자 +80kg의 박형래를 김제경으로 그리고 여자 -67kg의 이정민을 조향미로 교체하였다.

6. 시드니올림픽 세계예선대회 및 아시아지역 예선대회

시드니올림픽 출전권을 놓고 전 세계 최고 선수들이 격돌하는 세계예선대회가 7월 8일부터 11일 사이에 크로아티아 포렉에서 개최되었다. 각 체급별 3위까지 4명의 선

수가 출전권을 획득할 수 있는 이 대회에서 한국 선수단은 김제경과 강해은 그리고 조향미가 출전권을 확보한 반면 남자 -68kg급의 유용진은 강적 이란의 하디 선수에게 8강전에서 패함으로써 출전권 획득에 실패하였다. 태권도가 정식종목이 된 후 각국이 집중적인 투자와 준비를 하고 있다는 사실과 이에 비례하여 급증하고 있는 해외 각국의 경기력 수준을 보여준 대회라고 할 수 있다.

한편 협회는 아시아지역예선전에 체급 변경 없이 선수만 바꾸어 삼성에스원 소속인 김병욱을 -68kg 체급으로 파견하여 1위로 출전권을 확보하였다.

7. 각종 국내대회

대통령기전국단체대항전이 6월 18일 19일 양일간 포항실내체육관에서 개최되었다. 고등부는 서울체고가, 대학부는 용인대가, 그리고 일반부는 삼성에스원이 우승을 차지하였고, 대통령기에 처음으로 포함된 여자부는 고·대·일반의 부별 구분 없이 치러져 경희대가 우승을 차지하였다. 제8회국방부장관기전국대회는 9월 15일에서 17일 사이에 국군체육부대에서 개최되어 삼성에스원(남자부), 경희대(여자부) 그리고 군부는 해병대가 우승을 차지하였다.

10월 11일부터 17일까지 제80회 전국체육대회 인천 남부학생체육관에서 개최되었다. 경기도는 대회 4연패를 이루었고 서울이 2위, 개최지 인천은 3위를 차지했다. 제28회 전국소년체육대회는 '몸도 튼튼, 마음도 튼튼, 나라도 튼튼'이라는 구호를 내걸고 5월 29일부터 6월 1일까지 제주시 생활체육관에서 열렸다. 시범경기로 열린 여자 중등부 경기는 서울이 7체급 출전자 모두 입상하는 실력을 보여 주었다.

5·18민주화운동을 기념하는 제1회 5·18광주민주화운동기념 시장기타기 전국남녀 고교태권도대회가 창설되어 5월 17일부터 20일까지 광주 염주체육관에서 개최되었다. 남고부 74개교 522명, 여고부 50개교 276명 등 모두 124개교 798명의 선수가 참가하였다. 대회 결과는 남부 우승은 인천부광고, 여고부 우승은 리라공고가 차지했다.

신예들의 등용문인 전국종별선수권대회가 3월 23일부터 30일까지 8일간 잠실학생체육관에서 개최됐다. 각부별로 전국규모 대회에서 입상전적이 없는 신인들이 참가한 이번 대회에는 사상 유례없이 많은 선수가 출전해 최대 규모를 자랑하는 가운데 치열한 경쟁을 떨쳤다. 각 부별 참가현황을 보면 고등부 1,597명, 중등부 1,580명 여자부 439명, 일반부 244명 등 총 3,860명으로 지난해 3,472명에 비해 388명이 늘어났다. 특히 고등부 핀급의 경우 487명의 신인이 출전해 태권도대회 사상 가장 높은 경쟁률을 보여주었다.

8. 국가대표 코칭스태프 임명

대한태권도협회는 3월 11일 국기원에서 기술심의회 전체회의를 열고 올해 국가대표 선수단을 지도할 코칭스태프를 임명했다. 3월 14일부터 태릉선수촌에 입촌하여 국가대표선수단을 지도하게 된 대표 팀 감독에는 최정도, 코치에는 김종기(경남대학교 감독), 문원재(한국체육대학교 감독), 트레이너에는 이창건(에스원 코치)을 각각 임명했다. 최정도 감독은 "우선 새롭게 구성된 코칭스태프 간에 팀워크를 이룰 수 있도록 노력하겠다."고 말하고 "6월 세계선수권대회를 비롯하여 1년 앞으로 다가온 시드니올림픽을 대비하여 그 어느 때보다도 강도 높은 훈련을 실시하겠다."고 밝혔다.

1999

9. 태권도한마당, 국기원으로 이관

대한태권도협회가 1992년 창설한 태권도한마당이 1999년부터 국기원 주최로 열리게 됐다. 태권도한마당을 국기원으로 이관하고 대회 운영 및 인력을 협조하기로 했다. 태권도한마당을 국기원으로 이관한 것은 협회의 긴축재정이 크게 작용했다. 그러나 전 세계 태권도인 들이 한자리에 모여 대회를 치르는 명실상부한 국제경연대회로 격상되어 지구촌 태권도 가족잔치로 뿌리를 내리게 된다.

10. 2001년 세계태권도선수권대회 제주 유치

그동안 세계대회 유치를 희망해온 제주도는 우근민 제주지사 등 13명의 유치단이 적극적인 활동을 펼친 제주도가 개최권을 따냈다. 한국에서 세계태권도선수권대회가 열리는 것은 1989년 이후 12년 만이다. 13명의 유치단과 애드먼튼대회를 직접 참관한 고우방 회장은 제주대회는 경기뿐만 아니라 문화, 예술, 관광이 합쳐진 종합이벤트로 만들 자신이 있다. 고 말했다. 특히 지난해 전국체전과 올해 소년체전을 무난히 치러낸 제주도의 역량으로 봐 단일 종목의 세계태권도선수권대회는 오히려 쉽지 않겠느냐고 반문했다.

11. 전자호구 시연회 – "필요성 공감, 성능엔 문제"

4월 20일 국기원에서는 재미교포인 이태희 등과 미국 암웨스트사가 개발한 전자호구 시연회가 열렸다. 이날 시연회에는 세계연맹, 국기원, 대한태권도협회 관계자들과 일선 지도자들이 참석한 가운데 실시됐으나 공감대를 얻기에는 준비가 너무 부족했다는 평가를 받았다. 대부분의 참석자들은 심판의 공정성을 위해 전자호구가 제작되는 것은 찬성하지만, 득점 강도에 대한 조절과 부위 등 현행 경기규칙과 거리가 멀다는 반응이었다.

12. 태권도 센터 건립 준비 예산 10억 원 지원

문화관광부가 내년도 예산에 태권도 센터 건립 준비 비용으로 10억 원을 배정받아 센터건립 계획을 구체화했다. 정부는 이 예산으로 기본설계와 건설 준비를 내년까지 마치고 2001년부터 본격적인 공사에 들어가겠다는 구상이다. 또 문화부는 이른 시간 내에 태권도 센터 건립 실무팀을 구성, 올해 말까지 부지를 결정할 것이라고 밝혔다.

13. 2000년도 국가대표 최종 선발전

11월 25일부터 27일까지 국기원에서 다음 해를 위한 '2000년도 한국대표선수 최종 선발대회'를 개최하고, 5월에 중국 홍콩에서 거행되는 제14회 아시아선수권대회와 프랑스 리용에서 열리는 2000년도 월드컵대회에 파견할 남녀 국가대표 1, 2진을 각각 선발했다.

◆ 2000년 국가대표선수(남자)

체급	핀	플라이	밴텀	페더	라이트	웰터	미들	헤비
1진	민병석	김대륭	강남원	이원재	신준식	오선택	박천덕	문대성
2진	석운용	김천규	고대휴	김인동	김병욱	장순호	이재성	현재호

◆ 2000년 국가대표선수(여자)

체급	핀	플라이	밴텀	페더	라이트	웰터	미들	헤비
1진	주혜원	심혜영	정재은	장지원	조향미	이선희	김윤경	신경현
2진	최준정	장정은	이지은	신현순	서영하	이정민	윤현정	정명숙

2000년

1. 정기 대의원 총회

1월 25일 올림픽회관 중회의실에서 2000년도 정기 대의원 총회가 개최되었다. 태권도 역사적 숙원이었던 올림픽 정식종목 채택이 현실화되어 드디어 올해 시드니에서 개최되는 제27회 올림픽에서 정식종목으로 경기를 갖게 되었다. 협회는 역사적 올림픽 경기에서 출전 4체급 모두 금메달을 획득하여 한국대표팀의 종합성적 견인에 큰 역할을 하며 또 동시에 올림픽 경기의 원만한 운영에 기여해 차가 올림픽에 태권도의 정식종목 유지에 기여한다는 목표를 재확인하였다. 대한체육회장과 세계태권도연맹 총재를 겸임하고 있던 김운용 회장으로서는 태권도 경기의 성공이 여러모로 중요한 의미를 가질 수밖에 없으므로 그 중요성을 더욱 강조하였다.

사업예산은 전년도 결산액 수준으로 동결한 22억 7백만 원으로 확정했다. 예산이 대폭 확충된 사업은 2000년 시드니올림픽 국가대표선수단의 강화훈련비가 전년도 대비 70%가 증가한 7천7백만 원으로 책정했다. 이는 3개국 해외 전지훈련을 반영한 것이다. 그리고 대한체육회 경기가맹단체로 운영되던 협회는 법인화 작업을 거쳐 수익사업을 할 수 있는 사단법인으로 전환하기로 의결하였다. 대한체육회 47개 경기단체 중 법인화가 이뤄진 것은 모두 20개 단체로 법인화가 되면 법적인 행위 능력을 획득해 경기단체의 자율성과 독자성이 신장되고 수익사업으로 재정자립 기반을 확충할 수 있으며 공익사업을 추진했을 경우 각종 세제혜택을 받을 수 있다. 문화관광부가 경기단체의 법인화를 장려하고 독려하기 위하여 법인화가 완료된 경기단체에는 10억 원의 자립기금을 지원하고 있었다. 그러나 협회의 법인화는 다양한 사정으로 이 해에 이루어지지 못하였으며 2004년에서야 실현되었다.

한편 이날 총회에서는 도장활성화 예산으로 5천만 원을 확정했다. 종별선수권대회를 개최할 때 여자도 중등부와 고등부를 분리해 치름으로써 여자 꿈나무를 조기 발굴이라는 목적으로 여자 중등부와 고등부를 분리해 대회를 개최키로 확정하였다.

회장	김운용
상임부회장	이승완
부회장	김순배, 마의용, 조영기, 황춘성, 황학수
전무이사	노우종
이사	강석호,김성태,김영태,김용래,김철오,노기창, 노상석,박보희,박충일,이규석,이상철,이장원, 임춘길,정종택,정재규,채정석
감사	김창기, 홍승해

2000년 2월 올림픽회관
회의실에서 열린
대한태권도협회
정기 대의원 총회 모습

2. 제27회 시드니올림픽 한국 금 3·은 1개 획득

9월 27일부터 30일까지 역사적인 태권도 최초의 올림픽경기가 시드니 올림픽파크 스테이트 스포츠센터에서 열렸다. 태권도 경기에는 51개국 103명(남자 39개국 55명, 여자 32개국 48명)의 선수가 출전했다. 개최국인 호주는 전체 8체급에 모두 출전했으며, 한국을 포함한 그 외 국가들은 최대 남녀 각 2체급 총 4체급까지 출전할 수 있었다.

한국 선수단은 남녀 2체급씩 총 4체급에 출전, 금메달 3개, 은메달 1개를 획득했다. 금메달 2개 이상을 획득한 나라는 한국이 유일했으며, 그리스(미하일 무루초스, -58kg), 미국(스티븐 로페즈 -68kg), 쿠바(앙헬 마토스 -80kg), 호주(로렌 번스 -49kg), 중국(천종 +67kg)이 각각 1개의 금메달을 차지하였다. 남자 +80kg에서 훈련 중 부상당한 김제경을 대신해 예상 밖에 올림픽에 출전하게 된 김경훈은 프랑스의 강자 파스칼 젠틸을 이기며 금메달을 획득했고, 여자 -57kg급에 출전한 정재은 결승전에서 베트남의 트란 휴 느간을 3-1로 누르고 우승하였으며, 여자 -67Kg급의 이선희도 금메달을 목에 걸었다. 남자 -68Kg급에 출전한 신준식은 결승에서 미국의 스티븐 로페스에게 1-2로 패배하며 은메달을 획득하였다.

시드니올림픽에 출전한 한국 대표선수들. 왼쪽부터 김제경, 이선희, 정재은, 신준식 선수.

3. 월드컵선수권대회, 남녀 동반우승 실패

4월 14일부터 16일까지 3일간 프랑스 리용에서 열린 월드컵선수권대회에서 한국대표팀이 남·여 동반우승을 차지하는 데 실패했다. 여자부는 금메달 3, 은메달 1, 동메달 1개를 따내며 우승했지만, 남자부는 3위에 그쳤다. 역사상 처음 있는 일이었다. 이번 대회에서 여자부의 우승은 3년 만에 되찾은 것이라는 점에서 더욱 값진 것이라는 평가다. 여자부에선 신흥 강호인 중국이 금메달 2개로 2위에 올랐고 터키대표팀은 금메달 1, 은메달 1개로 3위를 차지했다. 남자는 금메달 2, 동메달 4개를 획득하는 데 그쳐 종합 3위로 월드컵 사상 가장 저조한 성적으로 종주국 선수단에 충격을 주었다.

남자부의 종합 우승은 이란이 금메달 2, 은메달 2개를 따내는 선전으로 월드컵대회 역사상 첫 종합우승을 차지했다. 2위에는 금메달 2, 은메달 1개를 획득한 개최국인 프랑스가 차지하였으며, 헤비급 우승자인 파스칼 젠틸은 프랑스는 물론 전 세계 태권도계에 일약 스타로 떠오르게 되었다.

2000년 4월 프랑스 리용에서 열린 월드컵태권도선수권대회에 참가한 한국대표팀 임원들과 선수, 코칭스태프가 포즈를 취하고 있다. 한국대표팀 여자부는 단체 우승, 남자부는 단체 3위를 했다.

4. 제14회 아시아선수권대회, 한국 남·여 동반 우승

5월 13일부터 16일까지 홍콩에서 열린 제14회 아시아태권도선수권대회에서 한국대표선수단은 남자부(민병석, 김대륭, 강남원, 이원재, 유용진, 오선택, 박천덕, 문대성)에서 8개 금메달을 획득하고 여자부에서 금메달 5개(주혜원, 정미나, 장지원, 조향미, 김윤경), 은메달 2개(심혜영, 신경현), 동메달 1개(정진영)를 획득해 남녀동반 우승을 했다. 남자부는 88년 대회 이후 12년 만에 8체급 전 체급을 석권했다.

5. 제6회 세계대학태권도선수권대회

3월 29일부터 4월 2일까지 제6회 세계대학태권도선수권대회가 대만 카오슝에서 주관하였으며 국립 중산대학 체육관에서 개최되었다. 33개국에서 230명(남 133· 여 97)의 선수가 참가하였다. 남자부는 용인대의 김대륭 등 5개의 금메달을 그리고 여자부는 4개의 금메달을 획득하며 종합우승을 차지하였다.

6. 시드니 올림픽대표 최종 선발전

시드니 올림픽 태권도경기에 파견할 대표선수 최종 선발전이 1월 26일부터 28일까지 올림픽역도경기장에서 개최되어 체급별 대표 4명씩 총 16명의 선수들을 선발하여 3차례의 평가전을 통하여 시드니 올림픽 태권도 경기에 출전할 4명의 선수를 최종적으로 확정하였다.

먼저 전년도인 1999년 12월 7일~10일에 1차 예선전을 그리고 12월 27일~30일간에 2차 예선전을 각각 국기원에서 실시하여 '98년, '99년 전국대회 입상자를 참가 자격으로 하여 올림픽 출전체급별로 경기를 펼쳐 2차례 각각 체급당 4명의 선수를 선발하였다.

이들 8명의 선수와 함께 전년도 대표선발전 1, 2, 3위자, 그리고 올림픽 출전권 획득을 해온 김제경, 김병욱, 조향미, 강해은 선수를 합쳐 패자전을 포함한 토너먼트 방식으로 1월 26일부터 28일 사이 올림픽 역도경기장에서 최종 선발전이 열렸다. 남자 -68kg급은 신준식(경희대), 노현구(한국체대), 김병욱(삼성에스원), 유용진(국군체육부대)가 최종후보로 선발되었다. 남자 +80kg급은 김제경(삼성에스원), 박천덕(경희대), 김경훈(삼성에스원), 문대성(삼성에스원)이 선발되었다. 여자부는 -57kg에 강해은(인천시청), 정재은(한국체대), 심혜영(삼성에스원), 장지원(한국체대)이 선발되었으며, -67kg에는 조향미(인천시청), 신경현(경희대), 이선희(삼성에스원), 이인종(서울체고)이 선발되었다.

이들 각 체급의 최우수 4명의 선수들은 태릉선수촌에서 함께 합숙 훈련을 하며 3차례의 평가전을 통하여 최종 출전자를 가리기로 하였다. 3월 20일 열린 1차 평가전에서는 정재은(-57kg), 조향미(-67kg), 신준식(-68kg), 김경훈(+80kg)이 각각 1위를 차지하였다. 4월 10일 열린 2차 평가전에서는 정재은(-57kg), 이선희(-67kg), 신준식(-68kg), 문대성(+80kg)이 1위를 차지하였다. 남자 -68kg의 신준식은 2차전 만에 올림픽 출전권을 거머쥐게 되었다.

4월 28일 올림픽 탁구훈련장에서 열린 3차 평가전은 올림픽 최종 출전권 결정을 위한 각 팀의 숨 막히는 경쟁 분위기 속에서 진행되었다. 남자 +80kg은 부상으로 1, 2차전에서 부진을 보인 김제경이 박천덕을 꺾고 같은 팀 소속인 후배들인 1, 2차전 1위자들인 김경훈, 문대성의 기권으로 출전권을 확보했다. 여자부는 난전 양성을 보이며 가열된 경쟁 속에 -57kg의 강해은이 정재은과 맞서 열전을 펼쳤지만, 판정에 심하게 항의하며 3회전 경기를 포기하는 일까지 벌어졌다.

그다음 같은 학교의 정재은과 장지원이 맞서는 경기에서 경기 중 한국체대 측에서 출전권 확보가 보다 확실한 정재은의 승리를 위하여 장지원의 기권을 선언하는 수건을 던짐으로써 장지원 측의 격렬한 항의와 함께 승부조작 여부에 대한 논쟁을 일으켰다. 이와 함께 강해은의 소속팀인 인천시청팀의 결렬한 항의 등도 가세하여 최초의 올림픽 출전선발전의 공정성에 대한 시비를 가열시켰다. 이후 벌어진 여자 -67kg급의 이선희와 조향미의 경기 역시 판정 시비 속에 이선희가 우세승으로 올림픽 출전권을 확보하였다.

최초의 역사적 올림픽 경기 출전을 위한 대표선수 평가전이 각 팀의 과열된 경쟁과 지나친 성적지상주의, 그리고 심판들의 공정하고 소신 있는 판정의 부족으로 석연치 않은 뒤끝을 남기며 막을 내렸다. 또 올림픽 출전을 얼마 남기지 않는 시점에서 김제경 선수가 다리 부위의 부상 부담을 이기지 못하고 도중 하차하게 되었다.

이때 협회는 이미 결정된 2위 자인 문대성의 출전권 승계를 취소하고 다시 평가전을 강행하여 김경훈을 대표선수로 확정함으로써, 메달 경쟁에서 전략적 이유라는 명분에서는 설득력을 가졌지만, 여전히 스스로 정한 원칙을 쉽게 무시해버리는 전례를 남기게 되었다.

한편 협회는 시드니 올림픽을 이끌 한국대표선수단 코치진으로 최정도와 김종기를 임명하였다. 최정도는 제1, 2회 세계선수권대회 우승자이며 1996년부터 선수촌 상근 감독으로 대표팀을 관리해왔으며 김종기는 세계선수권 최초 3연속 우승자로서 경남체고, 경남대, 양산시청 등 지도자 경력을 쌓았으며 1998년부터 대표팀 코치진으로 호흡을 맞추어 왔다. 그러나 삼성 에스원의 김세혁 감독을 비롯한 일부 지도자들은 선발된 대표 선수나 소속 팀과 연고권이 없는 이들을 최초의 역사적인 올림픽 출전 코치로 지명한 데에 대한 정당성에 문제를 제기하기도 하였다.

7. 각종 국내 대회

제29회 전국소년체육대회가 5월 27일부터 30일까지 인천 남부학생체육관에서 열렸다. 남자 초등부, 남자 중등부, 올해부터 정식종목으로 치러진 여자 중등부 등 각각 11체급으로 경기가 진행되었다. 강원도가 금 7, 은 7, 동 1개 따내며 최강의 실력을 발휘하였다.

제81회 전국체전은 부산에서 개최되었다. 6월 19일부터 21일까지 강화 문예회관에서 제35회 대통령기 전국단체대항태권도대회 개최되었다. 선인고가 1964년에 팀을 창단된 이래 36만에 우승하였다. 한체대는 남자대학부와 여자부 동반 우승 하였으며, 일반부에서는 삼성에스원은 대회 3연패를 하였다. 남고부 우승은 선인고(이재영, 양우열, 정범진, 김시능, 윤영승)가, 남자대학부 우승은 한체대(노현구, 신원일,

김재우, 조원철, 이석훈), 여자부 우승 역시 한체대(김연지, 이정민, 장지원, 전남수, 한현아)가, 그리고 일반부 우승은 삼성에스원(문대성, 김경훈, 김동연, 조진호, 김병욱)이 차지하였다.

제30회 협회장기전국남여단체대항대회가 6월 21일부터 24일 사이에 강화에서 개최되었다. 이 해의 대회는 올림픽 개최에 즈음하여 5개 부(남고부, 남대부, 남일반부, 여고부, 여일반부) 각 올림픽 4체급으로 경기를 치렀다. 남자부는 경상공고, 경원대, 국군체육부대가 그리고 여자부는 경성여실고와 인천시청이 각 부별 우승을 차지하였다.

8월 9일과 11일 사이에 국군체육부대에서 국방부 장관기대회가 개최되어 남자부는 경희대가, 여자부는 용인대가 그리고 군부는 해군이 우승을 차지하였다.

8. 제1회 춘천국제태권도대회 개최

제1회 춘천국제태권도대회가 6월 24일부터 27일 사이에 춘천 호반체육관에서 개최되었다. 태권도 공원 유치를 노리는 춘천시가 창설한 국제초청 오픈대회인 이 대회는 겨루기와 품새 및 격파 경연을 비롯한 다양한 문화행사가 함께 열려 지역 홍보와 관광 진흥의 효과를 거두었다.

해외 각국에 파견된 한국 지도자 역시 국가대표선수만이 아닌 다양한 수준의 수련생들을 대동하고 종주국에서 개최되는 대회에 참가할 기회를 가지게 되었다. 이후 춘천국제태권도대회는 격년제 대회로 전환되어 지역에서 개최하는 국제오픈대회로서 꾸준한 발전을 이루어 종주국을 찾는 많은 해외태권도 수련인들에게 인기 있는 대회로 성장하였다.

9. 태권도공원 조성 사업 각종 토론회 개최

문화관광부는 7월 5일과 6일 양일간 프레스센터에서 『태권도 공원후보지 설명회』를 개최하고 전국 각지 24개 자치단체의 공원 유치계획을 공청하였다. 또 8월 29일 국립민속박물관 강당에서 협회 관련자와 전국 24개 공원유치신청 자치단체 관계자 그리고 전 세계 20여 개국으로부터 온 해외 지도자들이 참석한 가운데 『태권도공원 조성사업 토론회』를 개최하여 다양한 의견을 청취하였다.

문화관광부는 7월 5일과
6일 양일간 프레스센터에서
『태권도 공원후보지 설명회』
를 개최하였다.

10. 김운용 회장 국회의원 당선

김운용 회장이 4월 13일 치러진 국회의원 선거에서 민주당 전국구 공천 6번으로 제16대 국회의원에 당선되었다. 또 김운용 회장은 6월 13일과 15일 사이에 이루어진 김대중대통령의 역사적인 평양방문에 수행함으로써 시드니올림픽 남북동시 입장과 함께 태권도와 체육의 다양한 남북교류 사업을 성사시킬 수 있는 계기를 마련할 수 있었다.

김운용 회장 체육계
직능대표로 국회의원 당선

50 YEARS of
the KOREA
TAEKWONDO
ASSOCIATION

2001   2002   2003   2004   2005

2000년 시드니올림픽경기에서 사상 최초로 올림픽 경기에 참가함으로써 태권도는 최고의 성취를 맛보게 되었다. 그러나 발전의 최정점에서 태권도는 새로운 시련과 도전에 직면하게 되었다. 최초의 올림픽 경기를 앞두고 선수선발과 코치진 선발과정, 그리고 올림픽 경기의 경기력에서 느꼈던 아쉬움이 채 가시기도 전인 2001년에 발생한 대학생들의 시위사태는 태권도계에 민주화와 아래로부터의 목소리의 새로운 분출이었다.

김운용 회장의 퇴진으로까지 연결된 시위와 폭력사태는 그다음 해 이루어진 최초의 회장 경선에서 극단적 자기 주장과 타협 없는 갈등으로 협회를 위태롭게 하였다. 전, 현직 회장을 비롯한 많은 관계자가 구속 또는 실형을 선고받는 불행한 사태의 끝에도 팽배해진 불신과 갈등, 그리고 비타협적 분위기는 2000년대 내내, 때로는 수면 위로 그리고 때로는 수면 아래에서 태권도계를 요동치게 하였다. 국내 태권도계의 정치적 불안과 함께 도장 수련생의 주 대상인 취학 아동 인구의 급격한 감소와 급증한 도장 수로 인하여 도장의 경영환경 악화 역시 심각한

2000년대

2006   2007   2008   2009   2010

도전이 되었다. 도장 활성화를 위해 노력한 협회의 정책은 이러한 사회적 변수에 의하여 그 효과가 매우 제한
적일 수밖에 없었다.

올림픽 종목으로 격상된 태권도가 가져온 또 다른 하나의 산물은 국제 경기력의 급격한 상승이었다. 아테네
올림픽과 북경올림픽, 특히 1995년, 1997년, 1997년 그리고 안마당에서 개최된 2011년 세계선수권대회에
서 지속적으로 목격된 한국선수단의 경기력 저하는 결국 종주국의 기술발전 한계 못지않게, 세계 각국의 경
기력의 급성장이라는 현실을 인정하지 않을 수 없게 만들었다. 2000년대는 대한민국 태권도계에 대두한 민
주적 성숙과 제도 개선의 요구는 도장 경영 활성화와 국제 경기력 제고라는 현실적 과제와 함께 종주국 협회
의 앞날에 새로운 도전을 던지고 있다.

2001년

1. 정기 대의원 총회

1월 31일 올림픽파크텔에서 정기 대의원 총회를 개최하여 김운용 회장을 재선출하고 지출예산은 19억 4천만 원으로 결정하였다. 그리고 부회장과 이사진 구성은 회장에게 위임하기로 하였다. 태권도계 일부에서는 김운용 회장에 대한 장기간의 리더십 위탁에 대한 비판을 조심스럽게 제기하기도 하였다.

집행부 선임을 위임받은 김운용 회장은 주위의 반대를 무시하고 임윤택 서울시태권도협회 전무이사를 협회 전무이사로 선임하였다. 또 김 회장은 상임부회장 제도를 폐지하고 부회장을 분야별로 지정하여 황춘성을 기술담당 부회장으로, 송봉섭을 행정담당 부회장, 조영기를 홍보담당 부회장, 그리고 이승완을 대외담당 부회장으로 임명하였다.

임윤택 신임전무이사는 기술심의회를 1, 2분과로 확대하면서 704명의 대규모 기심의 임원을 선임하면서 의욕적인 출발을 하였다. 그러나 김 회장 측 인사들의 협회 인사 및 업무에 관여설 등 많은 의혹을 불러왔으며, 마침내 4월에 개최된 국가대표선발전 승부조작 의혹으로 야기된 경희대, 용인대, 경원대 등 태권도학과

학생들의 집단 반발과 시위로 임윤택 전무이사가 사퇴하는 사태가 초래되었다.

김운용 회장은 박종석을 전무이사로 선임하여 사태의 수습을 기하고자 하였으나, 협회 집행부가 정상적인 운영 능력을 상실하고 김 회장과도 불협화 하게 되는 지경에 이르러 마침내 10월 22일 김운용 회장이 프레스센터에서 기자회견을 하는 과정에서 현 사태에 대한 안일한 인식과 개혁운동에 대한 폄하 발언은 태권도계, 특히 시위를 주도했던 학생, 교수, 그리고 개혁운동을 주도하고 있던 태권도바로 세우기 운동연합 측의 반발을 불러왔다.

10월 29일에 올림픽파크텔에서 개최된 협회 임시이사회가 파행을 맞이하고 김운용 회장에 대한 폭력사태까지 야기되어 김운용 회장의 지도력과 위상이 급격히 추락하기 시작했다. 급기야 11월 15일 700여 명의 태권도학과, 학생, 교수, 동문지도자들의 대규모 국기원 점거시위를 불러왔고, 마침내 이날 김운용 회장이 대한태권도협회 회장직과 국기원장직을 사퇴하게 되었고 엄운규 국기원 부원장도 사퇴를 선언하였다.

김 회장 사퇴 이후 협회는 상임이사회를 열고 부회장 마의웅을 회장직무대행으로 선임하여 다음 해초 총회에서 후임 회장 선거를 준비하기로 하였다.

1970년 초부터 협회를 맡아 태권도의 국제화를 주도하며 올림픽 정식종목으로 채택게 하는 공적을 세운 김운용 회장의 신화는 이해에 이르러 더는 빛을 발하지 못하고, 인사 파행과 측근 개입 등 여러 가지 문제점을 드러내면서 막을 내리게 되었다. 이후 협회는 회장 선거 등에서 민주화와 다양한 개혁의 목소리 등으로 혼란과 무질서가 나타나는 현상을 한동안 보이게 되었다.

1970년 초부터 협회를 맡아 태권도의 국제화를 주도하며 올림픽 정식종목으로 채택게 하는 공적을 세운 김운용 회장의 신화는 이해에 이르러 더는 빛을 발하지

못하고, 인사 파행과 측근 개입 등 여러 가지 문제점을 드러내면서 막을 내리게
되었다. 이후 협회는 회장 선거 등에서 민주화와 다양한 개혁의 목소리 등으로
혼란과 무질서가 나타나는 현상을 한동안 보이게 되었다.

◆ 2001년 임원

회장	김운용
부회장	노상석, 마의웅, 송봉섭, 이규석, 이승완, 조영기, 조희준, 한용석
전무이사	임윤택, 박종석
이사	김경지, 김성태, 김영태, 김용래, 노기창, 박종명, 오광웅, 이상철, 이장원, 임신자, 전갑길, 정종택, 정찬모, 채정석
감사	이근우, 홍승해

◆ 2001년 기술심의회

의장	박종명		
부의장	장한철, 유병호, 김용길, 김종오, 김현성, 장용갑, 김재화, 전판선		
경기1위원장	이상언	연구개발위원장	김종연
경기2위원장	라동식	상벌1위원장	서경무
심판1위원장	김명환	상벌2위원장	유상철
심판2위원장	조한우	편집위원장	김인성
심사위원장	이동섭	국제위원장	정연학
기획조사위원장	조근형	홍보위원장	양경덕
경연위원장	박창식	도장위원장	이재수
교육위원장	윤종희	사업위원장	김중옥
여성위원장	정효심	기록1위원장	최주수
파견위원장	김창수	기록2위원장	양주호
코치위원장	윤오남	의무위원장	김진돈
시설위원장	김재준	선수강화위원장	진중의
전산위원장	김현태	생활체육위원장	이영석
협력위원장	양병석		

임윤택 전무이사

박종석 전무이사

2. 2001 세계선수권대회, 한국 남녀동반 우승

2001 세계태권도선수권대회가 12년 만에 종주국에서 다시 개최되게 되어 제주 한라체육관에서 2001년 11월 1일부터 7일까지 열렸다. 한국은 윤웅석 감독과 윤종욱, 박봉권 코치가 이끈 남자부에서 금메달 2개(최연호, 강남원), 김경훈 등이 동메달 2개를 획득함으로써 종합 1위를 차지하였고, 김창기 감독과 함준, 조향미 코치가 이끈 여자부에선 금메달 6개(이혜영, 정재은, 장지원, 김연지, 김혜미, 신경현), 은메달 1개로 종합 1위를 하여 남녀동반 우승을 하였다. 남자부 2위는 터키, 3위는 이란, 여자부 단체 2위는 스페인, 3위는 대만이 각각 차지했다.

학생들과 교수들의 시위사태와 임시이사회 파행과 지도자들의 폭력사태 등으로 어수선한 분위기를 완전히 정리하지 못한 김운용 회장이 총재 선거에서는 경선 가능성을 일축하고 10월 31일 제주에서 개최된 세계연맹 총회에서 단독 후보로 총재에 재추대되었다.

3. 제1회 아시아주니어대회, 한국 남녀동반 우승

한국 주니어 선수들이 세계 최강임을 확인했다. 2001년 8월 8일부터 11일까지 나흘간 대만 청후아 행정원 노동교육학원 체육관에서 열린 제1회 아시아 주니어 태권도선수권대회에서 한국이 남녀동반 우승을 하였다. 한국은 대회 셋째 날인 지난 10일 이미 남자 금5, 은1과 여자 금6, 은1, 동1 개를 획득하며 남녀 동반우승을 확정 지었다. 한국은 경기 마지막 날인 11일 남·여 네 체급을 모두 석권하며 각각 금메달 2개

씩을 추가, 기분 좋은 마무리를 했다. 경기 종합 결과 한국은 당초 목표였던 남·여 5체급 석권을 훨씬 뛰어넘어 남자가 7체급(금 7, 은1) 그리고 여자가 8체급을 석권하며(금 8, 은1, 동1) 명실공히 태권도 최강국임을 증명했다. 이번 대회에서는 일반 경기 8체급에 라이트 미들급과 라이트 헤비급이 추가되어 총 10체급의 경기를 치렀다.

4. 태권도학과 대학생 시위사태

2001년 4월 16일, 태권도 역사상 전대미문(前代未聞)의 사건이 발생했다. 국기원 경기장에서 개최된 2001년 국가대표선발 최종대회에서 용인대, 경희대, 경원대 태권도학과 학생들이 '판정조작' 의혹을 제기하며 집단행동을 일으켰다. 학생들은 경기장을 점거하고 사실 규명과 관련자 사퇴 등을 주장하며 시위를 시작하였고, 사태 해결이 쉽게 이루어지지 않자 학생들은 국기원을 점거하고 농성하기 시작하였다.

학생들의 뒤에서 교수들과 동문들이 힘을 보탰다. 주위에서는 양진방, 전익기, 류병관 등 일부 교수들이 학생들을 배후에서 조종한다는 주장을 하기도 하였다. 이들 교수들은 학생들과 농성을 함께하면서 적극적으로 주장을 펴기도 하였다.

어쨌든 학생들의 농성은 큰 파문을 일으켰다. KBS, MBC와 조선·중앙·동아일보 등 주요 언론들도 앞다퉈 이 사태를 보도하며 관심을 나타냈다. 협회는 농성을 주도한 학생들과 관련 교수들을 징계하겠다며 맞섰지만, 분위기가 심상치 않게 돌아가자 긴급이사회를 소집해 김운용 회장에게 이사들의 사퇴 의사를 전달했다. 또 사태를 수습하기 위해 이금홍, 황춘성, 박종석 등으로 수습대책위원회를 구성, 학생들과의 면담을 통해 최종합의안을 작성한 후 김 회장에게 전달했다. 학생들은 국기원 경기장에서 철야농성을 하는 등 결연한 의지를 보였다. 각 대학의 동문들과 재야인사들은 학생들을 격려하며 물품을 조달하기도 했다. 학생들의 농성이 수그러들지 않자 임윤택 협회 전무이사가 결국 사퇴했다.

2001년 4월, 국가대표 선수 선발대회에서 심판의 편파 판정에 항거한 용인대, 경희대 등 태권도학과 학생들이 국기원 경기장에 내려와 시위를 하고 있다.

이번 사태 후 KTA는 ▷투명한 과정을 통해 참신한 인사로 집행부 재구성 ▷임원 및 주요인사 선임 시 법적 도덕적 문제가 없는 인사 선발 ▷특정 시도협회 관련자 편중인사 지양(혈연, 지연타파) ▷민주적, 공개적 협회 행정 및 의사결정 과정 확보 ▷경기 및 심판제도 개선에 대한 장기적인 방안 마련 발표 ▷사퇴하는 집행부는 향후 5년 안에 복귀금지(심판진 포함) ▷사퇴처리 기한의 결과 및 공식적인 통보가 이뤄져야 한다는 내용을 발표하고, 김 회장을 대신해 수습대책위원 3명과 학생대표들이 합의 내용에 서명했다. 이로써 국가대표선수선발최종대회에서 '판정조작' 의혹으로 촉발된 모든 사태가 잠정적으로 일단락됐다. 학생들은 4월 30일 2주 동안의 농성을 풀었다.

'4.16 학생시위'는 태권도계에 수많은 후폭풍을 불러일으켰다. 태권도 바로 세우기 운동으로 이어져 태권도계에 만연한 비민주적 요소와 불합리한 관행을 척결하자는 움직임으로 확산됐다. 재야인사와 교수, 일선 지도자들로 구성된 '범태권도바로세우기운동연합(범태련)'이 출범한 것도 이러한 분위기를 타고 이뤄졌다. 또한, 태권도계의 개혁에 대한 요구에 대한 김운용 회장의 안일한 현실 인식으로 인하여 11월 2차 학생 및 동문지도자들을 중심으로 하는 시위가 일어나 김운용 회장과 엄운규 국기원 부원장 등이 사퇴하는 결말을 갖기도 하였다.

2002년

1. 구천서 제21대 대한태권도협회장 당선

협회는 1월 26일 올림픽파크텔에서 정기 대의원총회를 개최하고 전년 말 사퇴한 김운용 회장을 이어 3년간 협회를 이끌어갈 회장 보궐선거를 하기로 하였다. 다양한 세력과 인물들이 거론되던 중, 이승완, 한용석, 박종석, 이규석 등이 추천한 전 국회의원이며 당시 한국산업인력공단 구천서 이사장이 유력한 후보로 부상하였다. 협회 창립 이후 최초의 실질적인 경선이 된 협회장 선거는 구천서 후보와 민주당 국회의원(성남)인 이윤수 후보의 대결로 이루어지게 되었다. 그러나 구천서 후보를 지지하는 측에 비하여 준비기간이 늦었던 이윤수 후보 지지측은 선거의 일방적 불리함을 느끼고 이날 선거가 정상적으로 이루어지지 못하게 회의를 파행시키고자 하였다. 장창영을 중심으로 한 이윤수 후보 지지자들이 총회장을 점거하여 선거규정의 미비를 내세우며 선거절차 진행을 막았다. 5시간 이상 소요와 정회를 거쳐 마침내 10일 이후 다시 회의를 속개하여 투표를 바로 진행하기로 합의하고 정회하였다. 이 사태로 말미암아 각종 언론 등에 태권도협회의 파행이 대거 보도되어 협회의 위상이 심대하게 손상을 받았다.

10일 후인 2월 5일 같은 장소에서 속개된 총회는 회의가 시작되기도 전에 입장을 둘러싸고 양측의 몸싸움과 고성으로 아수라장이 되었다. 지난번 회의에서 일부 시도가 인원을 동원하여 실력으로 총회 진행을 막았다는 인식에 따라 반대편 시도들에서도 대규모 임원들을 대동하고 상경하여 좁은 총회장은 양측의 인원과 태권도학과 학생, 지도자들로 난동 장이 되었다. 처음부터 회의장에 나타나 사태의 추이를 지켜보던 경찰들마저도 어떻게 할 수 없는 상황에 이러게 되었다.

2002년 2월 5일 올림픽파크 텔에서 열린 회장선거를 앞두고 두 후보를 지지하는 사람들이 충돌해 총회장 안팎이 혼란스러웠다.

마침내 협회의 요청으로 공권력이 투입되어 장내 정리를 할 수밖에 없었다. 그러나 대규모 전투경찰의 투입으로 진행된 회의장 정리도 정상적인 총회의 진행이 가능하게 하지는 못하였으며, 결국 일부 대의원들이 회의 장소를 비밀리에 옆방으로 옮겨 투표를 진행할 수밖에 없었다. 이윤수 의원 지지대의원들은 자의 반, 타의 반으로 투표에 참여하지 못하였다. 개표 결과 투표대의원 17명 전원이 구천서 후보를 지지한 것으로 나타났다.

협회 창립 이후 40년 만에 이루어진 최초의 경선은 과열경쟁, 폭력과 온갖 파행적 현상으로 태권도계에 깊은 상처를 안겨주었다. TV와 주요 일간지에 뉴스를 장식하게 된 선거 파행사태는 태권도의 사회적 이미지에 부정적 영향을 주었으며 많은 태권도인의 가슴에 상처를 남겼다.

또 이 같은 파란 속에 회장에 당선된 구천서 회장 체제의 앞날에도 불안한 그림자를 드리우게 되었다. 이는 결국 2년 후 구천서 회장과 한용석, 이승완, 장창영을 포함한 많은 관련 지도자들이 구속되거나 기소되는 사태를 가져오게 하였다.

회장 당선 이후 구천서 회장은 한용석 대전협회장을 상임부회장으로 선임하고 박종석 현 전무이사를 다시 전무이사로 선임하고 새로운 집행부를 구성하였다.

◆ 2002년 임원

회장	구천서
상임부회장	한용석
부회장	박재천, 이구현, 이규석, 최병섭
전무이사	박종석, 노우종
이사	강대원, 강진홍, 권오중, 기세환, 김병로, 김인수, 김화수, 나춘균, 박원희, 신명진, 오광웅, 윤상화, 윤순창, 이반규, 임신자, 임춘길, 전용범, 정진석, 지종학, 최영렬
감사	예조해, 홍승해

2. 제14회 부산아시아경기대회

1986년 서울아시안게임에 이어 한국에서 두 번째로 개최하게 된 제14회 아시안게임 태권도경기가 부산 구덕체육관에서 10월 10일~10월 13일까지 열렸다.

한국 선수단은 황영갑, 조임형 코치가 이끈 남자부에서 박희철, 김대륭, 남연식, 오선택, 김경훈, 문대성 선수가 금메달을 획득하고, 이재봉, 이계행 코치가 지휘한 여자부에서 임수정, 윤경림, 윤성희, 김연지, 김수옥, 최진미 선수가 금메달을 획득하며 대한민국 선수단의 종합 2위를 견인하였다. 아시안게임을 통하여 이란과 대만의 경기력 향상 추세에 주목하게 되었다.

3. 2001년 월드컵태권도대회, 제15회 아시아 태권도선수권대회 및 각종 국제대회

7월 16일부터 19일까지 일본 도쿄 요요기국립경기장에서 33개국 376명의 선수가 참가한 가운데 2001년 월드컵태권도대회가 열렸다. 한국선수단은 남자부에서 김진희, 고석화, 고대휴가 금메달을 그리고 신준식, 정동혁이 은메달을 획득하는 등 우승을 차지하였으며, 여자부는 정재은, 진은경, 김혜미, 신경현이 금메달을 획득하며 우승을 달성하였다.

4월 26일부터 28일까지 요르단 암만에서 열린 제15회 아시아태권도선수권대회에서 한국선수단은 고석화, 이순태, 신준식, 박천덕, 이석훈이 우승하며 종합우승을 달성하였으며, 여자부는 김효민, 장은숙, 정재은, 오정아, 김혜미, 권지희가 우승을 차지하면서 단체 우승을 차지하였다.

한편 10월 21일부터 31일까지 미국 텍사스에서 16개국 263명의 선수들이 참가한 2002년 세계군인태권도선수권대회에서 상무는 10연패를 달성했다. 금메달 4개, 은메달 1개, 동메달 3개를 따내 종합우승을 차지했다.

또 7일까지 그리스 헤라크리온의 린도체육관에서 열린 제4회 세계청소년태권도선수권대회에서 한국 선수단은 남녀동반 우승을 하였다. 남자팀은 10체급 중 금메달 6개, 은메달 2개, 여자부는 10체급 중에서 9체급이 금메달을 획득하였고, 핀급은 예선탈락 했다.

4. 국가대표선수 최종 확정

4월 4일부터 7일까지 국군체육부대 선승관에서 118명의 선수가 참가한 가운데 2002년 국가대표선수 최종선발전이 열렸다. 아시안게임에 출전하게 될 대표 1진과 아시아선수권대회에 출전하게 될 대표 2진이 선발되었다. 아시안 게임에 출전하게 될 대표선수로는 박희철(핀), 김대룡(플라이), 김향수(밴텀), 남연식(페더), 이재신(라이트), 오선택(웰터), 김경훈(미들), 문대성(헤비)와 여자부의 강지현(핀), 임수정(플라이), 윤경림(밴텀), 윤성희(페더), 김연지(라이트), 김수옥(웰터), 최진미(미들), 윤현정(헤비)가 선발되었다.

제31회 소년체육대회 태권도경기가 5월 11일부터 14일까지 충남 대천체육관에서 개최되었으며, 제83회 전국체육대회는 11월 9일부터 15일까지 제주도에서 개최되었다. 불안정한 집행부와 시도 간의 관계 속에서 잦은 판정시비와 경기장 소란사태로 얼룩진 대회들이 되었다.

대통령기 대회는 6월 5일부터 10일 사이에 경남 하동에서 개최되어 고등부는 경상공고(남), 경남체고(여)가 대학부는 동아대(남), 고려대(여)가 그리고 일반부는 삼성에스원이 차지하였다. 9월 12일부터 17일 사이에 전북 진안에서 개최된 제32회 협회장기는 송곡고(남고), 전북체고(여고), 한국체대(남·여대학부), 삼성에스원(일반부)가 우승을 차지하였다.

국방부장관기는 8월 28일부터 29일 사이에 국군체육부대에서 개최되어 용인대(남), 경희대(여), 2군사령부(군)이 우승을 차지하였다. 한 해를 마감하는 우수선수 선발대회는 11월 26일부터 29일 사이에 경남 함양에서 개최되었지만, 박종석 전무이사 사퇴 이후 협회와 관계가 미묘해진 경남협회와 대회를 치름으로써 불편한 대회가 되었다.

5. 여성연맹 창립총회, 이등자 초대회장에 취임

4월 10일 한국여성태권도연맹이 창립총회를 열고 이등자(캡션미디어 대표이사)를 초대 회장으로 선출하고, 취임식을 했다. 이 회장은 취임사를 통해 "국내 태권도인의 30%에 해당하는 20만 여성 태권도인들의 힘을 모아 한국태권도의 위상 재정립을 위해 노력하겠다."고 말했다. 이날 총회에서는 1억 5천만 원의 사업예산을 의결하고 규약안을 통과시켰다. 여성연맹은 6월 11일부터 13일까지 KBS 88체육관에서 제1회 여성부장관기대회를 개최하였다. 114개 팀에서 643명의 선수가 참가하였다.

6. 남북 태권도시범단 상호 교류

제7차 남북장관급회담에서 합의한 바 있는 남북태권도시범단 상호교류사업의 구체적 실현의 일환으로 협회는 2002년 9월 3일 판문점을 통하여 단원 35명, 임원 10명, 기자단 5명으로 구성된 평양방문 태권도시범단을 구성해 평양으로 출발했다. 북한의 조선태권도위원회 황봉영 위원장의 초청으로 방북하게 된 시범단은 평양 고려호텔에서 머물며 15일 16일 두 차례의 평양에 있는 태권도전당에서 공연하고 17일 서해 직항로로 인천공항을 통해 돌아왔다.

◆ 평양방문 태권도시범단

단장	구천서		
부단장	한용석, 이승완, 조영기		
감독	이봉, 이규형	지원	김무천
선수	이춘우, 남승현, 박형근, 선승희, 김현석, 곽택용, 허정행, 박노칠, 박동영, 김명훈, 김인용, 김상필, 노정환, 박원준, 윤송희, 정선미, 최미정, 서하영, 김동진, 박용대, 박준현, 고 진, 이준성, 김진웅, 유승욱, 김재승, 정남영, 박양배, 정영준, 최윤진, 고누리, 고우리, 정현창, 이호연		

이날 기자회견에서 구천서 회장은 다음과 같이 이번 방북 공연을 최초의 남북태권
도 교류의 일환으로 이루어진 성공적인 행사라고 규정하였다.

9월 3일 판문점을 통하여 평
양을 방문한 대한태권도협
회 시범단이 공연을 마친 후
협회 임직원들이 북한 장웅
국제올림픽위원회 위원과
포즈를 취하고 있다.

한편 북한 조선태권도위원회 시범단은 10월 23일 임원 20명, 단원 21명 등 41명(남
자 33명 여자 8명)으로 구성하여 서울을 찾았다. 10월 23일 인천국제공항에 도착해
24, 25일 서울 올림픽공원 제3체육관(역도경기장)에서 공연을 했다.

구천서 대한태권도협회장은 2002년 10월 22일 열린 북한 태권도시범단 공연 설명회
에서 "북한 태권도시범단과 남북교류 정례화 방안을 논의하겠다"고 밝혔다. 구 회장
은 이날 "북한시범단 단장과 단원들과 지난달 남한 시범단이 평양에서 공연할 때 북
측에 제의했던 태권도 남북 교류 정례화에 대해 협의할 계획"이라고 말했다.

북한 조선태권도위원회 시범단이 10월 서울을 방문해 올림픽 공원 역도경기장에서 공연을 하고 있다.

7. 전자호구 시연회

대한태권도협회는 2002년부터 심판 판정의 객관성을 확보하기 위한 일환으로 전자호구 실용화에 많은 노력을 하였다. 2002년 6월 17일 KBS 88체육관에서 전자호구 실용화 공청회에 상임심판들을 파견한 데 이어 그 해 9월 21일에는 태권도 언론과 공동으로 올림픽공원 역도경기장에서 전자호구 시연 및 공청회를 주최했다.

대한태권도협회 임원들이 전자호구에 대해 높은 관심을 나타내며 질문하고 있다.

8. 노동조합 설립

5월 31일 대한태권도협회 사무국에서 6명의 직원이 모여 첫 창립총회를 가졌다. 노조(위원장 문창현)는 6월 5일 송파구청에 노동조합 설립 신고서를 제출한 후, 노동조합 및 노동관계 조정법 제10조 1항 및 동법 12조 제1항의 규정에 따라서 6월 10일, 송파구청으로부터 '노동조합설립신고증'을 발급받았다. 이로써, 상위단체인 '대한체육회 노조'를 제외하고는 체육회 산하 단체로는 첫 노조를 출범시킨 '대한태권도협회 노동조합'은 6월 14일 한국노동조합 총연맹 산하의 전국연합노동자연맹에도 가입함으로써 실질적인 노동조합으로 면모를 갖추었다.

9. 아테네올림픽 정식종목 결정

2002년 12월 13일 스위스 로잔에서 개최된 IOC 집행위원회에서 2004년 아테네올림픽 정식종목으로 태권도가 포함되었음을 최종적으로 결정하였다.

10. 노우종 전무이사 취임

구천서 회장이 취임한 이후 집행부와 시도협회 간의 원만하고 화합하는 분위기가 쉽게 형성되지 못하였다. 특히 사무국과 기술심의회를 둘러싼 불협화음도 지속하였다. 급기야는 박종석 전무이사에 대한 구천서 회장의 신임이 흔들리게 되고 9월 9일 개최된 임시이사회에서 박 전무의 보직 해임이 의결되기에 이르렀다. 이로써 박종석 전무는 김운용 회장에 의해서 학생시위 사태의 수습과 그 후의 협회 운영에 능력 발휘의 기대를 받으며 전무로 선임된 이후 1년 4개월의 전무이사직 수행을 마무리하게 되었다.

태권도에 대한 전문성이 부족하지만 나름 친화력과 순발력으로 학생시위 사태의 수습과 그 후 협회 운영 정상화를 위하여 최선을 다하였다. 그러나 김운용 회장 김운용 회장 사퇴를 가져온 한 사건이었던 이사회 파행에 대한 책임론과 구천서 집행부 출범 후 협회 장악과 경기장 운영력에 대한 한계가 아쉬움으로 평가되기도 하였다. 구천서 회장은 9월 13일 후임 전무이사로 협회 행정에 정통하며 전무이사로 협회로 무난하게 이끌었다는 평가를 받았던 노우종 전 전무이사를 두 번째 전무이사로 선택하였다.

노우종 전무이사는 취임 후 인심 수습과 사무국 정상화 등 협회의 안정 회복을 위하여 노심초사하였지만, 박종석 전무이사 해임에 따른 후유증과 박 전무이사를 따르는 측들의 견제, 특히 기심회의 구성을 둘러싼 중진 임원들과의 갈등 등으로 5개월을 넘기지 못하고 다음 해 초 자진해서 사퇴하였다.

2003년

1. 회장선거 과정 수사와 구천서 회장 사퇴

협회는 2월 6일 올림픽파크텔에서 정기 총회를 개최하여 24억 7천여만 원의 예산을 확정하고, 급증하는 유사단체 활동에 대한 대응방안 및 공정위의 압박에 대한 대응방안을 논의하였다. 또 연내에 협회를 법인화할 것에 대한 원칙적 동의를 했다. 그러나 총회 직후 2월 10일, 지난해 9월 이후 5개월여간 혼란스러운 협회를 힘들게 이끌어 오던 노우종 전무가 기술심의회 임원 임명을 둘러싸고 집행부 내외부의 지나친 관여에 소신 있는 업무수행을 더 이상할 수 없다는 판단으로 전무이사직을 돌연 사퇴하였다.

구천서 회장은 2개월에 가까운 전무이사 공백을 거쳐 4월 1일 임시이사회를 개최하여 양진방 용인대학교 교수를 전무이사로 선임하고 새로운 출발을 시도하였다. 그러나 회장 선거 이후 나타난 각종 갈등과 혼란은 쉽게 수습되지 않았다. 소년체전 과정에서 나타난 경남협회의 경기장 점거소동에 대한 징계 파동이 이러한 사정의 단적인 하나의 예이었다. 사단법인화를 위해 11월 14일 올림픽파크텔에서 시도회장단 간담회를 개최하여 법인화에 대한 원칙적 합의를 도출하고, 11월 26일 임시대의원

총회 겸 사단법인 창립총회를 개최하여, 이사 정원 38명 및 시
도추천 당연직 이사 20명 규정 삽입을 합의하고 현 회장의 잔
여 임기 승계 여부는 난상토론 끝에 내년 정기 총회에서 결정
하기로 함으로써 오랜 기간 끌어오던 협회 법인화 문제를 일단
락 지었다.

10월 전국체전 이후 시작된 사법당국의 2002년 협회장 선거
과정에 대한 수사는 급기야는 구천서 회장, 이승완, 한용석, 장
창영, 오광웅, 김수열 등 많은 임원과 시도회장 및 기타 관련자들이 구속되거나 소
환되는 사태로 확대되었다. 협회장 선거 과정의 업무방해에 대한 수사와 맞물려 김
운용 세계연맹 총재가 구속되는 사태까지로 확대되어 협회는 물론 태권도계 전체
가 큰 충격을 받게 되었다.

구천서 회장은 다음 해(2004년) 1월 14일 양진방 전무에게 사퇴서를 전달함으로써
최초로 경선으로 선출된 구천서 회장체제가 2년간의 파란 끝에 그 막을 내리게 되
었다.

구천서 회장(왼쪽)과
양진방 전무이사

◆ 2003년 임원

회장	구천서
상임부회장	한용석
부회장	이구현, 이규석, 정한태
전무이사	양진방
이사	강대원, 강진홍, 고대수, 권오중, 기세환, 김병로, 김인수, 김화수, 나춘균, 민석기, 박원희, 박종석, 신명진, 오광웅, 윤상화, 윤순창, 이반규, 이홍근, 임신자, 임춘길, 전용범, 정진석, 지종학, 최영렬, 황호형
감사	예조해, 홍승해

◆ 2003년 기술심의회

의장	박현섭		
부의장	김갑식, 김기용, 김종오, 전만식, 김현성		
경기위원장	김경일	연구위원장	안용규
심판위원장	심명구	심사위원장	이호열
기록위원장	박흥신	도장위원장	장창영
질서대책위원장	김일섭	국제위원장	최정호
경기력향상위원장	황영갑	생활체육위원장	임동범
의무위원장	김진돈	사업위원장	임성근
기획위원장	조근형		

2. 제16회(여자, 제10회) 세계태권도선수권대회

제16회(여자, 제10회) 세계선수권대회가 9월 24일부터 28일 사이에 독일 가르미슈-파르텐키르헨에서 개최되었다. 김기용 감독과 김세혁, 김현일 코치가 이끈 남자부는 핀급의 최연호가 대회 2연패를 달성하며 금메달을 획득하였으며 미국의 스티븐 로페즈를 물리친 페더급의 강남원과 라이트급의 김교식이 금메달을 추가하여 3개의 금메달과 2개의 동메달로 이란의 강력한 도전을 가까스로 물리치고 종합 우승을 확정지었다.

그러나 기대했던 문대성의 예선 탈락 등 저조한 결과에 다가오는 올림픽 준비에 커다란 부담감을 안겨 주었다. 김현성 감독과 문원재, 박상만 코치가 이끌었던 여자부는 이지혜(플라이), 하정연(밴텀), 김연지(라이트), 이선희(웰터), 윤현정(헤비)이 금메달을 차지함으로써 여유 있는 종합 우승을 달성하였다. 기대했던 신예 최진미(미들)는 예선전에서 심각한 무릎부상을 당하여 선수단을 안타깝게 하였다. 차기 대회는 스페인의 마드리드에서 개최하기로 하고 대회를 마감하였다.

3. 제22회 대구 하계유니버시아드대회 및 각종 국제대회

8월 21일부터 31일까지 제22회 하계유니버시아드대회 태권도경기가 대구 경북고등학교 체육관에서 열렸다. 전익기, 윤오남, 류병관, 지용석 코치진이 이끈 한국선수단은 남자 금메달 4개(오형근, 김학환, 박태열, 이덕휘)와 여자부 금메달 6개(김새롬, 김순기, 황경화, 장은숙, 김미현, 한진선)를 획득하며 선전하였다.

크로아티아 자그레브에서 열린 제15회 세계군인태권도선수권대회에 총 22개국 350명이 참가하였다. 국군체육부대(상무)는 금6, 은2, 동3 개를 획득하여 중국(금4, 은2, 동1)을 제치고 종합우승을 차지해 대회 11회 연속 우승을 달성했다. 남자팀은 금4, 은2 개를 획득하였으며 여자팀은 금2, 동2 개를 땄다.

4. 아테네올림픽 본선 티켓 획득

12월 4일부터 8일 프랑스 파리 쿠베르탱체육관에서 열린 2004년 아테네올림픽 태권도 세계선발전이 95개국 281명의 선수들이 참가한 가운데 개최되었다. 한국 선수단은 남자 -68kg 이원재(가스공사), +80kg 문대성(삼성에스원), 여자 -57kg 장지원(삼성에스원), -67kg 김연지(한국체대) 선수가 참가하여 모두 아테네 올림픽 출전권을 획득하였다. 이보다 먼저 협회는 기술위원회를 개최하여 올림픽 출전 체급을 시드니 올림픽과 동일한 체급으로 결정한 바 있었다.

5. 국가대표 선발전 및 각종 국내대회

3월 30일부터 4월 1일 사이 국기원에서 국가대표 최종 선발전이 개최되었다. 남자부는 핀급의 최연호가 김진희를 꺾고 대표로 선발되었으며 플라이급의 고석화는 강자 김대룡을 이기며 대표자리를 그리고 밴텀급은 김향수가, 페더급은 부활한 강남원이 대표선수 자리에 모처럼 복귀하였다. 그밖에 김교식(라이트), 오선택(웰터), 이재성(미들), 그리고 문대성(헤비)가 대표로 선발되었다.

여자부는 밴텀급에서 하정연이 예상을 깨고 김보혜를 꺾으며 대표선수로 선발되었으며 페더급의 윤성희와 웰터급의 이선희는 각각 향후 아테네 올림픽 금메달리스트가 될 장지원과 황경선을 누르고 대표선수 자리에 복귀하였다. 그 밖에 강지현(핀), 이지혜(플라이), 김연지(라이트), 최진미(미들), 윤현정(헤비)이 대표선수에 선발되었다.

제32회 소년체전이 제주에서 개최되었으나, 경남협회의 경기장 훼손사태로 어른들의 지나친 승부욕이 어린이 대회를 얼룩지게 한 비난을 받기도 하였다. 10월 11일부터 15일 사이에 개최된 전북 김제에서 전국체육대회가 개최되었다. 시도협회의 지나친 승부욕과 세력 과시의 구습이 타파되지 못하는 전국체전이 계속되어 많은 사람의 빈축을 사게 되었다. 전국체육대회 태권도 경기는 전북 김제에서 10월 11일부터 15일 사이에 치러졌다. 태권도 경기장 유치를 강렬하게 열망했던 진안군과 태권도 경기 진행이 어렵다는 협회와 갈등이 극심하여 향후 체전 경기장 결정에 대한 지침 마련의 필요성이 대두하기도 하였다.

제38회 대통령기대회는 7월 5일부터 12일 사이에 전남 장흥에서 개최되었다. 모처럼 심판과 지도자들이 함께 어우러져 축구와 친목을 다지는 화합의 자리를 가

지기도 했던 대회는 남자부는 관악고, 경희대, 한국가스공사, 그리고 여자부 영송
여고, 경희대를 단체 우승팀으로 배출하였다. 제33회 협회장기는 경남 함양에서
6월 12일부터 개최되어 한성고(남고), 효성고(여고), 용인대(남대), 삼성에스원(남
일), 한체대(여일)이 각각 종합 우승을 차지하였다.

6. 도장 교육경영 발전을 위한 모임

5월 24일 국기원 강의실에서 대한태권도협회가 개최한 '태권도장 교육 경영 발전을
위한 모임'의 첫 번째 회의가 열렸다. 이번 모임은 대한태권도협회 신임 전무이사로
취임한 양진방 교수가 의욕적으로 주도한 것이다. 김철호(국기원 총무이사), 안용규
(한국체육대학 교수), 손성도(우진도장) 등 10여 명의 일선 지도자들이 참석했다. 회
의는 대한태권도협회와 국기원이 공조해 일선 태권도장 경영에 직접적이면서 지속
적인 도움을 제공하는 취지에서 마련됐다. 양진방 전무이사는 앞으로 태권도 홍보
방안과 성인 태권도 활성화 방안 등을 논의하는 등 이번 모임을 정례화하고 일선 지
도자들이 주체가 되는 모임으로 만들어 나가겠다고 밝혔다.

7. 대한태권도협회 CI 새롭게 개발

대한태권도협회가 1961년 대한태권도협회 전신(前身)인 대한태수도협회 창립 이후
40년 넘게 사용해오던 주먹 형상의 CI(Corporate Identity)에서 벗어나 새로운 CI
를 선보였다. 협회가 오랫동안 사용해온 주먹 형상의 CI가 새로운 시대에 맞추어 바

꾸어야 한다는 필요성을 인식한 협회는 11월, 21세기 새로운 시대의 패러다임에 맞는 태권도의 철학과 비전을 수립하고 그에 따른 캠페인을 펼쳐 나가는 일환으로 CI를 제작한 것이다. 이번 CI는 수련과정의 목표를 의미하는 검은 띠의 형상과 태권도의 영문 이니셜인 T자와 연계하고 한국적인 특성을 부여하기 위하여 서예체 캘리그래피로 형상화하였다. 새로운 협회 CI 개발은 이후 전국의 모든 시도협회의 CI와 대다수 도장의 각종 CI와 이미지 개발에 널리 활용되게 되었으며, 세계연맹과 국기원의 CI 변경에도 영향을 미쳤다.

대한태권협회 마크 (전)

대한태권협회의
새로운 CI

8. 이민 100주년 기념 태권도 시범

5월 4일 미국 버지니아 조지메이슨대 콘서트홀에서 미주 한인 이민 100주년 기념 태권도 시범행사를 개최하였다. 총 29명으로 구성된 태권도 국가대표 시범단(단장

이규형)이 기본동작과 품새 등 기본 기술과 고난도 격파술, 태권무 등 세계 최고 수준의 태권도 시범을 선보였다. 구천서 회장은 "오페라 등을 공연하는 콘서트홀에서 태권도 시범행사를 개최하는 것은 태권도 역사상 이번이 처음"이라며 "태권도를 통해 미주 한인 이민 100주년을 기념하고 한미 간의 우호를 증진시킬 수 있도록 노력하겠다."고 말했다.

9. 공식대회 전자호구 사용 및 개발업체 선정

2003년 1월 27일에는 서울 리츠칼튼호텔 그랜드볼룸에서 페어플레이 판매법인인 FPCOS가 주최한 전자호구 제품 발표회를 후원했다. 그 해 5월 10일 용인대학교총장기 대회에서 전자호구 시연회를 개최하였으며 5월 27일에는 국기원 경기장에서 전자호구의 실질적인 문제점을 파악하기 위해 우수 고교 4개 팀을 초청해 테스트 이벤트 경기를 개최했다.

협회는 전자호구 개발 업체 중 FPCOS사를 공식 개발업체로 선정하고 2003년 10월 전국대회로는 최초로 연세대총장기대회에서 전자호구를 사용하였다.

2004년

1. 김정길 회장 선출

대한태권도협회는 2004년 2월 12일 올림픽파크텔에서 정기 대의원 총회를 열고 전년도에 구속된 구천서 회장을 이을 회장을 선출하기로 하였다. 양진방 전무이사를 중심으로 한 윤웅석, 노순명 등 소장파의 추대로 회장에 입후보한 열린우리당 중앙상임위원인 김정길 전 행자부 장관과 임춘길, 황춘성, 엄운규 등 중진들과 원로들의 지지를 받고 있던 이종승 충남태권도협회장이 경합한 일차 투표에서 12대 12로 비긴 후 다시 시행된 2차 투표에서도 동일한 결과가 나옴에 따라 회장 선출이 난항에 부딪히게 되었다.

양측은 합의를 통하여 15일 후 다시 총회를 속개하여 재투표를 하기로 하였다. 속개된 27일 회의에서 양측은 사전에 이루어진 합의에 따라 김정길 전 장관을 제22대 대한태권도협회 신임 회장으로 만장일치로 선출하였고, 경선에 나섰던 이종승 충남태권도협회장은 상임부회장으로 선임하였다. 이로써 구천서 전 회장의 사임으로 야기된 회장 공석 사태가 마무리되면서 새 집행부가 출범하게 됐다.

김정길 회장은 임춘길 전 협회 사무국장을 전무이사로 그리고 양진방 전 전무이사를 기획이사로 선임하여 협회 집행부의 진용을 갖추고 선거로 빚어진 갈등을 봉합하고, 지난 연말 이후 파행이 된 협회의 운영 정상화와 발전에 최선에 다할 뜻을 밝혔다.
아울러 이날 총회는 협회의 사단법인화를 최종 승인하고 법인화가 완료된 이후 협회의
이사 수를 38명까지 늘리기로 합의했다. 기존 시도협회와 연맹에서 각 1명을 당연직
이사로 선임하고, 나머지는 집행부가 결정하기로 하였다. 또 총회는 감사로 임윤택을
선출하였다. 실제로 법인화의 모든 과정이 종료되어 정식으로 문화관광부로부터 법인
으로 인가되어 협회가 사단법인으로 기능을 하기 시작한 것은 이 해 11월 1일부터였다.
김운용 총재의 구속사태로 공석이 된 세계연맹 총재는 6월 11일 인천 하얏트호텔에서
개최된 WTF 비상총회에서 대한태권도협회의 이사자격으로 추천된 조정원 경희대 총
장이 박차석 팬암연맹 회장을 큰 표차로 누르고 역사상 두 번째 세계연맹 총재로 당
선되었다.

◆ 2004년 임원

회장	김정길
상임부회장	이종승
부회장	김길출, 김지완, 이명근, 황춘성
전무이사	임춘길
기획이사	양진방
이사	김경희, 김광언, 김선공, 김성태, 김수열, 김인수, 김재윤, 김종관, 박승용, 배양일, 송교명, 송봉섭, 안민석, 안종웅, 양인옥, 예조해, 윤오남, 이금룡, 이달곤, 이택명, 정만순, 정찬모, 정현영, 조만석, 조영기, 최동렬, 하봉갑, 한국선, 한상윤, 홍성인
감사	임윤택, 홍승해

22대 대한태권도협회 회장선
거에서 경합한 김정길 신임
회장(왼쪽)과 이종승 상임부
회장이 악수하고 있다.

2. 아테네올림픽, 금메달 2개, 은메달 2개 획득

아테네올림픽 태권도
+80kg급에서 금메달을
획득한 문대성 선수가
포효하고 있다.

2004년 8월 26일부터 29일까지 열린 아테네올림픽 태권도 경기에서 김세혁과 전정우 코치가 이끈 한국 선수단은 남녀 각 2체급에 출전, 금메달 2개와 동메달 2개를 획득했다. 그리스 아테네 팔리로스포츠센터에서 열린 태권도 경기에서 여자 -57kg급 결승에서 장지원은 미국의 니아 앱달라를 2-1로 꺾고 금메달을 따냈다. 장지원은 2라운드에서 왼발 돌려차기와 안면 공격으로 4-0으로 앞섰으나 경고 누적으로 2점을 감점당해 1점 차의 짜릿한 승리를 거뒀다.

남자 +80kg급 결승에서 문대성은 화끈한 뒤후려차기로 알렉산드로스 니콜라이디스(그리스)에게 1라운드 2분 10초 만에 KO승을 거두며 금메달을 획득했다. 하지만 남자 -68kg급 의 송명섭과 -67kg급의 황경선은 동메달을 획득하는 데 그쳤다. 극적인 케이오승으로 일약 스타로 떠오른 문대성은 이 때문에 이후 IOC 선수위원, 국회의원 등 출세 가도를 달리게 되는 발판을 마련하였다.

3. 제16회 아시아태권도선수권대회와 제5회 세계청소년태권도선수권대회

경기도 성남에서 5월 20일부터 23일까지 열린 제16회 아시아태권도선수권대회에서 한국이 16연패를 달성했다. 남녀 각 6체급이 출전한 이 대회에서 한국은 남자부는 최연호(핀), 고석화(플라이), 김향수(밴텀), 손준길(라이트), 박정호(웰터), 정영한(미들)이 우승을 차지하여 금메달 6개를 획득하여 종합우승을 확정 지었다. 여자부는 박효주(핀), 윤성희(페더), 이선희(웰터), 김승희(헤비)가 우승을 함으로써 종합우승을 차지하였다.

전남 순천에서 6월 12일부터 19일까지 제5회 세계청소년태권도선수권대회가 열렸다. 83개국 3천여 명이 참가한 이 대회에서 한국대표팀은 남녀 각 10체급에 출전해 금메달 11개, 동메달 2개를 획득해 5회 연속 종합우승을 차지했다.

4. 올림픽 대표선수 선발전 및 각종 국내대회

아테네 올림픽 출전 대표선수 선발을 위한 1차 5명의 선수가 4월 16일 국기원에서 개최된 최종 선발대회에서 결정되었다. 남자 -68kg급은 송명섭, 신준식, 이용렬, 강남원이 그리고 +80kg급은 류근무, 김학환, 이재성, 박천덕이 선발되었고, 여자 -57kg급은 임수정, 하지연, 권은경, 윤성희, -67kg급은 김수옥, 황경선, 김유진, 오정아가 선발되었다. 이들과 올림픽 출전 티켓을 획득해 온 장지원, 김연지, 이원재, 문대성과 함께 1차 평가전을 치러 2명이 탈락하고 이후 두 차례의 평가전을 통하여 최종 출전자를 확정하게 된다.

5월 4일 태릉전용훈련장에서 열린 1차 평가전, 5월 25일 개최된 2차 평가전에서 문대성이 김학환과 류근무의 추격을 뿌리치고 올림픽 출전권을 차지했으며, 장지원은 윤성희, 권은경을 물리치며 4년전 타의에 의한 기권패로 안타깝게 놓친 올림픽 출전권을 거머 으로써 두 선수 모두 4년 전의 한을 풀게 되었다. 고교생 황경선은 선배 김연지를 꺾으며 올림픽 대표로 확정되었다. 이용열과 송명섭만 남은 남자 -67kg급은 6월 10일 열린 3차전에서 송명섭이 이용열을 6:3으로 이겨 출전권 확보함으로써 4명의 올림픽 출전 대표선수가 모두 선발되었다. 협회는 올림픽 코치로 김세혁, 전정우를 임명하여 올림픽에 대비케 하였다.

제39회 대통령기 대회는 7월 5일부터 10일 사이에 대전에서 개최되었다. 종합우승은 서울체고가 고등부 남녀 동반우승을 차지하였으며 남자대학부는 한체대가 남자일반부는 삼성에스원이 차지하였으며, 여자일반부는 한국체대가 차지하였다. 제34회 협회장기대회는 9월 13일부터 20일 사이에 강릉에서 개최되었다. 초등부부터 일반부까지 모두 포함되어 개최된 이 해의 협회장기에서 초등부는 인천 관교초가 우승을 차지하였으며, 중등부는 만수북중(남)과 평원중(여)이 그리고 고등부는 강원체고가 남녀 동반 우승을 차지하였다. 남자대학부는 상명대가 그리고 남자일반부는 한국가스공사가 여자일반부는 경원대학교가 우승을 차지하였다. 국방부 장관기는 10월 9일부터 13일 사이에 충북 진천에서 개최되었다.

5. 제1회 대한태권도협회장배품새대회 개최

대한태권도협회가 주최한 제1회 협회장배품새대회가 2004년 11월 28일부터 30일까지 강원도 춘천에서 열렸다. 전국우수도장경연대회와 병행해 열린 이 대회에 품새 단체전 82개 팀 533명, 개인전 507명이 참가했다. 특히 이 대회는 대한태권도협회가 직접 주최한 첫 번째 공식 품새대회라는 데 큰 의미가 있었다. 이 대회 이후 품새 경기 분야의 비약적 발전이 이루어졌으며, 특히 세계태권도연맹의 세계품새대회 창설과 함께 품새경기의 일대 도약을 가져오는 계기가 되었다. 드로스 니콜라이디스(그리스)에게 1라운드 2분 10초 만에 KO승을 거두며 금메달을 획득했다. 하지만 남자

-68kg급의 송명섭과 -67kg급의 황경선은 동메달을 획득했다. 극적인 케이오승으로 일약 스타로 떠오른 문대성은 이로 인하여 이후 IOC 선수위원, 국회의원 등 출세 가도를 달리게 되는 발판을 마련하였다

6. 태권도 도장교육 홍보포스터 개발

대한태권도협회는 2004년 1월, 경기 침체와 저출산 등으로 어려움을 겪고 있는 일선 회원도장을 돕고, 태권도의 교육 가치와 비전을 홍보하기 위한 일환으로 도장에서 활용할 수 있는 태권도 포스터(총 7종)를 개발했다. KTA는 그동안 각종 대회를 주최, 주관하는 경기단체의 역할에 치중했지만, 앞으로는 본격적으로 일선 도장을 지원하는 다양한 프로그램을 개발하고, 태권도 홍보물을 개발해 대국민 홍보 캠페인을 펼쳐 나갈 것이라고 밝혔다.

이번에 제작된 태권도 홍보물은 포스터 형태뿐만 아니라 일선 도장에 걸어놓을 수 있는 액자형과 도장홍보 전단지 및 신학기 홍보 현수막 등으로 활용할 수 있다. 다만 이번 홍보물은 가맹 도장에 대한 지원책이므로 KTA 등록 도장만 사용할 수 있도록 했다.

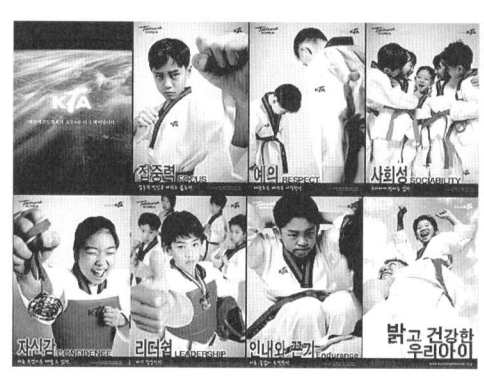

7. 나이키와 공식스폰서 후원계약 체결

대한태권도협회는 스포츠용품 전문 업체인 나이키와 4월 1일 공식스폰서 후원계약을 체결했다. KTA는 대표팀의 기량 향상 및 국내 태권도의 저변 확대를 위한 새로운 파트너로 나이키를 선택, 나이키는 오는 2009년 3월 31일까지 총 4년간 KTA에 도복과 보호 장구 일체를 지원하게 된다.

나이키 측은 "늘 최고의 선수들에게 최상의 제품을 공급해온 나이키의 노력은 태권도 종목으로도 확대될 것"이라며, "이번 후원 계약을 통해 우리 태권도 선수들에게도 최고의 기량을 발휘할 수 있는 제품들을 개발, 공급하는 데 노력을 아끼지 않겠다"고 밝혔다. 이로써 스페인 마드리드에서 열렸던 세계태권도선수권대회에 우리나라 선수단은 새 후원사인 나이키의 도복을 입고 참가했다. 나이키 측은 "지난해부터 도복 및 신발과 용품들의 새로운 개발 작업을 진행해 왔으며, 조만간 현재 대표팀에게 지급된 제품들보다 훨씬 더 향상된 품질의 제품들을 공급할 수 있을 것"이라고 밝혔다.

8. 손 – 발등 보호대 착용 의무화

대한태권도협회가 경기 중 선수들의 부상을 방지하고 경기력을 향상하기 위해 2005년부터 손-발등 보호대 착용을 의무화했다. 그 전에 협회는 2004년 12월 2일과 3일 리라컴퓨터고와 국군체육부대에서 시연회를 갖고 보호대 착용 후 발생할 수 있는 문제를 점검했다. 2005년 3월 11일 경남 김해에서 열린 전국종별선수권대회에서 첫선을 보인 손-발등 보호대에 선수들과 지도자들은 긍정적인 평가를 내렸다. 보호대 착용에 따라 선수들의 부상이 확연히 줄어들었기 때문이다.

KTA는 이 같은 호응에 따라 그해 9월 열린 제1회 코리어오픈국제태권도대회에서도 시험 적용했다. 대한태권도협회의 한 관계자는 "부상 위험이 절반 이상은 준 것 같다. 특히 준결승이나 결승 같은 중요한 경기에서 예선전에서의 부상으로 제대로 된 기량을 못 보이는 안타까운 경우가 많았는데 그런 일도 많이 사라졌다"고 평가하였다.

9. 태권도공원 건설부지 선정

태권도공원조성추진위원회(이대순 위원장)는 태권도공원 후보지평가심의위원회의 최종 평가를 통하여 경주, 춘천과 마지막까지 치열한 경합을 벌였던 무주를 최종 건설부지로 확정 발표하였다. 전국의 20여 개 지자체가 신청하여 과열된 분위기로 시작한 태권도 공원부지 선정은 최종적으로 춘천, 경주, 무주로 압축되어 실사와 지자체장의 타당성 발표 등 1, 2, 3차에 걸친 평가심의를 거쳐 12월 30일 최종적으로 확정하였다.

태권도 공원이 무주에 건설되기로 확정됨에 따라 향후 태권도 발전에 핵심적 사업이 될 태권도 공원조성사업이 본격적인 궤도에 오를 것으로 전망되었다. 그러나 한편으로는 이번 심의에서 탈락한 경주와 춘천이 재심 요청과 무효소송 등 법적 대응을 하겠다는 등 한동안 그 후유증이 가라앉지 않았다.

2005년

1. 김정길 회장 재추대와 김정길 회장 대한체육 회장 당선

2005년도 대한태권도협회 정기 대의원 총회가 1월 27일 올림픽파크텔에서 열렸다. 이날 총회에서는 대의원 24명의 만장일치로 제23대 KTA 회장에 김정길 현 회장을 재추대했다. 김 회장은 대선 불법정치자금 수수혐의로 1심에서 징역 8개월에 집행유예 2년을 선고받았으나 항소심에서 벌금형(3천만 원)을 선고받아 KTA 회장 유임과 대한체육회 회장 출마에 걸림돌을 제거했다.

인천 노순명 대의원은 "김정길 회장이 대한체육회 회장 출마의사가 확실하다면, 태권도협회 수장으로 태권도인 모두 지지결의를 하자"고 건의하며 김운용 전 회장에 이어 두 번째로 태권도협회장이 대한체육회 회장이 될 수 있다는 점에 대한 기대를 나타내었다. 총회에서는 협회가 정식적으로 주최하는 코리아오픈대회를 창설하기로 하였으며, 법인화에 발맞추어 도장 관리시스템의 획기적 개선을 위하여 전국 도장 등록을 재정비하면서 각 도장별 고유번호를 발급하기로 하였다.

2월 23일 올림픽파크텔에서 개최된 대한체육회 정기 총회에서 김정길 협회장이 이연택 전임체육회장을 꺾고 제35대 대한체육회 회장으로 당선되었다. 김정길 회장은 김운용 회장에 이어 태권도협회장으로 대한체육회장이 된 두 번째 경우가 됨으로써 태권도계에 큰 경사가 되었다. 한편 공금횡령 등 혐의로 지난해 구속된 김운용 전 회장이 1월 14일 대법원에서 징역 2년의 형을 확정 선고받음으로써 많은 태권도인의 안타까움을 샀다.

◆ 2005년 임원

회장	김정길
상임부회장	이종승
부회장	김길출, 김지완, 이명근, 황춘성
전무이사	임춘길
기획이사	양진방
이사	김경희, 김재윤, 배양일, 손교명, 안민석, 이금룡, 이달곤, 이택명, 조만석, 하봉갑, 이공신, 김성태, 한국선, 한상윤, 윤오남, 김선공, 황세열, 안종웅, 양정수, 정만순, 정현영, 강영수, 조영기, 예조해, 김수열, 홍성인, 김경지, 김충열, 안해욱, 임신자
감사	임윤택, 홍승해

2005년 1월 올림픽파크텔에서
열린 정기 대의원 총회 모습

2. 마드리드세계선수권대회, 남녀 동반우승

2005 세계태권도선수권대회가 스페인 마드리드에서 4월 14일부터 18일까지 열렸다. 이 대회에서 한국대표팀 남자는 73년 이후 17회 연속, 여자는 85년 이후 10회 연속 종합우승을 했다. 오승철 감독과 권오민, 신재현 코치가 이끈 한국 남자선수단은 김진희, 고석화, 김재식, 오선택 등이 금메달 4개를 획득하고 그 외에 은 1, 동메달 1개로 2위 이란을 따돌리고 단체우승을 차지하였다.

안용규 감독과 김성배, 이창석 코치가 지휘한 여자부에서는 김보혜, 황경선, 신경현이 금메달을 획득하고, 은 2, 동메달 1개를 보태어 스페인을 여유 있게 제치고 종합우승했다. 특히 여자 헤비급 신경현은 푸에르토리코의 이나벨레 디아즈를 맞아 1라운드 종료 직전 오른발 돌려차기를 안면에 적중시켜 케이오(KO)승을 거뒀다.

그러나 이 대회를 통하여 최초로 한국 대표선수단의 국제 경기력이 구체적으로 그리고 심각하게 도전받고 있다는 실감을 느끼게 하였다. 그러나 협회는 이때까지도 국제 경기력의 문제에 대한 심각성을 대회 종료 후 귀국과 동시에 망각하는 타성을 버리지 못하고 있었다.

3. 코리아오픈국제태권도대회 창설

대한태권도협회(KTA)가 세계 규모의 태권도선수권대회를 창설했다.

KTA는 2005년 9월 5일부터 8일까지 서울 올림픽공원 제2체육관(펜싱경기장)에서 '제1회 코리아오픈국제태권도대회'를 개최했다. 첫 대회에는 우리나라를 비롯해 중국, 이란, 대만, 멕시코, 호주 등 30여 개국에서 600여 명의 선수가 참가했다. 한국선수단은 각 부문별 국가대표 1, 2진급 선수 151명이 참가했다.

겨루기와 품새 부문으로 나뉘어 열린 이번 대회는 앞으로 종주국 태권도의 위상을 제고하고 세계태권도연맹이 주최하는 세계태권도선수권대회, 올림픽과 함께 '태권도 빅 3대회'로 성장할 것으로 KTA는 기대했다. 그 동안 '춘천오픈', '충청오픈' 등 협회가 직접 주최, 주관하지 않던 대회들이 코리아오픈을 표방하던 모순점을 모두 정리하고 그 동안 종주국 협회가 명실상부한 오픈대회를 추진하진 못했던 아쉬움을 일소하는 의미를 가진 사업이었다.

겨루기 부문은 올림픽매치와 세계선수권매치, 주니어선수권매치로 진행되고 품새 부문은 개인과 단체, 체조 등 3개 부분으로 각각 진행됐다. 특히 품새 경기는 내년에 WTF세계품새선수권대회 창설에 대비한 프레-세계품새선수권대회를 겸하여 치러졌다.

2005년 열린 제1회
코리아 오픈 국제
태권도 대회 포스터

4. 기타 국제대회

제23회 하계유니버시아드대회가 8월 15일부터 20일 사이 터키의 이즈미르에서 개최되었다. 한국 선수단은 박형진, 김재학, 남윤배, 이문규, 이성혜 등이 금메달을 획득하여 금 5, 은 2, 동 2개로 선전하였다.

제3회 동아시안게임 태권도경기가 11월 3일, 4일 양 일간 마카오에서 개최되었다. 한국선수단은 금 6, 은 1, 동 1개의 성적을 거두었다.

5. 국가대표선발전 및 각종 국내대회

스페인 마드리드에서 열리는 제17회 세계선수권대회에 출전할 국가대표 선발 최종 평가전이 2월 4일과 28일 두 차례로 나누어 치러졌다. 1차전에서 남자 헤비급의 허준녕과 핀급의 김진희, 페더급의 송명섭, 라이트급의 문상현, 웰터급의 장창하가 그리고 여자부의 김연지(라이트)가 세계대회 3연패에 도전할 기회를 획득하였고 웰터급의 황경선, 페더급의 김새롬도 세계대회 출전 티켓을 확보하였다. 1차 평가전에서 결정을 짓지 못한 체급들은 28일 2차 평가전을 통하여 남자부의 고석화(플라이), 김재식(밴텀), 오선택(미들) 그리고 여자부의 윤은영(핀), 문미애(플라이), 김보혜(밴텀), 정선영(미들), 신경현(헤비)가 선발되었다.

제40회 대통령기대회가 7월 16일부터 21일 사이 경북 영천에서 개최되었다. 남고부는 효성고가, 그리고 여고부는 대전체고가 우승을 차지하였으며, 남대부는 상명대, 여대부는 한국체대, 남일반부는 한국가스공사가, 그리고 여일반부는 삼성에스원이 차지하였다.

제35회 협회장기전국단체대항대회는 8월 18~25일 사이 초, 중, 고, 대, 일반부로 나누어 울산에서 개최되었다. 제14회 국방부장관기대회가 9월 13일부터 15일 사이 국군체육부대에서 개최되어 한국체대(남자부), 경희대(여자부), 그리고 군부는 육군 직할부대가 우승을 차지하였다. 한편 전국체육대회는 울산 울산대학교 체육관에서 10월 15일부터 19일 사이에 개최되어 예상을 깨고 전남이 종합 우승을 차지하였다. 년말을 결산하는 우수선수선발대회는 11월 8일부터 11일 사이 국기원에서 개최되어 다음 해의 국가대표선발예선전을 겸하여 치러졌다.

6. 각 연맹 회장 선거 열기 및 한국실업태권도 연맹 창립

예년에 없던 회장 선거 열기가 중고연맹과 대학연맹에서 나타났다. 중고연맹은 전년 연말인 2004년 12월 27일 대의원 총회를 개최하여 회장 선거를 치렀다. 현 회장인 김충렬 회장과 오랫동안 호흡을 함께해온 김인수 부회장이 맞붙어 치열한 선거전 끝에 김충렬 회장이 재선되었다. 한편 대학연맹 역시 정기 대의원 총회에서 오랜 동료였던 김경지 교수(경희대)와 조근종 교수(한양대)가 경합하여 김경지 교수가 근소한 차로 회장에 당선되었다.

한국실업태권도연맹이 2005년 3월 29일 창립했다. 국내 21개 태권도실업팀으로 구성된 실업연맹은 이날 서울 올림픽파크텔에서 창립총회를 개최하고, 열린우리당 김종률 의원을 초대회장으로 추대했다. 실업연맹은 태권도실업팀의 발전과 권익향상

목적으로 구성됐으며 자치단체와 국군체육부대(상무), 정부 투자 공사 등에서 운영하고 있는 21개 실업팀이 참여하고 있다. 실업연맹은 앞으로 경기대회 주최와 실업팀 육성 및 발전에 관한 연구, 해외 팀들과의 교류를 위한 국제경기대회 개최 및 참가, 실업팀 간의 기술교류, 합동훈련, 실업연맹에 대한 홍보 활동 등 실업팀 육성을 위한 다양한 사업을 전개해 나간다고 설명했다. 그러나 실업연맹은 이때까지 대한태권도협회에 가맹 승인이 이루어지지 않았다.

국내 21개 태권도실업팀으로 구성된 한국실업태권도연맹 창립총회 모습

7. 태권도 2012년 런던올림픽 정식종목 유지

태권도가 올림픽 종목으로 남게 됐다. 반면 야구와 소프트볼은 올림픽종목에서 제외됐다. 국제올림픽위원회(IOC)는 2005년 7월 8일 싱가폴 라플스호텔에서 제117회 총회를 하고 올림픽 종목 퇴출 찬반투표를 가졌다. 태권도는 이날 투표에서 과반수 이상을 획득하여 2012년 런던 하계올림픽 정식종목으로 남게 됐다.

92년 바르셀로나올림픽부터 정식종목이 된 야구와 96년 애틀랜타올림픽부터 채택된 소프트볼은 과반수의 표를 얻지 못해 정식종목에서 탈락했다.

8. 제2회 협회장배품새대회, 172개 팀 1,600여 명 참가

제2회 대한태권도협회장배 전국품새선수권대회가 11월 25일부터 28일까지 충남 당진실내체육관에서 열렸다.

전국 각 태권도장과 학교 팀에서 1천673명(172개 팀)이 참가한 이번 대회는 ▶개인품새(6개 부)와 ▶단체품새(5개 부), ▶태권체조(4개 부), ▶대학경연 단체부문(3개 부) 등 4개 부문으로 나뉘어 진행됐다.

특히 올해 처음 대학경연 단체부문이 신설돼 품새와 태권체조, 시범 등 3개 부가 진행되었다. 또 각 부별 3위 내에 입상한 팀들에게는 소정의 장학금이 수여됐다.

이번 대회부터 신설된 대학경연 단체부문에서 한국체육대학교가 품새(김기동 외 9명)와 시범(김보현 외 25명) 2개 부분을 석권했다. 태권체조부분은 계명대(최승용 외 9명)가 충청대학(김광섭 외 8명)을 결승서 84점-83점 1점 차로 누르고 우승컵을 품에 안았다.

2006년

1. 정기 대의원 총회 개최, 실업연맹 가승인

2006년도 대한태권도협회 정기 대의원 총회가 1월 17일 올림픽파크텔에서 열렸다. 이날 총회에서 KTA는 지난해 결산액을 33억 3천여만 원으로 보고했고, 올해 예산은 36억 3천여만 원으로 확정했다. 지난해 승품·단 심사추천을 통해 50만 728명의 심사추천비 13억 958만 원으로, 이는 전년도 대비 인원 3.7%(1만 8,727명), 심사추천비는 2.9%가 감소한 것이다. 총회에서 향후 지속해서 감소할 심사인원과 이에 따른 예산 확보 방안이 논의되었다.

◆ 2006년 임원

회장	김정길
상임부회장	이종승
부회장	김길출, 김지완, 이명근, 황춘성
전무이사	임춘길
기획이사	양진방
이사	김경희, 김광언, 김선공, 김성태, 김수열, 김영흠, 김인수, 김재윤, 김종관, 박승용, 배양일, 손교명, 송봉섭, 안민석, 안종웅, 양인옥, 예조해, 윤오남, 이공신, 이금룡, 이상철, 이택명, 정만순, 정찬모, 정현영, 조만석, 조영기, 조정원, 최동열, 하봉갑, 한국선, 한상윤
감사	임윤택, 홍승해

◆ 2006년 기술심의회

의장	황춘성		
부의장	박용국, 김갑식, 심명구, 김영철, 김대연		
경기위원장	김경일	품새질서대책위원장	정연주
심판위원장	박종명	의무위원장	허진강
심사위원장	최종복	기획위원장	임성근
기록위원장	강대인	연구위원장	전익기
질서대책위원장	이백운	도장위원장	안용규
경기력향상위원장	김세혁	홍보위원장	이호열
품새경기위원장	이재수	국제위원장	황용수
품새심판위원장	김경찬	생활체육위원장	조한우
품새기록위원장	박흥신	사업위원장	황영갑

한국실업태권도연맹의 가맹승인 요청에 대해서는 이번 총회에서 가승인을 하되, 향후 1년 동안 활동을 지켜본 후 내년 총회에서 정식 승인하기로 하였다.

2. 도하 아시안게임 태권도경기

제15회 아시안게임이 12월 8일부터 11일 사이 중동의 카타르 도하에서 개최되었다. 한국 선수단은 이용렬 선수가 한국 선수들의 강적으로 유명한 이란의 하디 사에이 선수를 경기 첫날 준결승에서 3-1로 완승하면서 금메달을 획득하는 등 선전하여 남녀 총 9개의 금메달을 획득하였다. 한국 선수단은 남자부의 김학환(헤비), 이용렬(라이트), 송명섭(페더), 김주영(밴텀), 유영대(플라이)가 금메달을 획득하였으며 여자부의 권은경(플라이), 김보혜(밴텀), 이성혜(페더), 황경선(웰터)이 금메달을 획득하여 대한민국 선수단의 종합 2위 달성에 결정적 기여를 하였다.

2006년 카타르 도하 아시안게임에 참가하는 한국태권도대표팀 선수들과 코칭스태프.

3. 월드컵단체대항 남녀 동반우승

한국대표선수단이 2006년 9월 14일부터 18일까지 태국 방콕에서 열린 제1회 월드컵 단체대항선수권대회에서 남녀 개인전과 단체전에서 동반 우승했다.

35개국에서 300여 명의 선수가 참가한 가운데 열린 이 대회에서 남자 헤비급 남윤배가 그리스 스테르기우스 로이디스 서수를 2대1로 제치고 금메달을 획득한 이후 남자 웰터급 장창하, 플라이급 최연호, 페더급 남연식, 여자 라이트급 전은경, 밴텀급 이혜영, 페더급 정나리 선수가 금메달을 추가했다. 한국팀은 남자부 단체전 결승에서 이란을 4대1로, 여자부 단체전 결승에선 터키에 3대2로 승리를 거두고 동반 우승을 했다.

4. 세계청소년선수권 6연패 달성

2006년 7월 26일부터 30일까지 베트남 호치민시에서 열린 제6회 세계청소년태권도 선수권대회에서 한국대표팀이 6년 연속 종합우승을 했다. 한국팀은 남녀 각 10체급 중 대회 2연패를 한 전진수(서울체고)를 비롯해 플라이급 이승원(강원체고), 미들급 정용진(부산체고), 헤비급 강동영(서울체고) 등 4체급에서, 여자부는 플라이급 김민지(성안고), 웰터급 임은지(서울체고), L-헤비급 유은심(부산체고), 헤비급 안새봄(강화여고) 등 4체급에서 금메달을 획득했다.

◆ 제1회 세계품새선수권대회 대표선수(남자)

남자주니어	남자시니어1	남자시니어2	남자마스터1	남자 마스터2
장재욱	김보현	정태성	이성우	김희도

◆ 제1회 세계품새선수권대회 대표선수(여자)

여자주니어	여자시니어1	여자시니어2	여자 마스터1	여자 마스터2
이나연	홍희정	송남정	이미옥	장정희

5. 제2회 코리아오픈 및 제1회 세계품새선수권대회

제2회 코리아오픈 대회가 올림픽체조경기장에서 9월 6일부터 9일 사이에 개최되었다. 특히 코리아오픈대회와 연계하여 세계연맹이 창설한 제1회 세계품새대회가 함께 열리게 되어 품새경기의 새로운 역사를 열게 되었다. 세계품새선수권대회는 9월 4일부터 6일 사이에 개최되어 전 세계 59개국 590명의 선수가 참가하였다. 한국 선수단은 전 부문에 출전하여 전 부문 우승을 차지하였다.

6. 아시안게임 출전 국가대표 선발전 등 각종 국내대회

12월에 카타르 도하에서 열리는 제15회 아시안게임 태권도 경기에 출전할 대표선수단 최종 선발전이 5월 25일 26일 양일간 국기원에서 개최되었다. 각국이 남녀 각 8체급 중 최대 6체급만 출전할 수 있는 아시아연맹의 규정에 따라 남자부는 핀급과 웰터급을 포기하였고 여자부는 핀급과 헤비급을 제외시켰다.

남자부는 세계대회 3연패의 최연소를 제친 유영대(플라이), 김주영(밴텀), 남연식을 이긴 송명섭(페더), 이용렬(라이트), 박경훈(미들), 남윤배와 허준영을 제압한 김확환(헤비)이 선발되었다.

여자부는 권은경(플라이), 김보혜(밴텀), 이성혜(페더), 진채린(라이트), 황경선(웰터), 이인종(미들)이 선발되었다.

제41회 대통령기는 태백실내체육관에서 7월 22일부터 27일 사이에 개최되었다. 남자고등부는 방어진고가 우승을 차지하였으며 여고부는 효성고가 남대부는 상명대가, 여대부는 경희대가, 그리고 일반부는 삼성에스원이 남녀부 동반우승을 차지하였다. 제35회 협회장기 대회는 8월 16일부터 22일 사이 전북 익산체육관에서 개최되어 중등부는 중화중(남)과 평원중(여)이 우승을 차지하였으며, 고등부는 풍생고(남)와 리라아트고(여)가, 대학부는 우석대(남)와 경희대(여)가, 그리고 일반부는 한국가스공사(남)와 삼성에스원(여)이 우승을 차지하였다.

이 해 두 개의 전국대회가 새로이 창설되었다. 제주도협회가 추진한 제주평화기 대회는 1월 21일부터 27일 사이에 서귀포 국제컨벤션센타에서 제1회 대회를 개최하였다. 경남협회가 주최한 3.15기념대회는 3월 24일부터 29일 사이에 창원실내체육관에서 제1회 대회를 개최하였다.

이 두 대회는 중고등부 대회의 활성화에 기여한 긍정적 측면과 함께 과다한 대회 일정을 만들어낸 부정적 결과도 함께 지적되었다. 한편 10월 18일부터 22일 사이에 경북 영천실내체육관에서 개최된 전국체전 태권도 경기에서 경북이 우승을 차지하였으며 광주와 전남이 2, 3위를 차지하였다.

7. 「뉴 태권도 코리아」 사업 중장기 계획 수립

대한태권도협회(KTA)가 태권도 브랜드 파워를 강화하고 콘텐츠를 개발해 나가기로 했다. KTA는 2006년 2월 8일, 경기도 양평에서 KTA 직원과 기자들이 참석한 가운데 워크숍을 열고 '세계태권도최강전' 등이 포함된 「뉴 태권도 코리아」 사업에 대한 방향성을 논의했다. 이번 워크숍은 2005년 12월 KTA와 KBS SKY채널이 업무협약 체결에 따른 '뉴 태권도 코리아' 사업 전개를 위한 첫 신호탄이었다. 이날 워크숍에 참석한 사람들은 태권도가 외형적인 고속성장을 해왔지만, 질적 향상에 실패하는 등 태권도의 사회적 이미지는 하향곡선을 그리고 있다는 데 공감하고, 태권도가 국민들로부터 사랑을 받고 흥미를 유발하며 인기 있는 태권도 경기를 만들기 위해 「뉴 태권도 코리아」 사업에 전력해야 한다고 입을 모았다. 앞으로 KTA는 「뉴 태권도 코리아」 사업 전개를 위한 3단계의 중장기 계획을 수립해 그 첫 단계로 태권도 긍정적 이미지 구축과 태권도인의 화합 및 협력, 정부정책과 예산지원 확보를 통해 '태권도 붐'을 조성하기로 했다. 이를 위해 스카이채널을 이용한 대국민 캠페인, 세계태권도최강전 개최, 스포츠 마케팅 사업을 전개할 것이라고 밝혔다.

두 번째 단계는 태권도 위상을 강화하고 국내외 팬 구축과 태권도 스타 마케팅을 통해 '브랜드 파워'를 강화하기로 했다. 이를 위해 캠페인 및 방송홍보, 해외 미디어 파트너 확보, 태권 엑스포를 개최할 예정이다. 세 번째 단계는 포지셔닝 정립, 태권도인 로열티 강화를 통해 '태권도 위상과 가치'를 강화하기도 했다.

8. 심사권 파문 일으킨 초등연맹 탈퇴

대한태권도협회(KTA)가 심사권 파문을 일으킨 (사)대한민국초등학교태권도연맹 (이하 초등연맹)을 퇴출시켰다. KTA는 2006년 9월 28일 올림픽파크텔에서 임시 대의원총회를 열고 '초등연맹 탈퇴의 건'을 안건으로 상정, 표결에 부친 결과, 참석 대의원 24명 중 찬성 22표-기권 2표로 '초등연맹 탈퇴'를 통과시켰다. 이는 KTA 창립 사상 초유의 일이었다.

KTA가 초등연맹의 축출을 강행한 것은 초등연맹이 사단법인체로 전환한 후 국 기원과 KTA의 승인도 없이 심사 계획을 추진하면서 어느 정도 예견된 일이었다. 이날 KTA 측은 '초등연맹 탈퇴'의 배경에 대해 △초등연맹의 설립 목적과 사업 내 용 및 규모가 지부단체로서 적합하지 않고 △KTA의 지부단체로서 규정을 준수 하지 않았으며 △승인하지도 않은 심사사업을 추진했기 때문이라고 밝혔다.

초등연맹의 탈퇴가 결정되자 고한수 초등연맹 대의원은 "초등연맹의 심사 계획을 불법행위로만 보지 마라. 총회에서 탈퇴를 결정한다고 해도 우리나라는 법치주의 국가이기 때문에 대법원까지 가야 할 문제"라고 말했다.

한편 초등연맹을 대표한 당연직 이사였던 안해욱 씨의 해임 건도 안건으로 상정 해 표결한 결과 찬성 21표, 기권 3표로 해임을 통과시켰다. 이후 1년도 넘는 긴 소 송 끝에 초등연맹 퇴출을 확정시켰다. 그러나 이 긴 소송으로 인하여 초등대회의 파행이 불가피해진 부정적 영향을 끼치기도 하였다

9. 유사단체 제재 등 대응책 강구

대한태권도협회가 유사단체 난립에 유감을 표명하며 대응책을 강구했다.

KTA는 2006년 7월 12일 서울 삼정호텔에서 시도태권도협회 회장단 및 전무이사 간담회를 열고, 유사단체를 제재해 나가기로 했다. 태권도의 정통성을 훼손하며 태권도계 질서를 혼란시키고 고유 업무를 침해하고 있다는 것이다.

2000년대 들어서면서 생긴 태권도 유사단체는 '세계태권도국기원', '대한태권도연맹', '한국태권도연맹', '세계태권도협회', '한국무도태권도협회', '코리아태권도협회', '대한태권도지도자연맹' 등 10여 개에 이르렀다.

국기원도 운영이사회를 열고, '세계태권도국기원' 등 유사단체의 준동으로 인한 혼란을 미연에 방지하기 위해 법적 대응을 하기로 했다.

2007년

1. 정기 대의원 총회 개최, 심사비 인상 의결

2007년도 대한태권도협회 정기 대의원 총회가 12월 2일 올림픽파크텔에서 열렸다. 국기원은 원가 상승 요인에 따라 단(품) 등록수수료를 9% 인상했고, 대한태권도협회(KTA)는 2007년도 정기 대의원 총회에서 심사추천비에 '도장지원특별사업비' 항목을 삽입해 1,500원을 더 추가하기로 의결했다.

협회는 2006년 심사 인원을 고려하면 1인당 심사추천비로 1,500원을 더 받을 경우, 연간 5억 4천여만 원의 예산을 확보할 것으로 추산했다. 이 예산은 KTA의 전체 예산에 반영해 다루지 않고 별도의 계정을 개설해 집행할 것이라고 밝혔다. 협회는 5억 4천여만 원의 예산이 확보되면, 이 돈은 도장을 지원하는 특별사업비로만 사용하기로 하였다. 2003년 도장교육 홍보용 포스터를 개발하여 전국 도장에 배포한 이후 지속해서 도장지원 사업을 계속해 온 협회는 안정적인 예산을 확보하여 도장지원 전담부서의 설치 등 도장 지원사업을 본격적으로 전개하기로 하였다.

2. 2007 세계태권도선수권, 한국 남녀동반 우승

한국 태권도가 세계선수권대회에서 간신히 남녀동반 우승했다.

5월 17일부터 22일까지 중국 베이징 교외에 위치한 창핑체육관에서 열린 제18회(여자 12회) 세계태권도선수권대회에서 한국대표팀은 최초의 여성 단장인 이등자 여성연맹 회장을 단장으로 하여 선전을 기대하며 참가하였다. 그러나 박경환 감독과 왕광연, 김봉석 코치가 이끈 남자부는 한층 높아진 세계 각국 선수단의 전력과 상대적으로 신인 위주로 구성된 우리 선수단의 경기력 부족으로 어려운 경기를 펼쳤다. 핀급의 최연호 선수가 유일한 금메달을 획득하는 사상 최악의 성적을 거두었다. 그러나 미국의 스티븐 로페즈에게 패하여 은메달을 획득한 장창하와 4개의 동메달로 종합 우승의 자리는 간신히 지킬 수 있었다. 또 다른 남자부 강국인 이란 역시 노골드의 수모 속에서도 종합 2위의 자리는 역시 지켜냈다. 남자부의 세계적 경기력 평준화를 보여주는 현상으로서 전체 8체급이 모두 다른 국가들에 돌아가는 진기한 결과가 나타났다(스페인, 크로아티아, 쿠바, 대만, 미국, 터키, 말리).

 이호열 감독과 임종환, 박만성 코치가 이끈 여자부는 나름의 선전을 펼쳐, 밴텀급의 정진희, 페더급의 이성혜, 그리고 황경선이 금메달을 획득하며 박혜미, 이인종, 한진선의 은메달로 종주국의 체면을 지키며 여유 있게 종합우승을 지켜냈다. 개최국인 중국은 여자부의 새로운 강자로서 떠오르며 핀급의 우징위와 헤비급 간판 첸종이 금메달을 차지하며 한국에 이어 종합 2위를 차지하였다.

3. 「태권도 진흥 및 태권도공원조성 등에 관한 법률」 제정 공포

정부는 오랫동안 우여곡절을 겪으며 추진해온 '태권도 진흥 및 태권도공원조성 등에 관한 법률' 을 12월 21일 제정, 공포하였다. 태권도 공원 조성을 위한 법률적 근거 마련을 위해 출발한 소위 태권도 진흥법은 국기원의 존재에 관한 법적 근거를 비롯한 다양한 측면의 태권도 발전에 대한 국가와 정부의 역할 규정 등 실질적으로 중요한 내용을 담고 있는 법률이다.

법률안이 국회에서 처리되지 못하고 답보 상태에 있는 상황에서는 태권도계의 서명, 성명서 발표, 국회 방문 등의 활동도 있었다. 특히 2007년 11월 15일 서울 올림픽파크텔에서 제3차 전체이사회를 열고 국회에 계류 중인 '태권도특별법'의 제정을 촉구하고 참석 이사들이 서명한 결의문을 국회에 전달하기도 하였다.

이 법률의 제정, 공포는 태권도계가 인식하고 있었던 것보다는 훨씬 더 광범위하고 심대하게 향후 태권도계 전반에 영향을 미칠 것으로 보였다.

4. 제3회 코리아오픈국제대회 및 제24회 하계 유니버시아드대회

제3회 코리아오픈국제대회가 11월 1일부터 3일 사이 인천 삼산체육관에서 개최되었다. 전 세계 32개국 400명의 해외 선수단이 참가하였으며, 한편 4일부터 6일까지는 제2회 세계품새선수권대회가 치러졌다. 세계품새선수권대회는 전 세계 50개국으로부터 534명의 선수, 임원이 참가하는 성황을 이루었다. 세계품새대회에서 한국 선수단은 김연행(남자주니어), 김보현(남자시니어1), 김희도(남자마스터2), 이슬비(여자주니어), 안진영(여자시니어1), 송남정(여자시니어2), 서영애(여자마스터1)가 금메달을 획득하였다.

한편 8월 9일 부터 13일 사이에 태국 방콕에서 개최된 제24회 하계유니버시아드대회에서 한국선수단은 7개의 금메달과 은메달 2개, 동메달 4개를 획득하는 선전을 하였다. 남자부의 임인묵(플라이), 김용민(밴텀), 허준녕(헤비)과 여자부의 권은경(플라이), 임수정(페더), 정선영(라이트), 현경화(헤비)가 금메달을 획득하였다.

5. 국가대표선발전 및 각종 국내대회

베이징세계선수권대회에 출전할 2007년 국가대표선수 최종선발전이 2월 27일, 28일 양일간 개최되었다. 이틀에 걸친 열전 끝에 남자부는 최연호(핀), 이순재(플라이), 손태진(밴텀), 송명섭(페더), 고준호(라이트), 장창하(웰터), 박민수(미들), 남윤배(헤비)가 그리고 여자부는 박효지(핀), 장은숙(플라이), 정진희(밴텀), 이성혜(페더), 박혜미(라이트), 황경선(웰터), 이인종(미들), 한진선(헤비)가 선발되었다.

한편 베이징올림픽 세계예선대회에 출전할 대표선수 선발전이 7월 5일, 6일 이틀간 국기원에서 개최되어 남자 -68kg 손태진, +80kg 차동민, 여자 -57kg 임수정, -67kg 황경선이 선발되었다.

소년체전이 5월 26일부터 28일 사이 경북 영천에서 개최되었다. 소년체전에서 전통적으로 강세를 보이는 강원도가 금메달 6개를 휩쓸었다.

제42회 대통령기대회가 7월 18일부터 23일 사이에 경기도 포천 대진대학교 체육관에서 197개 팀 1,709명이 참가하여 개최되었다.

제37회 협회장기대회는 8월 15일부터 22일 사이에 강원도 삼척실내체육관에서 개최되어 남중부는 천안북중, 여중부는 남인천여중, 남고부는 송곡고, 여고부는 효성고, 남대부는 충남대, 여대부는 경희대, 남일반부는 한국가스공사가 그리고 여일반부는 인천시청이 우승을 차지하였다.

2007년 우수선수선발대회 겸 국가대표선발예선대회는 11월 19일부터 23일 사이에 전북 정읍에서 개최되었다.

제4회 대한태권도협회장배 전국품새선수권대회가 6월 15일부터 19일까지 전북 김제실내체육관에서 열렸다. 19일에는 같은 장소에서 제2회 WTF 세계품새선수권대회 파견 국가대표선발전이 열렸다. 개인전 출전 대표선수로 김연행(주니어), 김보현(시니어1), 오혁주(시니어2), 박종범(마스터1), 김희도(마스터2)가 여자부는 이슬비(주니어), 안진영(시니어1), 송남정(시니어2) 서영애(마스터1)가 선발되었다.

6. 2007년 전국체전 전자호구 사용 과정

협회는 그동안 꾸준히 판정의 공정성을 높이려는 방안으로 전자호구 사용을 검토해 왔다. 특히 임춘길 전무이사가 판정논란에 휘말려 퇴진한 이후 양진방 전무이사 직무대행은 전자호구 도입을 더욱 적극적으로 추진하였다.

전자호구 시범대회와 서울시 전국체전예선전 경기의 전자호구 사용, 그리고 춘천오픈국제대회의 시범사용 등을 통하여 전자호구 사용의 가능성이 더욱 높아졌다. 협회는 전국체전에서 전자호구를 사용하는 방안을 검토하는 과정에서 전국시도태권도협회전무이사협의회(회장 노순명)와 함께 2007년 6월 13일 서울시태권도협회가 주최한 전자호구 시범을 참관한 후 국기원 강의실에서 회의를 열고, 이번 경기를 통해 드러난 전자호구의 무게, 센서 조절, 센서 고장 등 3~4개의 문제점을 보완하는 것을 전제로 광주에서 열리는 제88회 전국체전에서 전자호구를 사용하는 방향으로 의견을 모으기도 하였다.

협회는 8월 6일 전자호구 기능테스트를 한 후 8월 7일 열린 협회장기 단체대항대회 대표자회의에서 대학부와 일반부에 전자호구를 사용하기로 결정하고, 발기술 몸통 득점만 전자호구로 채점하고 얼굴과 주먹득점은 부심이 종전과 같이 채점하는 방식을 채택하기로 하였다.

9월 13일 올림픽파크텔에서 2007년 제2차 이사회를 개최하여 광주전국체전에서 전자호구를 사용하는 것을 의결하였다. 대회 도중 경남, 전남 등 일부 시도의 전자호구 사용에 강한 반발이 있었지만 대체로 절대다수의 시도가 판정의 공정성에 긍정적이었던 것으로 평가함으로써 향후 모든 경기에 전자호구 사용이 이루어지는 주요한 계기가 되었다.

7. KTA 산하단체 지부장 연찬회 개최

대한태권도협회 산하 시·도태권도협회 및 시·군·구지부 단체장들이 협회 창립 이래 처음으로 한자리에 모였다.

대한태권도협회는 2007년 6월 16일과 17일 전북 무주리조트에서 2007 전국 시군구 지부장 초청연찬회를 개최했다. 산하 4개 연맹체와 16개 시도협회장을 비롯해 시군구 지부장 등 250여 명이 참석한 대규모 행사였다.

대한태권도협회는 이번 연찬회와 관련 "협회가 추진하는 사업내용에 대한 자세한 설명으로 행사에 참여한 지부장들의 공감대 형성이 중요하다"며 "앞으로 일선 지도자와의 대화의 장을 마련하는 것이 가장 큰 목적"이라고 설명했다.

이번 행사는 2006년 정기 대의원 총회에서 승인된 '도장지원사업'의 일환으로 열렸다. 도장지원사업은 홍보지원, 제도개선, 인력개발, 교육지원, 정보지원 등 5가지 주제로 추진하고 있다. 한편 연찬회에서 그동안 의욕적으로 개발해 온 『KTA 공인태권체조』를 선보였다.

2007년 4월 대한태권도협회 집행부와 시도태권도협회 회장 등 태권도인들이 태권도특별법 제정을 촉구하는 의지를 내보이고 있다.

8. 도장지원정책 강화, 도장지원특별위 구성

대한태권도협회가 3월 도장정책을 전담할 책임연구원(이종천씨)을 채용해 도장 지원 정책을 강화하고 도장지원 사업을 협의, 추진하기 위한 중심기구로 시도협회 전무이사를 중심으로 하는 '도장지원특별위원회'를 구성했다.

2004년 도장교육연구위원회 발족해 전국 우수도장을 방문해 성공사례를 조사해온 협회는 앞으로 도장 지원정책은 시도지부가 직접 참여하는 형태로 운영해 나가기로 했다. 시도협회 전무이사-협회 임원-도장분과위원장-도장책임연구원(간사)으로 도장지원특별위원회를 구성하여 7월 4일 제1차 도장지원특별위원회를 개최하였다. 위원회를 통하여 확정된 도장지원특별사업의 예산은 △지도자 의식개혁 지원(5천만 원) △태권도 이미지 개선(1억 2천만 원) △도장 관련 제도 개선(3천만 원) △지도지침서 발간 등 교육 지원(8천만 원) △공연 및 행사개최 등 문화 지원(5천만 원) △ 도장경영정보지 발간 등 기타 지원(1억 5천만 원) △도장전담부서 인건비 등 운영비(7천만 원) 등이다.

9. 공인 태권체조 개발에 전국에 보급

대한태권도협회(KTA)가 태권도 수련 층 다변화를 위해 개발한 공인태권체조(연구 개발팀장: 송남정)를 전국 일선 도장에 보급했다. KTA는 2007년 10월 6일 강원도 횡성의 송호대학 진선체육관에서 '태권도지도자 태권체조 강습회'를 열었다. 이날 강습회에는 강원도태권도협회의 요청으로 일선지도자 150명이 참가했다.

이날 1장부터 5장까지 개발되어 있는 태권체조 시연은 송남정, 송선영, 신미영, 정선미 등 4명의 태권체조 개발위원들이 맡았다. 이들은 경쾌한 음악에 맞춰 체조를 선보이고, 시연이 끝난 뒤에는 각 장에 대한 구체적인 설명을 했다.

10. 태권도장 경영 및 지도법 경진대회 개최

대한태권도협회가 일선 태권도장 활성화를 위해 2007년 12월 15일 용인대 무도대학 컨벤션홀에서 '제1회 전국 태권도장 경영 및 지도법 경진대회'를 개최했다. 이 대회에는 전국 각지에서 지도자 및 학생 등 1,200여 명이 참석해 성황을 이뤘다. '경영방법'과 '지도방법' 등 2개 부문으로 치러진 이번 대회에는 총 30개 도장에서 참가를 신청, 예선심사를 통과한 14팀이 참가했다.

경영방법 부문에는 6팀이 본선에 진출해 경기대정무태권도장 진재성 관장이 '공개심사'로 대상을 수상했다. '자기도장 분석 및 경쟁력제고 방안'을 주제로 도장의 장단점을 스스로 파악하고 성공을 위한 전략적 접근 방안을 발표한 대구경희동양태권도장 이찬 관장이 금상, 컴퓨터를 활용해 학부모를 대상으로 '입관상담법'을 발표한 태정회정훈태권도장 심재완 관장이 은상, 효과적인 태권도 지도계획 작성 및 활용 방안을 발표한 Hans태권도장 이세환 관장이 동상을 각각 수상했다.

지도방법부문에는 8팀이 본선에 진출해 정통 태권도 수련법을 발표한 남창태권도장 강신철 관장의 품새지도법이 대상을 차지했다. 태권도시범을 유급자 교육과정에 적용한 사례를 발표한 한 한국체대정재환태권도장 정재환 관장이 금상, 수련생들에게 긍정적인 수련을 제공하기 위한 지도방법론을 발표한 소나무향기태권도장 정종수 관장이 은상, 품새를 재미있고 신 나게 수련할 수 있는 음악품새 활용방안을 발표한 호림태권도장 김동연, 신미영 사범이 동상을 각각 수상했다.

각 부문별 수상자에게는 상패와 상금이 주어졌다. 대상은 3백만 원, 금상은 2백만 원, 은상 1백만 원, 동상 50만 원이 각각 지급됐다. 또한 본선진출자 전원에게는 KTA 우수도장을 상징한 현판을 줬다. 입상자들은 KTA 도장분과위원회가 실시하는 전국태권도장활성화세미나에 전문 강사로 위촉돼 활동했다.

11. 임춘길 전무이사 퇴진과 양진방 전무이사 선임

임춘길 전무이사가 2004년 2월 전무이사에 선임된 지 3년 7개월 만에 전무이사직을 사퇴하였다. 임 전무는 하봉갑 이사 등이 제기한 판정 개입 및 이에 관련한 금품 수수 의혹에 대하여 사실 여부를 떠나 도의적으로 책임을 진다는 의미로 사표를 제출하였다. 임춘길 전무의 사표는 김정길 회장에 의하여 10월 23일 공식 수리되었다. 이후 임 전무에 대한 검찰 수사는 혐의없음으로 결론이 났다.

전무이사 공석 사태에 대하여 김정길 회장은 양진방 기획이사를 전무이사직무대행으로 임명하여 업무를 처리하게 하였고, 11월 15일 올림픽파크텔에서 개최된 제3차 이사회에서 양진방 전무이사를 정식 선임하였다. 이후 임춘길 전 전무이사는 2008년 4월 상근부회장으로 협회에 복귀하였다.

2008년

1. 총회 파행과 김정길 회장 사퇴

2008년도 대한태권도협회 정기 대의원 총회가 1월 18일 올림픽파크텔에서 열렸다. 이날 총회가 개회한 지 50분 만에 의장으로서 회의 진행하고 있던 김정길 회장과 임윤택 서울 대의원이 상벌규정을 놓고 언성을 높인 끝에 산회 됐다. 김정길 회장이 대한체육회장으로서 체육계의 비리 근절을 위하여 직무 관련 벌금형 선고자에 대한 임원자격 제한 등 강도 높은 규정을 최근에 제정한 것에 대한 시비를 제기하는 임윤택 서울시 회장이 집요하고도 거친 항의를 계속하자, 김정길 회장이 격노하며 총회 산회를 선언하고 총회장을 떠났다. 일부 대의원들이 분위기를 바꾸어 총회를 계속하려고 노력을 하였지만, 최종적으로 양진방 전무이사가 회의 속개를 할 수 없다는 김정길 회장의 입장을 대의원들에게 전달하며 총회는 그대로 종료되었다.

이명박 정부 출발 이후 정부와 원만하지 못한 관계를 가져왔던 김정길 회장은 마침내 "체육회장으로서 올림픽을 지원해야 할 정부와 최근 불편한 관계가 계속돼 올림픽 준비와 체육계 현안의 원만한 해결을 위해 사퇴를 결심했다"고 밝히며 대한체육회장과 함께 협회장직도 사퇴한다고 발표하였다.

김정길 회장은 이종승 상임부회장에게 회장직무대행을 부탁하면서 양진방 전무이사와 함께 협회 정상화를 도모해 달라고 당부하였다. 이로써 김정길 회장은 약 4년의 회장 임기를 마쳤다.

김 회장은 구천서 회장 구속 이후 회장을 맡아 협회의 화합과 안정 회복에 크게 기여했으며, 사단법인화, 코리아오픈 창설 등 업적을 남겼다. 또 대한태권도협회장으로서 대한체육회장에 당선됨으로써 태권도의 위상 제고와 태권도인들의 자긍심 고취에도 역할을 하였다.

2. 제24대 대한태권도협회장에 홍준표씨

제24대 대한태권도협회 회장에 홍준표 한나라당 원내대표가 당선됐다. 홍준표 회장은 2008년 6월 11일 서울 송파구 방이동 올림픽파크텔에서 열린 KTA 임시대의원총회에서 재적 대의원 24명 가운데 과반이 넘는 16표를 획득, 8표를 얻은 김성태 부산시태권도협회 회장을 제치고 회장으로 선출됐다.

이보다 앞서 후보 등록에서 회장 후보로 등록했던 조영기 전남 회장은 홍준표 후보

지지를 선언하며 후보를 사퇴하였다. 이로써 홍준표 회장은 지난 4월 사퇴한 김정길 전 회장의 잔여 임기 7개월을 포함해 2013년 1월까지 협회를 이끌게 됐다.

대구 영남중·고교 재학 시절 태권도를 수련한 홍 회장은 "태권도는 오늘날 우리가 자랑할 수 있는 대표적인 한류 문화이자 스포츠 콘텐츠로 한국의 위상을 드높여 왔다"며 "열성을 다해 태권도의 중흥기를 가져올 수 있도록 할 것을 약속한다"고 말했다.

홍준표 회장은 조영기 전남 회장을 상임부회장으로 선임하고, 전무이사는 당분간 현 양진방 전무를 그대로 유임하기로 결정하였다. 그 외 이승완 상임고문과 안종웅, 김성태, 박원희, 그리고 국회의원인 이명규, 이범래 의원 등을 부회장에 선임하여 집행부 일부를 구성하였다.

2008년 7월 제24대 회장으로 취임한 홍준표 신임 회장이 대한태권도협회 깃발을 휘날리고 있다.

3. 경기규정 개정 및 기술전문위원회 개편

협회는 1월 15일 결산이사회를 개최하고 경기규정 일부를 개편하였다. 전자호구 도입에 따른 전자호구 사용 시 적용되는 경기규정을 마련하고 10초 촉진규정과 넘어지는 행위 처벌 강화 등 경기 박진감을 높이기 위한 일부 규정을 개정하였다.

양진방 전무이사와 함께 경기장을 운영해 갈 기술전문위원회 의장으로서 새롭게 윤웅석 의장을 임명하고, 경기위원장에 박홍신, 심판위원장에 최정호, 기록위원장에 주상헌, 질서대책위원장에 김일섭을 임명하였다.

한편 협회는 2008년 2월 1차 서류전형과 심사를 통해 선발된 114명 중 91명을 최종 선발하고, 2008년 3월 7일부터 1박 2일 일정으로 용인청소년수련원에서 심판 세미나를 열었다. 세미나에는 새롭게 구성된 기술전문위원회 의장단과 심판부 임원 등이 참석해 91명 심판들을 대상으로 강도 높은 정신교육과 개별 면담을 실시했다. 이번 교육은 심판 내부를 쇄신하겠다는 집행부의 강력한 의지가 반영된 것으로, 판정 시비와 불신을 혁파하지 않고선 경기단체인 협회의 안정을 비롯해 태권도의 사회적 이미지를 향상할 수 없다는 점을 주지하는 데 주력하였다.

4. 베이징올림픽, 금 4개 획득해 올림픽 최고 성적

2008년 8월 20일부터 23일까지 열린 베이징올림픽 태권도 경기에서 한국은 남녀 각 2체급이 출전, 4명 모두 금메달을 획득하는 기염을 토했다. 이로써 한국은 역대 올림픽 최고의 성적을 올렸다.

여자 -57kg의 임수정은 대만(수리웬)과 뉴질랜드, 이탈리아를 차례로 꺾고 결승에서 터키의 아지즈 탄리쿨루를 제압하고 한국선수단에 첫 금메달을 안겨주었다.

남자 -68kg급의 손태진은 네덜란드를 예선에서 제압하고 터키의 세르벳 타제굴과 8강에서 만나 1:0으로 이기고 대만을 꺾고 결승에 진출하여 미국의 마크 로페즈를 맞아 3회전 뒤차기를 적중시켜 한 점 차로 제압하고 금메달을 획득하였다.

아테네올림픽에서 아쉽게 동메달을 획득했던 황경선은 첫 경기에서 와일드 카드로 올림픽에 출전한 아랍에미레이트의 세이카 알막툼 공주를 가볍게 이기고, 크로아티아와 프랑스의 에팡 선수를 제압하고 결승에 진출하여 캐나다의 카렌 세르제리를 2:1로 이겨 한국 선수단에 세 번째 금메달을 안겨주었다.

남자 +80kg급의 차동민은 크로아티아와 쿠바 선수를 제압하고 결승에서 말리의 케이타를 꺾고 올라온 그리스의 알렉산드로스 니클라이디스를 5:4로 꺾으며 금메달을 획득했다.

이로써 한국선수단은 출전 전 체급에서 모두 금메달을 따내는 기염을 토하였다.

세계태권도연맹은 베이징올림픽 경기에서 전자호구를 사용하기 위하여 많은 노력을 하였지만, 최종적으로 전자호구 사용에 대한 준비가 미흡하여 일반호구로 경기를 치르게 되었다.

2008 베이징올림픽 태권도
종목에 출전한 한국대표 선수들.
왼쪽부터 황경선, 임수정,
손태진, 차동민 선수

5. 올림픽 대표 선발전 및 각종 국내 대회

5월 2일 제천실내체육관에서 열린 제3차 올림픽대표 선발 최종전에서 4명의 대표
선수가 확정되었다. 여자 -67kg의 황경선은 2차 평가전에서 일찌감치 대표로 확
정되었으며, 그 밖의 세 체급은 모두 3차전에서 승부를 가려야 하는 난전으로 진
행되었다.

여자 -57kg급은 임수정이 2차전에서 이혜영에게 패하여 3차전까지 와서 다시 격
돌하게 되었다. 임수정은 이혜영을 1:0으로 이기고 올림픽 출전 티켓을 확보하였다.

남자 +80kg의 차동민은 윤희성과 격돌하여 3차전에서 윤희성을 꺾고 베이징올림
픽 출전권을 확보하였다.

남자 -68kg급은 손태진(삼성에스원), 송지훈(삼성에스원), 김주영(조선대), 이문
규(한국가스공사)가 물고 물리는 접전을 펼치며, 3차전으로도 승부를 가리지 못
하고 재대전까지 가는 초박빙의 승부를 펼쳤다. 재대전 끝에 손태진이 베이징올림
픽 출전의 영예를 차지하였다.

제43회 대통령기대회가 7월 18일부터 23일 사이 청주실내체육관에서 개최되었
다. 단체우승은 고등부는 효성고가 남녀 동반우승을 차지하였으며, 대학부는 한
국체대가 역시 동반우승을 차지하였다. 일반부는 한국가스공사(남)와 삼성에스
원(여)이 우승을 차지하였다.

협회장기는 8월 29일부터 개막된 제38회 협회장기에서 강원체고와 리라아트고가
고등부 남녀 우승을 각각 차지하였으며 대학부는 동아대(남)와 용인대(여)가 그리
고 일반부는 삼성에스원이 남녀 동반우승을 차지하였다.

3월 25일부터 4월 1일 사이에 개최된 2008년 전국종별선수권대회에서 전자호구

가 전면적으로 채용되어 대체로 무난하게 경기를 마침에 따라 전자호구의 전면적 사용에 대한 전망을 밝게 하였다.

6. 국가대표 시범공연단 창단

협회(KTA)가 'KTA 국가대표 시범공연단'을 창단했다. 협회는 2008년 2월 시범 공연단 창단 취지에서 "종주국 태권도의 문화경쟁력을 높이고 태권도 시범문화 의 다양화와 질적 변화를 추구하여 새로운 태권도 공연문화를 개척하겠다"고 밝 혔다.

시범공연단에 '국가대표'를 붙이는 것에 대해 이춘우 단장은 "어떤 종목이든 국가 대표를 붙이려면 대한체육회 가맹단체여야 한다. 대한태권도협회는 대한체육회 가맹단체이다. 대한체육회로부터 정식인정을 받은 것은 아니지만, 대한태권도협 회 시범공연단이 국가대표 명칭을 갖는 것이 당연하다"고 말했다.

시범공연단 구성을 위해 KTA는 시범공연단에 참가할 젊은 태권도인들을 모집하 기 위해 2월 20일부터 3월 3일까지 KTA가 지정한 서류를 제출한 후 한국체육대 학교에서 실기전형을 시행했다.

KTA는 그해 5월 5일 잠실실내체육관에서 열린 제1회 국민체육진흥공단(SOSFO) 이사장배 전국초등학교꿈나무태권도대회 개회식에 앞서 공식 창단식을 했다. 단 장, 감독, 코치, 트레이너 등을 포함해 총 44명으로 구성된 시범공연단은 세계의 태권도 문화를 주도하는 종주국 협회로서 리더십을 회복하는 것은 물론 현 시대가 요구하는 다양한 태권도의 문화소비 욕구를 충족시켜 나가기로 했다.

특히 예술감독과 음악감독을 위촉하고 사물놀이, 비보이(B-Boy), 익스트림 등 일반 공연단체 및 각 대학예술단을 협력단체로 지정해 다양한 시범형태를 선보이는 데 주력할 계획이라고 밝혔다. 이춘우 시범공연단 단장은 "태권도 시범문화의 새로운 지평을 여는 시범공연단이 될 것"이라며 "태권도 종주국의 대표 시범단인 만큼 다양한 프로그램과 강인한 수련으로 선구자적 역할을 해나갈 것"이라고 말했다.

이춘우 단장을 비롯한 감독, 코치, 트레이너, 단원들이 시범공연단 창단식에서 서 있다.

7. 제3회 세계품새선수권대회

제3회 WTF세계품새선수권대회가 터키 앙카라에서 개최되었다. 2005년 대한태권도협회가 최초로 개최함으로 시작된 세계태권도연맹의 세계품새선수권대회는 1, 2회 연속 대한태권도협회가 코리아오픈과 연계하여 개최한 바 있다. 이 해에 처음으로 외국에서 개최하게 되어 국제적으로 본격적인 품새대회 발전의 새로운 이정표가 되었다.

한국 대표선수단은 16개 부분 가운데 10개 부문에만 출전하여 금 8, 은 1, 동 1개를 획득하며 압도적 기술로 종합우승을 차지하였다. (1위는 남녀주니어부 장세훈, 박혜림, 남녀성인1부 김보현, 강유진, 여자성인2부 송남정, 남녀장년1부 노형준, 서영애, 남자장년2부 안재윤이 차지했다. 2위는 남자성인2부 오혁주, 3위는 여자장년2부 장정희가 차지했다.) 김보현과 송남정은 본 대회 우승으로 3연속 우승의 쾌거를 이루었다.

한국 품새선수단은 제1회 대회에서는 전 부문에 출전하여 전 부문 우승을 달성하였으며, 제2회 대회에서는 16개 부문 중 13개 부문에 출전하여 금메달 11개, 은메달 1개를 획득한 바 있다.

8. 태권도장 활용 가능한 성장체조 개발 착수

대한태권도협회는 2008년 2월 15일 하늘스포츠의학클리닉 연구소(원장 조성연)와 '성장체조를 활용한 태권도장 준비 및 정리운동 연구 개발'에 관한 협약을 체결했다. 이번 협약 체결에 따라 하늘스포츠클리닉은 3개월간 성장체조에 대한 연구 개발을 진행하고 올 연말까지 성장체조와 관련된 보고서 형식의 논문을 제출하기로 했다. KTA는 성장체조 개발이 완료되면 일선 태권도장 지도자들에게 관련 자료들을 제작 보급하고, 지도자들의 이해를 돕기 위한 순회교육을 실시할 방침이다.

협회는 "KTA 2008년도 태권도장 지원사업의 일환으로 수련생들에게 필요한 성장체조를 일선 태권도장 지도자들에게 개발, 보급하겠다는 취지를 담고 있다"며 "연구 개발이 끝나는 대로 일선 태권도장에 보급해 실질적인 효과가 나타날 수 있도록 최선을 다할 방침"이라고 밝혔다.

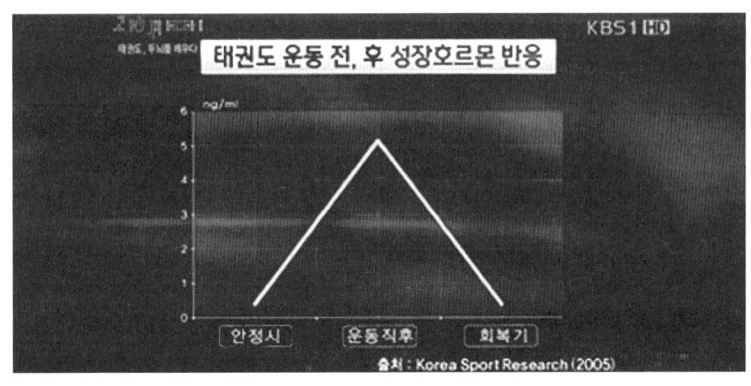

대권도 수련 진, 후
성장 호르몬 분비를
분석한 그래프

2009년

1. 정기 대의원 총회

협회는 2월 4일 올림픽파크텔에서 2009년도 정기 대의원 총회를 개최했다. 지난해 전임 회장의 잔여 임기를 마치고 이해부터 정식 임기를 시작한 홍준표 회장은 그동안 대한체육회로부터 개정 권고를 받고 있던 이사 정수를 38인에서 28인으로 수정하는 정관개정을 하였다.

정원축소에 따른 시도협회 추천이사의 조정에 관한 문제는 홍 회장이 '전형위원회'를 구성하여 합리적으로 조정한다는 방향으로 총회로부터 전권을 위임받았다. 감사 선출에서는 감사 임기가 만료된 오승철 경남협회 대의원과 최동렬 전북협회 대의원이 후보로 나서 18대 5로 최 대의원이 새 감사로 선출됐다.

2009년도 사업예산은 전년도에 비해 4억여 원이 줄어든 53억 3천만 원을 가결했다.

새로운 임기를 시작하는 홍준표 회장은 잔여 임기 동안 그대로 임무를 수행케 한 양진방 전무이사를 정식으로 전무이사로 선임하고, 조영기 상임부회장을 포함한 부회장과 이사진을 일부 시도 임원을 포함한 임원진 전체를 마침내 구성하였다.

협회는 전자호구의 성능을 개선하기 위하여 기존의 세계연맹의 승인기준보다 훨씬 더

엄격한 강도측정 기준을 채택한 새로운 전자호구 승인기준과 절차를 확정하였다. 이 기준에 따른 새로운 호구가 올해부터 경기에 사용되기 시작하였다.

◆ 2009년 임원

회장	홍준표
상임부회장	조영기
부회장	김성태, 박원희, 안종웅, 안창영, 이명규, 이범래, 임춘길, 황태국
전무이사	양진방
이사	김창국, 박영문, 윤웅석, 이우승, 임윤택, 한국선, 노순명, 오노균, 김종관, 오수일, 정만순, 최재춘, 예조해, 김대겸, 강실, 김충열, 임신자
감사	최동열, 홍승해

2. 2009 세계태권도선수권대회, 남녀 동반 우승 무산

2009 제19회(여자 13회) 세계태권도선수권대회가 2009년 10월 14일부터 18일까지 덴마크 코펜하겐 발러랍 슈퍼 아리나 (Ballerup Super Arena) 경기장에서 열렸다. 143개국에서 1,101여 명의 선수가 참가한 이 대회에서 한국대표팀은 한창헌 감독과 박종만, 이동철 코치가 이끈 남자부 종합우승을 했지만, 김영철 감독과 김진기, 김용수 코치가 이끈 여자부는 세계선수권대회 사상 처음으로 종합우승을 중국에 내주는 아픔을 겪어야 했다.

최연호는 남자 -54kg급 결승에서 아프가니스탄의 마흐무드 하이다리와 연장전까지 가는 접전 끝에 판정 우세승을 거두고 금메달을 획득했다. 이로써 최연호는 지난 2001, 2003, 2007년 대회 이후 4번째 우승을 차지하며 이 대회 사상 세 번째로 4회

우승을 차지하는 위업을 달성했다.

-63kg급에 출전한 염효섭은 결승에서 이란의 레자 나데리안에게 4대2로 이기고 금메달을 획득했고, 여자부 핀급 박효지도 -46kg급 결승에서 푸에르토리코의 조라이다 산티아고에 3대2 극적인 승리를 거두고 금메달을 따냈다. 반면 금메달을 기대했던 남윤배는 남자 +87kg급 결승에서 케이타(말리)와 접전을 펼친 끝에 4대5로 패해 은메달에 그쳤다. 여자 -67kg급에 출전한 박혜미는 2회전에서 글라디스 에팡(프랑스)에게 0대1, 서든데스로 패했고, 남자 -80kg급 박정호도 1회전에서 우마르 시세(말리)에게 4대5로 덜미를 잡혔다.

한국대표팀은 마지막 날 경기에서 여자 -62kg급에 출전한 임수정과 남자 -71kg급에 출전한 김준태가 예상을 깨고 매 경기 선전을 펼치며 금메달을 추가해 종합 금메달 5개를 기록했다. 남자부는 금메달 3개로 종합우승을 했지만, 여자부는 금메달 2개로 중국에 밀려 준우승에 그쳤다. 한편 이 대회에서 미국의 스티븐 로페즈는 세계선수권대회 사상 최초의 5연속 우승의 기록을 달성하였다.

한편 세계태권도연맹은 세계태권도선수권대회 역사상 처음으로 전자호구와 즉석비디오 리플레이를 도입했다. 조정원 총재는 총회에서 태국의 낫 인드라파냐 IOC 위원을 압도적 표차로 물리치고 총재로서 세 번째 당선되었다.

2009년 덴마크 코펜하겐에서 열린 세계태권도선수권대회 남녀 동반우승을 하고 귀국한 한국대표팀을 대한태권도협회 임원들이 맞이하고 있다.

3. 코리아 오픈 및 각종 국제대회

제5회 코리아 오픈 국제태권도대회가 8월 18일부터 22일 사이에 인천 삼산체육관에서 개최되었다. 올해에는 특히 팔각 경기장과 KP&P 전자호구가 선보여 해외 참가자들의 관심을 끌었다. 세르비아 베오그라드에서 개최된 하계 유니버시아드 태권도경기에서 한국선수단은 겨루기 부분에서 남녀 금메달 4개(천용, 문길상, 박효지, 정진희)을 획득했으며, 품새부분에서는 남자 개인전(이기상)과 남녀 단체전에서 모두 금메달을 획득하였다. 연말인 12월 6~8일 홍콩에서 개최된 동아시아경기대회에서 한국선수단은 금 13개, 은 2, 동 1로 출전 선수 전원이 메달을 획득하였다.

11월 30일부터 12월 2일 사이 이집트 카이로에서 개최된 제4회 세계품새선수권대회에서 한국선수단은 10개 부문 개인전에만 참가하여 금메달 9개와 은메달 1개를 획득하였다.

◆ 제4회 세계품새선수권대회 입상자

금메달	강원철, 양한솔, 장재욱, 황초롱, 이진한, 이숙경, 유광현, 서영애, 안재윤
은메달	장정희

4. 팔각경기장, 제주평화기대회서 첫선

대한태권도협회가 팔각경기장을 첫선을 보였다. 협회는 재미있는 태권도 경기를 만들기 위한 노력의 일환으로 지난 연말부터 준비한 경기 규정 변경을 연초 2월 12일 개최된 첫 대회인 제4회 제주평화기전국태권도대회에서 최초로 팔각경기장과 함께 적용하여 많은 태권도인들의 관심을 모았다.

이번 대회에는 일단 시범적으로 1개의 코트에만 팔각경기장이 설치됐다. 또 개정된 경기규칙에 따라 얼굴공격 3점, 다운에 의한 카운트 1점 등 최대 4점이 주어지는 차등점수제를 확대 적용했다. 기존 10초 룰을 8초로 단축시켰고, 두 번의 경고를 받을 경우 상대편 선수에게 1점의 점수를 가산하는 규칙도 처음 시행됐다. 김무천 KTA 경기부장은 "경기가 박진감 넘치고 재밌어졌다. 현장에 있는 선수와 코치들도 빨라진 경기운영에 적응하느라 분주하다. 이틀 동안 경기를 치르면서 큰 문제 없이 진행되고 있다"고 말했다.

2009년 제주평화기 전국태권도대회에서 첫 선을 보인 팔각경기장에서 선수들이 경기를 하고 있다.

5. 국가대표 선발전 및 각종 국내대회

덴마크 코펜하겐에서 개최하게 될 제17회(여자: 제12회) 세계선수권대회에 출전하게 될 국가대표 선발전이 5월 25일부터 27일 사이에 김제실내체육관에서 개최되었다. 남자부는 2001년, 2003년, 2007년 세계대회 우승을 최경량급의 대표주자 최연호가 다시 대표선수로 선발되어 핀급 사상 최초로 4연패를 바라보게 되었다. -68kg 급에서는 상대적으로 무명인 이인규가 올림픽 메달리스트인 손태진과 송명섭을 모두 제압하고 대표로 선발되는 파란을 일으켰다. -87급의 정영한은 윤희성을 꺾고 대표자리를 꿰 찼으며 패자전을 통해 결승에 오른 남윤배는 베이징 올림픽 금메달리스트인 차동민을 두 차례 연속으로 이기며 대표선수로 선발되었다.

그 밖에 김두산(-58kg), 염효섭(-63kg), 김준태(-74kg), 박정호(-80kg) 등이 새롭게 세계대회 대표선수로 선발되었다. 여자부는 베이징올림픽 금메달리스트인 임수정이 한 체급 위의 강자인 김새롬을 꺾고 대표로 선발되었으나, 같은 베이징올림픽 금메달리스트인 황경선은 부상으로 인한 훈련부족으로 박혜미에게 대표선수 자리를 내주지 않을 수 없었다. 그 밖에 박효지(-46kg), 최유진(-49kg), 권은경(-53kg), 이미란(-57kg), 이인종(-73kg), 조설(+73kg) 등이 선발되었다.

제38회 소년체육대회 태권도경기가 전남 장흥에서 5월 30일부터 6월 2일 사이에 개최되어 부산이 금메달 4, 동메달 3개를 획득하며 전통의 강호인 강원도를 제치고 종합 성적에서 선두를 차지하였다.

10월 21일부터 25일 사이에 대전에서 개최된 제90회 전국체육대회 태권도경기에서는 천국체전 사상 최초로 강도감지 전자호구를 사용하여 경기를 치렀다. 전국체전에 전자호구 사용이 점차 익숙해지면서 대회 질서유지와 분위기 개선에 크게 기여한 것으로 평가되었다.

7월 20일부터 25일 사이 울산에서 개최된 대통령기 대회는 고등부 신정고(남)와 전남체고(여), 대학부 한국체대(남여), 일반부 영천시청(남), 삼성에스원(여)를 단체 우승팀으로 배출하면서 막을 내렸다.

한편 7월 29일부터 30일 사이에 개최된 연세대총장기에서 최초로 강도감지 전자호

구인 KP&P사 전자호구가 전면적으로 사용되어 지도자와 심판 등 관계자들로부터 호평을 받음으로써 앞으로 KP&P사 전자호구 사용의 전망을 밝게 하였다.

9월 8일부터 13일 사이에 포항에서 제18회 국방부 장관기 대회가 개최되었다. 국방부의 예산관계로 대회가 폐지할 수도 있는 위기에 대하여 협회는 예산 투입은 물론 중고등부 신설과 일반부 분리와 함께 대표선발예선대회를 겸하게 하는 조치를 함으로써 국방부장관기대회를 협회의 4대 메이저대회로 격상시켜 활성화 되게 하였다.

협회장기대회는 11월 6일부터 12일 사이에 강원도 태백에서 개최되었다. 종합우승은 중등부 용인 영문중(남), 춘천 봉의여중(여), 고등부 효성고(남), 강화여고(여), 대학부 성균관대(남), 경희대(여), 일반부 영천시청(남), 고양시청(여)가 차지하였다.

6. '태권PAPS' 지도자 연수 실시

대한태권도협회와 인하대산학협력단이 공동으로 개발한 '태권PAPS'를 지도자 교육을 통해 보급했다. PAPS란 학교체육의 학생건강체력평가제도(PAPS : Physical Activity Promotion System)와 연계되면서 태권도에 필요한 체력을 평가하고 관리하는 토털시스템이다.

KTA는 2009년 8월 29일 인하대에서 회원도장 지도자들을 대상으로 첫 번째 태권PAPS 지도자 연수를 시행했다. 이번 연수의 취지는 태권도 수련생들의 체력을 체계적으로 측정하고 개인별 평가결과와 신체활동 처방을 지도자, 수련생, 학부모에게 제공하는 것이었다. 태권PAPS의 측정 종목은 인체측정(신장, 체중), 건강체력(심폐지구력, 유연성, 근력, 근지구력, 체지방), 운동기능체력(순발력, 민첩성), 태권전문체력(품새체력, 겨루기체력, 격파체력) 등으로 구분되어 있다. KTA는 전국 일선 태권도장에 태권PAPS를 보급해 학교 체육교육과정을 연계시켜 공교육의 대안교육기관으로 태권도장을 부각시켜 나갔다.

7. 태권도 격파왕대회 첫 개최

한국 최고의 격파왕을 선발하기 위한 '2009 KTA 태권도격파왕대회'가 2009년 10월 28일 장충체육관에서 열렸다. 대한태권도협회는 9월 13일 용인대체육관에서 예선대회를 열고 위력격파 부문, 기술격파 부문에 각각 16명을 선발했다.

이번 예선대회에는 격파의 고수들 187명이 참가했다. 예선통과자 32명은 10월 28일 열린 본선에서 자웅을 겨뤘다. 위력격파부문은 1차로 주먹격파를 통해 성적 30위(동점자 포함 55명)를 가려낸 뒤, 2차로 1차 선발자 55명이 옆차기 또는 뒤차기(택 1)

격파를 실시, 1·2차 성적을 합산해 16명의 본선 진출자를 확정했다. 기술격파 부문은 멀리 뛰어차기, 체공 3단차기(3종), 체공 회전 3단차기, 뛰어 돌아넘어 2단차기 등 4개 종목을 실시, 합산점수로 본선 진출자 16명을 가려냈다.

격파왕대회는 1개 부문만 선택 참가, 중복 출전이 불가능하며 도전기회도 단 1번뿐이다. 대회에서 사용한 격파물 대부분은 송판으로 일반 격파시범에 쓰이는 것보다 다소 두꺼운 것이고, 주먹은 기왓장, 손날의 경우 특수 제작한 격파물을 사용하고 격파의 최고수를 가리는 만큼 격파물의 밀도와 두께를 높인 것도 특징이었다.

위력격파 부문은 주먹, 손날, 앞차기, 옆차기와 뒤차기(택 1), 뛰어 돌개차기 등 5개 세부종목의 점수를 합산해 우승자를 가려냈다. 기술격파 부문은 멀리 뛰어차기, 체공 3단차기(3종), 체공 회전 3단차기, 뛰어 돌아넘어 2단차기, 높이 뛰어차기, 체공 연속 다단차기, 연속 뒤후려차기, 투척물 격파, 자유구성 기술격파 등 9개 세부종목을 모두 실시해 승자를 가려냈다. 초대 기술격파 부문은 신호철, 위력격파 부문은 김태상 선수가 우승했다. 각 부문별 1위에 500만 원, 2위에 200만 원, 3위에 100만 원의 부상이 주어졌다.

2009년 장충체육관에서
처음으로 열린 태권도
격파왕 대회 모습

8. 일선 지도자 심화교육과정 인기

대한태권도협회가 일선 도장 지도자들의 의식을 전환하기 위해 시행하고 있는 '전국 지도자 심화교육과정'이 인기를 끌었다.

2009년 11월 14일 한국체육대학교 합동강의실에서 제1기 교육과정을 한 이후 2010년 4월 2일과 3일 충남 천안 삼성에스원 연수원에서 열린 제2기 교육과정은 일선 태권도장 지도자들이 어려운 환경을 극복하고 새롭게 거듭나겠다는 희망의 구호를 함께 외쳤다.

심화교육과정은 고려반(창업 1~2년 차), 금강반(수련생 90명 이하), 태백반(91~110명), 평원반(111~130명), 십진반(131명 이상), 등 참가자들을 현황별로 반을 배정하고, 수련생-학부모 관리방법에서부터 현황분석, 상담, 마케팅, 홍보, 인성교육, 심사, 운영관리, 지도법, 운영계획수립, 태권도장의 미래비전 제시 등 태권도장을 경영하는 데 필요한 제반 사항들을 공통과목과 반별과목으로 구분한 맞춤형 교육이다.

KTA는 교육의 효율성을 극대화하기 위해 각 반별로 40명을 초과하지 않도록 인원을 제한하는 동시에 KTA 등록도장 관장(사범 제외)으로 대상을 제한했다. 특히 KTA는 교육의 초점을 단순한 경영방법을 제시하기보다는 태권도장의 변화에 핵심인 지도자 개개인의 인식 전환에 맞췄다.

2009년에 열린 1기 전국 지도자 심화교육과정에서 양진방 전무이사가 강연을 하고 있다.

2010년

1. KTA 결산이사회, 태권도회관–상설공연장 분리키로

협회는 1월 29일 올림픽파크텔에서 정기 대의원 총회를 개최하였다. 모처럼 특별한 쟁점이 없이 진행된 총회는 올림픽 공원 내 컨벤션센터가 국고 약 100억 원으로 리모델링되어 건립된다는 태권도 전용공연장 건립 추진 상황이 보고되었다. 총회 전 19일 개최된 결산이사회에서 김운용 전임 회장이 명예회장으로 추대되었다.

◆ 2010년 임원

회장	홍준표
상임부회장	조영기
부회장	김성태, 박원희, 안종웅, 안창영, 이명규, 이범래, 임춘길, 황태국
사무총장(전무이사)	양진방
이사	김창국, 박영문, 윤웅석, 이우승, 임윤택, 한국선, 노순명, 오노균, 김종관, 오수일, 정만순, 최재춘, 예조해, 김대겸, 강실, 김충열, 임신자
감사	최동열, 홍승해

일부 대의원들에 의해 강하게 제기된 중고연맹 심판 회수 문제는 향후 보다 종합적인 관점에서 연구 및 검토를 하여 결정하는 것으로 결정되었다. 한편 1월 12일 운영이사회에서 광저우 아시안게임 출전할 체급 결정이 최종적으로 이루어졌다. 남자부는 -54kg, -63kg, -68kg, -74kg, -87kg +87kg이, 그리고 여자부는 -46kg, -53kg, -57kg, -62kg, -67kg, +73kg이 결정되었다.

2. 광저우 아시안게임 부진

한국 태권도 선수단이 광저우 아시안게임에서 당초 목표했던 금메달 8개의 절반인 4개를 획득했다. 이로써 한국은 금메달 4개 은메달 4개, 동메달 3개를 획득하는 데 그쳐 남녀 모두 종합성적에서 선두를 이란(남자)과 중국(여자)에 각각 내주었다.

한국대표팀은 광저우 구왕동체육관에서 열린 아시아경기대회 태권도에서 유병관, 전문희 코치가 이끈 남자부는 -63kg급 이대훈, +87kg급 허준녕이 금메달을, -54kg급 김성호, -73kg급 장세욱, -87kg급 박용현이 은메달을 획득했지만, 이란(금3·동1)에 뒤져 선두자리를 내주었다.

김정규, 이동주 코치가 지휘한 여자부는 -58kg급 이성혜, -62kg급 노은실이 금메달을 그리고 +73kg급 오정아가 은메달을 획득하고 2개의 동메달을 보탰지만, 중국(금4·은1)에 선두 자리를 뺏겼다.

1998년 방콕 대회에서 11개의 금메달을 딴 데 이어 2002년 부산 대회에서는 12

체급을 싹쓸이했고, 2006년 도하 대회에서는 9개의 금메달을 휩쓸었지만, 이번 대회에서는 아시아경기대회 사상 최악의 성적을 기록하게 되었다. 이로써 전년도 세계대회에 이어 아시아권에서마저도 경기력의 심각한 위기를 드러내면서 집행부와 한국태권도 전체에 중대한 문제점을 제기하였다.

KTA 기술전문위원회
회의를 열고 대표팀
운영개선에 관한
대책 회의

3. 각종 국제대회

2010년 월드컵대회가 중국 우루무치에서 7월 17일과 20일 사이에 개최되었다. 한국선수단의 남자부는 이란과 스페인에 이은 3위를, 그리고 여자부는 중국을 극적으로 이기고 우승을 차지하였다. 이번 월드컵대회는 올림픽 4체급의 대전에 이어 동률일 경우 결승 체급을 추첨하여 대진하는 방식으로 이루어졌다.

제6회 코리아오픈 국제대회가 KBS와 함께하여 KBS 코리아오픈으로 경북 구미에서 9월 2일부터 6일까지 개최되었다. 특히 이번 코리아오픈대회에서는 국내에 사용되지 않았던 대도 전자호구를 사용하여 경기를 치렀다.

3월 6일부터 9일 사이 멕시코 티후아나에서 개최된 세계청소년선수권대회에서 한국선수단은 남자선수단이 7 연속종합우승을 마감하고 대회 사상 최초로 종합우승 자리를 이

란에 내주었다. 여자부는 종합우승을 지켜 8연속 우승의 기록을 세웠다. 한편 이 대회에 앞서 이루어진 제1회 유스올림픽 세계선발전에 출전한 한국선수단은 서병덕(남, -63kg), 김진학(남, -73kg), 김소희(여, -49kg), 전수연(여, -63kg)이 싱가포르행 출전권을 획득하였다. 싱가포르에서 개최된 최초의 유스올림픽에서 서병덕, 김소희, 전수연이 금메달을 목에 걸었다.

7월 9일부터 13일 사이에 경북 영천에서 개최된 제1회 국제클럽오픈대회에서

한국실업연맹이 주도하여 5인조 단체전을 국제대회에 선보여 큰 관심을 끌었다.

제5회 세계품새선수권대회가 10월 8일부터 10일 사이에 우즈베키스탄 타시켄트에서 개최되었다. 개인전에만 출전한 한국 선수단은 서영애 선수의 대회 5연속 우승의 기록 달성과 함께 9개의 금메달을 획득하였다.

◆ 제5회 세계품새선수권대회 입상자

남자 개인전			여자 개인전		
황왕곤	남자주니어	1위	조성예	여자주니어	1위
양주민	남자시니어1부	1위	강수지	여자시니어1부	1위
박문권	남자시니어2부	1위	이숙경	여자시니어2부	1위
배경민	남자마스터1부	2위	서영애	여자마스터1부	1위
허갑철	남자마스터2부	1위	장정희	여자마스터2부	1위
오영복	남자마스터3부	2위			

4. 국가대표 선발전 및 각종 국내대회

광저우 아시안게임에 출전할 국가대표 최종선발전이 4월 21일부터 충북 제천에서 개최되었다. 남자 -54kg급은 세계대회 4회 우승의 최연호가 고교 돌풍 박지웅에 패하여 탈락하고 박지웅을 꺾은 김성호가 대표로 선발되었다. -63kg급에서는 고교 대어 이대훈이 새로운 스타 탄생을 알리며 대표로 부상했으며, -68kg의 김웅현은 올림픽 스타 손태진을 꺾고 새 대표로, -74kg급은 장경훈이 김준태와 송지훈이 탈락한 틈을 타 대표자리를 확보하였다. -87은 박용현이 선발되었으며, +87은 올림픽 스타 차동민을 꺾은 허준영이 선발되었다. 여자부는 황경선, 박혜미를 꺾은 -67kg급 신예 강보현과 안세봄을 꺾은 오정아(+73)을 비롯하여 황미나(-46kg), 권은경(-53kg), 이성혜(-57), 노은실(-62)이 선발되었다.

제39회 소년체육대회가 대전에서 최초로 방학 기간인 8월 11일부터 13일 사이에 열려 울산이 금 3, 은 5, 동 4개를 획득하는 성과를 올려 전통의 소년체전 강호 강원도를 제치고 전남에 이어 종합성적에서 선두를 차지하였다. 제91회 전국체전은 10월 7일부터 11일 사이에 경남 하동에서 개최되어 경남이 종합우승을 차지하였다.

대통령기 대회가 5월 22일부터 29일 사이에 강원도 태백실내체육관에서 개최되었다. 단체우승은 남자부는 풍생고, 동아대학교, 한국가스공사가 여자부는 서울체고, 경희대, 삼성에스원이 차지하였다.

국방부의 각종 종목별 전국대회 폐지 결정에 따라 폐지될 위기에 처했던 제19회 국방부장관기대회가 홍준표 회장의 특별한 노력으로 유지가 결정되어 수원 아주대체육관에서 10월 29일부터 11월 4일 사이에 개최되었다. 남자부는 대전 오정중, 울산 신정고, 조선대, 국군체육부대가 우승을 차지하였으며, 여자부는 부천 부인중, 인천정보산업고, 경희대, 고양시청이 우승을 차지하였다. 군부는 국방부장관기 대회사상 최초로 공군이 우승을 차지하여 큰 축하를 받았다.

내년에 개최될 세계선수권대회를 준비하기 위한 프레대회의 일환으로 11월 말 경주에서 개최된 협회장기는 2,500여 명의 대규모 선수들이 참가하여 성황을 이루었다. 남자부 종합우승은 홍천중, 경남체고, 우석대, 가스공사가, 여자부는 백양

중, 효정고, 경희대, 춘천시청이 차지하였다. 연말 최종결산대회인 우수선수선발
대회는 12월 14일부터 17일까지 전북 정읍에서 개최되었다.

제40회 협회장기
전국단체대항태권도대회

5. 태권도 공익 TV 광고 방영

대한태권도협회는 일선 도장 경영활성화를 위해 '태권도와 상담하세요'라는 슬
로건을 내걸고 공익광고 형태의 TV 광고를 선보였다.

2월 한 달 동안 KBS, MBC, EBS 등을 통해 집중적으로 방영한 이번 광고는 이
명규 부회장 등의 노력으로 확보된 예산으로 제작비 1억 4천여만 원이고 방송
광고비 2억 원 등으로 진행되었다. 이번 광고 제작과 방영은 16개 시도협회의
적극적인 요구에 의해 이뤄졌다. 광고 내용은 20초 분량으로 어린이들이 태권
도를 수련하는 모습과 학부모와 수련생이 도장에서 만나는 장면이 이어지면서
내레이션을 통해 '우리 아이들에게 가장 먼저 필요한 것은 어디서 찾을 수 있을
까요? 태권도와 상담하세요'라고 마무리되는 내용으로서 협회 사상 최초의 도
장 교육을 위한 본격 TV 광고였다.

1991년
1992년
1993년
1994년
1995년
1996년
1997년
1998년
1999년
2000년
2010년
2011년

6. '국민 태권도 체험' 행사 시행

대한태권도협회가 2010년 5월 가정의 달을 맞아 태권도 가치의 대중성 확보와 일선 태권도장 활성화를 위해 '전 국민 태권도 체험의 달' 행사를 시행했다.

이 행사는 KTA에 등록된 전국 도장을 통해 실시하는 태권도 캠페인이다. KTA 측은 가정의 달인 5월에 맞춰 '행복태권도, 건강태권도, 교육태권도'라는 슬로건을 내걸고 국민을 대상으로 태권도를 무료로 체험할 수 있는 기회를 제공함으로써 태권도가 일부 계층의 전유물이 아니라 전 사회적인 무도 스포츠라는 인식을 확산시키고 국기로 자리 잡을 수 있도록 하겠다고 밝혔다.

이와 함께 KTA는 이번 행사를 통해 수련을 중단한 퇴관생들의 복귀를 유도하고, 여자 수련생들을 확보하는 등 수련층을 다변화하고 다문화 가정 자녀 및 장애우 유치 등의 프로그램도 별도로 실시했다.

'전 국민 태권도
체험의 달' 포스터

7. 한국선수 경기력 향상 토론회 개최

대한태권도협회(KTA)는 2010년 8월 6일 서울올림픽파크텔 4층 아테네홀에서 '2010 겨루기 경기력 평가회의'를 개최했다. 이 회의에는 KTA 기술전문위원회와 각 팀의 지도자들이 참석해 △런던올림픽 세계예선대회에 출전하는 대표선수들의 선발방식과 참가자격 범위 △세계예선대회 출전권을 획득한 선수에 대한 혜택 부여 방식을 포함한 최종평가선발전 방식 등을 토론했다. 이 같은 주제를 놓고 김세혁 삼성에스원 감독을 비롯해 10여 명의 감독(교수)들이 5분간 주제발표를 했다.

8. 성인 수련 프로그램 개발 본격화

대한태권도협회(KTA)가 청소년 및 성인 수련 프로그램 개발을 본격화했다. 이 사업은 도장지원사업 중에서도 핵심사업이다. KTA는 2010년 9월 16일 사무국 회의실에서 연구원 위촉식을 하고 수련프로그램 개발을 위한 본격적인 활동에 들어갔다.

KTA는 지난 1월부터 수차례에 걸쳐 일선에서 청소년, 성인층의 수련생을 다수 확보한 지도자들과 타 무술 지도자, 휘트니스센터 트레이너 등 전문가들을 초청해 다양한 의견을 수렴하는 등 준비작업을 진행해왔다.

이번 수련프로그램 개발을 진행할 연구원은 △김영수 KTA 도장분과위 부위원장 △강익필 KTA 강사 △엄재영 2009년 경진대회 대상 수상자 △신창섭 KTA 도장분과위 간사 △노우주 백호특공무술체육관 관장 △박동영 KTA 국가대표시범공연단 코치 △원형진 HK필라테스 매니저 △반은아 KTA 국가대표시범단 단원 등 8명이다.

연구원들은 앞으로 서울지역에 활성화돼 있는 휘트니스 센터들을 견학하고, 워크숍을 실시해 연구물이 정리되면 1차 발표회를 가질 예정이다. 또 2011년 12월경에는 성공사례 발표회와 함께 인증패를 수여하고, 2012년부터는 일선 태권도장에 수련프로그램을 보급하는 데 주력할 방침이다.

2011년

1. 정기 대의원 총회, 심사추천 실명제 가결

대한태권도협회는 1월 13일 서울 삼정호텔에서 2011년도 정기 대의원 총회를 개최했다. 2010년도 결산이사회가 끝난 뒤 이어서 열린 총회에서는 한국초등학교태권도연맹을 승인했다. 이로써 2006년 심사권 등의 문제로 탈퇴 조치가 되었던 초등연맹은 5년 만에 집행부를 구성해 재출범하게 되었다.

그동안 많은 논란을 해왔던 심사추천 실명제도 전국적으로 실시하기로 하였다. 서울시협회는 그동안 공정거래위원회의 심판결과에 관련해 25개 구지회가 반대를 한다며 심사추천 실명제를 반대해 왔지만 15개 시도협회의 요청에 따라 실명제 실시에 반대하지 않았다. 신임 감사에는 강영복 서울 대의원이 단독 출마해 선출됐다.

홍준표 회장은 태권도 전용공연장의 성공적 건립을 위해 문화관광부 등 정부기관과 다각도로 협의를 진행한 성과를 총회에 보고하였으며 작년에 시작된 시범공연단의 새로운 작품인 『탈』 해외공연을 위한 국고 예선 지원 확보 성과도 보고하였다. 한편으로 아직도 국기원, 세계연맹, 그리고 각 시도협회 등에 다수의 고소, 고발과 소송이 진행되어 갈등과 다툼이 끊이지 않는 태권도계의 아픈 모습이 사회에 노출되고 있었다. 장기적으로 파행사태가 지속된 충남협회, 4월에 이루어진 경기도협회

안종웅 전무이사의 구속, 6월 20일 발생한 경북 최춘달 전무이사의 자살 사건 등이 이러한 태권도계의 불편한 모습의 단편들이었다.

2. 한국, 경주 세계선수권대회 부진

10년 만에 종주국에서 개최된 세계선수권대회에서 종주국 협회는 대회 운영 면에서는 호평을 받았지만, 경기력 면에서는 많은 비난을 받았다. 경주시와 대한태권도협회가 함께 노력하여 준비한 경주세계선수권대회는 사상 최대규모인 149개국 1,726명의 선수, 임원들이 참가한 가운데 5월 1일부터 6일 사이 경주에서 개최되었다.

태권도에 역사적 유관성을 중시하는 경주시의 최양식 시장 등 관계자들의 각별한 노력과 대한태권도협회의 대회 운영 역량이 돋보인 대회는 참가국 임원들과 연맹 관계자 등으로부터 운영 면에서 최고의 대회로 평가받았다. 그러나 경기 결과 면에서는 안방에서 저조한 성적을 거둠으로써 경기력에 대해 거센 비판에 직면하게 되었다.

안방에서 개최된 세계선수권대회에서 이영석 감독과 조임형, 정광채, 이원재 코치가 이끈 남자부는 -63kg급 이대훈(용인대)과 +87kg급 조철호(한국체대)가 금메달을 획득하고 -54kg급의 고교생 박지웅과 -87kg급 차동민(한국가스공사)이 은메달을 획득하는 데 만족해야 했으며, 김화영 감독과 김맹곤, 임성욱, 박은선 코치가 이끈 여자부는 -49kg급의 김소희가 유일하게 금메달을 획득하는 부진을 보여 안방에

서 치러진 대회에서 종주국의 경기력이 바닥을 내보이며 언론과 대내외로부터 많은 비판을 받게 되었다. 올림픽 유망주로 기대되던 임수정(3위), 황경선(3위), 오혜리(2위), 안새봄(2위)등이 부진하여 한국 선수단에 안타까움을 더 하였다.

점수제에 의하여 남자부는 이란에 종합우승을 내줬으며 여자부는 가까스로 중국에 앞서며 종합우승을 차지하였다. 그러나 급속하게 강화되고 있는 유럽과 이란, 중국 등 경쟁국들의 경기력에 한층 긴장하지 않을 수 없는 상황에 직면했다는 자각이 필요하게 되었다.

대회 종료 이후 양진방 전무이사가 홍준표 회장에게 성적 부진을 책임지는 사표를 제출하고 홍준표 회장은 사표 수리를 보류하고 경기력 향상에 대한 특단의 대책을 만들 것을 지시하였다. 그러나 종주국 협회의 국제경기력의 위기는 여기서 끝나지 않았다. 오히려 이것이 위기의 시작이었다.

제20회 세계선수권대회
제13회 여자세계선수권
대회의 개막식

3. 국가대표 선발전과 각종 국내대회

이 해의 국가대표선발 과정은 대표선발최종대회와 이후 합숙훈련과 함께 진행되는 평가전을 거쳐 최종 세계선수권대회 대표선수가 선발되는 방식으로 이루어졌다. 2

월 14일부터 17일간 경주에서 개최된 최종선발전에서 1, 2위 자와 협회가 추천하는 와일드카드 1명, 총 3명이 최종평가전을 치르는 방식으로 진행되었다. 와일드카드 제도는 협회가 국제경기력 위기에 대하여 새롭게 시도한 방식으로 유력한 대표선수가 선발전에 참가하지 못하게 되는 경우를 막고자 하는 의도로 도입된 것이었다. 유력한 와일드카드가 없는 체급의 선발전 3위 자가 와일드카드 자리를 차지하였다. 3월 13일 경남 고성에서 실시된 최종평가전에서 남자부는 고교생 박지웅이 노장 최연호를 넘어 -54kg급 대표선수로 등극하였으며, -63kg급의 이대훈은 압도적 경기력을 발휘하며 평가전 전 경기를 RSC로 승리하며 대표선수 자리를 지켰고 -58kg급은 임철호가 그리고 -68kg급은 장세욱이 손태진을 꺾고 선발되었다. -74kg급에서는 송지훈이 김준태를 꺾고 대표자리를 차지하였으며 -80kg급은 인교돈이 그리고 -87kg급은 차동민이 건재를 과시하며 박용현을 꺾고 대표로 복귀하였다. +87kg급은 예상을 깨고 남윤배가 탈락하면서 조철호가 대표로 선발되었다.

여자부는 또 다른 고교생 스타 김소희(-46kg)가 대표로 선발되었으며, 김혜정(-46kg)과 이혜영(-53kg) 그리고 올림픽 금메달리스트 임수정이 -57kg급에서 대표로 선발되었다. -62kg급에서는 노은실, 김새롬을 꺾은 김휘랑이 새로운 대표선수로 선발되었으며 올림픽 금메달리스트인 황경선은 박혜미를 꺾고 대표자리에 복귀하였다. -73kg급의 오혜리와 +73kg급의 안새봄이 대표선수단에 합류하였다.

대표선발전 이후 최경량급에서 세우기 힘든 세계대회 4회 우승 기록을 남긴 최연호가 은퇴를 선언하였다.

경주세계선수권의 부진 이후 협회는 수차례의 기술회의를 거쳐 올림픽 출전체급을 남자 -58kg급, +80kg급, 여자 -67kg급, +67kg급으로 결정하였다.

6월 30일부터 7월 4일 사이 아제르바이잔 바쿠에서 개최된 런던올림픽 세계예선대회에 출전할 대표선수 선발은 -58kg에서는 박지웅, 석승우, 임청호 등을 꺾은 이대훈이, +80kg급은 조철호, 윤회성을 꺾은 차동민이 선발되었으며, 여자부는 -67kg급은 예상을 넘어 황경선과 김휘랑을 이긴 김미경이 선발되었으며 +67kg급은 오혜리, 박혜미를 이긴 안새봄이 선발되었다.

이들은 세계예선에서 모두 올림픽 출전권을 획득하였다. 세계예선대회는 세계연맹의 전자호구 정책의 혼란 속에서 갑자기 일반호구 사용이 결정되어 한국대표선수들이 전자호구에 대한 부담감 없이 경기를 치를 수 있었다.

런던올림픽 출전을 위한 대표선수 2차 선발전이 8월 10일 성남실내체육관에서 개최되었다. 남자 -58kg급은 이대훈, 석승우, 이길수가, 그리고 +80kg급은 차동민, 이상빈, 인교돈이 선발되었으며, 여자부는 -67kg급은 김미경, 황경선, 강보현이 그리고 +67kg급은 안새봄, 이인종, 박혜미가 선발되었다. 이들이 김세혁 전임감독과 훈련코치로 선임된 오영주, 맹성재, 심혜영 등과 태릉선수촌에서 훈련을 하며 내년 1, 2월 중에 시행되는 평가전을 통하여 런던올림픽에 출전하게 될 최후의 선수를 결정하게 될 것이다. 특히 남자 -58kg급과 여자+67kg급은 세 명의 선수가 모두 각각 용인대, 삼성에스원의 같은 소속팀에서 선발되어 주목을 받기도 하였다.

제40회 소년체전이 경남 고성에서 5월 28일부터 31일 사이에 개최되어 서울이 최고의 성적을 거두었다.

제92회 전국체전은 10월 7일부터 11일 사이에 성남실내체육관에서 개최되어 개최 시도인 경기도에 종합우승을 안겨줌으로써 안종웅 전무이사 구속 이후 어수선한 분위기에서 출범한 신 집행부에 큰 힘을 실어주게 되었다.

7월 30일부터 개막한 제41회 협회장기에서는 중등부의 전남체중(남), 평원중(여), 고등부의 한성고(남), 강화여고(여), 대학부의 동아대(남), 경희대(여), 그리고 일반부의 포천시청(남), 춘천시청(여)이 종합우승을 차지하였다.

10월 22일부터 28일 사이 영월실내체육관에서 개최된 제46회 대통령기대회에서는 다사고(남), 부천정보산업고(여), 한국체대(남, 여), 국군체육부대(남), 춘천시청(여) 가 우승을 차지하였다.

11월 8일에 경북 경산에서 개막된 제20회 국방부장관기는 금곡중(남), 옥동중(여), 금정고(남), 서울체고(여), 우석대(남), 경희대(여), 국군체육부대(남), 고양시청(여), 그리고 군부는 공군이 우승을 차지하였다.

이 해를 마감하는 마지막 대회인 우수대회는 12월 15일부터 17일 사이에 전북 김제 실내체육관에서 개최되었다.

1월 21일부터 개막된 제주평화기대회에 세계태권도연맹 호구위원들이 대한태권도협 회가 꾸준히 사용하고 있던 KP&P사의 전자호구 성능을 평가하기 위하여 현장 평 가에 나섰다.

4. 세계품새선수권대회 및 격파왕 대회

제6회 WTF세계품새선수권대회가 7월 29일부터 31일 사이에 라시아 블라디보스톡 에서 개최되었다. 최동렬 단장과 지민규 감독, 이춘우, 초종복, 곽택용, 노형준 코치 로 구성된 대표팀은 남녀 주니어 김유석, 조성예, 남녀시니어1부의 박태순, 강수지, 남녀시니어2부의 이진한, 이숙경이 모두 금메달을 획득하였으며, 엄재영(남자마스터 1), 임병영(남자마스터2) 등이 금메달을 추가하였다.

한편 경기도 양평에서 12월 3일 개최된 KTA격파왕대회에서 기술격파부문에 강훈 직, 위력격파부문에는 임백석이 격파왕의 자리에 올랐다.

5. 초등연맹 5년 만에 재출범

한국초등학교태권도연맹(회장 이현부)이 재건을 위한 첫발을 힘차게 내디뎠다.

초등연맹은 2011년 2월 12일 서울올림픽파크텔에서 2011년도 제1차 정기 이사회를 열고 대한태권도협회 승인 이후 집행부의 첫 공식 회의를 했다.

이날 이사회에서는 △2011년 사업계획 및 수지 예산 심의 △운영이사회 규정 및 운영 이사진 보고 △기술심의위원회 규정 및 구성 보고 △협찬업체 선정 보고 △초등연맹 창립 찬조금 지원 등을 논의했다.

이제 태권도계의 관심은 2006년 9월 KTA 임시대의원총회에서 탈퇴 조치된 이후 5년 만에 KTA 승인과정을 거쳐 재건된 초등연맹이 순항을 위한 토대를 구축할지에 모아지고 있다.

이현부 회장은 "올해는 초등연맹의 뿌리를 튼튼하게 구축하는 시기인 만큼 모두가 합심해 발전의 기틀을 만들 수 있도록 최선의 노력을 다할 것"이라고 말했다.

초등연맹 집행부는 올해 사업 목표를 ▲공정한 경기 및 경기장 질서확립 ▲ 초등학교 태권도 인구 저변확대 ▲ 초등학교 태권도 국제교류 확대 ▲ 초등학교 태권도팀 활성화 도모로 정하고, 선결 과제로 단체 등록을 최대한 받아 초등연맹의 외연을 넓혀나가기로 했다.

2011년 2월 한국초등학교태권도연맹이 재출범한 후 첫 이사회를 하고 있다.

6. 단(품)증 관장 실명제 국기원에 요청

2011년 3월, 대한태권도협회와 15개 시도협회가 국기원이 발급하고 있는 단(품)증에 관장명을 표기하는 '관장 실명제'를 강하게 밀어붙였다. 하지만 서울시협회와 용인대·경희대동문연합회는 공정거래법 위배 소지와 단증 품위 손상 등의 이유로 반대했다. 국기원도 태권도 단체 간 화합이 선행돼야 한다며 반대했다.

대한태권도협회 1월 정기 대의원 총회와 이사회에서 결의된 '관장 실명제' 시행 요청을 국기원에 공식 통보했다. 일각에서 우려하는 공정거래법 위배 여부는 우선 실행해 본 후에 따지자는 것이다. 문제가 생기면 KTA가 모든 책임을 떠안겠다고 했다.

국기원은 KTA의 요청사항에 대해 거부 의사를 표명했다. 관장 실명제를 실행하면 공정거래법 위배 소지가 충분하다는 이유 때문이다. 따라서 KTA에 공정위 위배 소지가 발생하지 않을 대안을 제시해 달라고 요청했다.

이후 협회와 국기원은 해결방안을 위하여 협의를 계속하였다. 그러나 근본적 문제점이었던 타도 심사와 규정이 없는 대학동문회 심사 등 심사 운영의 파행 현상이 근절되지 않아 불씨를 계속 안고 갈 수밖에 없었다.

7. 국제경기 경쟁력 강화 토론회 개최

대한태권도협회는 2011년 5월 31일 국제경기 경쟁력 강화를 위한 대토론회를 개최했다.

이날 올림픽파크텔에서 열린 토론회의 취지는 제16회 광저우아시안게임과 제20

회 경주세계태권도선수권대회에서의 성적 저하 요인을 분석하고 내년 2012 런던 올림픽 및 주요 국제대회에서의 성적 향상 방안을 도출하기 위해서였다.

이번 토론회에는 태권도 관련 학과 교수, 실업 및 초중고 팀 지도자, 현역 선수, 태권도 전문 언론 등 각계 전문가가 두루 초빙됐다.

토론의 주제는 1) 해외 경기력 변화 분석 2) 국내 경기력 저하요인 분석 3) 국제경기력 강화를 위한 대표팀 선발 방식 및 운영 4) 규정 및 심판운용 5) 국제경기력 강화 장기 대안 6) 기타 개혁방안이었다.

KTA는 이번 토론회에서 개진된 의견을 종합하여 국제경기 경쟁력 강화를 위한 단기-중장기 대책을 마련해 나가기로 하였다.

태권도 국제경기 경쟁력 강화를 위한 대토론회' 3부에서 패널들이 종합토론을 하고 있다.

8. 첫 전임감독에 김세혁 선임

홍준표 회장은 2011년 3월 17일 한국 태권도 국가대표팀을 이끌 전임감독에 김세혁 감독을 지명하고 1차적으로 오는 12월까지 계약을 함으로써 선임절차를 마무리 지었다. 김세혁 감독은 태권도 명문 동성고에서 14년, 태권도 명가 삼성에스원에서 15년 등 30년 가까이 현장에서 태권도 지도자로 활약하며 특히 삼성 감독 재임 중 3번의 올림픽에서 김경훈, 이선희(이상 시드니), 문대성, 장지원(이상 아테네), 손태진(

베이징) 등 무려 5명의 올림픽 금메달리스트를 배출해낸 바 있다.

9. 태권도장 지도자 교육편람 발간

대한태권도협회가 도장지원사업 일환으로 시행하는 각종 교육을 이해하기 쉽게 정리한 'KTA 태권도장 지도자 교육편람'을 2011년 1월 발간했다.

교육편람은 KTA가 추진 중인 도장지원사업과 교육과정의 설명을 담고 있다.

주요 내용으로는 ▶단계별 교육과정(지도사범 실무교육, 경영 및 지도법 전문교육과정) ▶전문프로그램 교육과정(공인 태권체조 교육과정, 태권성장체조 교육과정, 학교체육 과정연수) ▶연간 보수교육과정(주제별 심화교육) 등 총 3개 영역, 9개 교육과정의 세부적인 내용이다. KTA 이종천 연구원은 편람 발간과 관련 "현재 시행하는 다양한 교육을 일선 태권도장 지도자에게 이해하기 쉽게 홍보하고, 지도자의 참여를 적극적으로 독려하기 위해 편람을 발간하게 됐다"고 설명했다.

이어 세부 내용과 관련 "과목별 담당 강사가 과목에 대한 설명과 필요성, 주요 내용, 활용도, 강사의 한마디 등 지도자 스스로 필요한 교육을 선택하는 데 도움이 될 수 있도록 구성한 것이 특징이다."라고 소개했다. KTA는 이번에 발간한 교육편람을 전국 등록도장을 비롯해 시도지부, 산하연맹, 태권도 관련 학과, 유관단체 등에 발송되었다. 또한, 올해 태권도장 지도자 교육 세부일정을 편람에 수록했다.

50th

대한태권도협회

부록

1) 이사회

◆창립위원 (창립회의 주요 참가자)

창립위원	윤쾌병(지도관), 엄운규(청도관), 이남석(창무관), 황기(무덕관), 노병직(송무관), 남태희(오도관), 박철희(강덕원), 이교윤(한무관)
정관기초위원	이종우, 이남석, 엄운규
기록	이병로
참여	고재천, 이영섭

◆1961년 임원

회장	공석
부회장	엄운규, 이종우
상임이사	남태희, 이용우, 이영섭, 오재준, 이병로
이사	고재천, 김순배, 박철희, 송태학, 이교윤, 현종명
감사	이희진, 차수룡

◆1962년 임원

회장	채명신
부회장	엄운규
전무이사	김순배
이사	이병로(총무), 박철희(기획), 이용우(재무)
	김선구, 백준기, 우종림, 이교윤, 이영섭, 이재영, 이종우, 현종명
감사	김봉식, 이희진

◆1963년 임원

회장	채명신
부회장	현종명
전무이사	박철희
이사	이병로(총무), 김선구(기획), 우종림(경기)
	김순배, 백준기, 이교윤, 이병건, 이영섭, 이용우, 정진용, 최기용
감사	김봉식, 이금홍

◆1964년 임원

회장	박종태
부회장	백문, 양민승
전무이사	엄운규
이사	이병로(총무), 김선구(기획), 김순배(경기), 이용우(섭외), 정진용(재무)
	이병건(시설), 남태희, 이계훈, 현종명
감사	최동렬, 홍정표

◆1965년 임원

회장	최홍희
부회장	이종우
전무이사	엄운규
이사	이병로(총무), 김선구(기획), 김순배(경기), 최동희(재무), 홍정표(시설)
	남태희, 곽근식, 박철희, 백철, 이계훈, 이교윤, 정진용
감사	김두환, 현종명

◆1966년 임원

회장	노병직
상임부회장	엄운규
부회장	배영기, 김영택
전무이사	이남석
이사	이병로(총무), 홍정표(기획), 김순배(경기), 이강익(재무)
	곽근식, 박해만, 백준기, 백철, 오세준, 이계훈, 이교윤, 이용우, 홍종수
감사	김형균, 현종명

◆1967년 임원

회장	김용채
상임부회장	엄운규
부회장	이강익
전무이사	이남석
이사	이병로(총무), 정진용(기획), 김순배(경기), 이용우(재무), 홍종수(섭외)
	고재천, 곽근식, 송태학, 오세준, 이교윤, 이영섭, 현종명
감사	김봉식, 김해동

1) 이사회

◆1968년 임원

회장	김용채
부회장	엄운규, 이강익
전무이사	이남석
이사	이병로(총무), 정진용(기획), 김순배(경기), 홍종수(섭외), 오세준(재무)
	홍정표(시설), 노영대, 이교윤, 이용우, 현종명
감사	김해동, 박해만

◆1969년~1970년 임원

회장	김용채
부회장	엄운규, 이남석
전무이사	홍종수
이사	이병로(총무), 정진용(기획), 김순배(경기), 홍정표(시설)
	박해만, 이교윤, 이도윤, 장태익, 정창영
감사	김해동, 이계광

◆1971년 임원

회장	김운용
부회장	엄운규, 이남석, 장재식
전무이사	홍종수
이사	이병로(총무), 정진용(기획), 김순배(경기), 홍정표(시설) 김선구, 김인석, 박해만, 이교윤, 이도윤, 이용우, 장태익, 정창영, 최동렬, 현우영
감사	김철회, 이계광

◆1972년 임원

회장	김운용
부회장	박보희
사무총장	엄운규
이사	김봉균, 김순배, 김홍래, 박무승, 윤석헌, 이교윤, 이민하, 이영섭, 이재설, 장익룡, 장태익, 정인영, 최순길, 한기욱, 한봉수, 홍정표, 홍종수
감사	이계광, 전철

◆1973년~1974년 임원

회장	김운용
부회장	박보희, 박무승, 정인영
사무총장	엄운규
이사	김봉균, 김영일, 김태호, 김홍래, 박용곤, 윤석헌, 이민하, 이재설, 이종우, 장익룡, 조석래, 최각규, 최순길, 한기욱, 한봉수
감사	이계광, 전철

◆1975년~1976년 임원

회장	김운용
부회장	박무승, 정인영
사무총장	엄운규
이사	김경환, 김봉균, 김신정, 김영일, 김홍래, 박보희, 백광현, 송인영, 이종우, 임택근, 장익룡, 정영훈, 최각규, 최순길, 한봉수, 한상국, 황칠복
감사	이계광, 전철

◆1977년 임원

회장	김운용
부회장	박무승, 정인영
전무이사	강원식
이사	김경환, 김봉균, 김신정, 김영일, 김진봉, 김홍래, 남궁호, 백광현, 서규덕, 서명원, 임택근, 장익룡, 정영훈, 최각규, 최순길, 한봉수, 한상국
감사	이계광, 전철

◆1978년~1979년 임원

회장	김운용
부회장	박무승, 장익룡, 엄운규, 정인영
전무이사	강원식
이사	김봉균, 김성우, 김신정, 김준철, 김홍래, 남궁호, 박문배, 박승복, 봉두완, 서삼덕, 승은호, 양재항, 원경수, 이득룡, 이원수, 임택근, 정병주, 정영훈, 조기상, 한봉수
감사	이계광, 전철

1) 이사회

◆1980년 임원

회장	김운용
부회장	정호용, 한봉수
전무이사	강원식
이사	이현우, 고흥환, 곽영훈, 권영찬, 김신정, 김영원, 김종수, 박승복, 안현태
감사	마의웅, 인창근

◆1981년 임원

회장	김운용
부회장	정호용, 한봉수
전무이사	강원식
이사	고흥환, 곽영훈, 권영찬, 김신정, 김영원, 김종수, 박승복, 안현태, 이현우
감사	마의웅, 인창근

◆1982년~1984년 임원

회장	김운용
상임부회장	엄운규
부회장	김준철, 한봉수
전무이사	황춘성
이사	김신정, 김영원, 마의웅, 김희용, 박승복, 안현태, 유상열, 이상주, 이종하, 이현우, 최운지, 최웅, 황경노
감사	이계광, 인창근

◆1985년 임원

회장	김운용
상임부회장	엄운규
부회장	김준철, 한봉수
전무이사	황춘성
이사	김신정, 김한주, 김희용, 박승복, 안현태, 유상열, 육완식, 이동건, 이종하, 이현우, 조동원, 최운지, 황경노
감사	이계광, 인창근

◆1986년~1988년 임원

회장	김운용
상임부회장	엄운규
부회장	김준철, 한봉수
전무이사	황춘성
이사	김신정, 김한주, 김현우, 김희용, 박승복, 유상열, 육완식, 이우석, 이종하, 이현우, 조동원, 최운지, 황경노
감사	이계광, 인창근

◆1989년~1990년 임원

회장	김운용
상임부회장	홍종수
부회장	김동석, 김순배, 김준철
전무이사	강원식
이사	김신정, 김현우, 박승복, 송덕영, 우종림, 유상열, 이금홍, 이방원, 이상구, 이우석, 이유생, 임정태, 조동원, 황경노
감사	이계광, 인창근

◆1991년~1992년 임원

회장	최세창
상임부회장	홍종수
부회장	김순배, 송덕영, 이정길
전무이사	강원식
이사	김성민, 김영환, 김인석, 김현식, 김현우, 노희덕, 박세영, 백운대, 우종림, 유상열, 이금홍, 이상구, 이석훈, 이유생, 임정태, 정세화, 조석구, 황경노
감사	송봉섭, 조영기

◆1993년 임원

회장	최세창
상임부회장	홍종수
부회장	김종식, 정진규
전무이사	강원식
이사	김성민, 김옥중, 김인석, 김현식, 김현우, 노희덕, 박세영, 박충일, 박희원, 백운대, 송덕영, 이금홍, 이명희, 이장원, 이정길, 이청재, 임태정, 장준웅, 정세화, 정태인, 조덕연, 주영호, 황경노
감사	송봉섭, 조영기

1) 이사회

◆1994년 임원

회장	최세창
상임부회장	홍종수
부회장	김종식, 정진규
전무이사	강원식
이사	김성민, 김옥중, 김인석, 김현식, 김현우, 남상해, 노희덕, 박세영, 박안식, 박충일, 박희원, 백운대, 송덕영, 이금홍, 이명희, 이장원, 이청재, 장준웅, 정세화, 정태인, 조덕연, 주영호, 황경노
감사	송봉섭, 조영기

◆1995년 임원

회장	최세창
상임부회장	홍종수
부회장	김종식, 정진규
전무이사	강원식
이사	김성민, 김인석, 김현식, 김현우, 남상해, 노희덕, 박세영, 박충일, 박희원, 백운대, 이금홍, 이명희, 이장원, 장준웅, 정태인, 조덕연, 주영호, 황경노
감사	송봉섭, 조영기

◆1996년 임원

회장	이필곤
상임부회장	이흥주
부회장	김순배, 이승완, 황춘성
전무이사	김철오
이사	김찬원, 남상해, 노희덕, 박재신, 박충일, 박태웅, 윤홍선, 이규석, 이도상, 이민우, 이장원, 장종호, 장준웅, 진영, 채정석, 하정조, 한기복
감사	송봉섭, 조영기

◆1997년 임원

회장	이필곤
상임부회장	이흥주
부회장	김순배, 이승완, 황춘성, 황학수
전무이사	노우종
이사	김영태, 김찬원, 김철오, 노희덕, 박재신, 박충일, 박태웅, 송봉섭, 윤홍선, 이규석, 이도상, 이민우, 이장원, 장정옥, 장종호, 진영, 채정석, 하정조, 한기복
감사	조영기, 홍승해

◆1998년 임원

회장	이필곤
상임부회장	전수신
부회장	김순배, 이승완, 황춘성, 황학수
전무이사	노우종
이사	김영태, 김찬원, 김철오, 노희덕, 박재신, 박충일, 박태웅, 윤홍선, 이규석, 이민우, 이장원, 장정옥, 장종호, 진영, 채정석, 하정조, 한기복
감사	조영기, 홍승해

◆1999년~2000년 임원

회장	김운용
상임부회장	이승완
부회장	김순배, 조영기, 황춘성, 황학수
전무이사	노우종
이사	강석호, 김성태, 김영태, 김용래, 김철오, 노기창, 노상석, 박보희, 박충일, 이규석, 이상철, 이장원, 임춘길, 정재규, 정종택, 채정석
감사	김창기, 홍승해

◆2001년 임원

회장	김운용
부회장	노상석, 마의웅, 송봉섭, 이규석, 이승완, 조영기, 조희준, 한용석
전무이사	임윤택 / 박종석
이사	김경지, 김성태, 김영태, 김용래, 노기창, 박종명, 오광웅, 이상철, 이장원, 임신자, 전갑길, 정종택, 정찬모, 채정석
감사	이근우, 홍승해

1) 이사회

◆2002년 임원

회장	구천서
상임부회장	한용석
부회장	박재천, 이구현, 이규석, 최병섭
전무이사	박종석 / 노우종
이사	강대원, 강진홍, 권오중, 기세환, 김병로, 김인수, 김화수, 나춘균, 박원희, 신명진, 오광웅, 윤상화, 윤순창, 이반규, 임신자, 임춘길, 전용범, 정진석, 지종학, 최영렬
감사	예조해, 홍승해

◆2003년 임원

회장	구천서
상임부회장	한용석
부회장	이구현, 이규석, 정한태
전무이사	양진방
이사	강대원, 강진홍, 고대수, 권오중, 기세환, 김병로, 김인수, 김화수, 나춘균, 민석기, 박원희, 박종석, 신명진, 오광웅, 윤상화, 윤순창, 이반규, 이홍근, 임신자, 임춘길, 전용범, 정진석, 지종학, 최영렬, 황호형
감사	예조해, 홍승해

◆2004년 임원

회장	김정길
상임부회장	이종승
부회장	김길출, 김지완, 이명근, 황춘성
전무이사	임춘길
기획이사	양진방
이사	김경희, 김광언, 김선공, 김성태, 김수열, 김인수, 김재윤, 김종관, 박승용, 배양일, 송교명, 송봉섭, 안민석, 안종웅, 양인옥, 예조해, 윤오남, 이금룡, 이달곤, 이택명, 정만순, 정찬모, 정현영, 조만석, 조영기, 최동렬, 하봉갑, 한국선, 한상윤, 홍성인
감사	임윤택, 홍승해

◆ 2005년 임원

회장	김정길
상임부회장	이종승
부회장	김길출, 김지완, 이명근, 황춘성
전무이사	임춘길
기획이사	양진방
이사	김경희, 김재윤, 배양일, 손교명, 안민석, 이금룡, 이달곤, 이택명, 조만석, 하봉갑, 이공신, 김성태, 한국선, 한상윤, 윤오남, 김선공, 황세열, 안종웅, 양정수, 정만순, 정현영, 강영수, 조영기, 예조해, 김수열, 홍성인, 김경지, 김충열, 안해욱, 임신자
감사	임윤택, 홍승해

◆ 2006년 임원

회장	김정길
상임부회장	이종승
부회장	김길출, 김지완, 이명근, 황춘성
전무이사	임춘길
기획이사	양진방
이사	김경희, 김광언, 김선공, 김성태, 김수열, 김영흠, 김인수, 김재윤, 김종관, 박승용, 배양일, 손교명, 송봉섭, 안민석, 안종웅, 양인옥, 예조해, 윤오남, 이공신, 이금룡, 이상철, 이택명, 정만순, 정찬모, 정현영, 조만석, 조영기, 조정원, 최동열, 하봉갑, 한국선, 한상윤
감사	임윤택, 홍승해

◆ 2007년 임원

회장	김정길
상임부회장	이종승
부회장	김길출, 김지완, 이명근, 황춘성
전무이사	임춘길
기획이사	양진방
이사	강영수, 김경지, 김경희, 김선공, 김성태, 김수열, 김재윤, 김충열, 배양일, 손교명, 안민석, 안종웅, 양정수, 예조해, 윤오남, 이공신,이금룡, 이달곤, 이택명, 정만순, 정현영, 조만석, 조영기, 하봉갑, 한국선, 한상윤, 황세열, 임신자, 홍성인
감사	오승철, 홍승해

455

1) 이사회

◆2008년 임원

회장	홍준표
상임부회장	조영기
부회장	김성태, 박원희, 안종웅, 안창영, 이명규, 이범래, 임춘길, 황태국
전무이사	양진방
이사	김창국, 박영문, 윤웅석, 이우승
감사	오승철, 홍승해

◆2009년 임원

회장	홍준표
상임부회장	조영기
부회장	김성태, 박원희, 안종웅, 안창영, 이명규, 이범래, 임춘길, 황태국
전무이사	양진방
이사	김창국, 박영문, 윤웅석, 이우승, 임윤택, 한국선, 노순명, 오노균, 김종관, 오수일, 정만순, 최재춘, 예조해, 김대겸, 강실, 김충열, 임신자
감사	최동열, 홍승해

◆2010년~2011년 임원

회장	홍준표
상임부회장	조영기
부회장	김성태, 박원희, 안종웅, 안창영, 이명규, 이범래, 임춘길, 황태국
사무총장(전무이사)	양진방
이사	김창국, 박영문, 윤웅석, 이우승, 임윤택, 한국선, 노순명, 오노균, 김종관, 오수일, 정만순, 최재춘, 예조해, 김대겸, 강실, 김충열, 임신자
감사	최동열, 홍승해

2) 기술심의(전문)위원회

◆1972년 기술심의회

의장	이종우		
부의장	홍종수		
경기위원장	김순배	**연구위원장**	현우영
심사위원장	김인석	**교육위원장**	곽근식
심판위원장	배영기	**상벌위원장**	이교윤
파견위원장	이영섭	**편집위원장**	홍정표

◆1973년 기술심의회

의장	이종우		
부의장	홍종수, 이남석		
경기위원장	김인석	**연구위원장**	홍정표
심사위원장	김순배	**교육위원장**	현우영
심판위원장	배영기	**상벌위원장**	이용우
파견위원장	이교윤	**편집위원장**	이영섭
기획위원장	고재천	**국제위원장**	백준기

◆1974년 기술심의회

의장	이남석		
부의장	배영기, 이병로		
경기위원장	김인석	**연구위원장**	홍정표
심사위원장	김순배	**교육위원장**	현우영
심판위원장	이교윤	**상벌위원장**	이용우
파견위원장	현종명	**편집위원장**	이영섭
기획위원장	고재천	**국제위원장**	백준기

2) 기술심의(전문)위원회

◆1975년 기술심의회

의장	이남석		
부의장	김인석, 이병로		
경기위원장	이교윤	연구위원장	홍정표
심사위원장	현종명	교육위원장	박해만
심판위원장	김순배	상벌위원장	이용우
파견위원장	김선구	편집위원장	이영섭
기획위원장	고재천	국제위원장	이금홍

◆1976년 기술심의회

의장	이남석		
부의장	김인석, 이병로		
경기위원장	이교윤	연구위원장	이영섭
심사위원장	현종명	교육위원장	박해만
심판위원장	김순배	상벌위원장	이용우
기획위원장	김광득	편집위원장	고재천
파견위원장	홍정표	국제위원장	김용호

◆1977년 기술심의회

의장	이병로		
부의장	김인석, 이교윤, 이용우		
경기위원장	곽병호	연구위원장	박해만
심사위원장	최남도	교육위원장	김순배
심판위원장	황춘성	상벌위원장	김호재
파견위원장	김용호	편집위원장	박명수
기획위원장	정중성	시범위원장	권경욱

◆1978년 기술심의회

의장	배영기		
부의장	김인석, 이교윤, 이병로, 이용우		
경기위원장	황춘성	**연구위원장**	연구위원장
심사위원장	최남도	**상벌위원장**	김호재
심판위원장	김순배	**편집위원장**	김재기
파견위원장	원천희	**국제위원장**	곽병오
기획위원장	전정웅	**홍보위원장**	김용호
시범위원장	이금홍		

◆1979년 기술심의회

의장	배영기		
부의장	김인석, 이교윤, 이병로, 이용우		
경기위원장	곽병호	**연구위원장**	임순호
심사위원장	최남도	**교육위원장**	박해만
심판위원장	김순배	**상벌위원장**	이승완
파견위원장	김호재	**편집위원장**	김재기
기획위원장	신장식	**국제위원장**	김용서
홍보위원장	이태성	**도장위원장**	안영택
시범위원장	권경욱		

◆1980년 기술심의회

지도위원	김순배		
경기위원장	곽병오	**편집위원장**	원상욱
심판위원장	김순배	**국제위원장**	송상근
상벌위원장	이승완	**도장위원장**	전용하
시범위원장	권경욱		

2) 기술심의(전문)위원회

◆1981년 기술심의회

의장	김순배		
부의장	권경욱, 박명수		
경기위원장	최청대	선수강화위원장	노상석
심판위원장	이영근	국제위원장	백운대
상벌위원장	안영택	도장관리위원장	김호재

◆1982년 기술심의회

의장	박해만		
부의장	권경욱, 박명수		
경기위원장	김봉기	상벌위원장	김호재
심판위원장	이영근	국제위원장	이규석
심사위원장	안영택	선수강화위원장	노상석

◆1983년 기술심의회

의장	박해만		
부의장	권경욱, 박명수		
경기위원장	김봉기	상벌위원장	임순호
심판위원장	이영근	국제위원장	이규석
심사위원장	안영택	선수강화위원장	노상석

◆1984년 기술심의회

의장	박해만		
부의장	권경욱, 박명수		
경기위원장	김봉기	연구위원장	백운대
심판위원장	안영택	상벌위원장	이영근
심사위원장	임순호	국제위원장	이승국
선수강화위원장	이규석		

◆1985년 기술심의회

의장	권경욱		
부의장	전재규		
경기위원장	김봉기	**상벌위원장**	김영삼
심사위원장	이영근	**편집위원장**	정찬성
심판위원장	안영택	**국제위원장**	박현섭
기획위원장	이승국	**선수강화위원장**	김경지

◆1986년 기술심의회

의장	권경욱		
부의장	김용서, 전재규		
경기위원장	김봉기	**상벌위원장**	김영삼
심판위원장	안영택	**편집위원장**	정찬성
심사위원장	고국환	**국제위원장**	박현섭
기획위원장	이승국	**선수강화위원장**	김경지

◆1987년 기술심의회

의장	권경욱		
부의장	김용서, 전재규		
경기위원장	김영삼	**상벌위원장**	고국환
심판위원장	안영택	**편집위원장**	정찬성
심사위원장	김봉기	**국제위원장**	박현섭
기획위원장	이승국	**선수강화위원장**	김경지

◆1988년 기술심의회

의장	권경욱		
부의장	김용서, 전재규		
경기위원장	김영삼	**상벌위원장**	고국환
심판위원장	안영택	**편집위원장**	김대연
심사위원장	김봉기	**국제위원장**	박현섭
기획위원장	이승국	**선수강화위원장**	김경지
여성위원장	장정남		

2) 기술심의(전문)위원회

◆1989년 기술심의회

의장	황춘성		
부의장	김용서, 전재규		
경기위원장	김봉기	연구위원장	이택명
심판위원장	박현섭	상벌위원장	김영삼
심사위원장	김영작	편집위원장	이규정
기획위원장	김대연	국제위원장	이승국
여성위원장	장정남	선수강화위원장	김경지

◆1990년 기술심의회

의장	권경욱		
부의장	김경지, 김용서, 전재규		
경기위원장	김봉기	연구개발위원장	이승국
심판위원장	박현섭	상벌위원장	김대연
심사위원장	김영삼	국제위원장	배성실
기획위원장	이규정	홍보위원장	이택명
생활체육위원장	김영작	경경기력향상위원장	박창덕
여성위원장	장정남		

◆1991년 기술심의회

의장	김인석		
부의장	김경지, 이영근, 안영택		
경기위원장	고칠성	연구위원장	최영렬
심판위원장	김대연	상벌위원장	배성실
심사위원장	박덕규	국제위원장	박현섭
기획위원장	이택명	홍보위원장	조호철
생활체육위원장	양영모	경경기력향상위원장	박창덕
여성위원장	장정남		

◆1992년 기술심의회

의장	김인석		
부의장	김경지, 안영택, 이영근		
경기위원장	김대연	연구위원장	최영렬
심판위원장	고칠성	상벌위원장	박덕규
심사위원장	배성실	국제위원장	박현섭
기획위원장	이택명	홍보위원장	양영모
여성위원장	윤종완	생활체육위원장	조호철
경기력향상위원장	박창덕		

◆1993년 기술심의회

의장	김인석		
부의장	김경지, 안영택, 이영근		
경기위원장	김용길	연구개발위원장	이승국
심판위원장	김대연	상벌위원장	오함숙
심사위원장	고칠성	국제위원장	박현섭
기획위원장	이택명	홍보위원장	양영모
여성위원장	윤종완	생활체육위원장	조호철
경기력향상위원장	박창덕		

◆1994년 기술심의회

의장	김인석		
부의장	김경지, 안영택, 이영근		
경기위원장	김용길	연구개발위원장	이승국
심판위원장	김대연	상벌위원장	오함숙
심사위원장	고칠성	국제위원장	박현섭
여성위원장	김강인	홍보위원장	윤종완
경기력향상위원장	박창덕	생활체육위원장	조호철
기획조사위원장	양영모		

2) 기술심의(전문)위원회

◆1995년 기술심의회

의장	김인석		
부의장	김경지, 안영택, 이영근		
경기위원장	양영모	연구개발위원장	조근종
심판위원장	김용길	상벌위원장	오함숙
심사위원장	조호철	국제위원장	이승국
기획조사위원장	김대연	홍보위원장	윤종완
경연위원장	유문규	도장위원장	김영철
교육위원장	박창덕	사업위원장	박현섭
경기력향상위원장	최영렬	기록위원장	한규인

◆1996년 기술심의회

의장	황춘성		
부의장	김경지, 안영택		
경기위원장	양영모	연구개발위원장	조근종
심판위원장	박종명	상벌위원장	최정도
심사위원장	조호철	국제위원장	김화룡
기획조사위원장	김용길	홍보위원장	윤종완
경연위원장	유문규	도장위원장	김기용
교육위원장	김강인	사업위원장	박현섭
경기력향상위원장	최영렬	기록위원장	한규인
여성위원장	정효심		

◆1997년 기술심의회

의장	황춘성		
부의장	양영모, 최영렬, 한규인		
경기위원장	김갑식	연구개발위원장	조근종
심판위원장	심명구	상벌위원장	최정도
심사위원장	김기용	국제위원장	김화룡
기획조사위원장	김용길	홍보위원장	윤종완
경연위원장	이종관	도장위원장	이백운
교육위원장	조광민	사업위원장	김강인
경기력향상위원장	성재준	기록위원장	조호철
여성위원장	남궁숙		

◆1998년 기술심의회

의장	황춘성		
부의장	노상석, 양영모, 이택명		
경기위원장	김갑식	연구개발위원장	조근종
심판위원장	박현섭	상벌위원장	유상철
심사위원장	심명구	국제위원장	김화룡
기획조사위원장	김진수	홍보위원장	윤종완
경연위원장	이백운	도장위원장	이종찬
교육위원장	김강인	사업위원장	강세형
경기력향상위원장	김세혁	기록위원장	서경무
여성위원장	장용갑	의무위원장	황영갑

◆1999년 기술심의회

의장	노상석		
부의장	박현섭, 양영모, 이택명		
경기위원장	김갑식	연구개발위원장	이봉
심판위원장	박종명	상벌위원장	유상철
심사위원장	이백운	편집위원장	장용갑
기획조사위원장	김기형	국제위원장	김화룡
경연위원장	김현성	홍보위원장	윤종완
교육위원장	김강인	도장위원장	서경무
여성위원장	노달선	사업위원장	강세형
파견위원장	황영갑	기록위원장	김기용
코치위원장	주신규	의무위원장	박동식
시설위원장	이종관		

2) 기술심의(전문)위원회

◆ 2000년 기술심의회

의장	김영태		
부의장	양영모, 이택명, 박현섭, 박종명		
경기위원장	김갑식	**연구개발위원장**	이봉
심판위원장	김기용	**상벌위원장**	유상철
심사위원장	이백운	**편집위원장**	장용갑
기획조사위원장	김기형	**국제위원장**	김화롱
경연위원장	김현성	**홍보위원장**	김현태
교육위원장	김강인	**도장위원장**	서경무
여성위원장	노달선	**사업위원장**	강세형
파견위원장	황영갑	**기록위원장**	심명구
코치위원장	주신규	**의무위원장**	박동식
시설위원장	임동범		

◆ 2001년 기술심의회

의장	박종명		
부의장	장한철, 유병호, 김용길, 김종오, 김현성, 장용갑, 김재화, 전판선		
경기1위원장	이상언	**연구개발위원장**	김종연
경기2위원장	라동식	**상벌1위원장**	서경무
심판1위원장	김명환	**상벌2위원장**	유상철
심판2위원장	조한우	**편집위원장**	김인성
심사위원장	이동섭	**국제위원장**	정연학
기획조사위원장	조근형	**홍보위원장**	양경덕
경연위원장	박창식	**도장위원장**	이재수
교육위원장	윤종희	**사업위원장**	김중옥
여성위원장	정효심	**기록1위원장**	최주수
파견위원장	김창수	**기록2위원장**	양주호
코치위원장	윤오남	**의무위원장**	김진돈
시설위원장	김재준	**선수강화위원장**	진중의
전산위원장	김현태	**생활체육위원장**	이영석
협력위원장	양병석		

◆ 2002년 기술심의회

의장	박현섭		
부의장	김갑식, 김기용, 김종오		
경기위원장	김경일	연구위원장	안용규
심판위원장	조한우	심사위원장	이호열
기록위원장	심명구	도장위원장	임성근
질서대책위원장	김일섭	홍보위원장	이동준
경기력향상위원장	김세혁	국제위원장	라동식
의무위원장	김진돈	생활체육위원장	임동범
기획위원장	정락희	사업위원장	장원모

◆ 2003년 기술심의회

의장	박현섭		
부의장	김갑식, 김기용, 김종오, 전만식, 김현성		
경기위원장	김경일	연구위원장	안용규
심판위원장	심명구	심사위원장	이호열
기록위원장	박흥신	도장위원장	장창영
질서대책위원장	김일섭	국제위원장	최정호
경기력향상위원장	황영갑	생활체육위원장	임동범
의무위원장	김진돈	사업위원장	임성근
기획위원장	조근형		

◆ 2004년 기술심의회

의장	황춘성		
부의장	김대연, 박용국, 김종오, 전만식		
경기위원장	김갑식	연구위원장	안용규
심판위원장	심명구	심사위원장	김현성
기록위원장	김기용	도장위원장	김경찬
질서대책위원장	이백운	홍보위원장	김명환
경기력향상위원장	김우규	국제위원장	최정호
의무위원장	허진강	생활체육위원장	김영철
기획위원장	조근형	사업위원장	임성근

2) 기술심의(전문)위원회

◆ 2005년 기술심의회

의장	황춘성		
부의장	박용국, 김대연, 김갑식, 전만식, 김용길		
경기위원장	김경일	기획위원장	김영철
심판위원장	심명구	연구위원장	안용규
기록위원장	강대인	심사위원장	이호열
질서대책위원장	이백운	도장위원장	최종복
경기력향상위원장	김세혁	홍보위원장	황용수
품새경기위원장	최정호	국제위원장	황영갑
품새심판위원장	김경찬	생활체육위원장	조한우
품새기록위원장	박흥신	사업위원장	임성근
의무위원장	허진강		

◆ 2006년 기술심의회

의장	황춘성		
부의장	박용국, 김갑식, 심명구, 김영철, 김대연		
경기위원장	김경일	의무위원장	허진강
심판위원장	박종명	기획위원장	임성근
기록위원장	강대인	연구위원장	전익기
질서대책위원장	이백운	심사위원장	최종복
경기력향상위원장	김세혁	도장위원장	안용규
품새경기위원장	이재수	홍보위원장	이호열
품새심판위원장	김경찬	국제위원장	황용수
품새기록위원장	박흥신	생활체육위원장	조한우
품새질서대책위원장	정연주	사업위원장	황영갑

◆ 2007년 기술심의회

의장	황춘성		
부의장	박용국, 김영철, 심명구, 이백운, 김대연, 김갑식		
경기위원장	박흥신	**의무위원장**	허진강
심판위원장	박종명	**기획위원장**	임성근
기록위원장	강대인	**연구위원장**	전익기
질서대책위원장	이재수	**심사위원장**	이호열
경기력향상위원장	김세혁	**도장위원장**	안용규
품새경기위원장	김경일	**홍보위원장**	최종복
품새심판위원장	김경찬	**국제위원장**	황용수
품새기록위원장	장명수	**생활체육위원장**	조한우
품새질서대책위원장	정연주	**사업위원장**	장정희

◆ 2008년 기술심의회

의장	윤웅석		
부의장	김영철, 심명구, 임정호, 이백운, 김갑식		
경기위원장	박흥신	**의무위원장**	허진강
심판위원장	최정호	**기획위원장**	임성근
기록위원장	주상헌	**연구위원장**	전익기
질서대책위원장	김일섭	**심사위원장**	최종복
경기력향상위원장	류병관	**도장위원장**	안용규
품새경기위원장	장명수	**홍보위원장**	이호열
품새심판위원장	박덕규	**국제위원장**	한상진
품새기록위원장	장정희	**생활체육위원장**	이춘우
품새질서대책위원장	윤덕영	**사업위원장**	황용수

◆ 2009년 기술심의회

의장	윤웅석		
부의장	김영철, 심명구, 임정호, 이백운, 김갑식, 박종명		
경기위원장	박흥신	**의무위원장**	허진강
심판위원장	최정호	**기획위원장**	안용규
기록위원장	강대인	**연구위원장**	전익기
질서대책위원장	김일섭	**심사위원장**	이춘우
경기력향상위원장	박종만	**도장위원장**	임성근
품새경기위원장	장명수	**홍보위원장**	이호열
품새심판위원장	박덕규	**국제위원장**	한상진
품새기록위원장	장정희	**생활체육위원장**	최종복
품새질서대책위원장	윤덕영	**사업위원장**	황용수

2) 기술심의(전문)위원회

◆2010년 기술심의회

의장	윤웅석		
부의장	박종명, 김영철, 심명구, 임정호, 김갑식, 장정희		
경기위원장	박흥신	의무위원장	허진강
심판위원장	최정호	기획위원장	안용규
기록위원장	강대인	연구위원장	전익기
질서대책위원장	김일섭	심사위원장	이춘우
경기력향상위원장	정국현	도장위원장	임성근
품새경기위원장	장명수	홍보위원장	이호열
품새심판위원장	황인식	국제위원장	한상진
품새기록위원장	김귀전	생활체육위원장	최종복
품새질서대책위원장	윤덕영	사업위원장	황용수

◆2011년 기술심의회

의장	윤웅석		
부의장	박종명, 김영철, 심명구, 임정호, 김갑식, 장정희		
경기위원장	김경일	기획위원장	안용규
심판위원장	박흥신	연구위원장	전익기
질서대책위원장	윤덕영	심사위원장	이춘우
경기력향상위원장	정국현	도장위원장	이호열
품새경기위원장	장명수	홍보위원장	황종철
품새심판위원장	황인식	국제위원장	김상천
품새기록위원장	김귀전	생활체육위원장	최종복
품새질서대책위원장	황용수	사업위원장	임성근
의무위원장	허진강		

부록

50th

대한태권도협회

1) 올림픽 게임

◆ 제24회 1988' 서울 올림픽 (시범경기)
* 기간 : 1988.09.17~20   * 장소 : 대한민국, 서울 (장충체육관)

남자선수단			여자선수단		
코치	이승국, 김세혁		**코치**	김영인, 박필순	
권태호	핀급	1위	추난룔	플라이급	1위
하태경	플라이급	1위	김현희	미들급	1위
지용석	밴텀급	1위	이화진	핀급	2위
장명삼	페더급	1위	김지숙	웰터급	2위
박봉권	라이트급	1위	장윤정	헤비급	2위
정국현	웰터급	1위	박선영	밴텀급	3위
이계행	미들급	1위	김소영	페더급	3위
김종석	헤비급	2위	이은영	라이트급	

◆ 제25회 1992' 바르셀로나 올림픽 (시범경기)
* 기간 : 1992.08.03~05   * 장소 : 스페인, 바르셀로나

남자선수단			여자선수단		
코치	주신규		**코치**	임신자	
김병철	페더급	1위	황은숙	밴텀급	1위
하태경	웰터급	1위	이선희	미들급	1위
김제경	헤비급	1위	정은옥	라이트급	3위
서성교	플라이급	3위	모선영	핀급	

1) 올림픽 게임

◆ 제27회 2000' 시드니 올림픽

* 기간 : 2000.09.27~30   * 장소 : 호주, 시드니 (올림픽파크 스테이트 스포츠센터)

남자선수단			여자선수단		
코치	최정도		코치	김종기	
김경훈	+80KG	1위	정재은	-57KG	1위
신준식	-68KG	2위	이선희	-67KG	1위

◆ 제28회 2004' 아테네 올림픽

* 기간 : 2004.08.26~29   * 장소 : 그리스, 아테네

남자선수단			여자선수단		
코치	김세혁		코치	전정우	
문대성	+80KG	1위	장지원	-57KG	1위
송명섭	-68KG	3위	황경선	-67KG	3위

◆ 제29회 2008' 베이징 올림픽

* 기간 : 2008.08.20~23   * 장소 : 중국, 베이징

남자선수단			여자선수단		
코치	김세혁(남) 문원재(남,여)		코치	김봉근(여)	
손태진	-68KG	1위	임수정	-57KG	1위
차동민	+80KG	1위	황경선	-67KG	1위

◆ 제30회 12' 런던 올림픽

* 기간 : 2012.08.08~11   * 장소 : 영국, 런던

남자선수단			여자선수단		
감독	김세혁				
코치	함준, 김현일, 박종만				
이대훈	-58KG	2위	황경선	-67KG	1위
차동민	+80KG		이인종	+67KG	

2) 아시안 게임

◆ 제10회 1986' 서울 아시안게임
  * 기간 : 1986.09.30~10.03   * 장소 : 대한민국, 경기도 (성균관대 실내체육관)

코치	이승국, 박현종, 진중의, 주신규	
이종선	핀급	1위
김영식	플라이급	1위
한재구	페더급	1위
박봉권	라이트급	1위
문종국	웰터급	1위
이계행	미들급	1위
강승우	헤비급	1위

◆ 제12회 1994' 히로시마 아시안게임
  * 기간 : 1994.10.08~09   * 장소 : 일본, 히로시마

코치	문원재	
진승태	플라이	1위
김현용	페더	1위
정광채	웰터	1위
김제경	헤비	1위

◆ 제13회 1998' 방콕 아시안게임
  * 기간 : 1998.12.07~10   * 장소 : 태국, 방콕

남자선수단			여자선수단		
코치	최정도, 신재근				
트레이너	김철호, 함준				
박희강	핀급	1위	장정은	핀급	1위
강남원	페더급	1위	조향미	웰터급	1위
김병욱	라이트급	1위	정명숙	헤비급	1위
류근무	웰터급	1위	이선희	라이트급	2위
강동국	미들급	1위	이지은	밴텀급	
김제경	헤비급	1위	이희영	미들급	

2) 아시안 게임

◆ 제14회 2002' 부산 아시안게임
* 기간 : 2002.10.10~13   * 장소 : 대한민국, 부산

남자선수단			여자선수단		
코치	황영갑, 조임형		코치	이재봉, 이계행	
박희철	핀급	1위	임수정	플라이급	1위
김대륭	플라이급	1위	윤경림	밴텀급	1위
남연식	페더급	1위	윤성희	페더급	1위
오선택	웰터급	1위	김연지	라이트급	1위
김경훈	미들급	1위	김수옥	웰터급	1위
문대성	헤비급	1위	최진미	미들급	1위
김향수	밴텀급	2위	윤현정	헤비급	2위
이재신	라이트급	2위	강지현	핀급	3위

◆ 제15회 2006' 도하 아시안게임
* 기간 : 2006.12.07~10   * 장소 : 카타르, 도하

남자선수단			여자선수단		
코치	윤상화, 김용수, 전익기, 박종만				
유영대	플라이	1위	권은경	플라이	1위
김주영	밴텀	1위	김보혜	밴텀	1위
송명섭	페더	1위	이성혜	페더	1위
이용열	라이트	1위	황경선	웰터	1위
김학환	헤비	1위	이인종	미들	3위
박경훈	미들	2위	진채린	라이트	

◆ 제16회 2010' 광저우 아시안게임

* 기간 : 2010.11.17~20   * 장소 : 중국, 광저우

남자선수단			여자선수단		
코치	류병관, 전문희		코치	김정규, 이동주	
이대훈	-63kg	1위	이성혜	-57kg	1위
허준녕	+87kg	1위	노은실	-62kg	1위
김성호	-54kg	2위	오정아	+73kg	2위
장세욱	-68kg	2위	권은경	-53kg	3위
박용현	-87kg	2위	강보현	-67kg	3위
장경훈	-74kg		황미나	-46kg	

3) 세계선수권대회

◆ 제1회 세계선수권대회 (1973, 서울)

* 기간 1973.05.25~27   * 장소 : 대한민국, 서울 (국기원)

단장	이교윤	
감독	이형로	
코치	이문호	
최정도		
김철환	단체전	우승
라종열		
강의성		
이기형	개인전 경량급	1위
김정태	개인전 중량급	1위

◆ 제2회 세계선수권대회 (1975, 서울)

* 기간 : 1975.08.28~31   * 장소 : 대한민국, 서울 (국기원, 장충체육관)

단장	이병로	
감독	이영근	
코치	고의민, 김용휘	
황용수	핀급	1위
한유근	플라이급	1위
손태환	밴텀급	1위
이계승	페더급	1위
유영합	라이트급	1위
허 송	웰터급	1위
양영관	미들급	1위
최정도	헤비급	1위

◆ 제3회 세계선수권대회 (1977, 시카고)

* 기간 : 1977.09.15~17   * 장소 : 미국, 시카고

단장	이교윤	
감독	곽병호	
코치	고의민, 정만순	
여성기	핀급	1위
하석광	플라이급	1위
김종기	밴텀급	1위
박정호	페더급	1위
유영합	웰터급	1위
허 송	미들급	1위
안장식	헤비급	1위
최재천	라이트급	2위

◆ 제4회 세계선수권대회 (1979, 슈투트가르트)

* 기간 : 1979.10.26~28   * 장소 : 서독, 슈투트가르트

단장	배영기	
감독	최남도	
코치	김길성, 송요식	
이승형	핀급	1위
양기모	플라이급	1위
김종기	밴텀급	1위
임대택	페더급	1위
박오성	라이트급	1위
김상천	미들급	1위
정 찬	L-헤비급	1위
김무천	웰터급	3위
박정호	L-미들급	3위

3) 세계선수권대회

◆ 제5회 세계선수권대회 (1982, 에콰도르)

* 기간 1982.02.24~27   * 장소 : 에콰도르, 과야킬

단장	김두원	
감독	안영택	
코치	김인수, 강선장	
전웅환	플라이급	1위
김종기	밴텀급	1위
장명삼	페더급	1위
박오성	라이트급	1위
박천재	웰터급	1위
정국현	L-미들급	1위
김상천	미들급	1위
하용성	L-헤비급	1위

◆ 제6회 세계선수권대회 (1983, 코펜하겐)

* 기간 : 1983.10.20~23   * 장소 : 덴마크, 코펜하겐

단장	김정주	
감독	이규석	
코치	이승국, 진중의	
왕광연	핀급	1위
고정호	플라이급	1위
한홍식	밴텀급	1위
이재봉	페더급	1위
한재구	라이트급	1위
정국현	L-미들급	1위
이동준	미들급	1위
장승화	헤비급	1위
최광근	웰터급	3위

◆ 제7회 세계선수권대회, 여자세계선수권대회-시범경기 (1985, 서울)

* 기간 : 1985.09.04~8   * 장소 : 대한민국, 서울 (잠실실내체육관)

단장	황경노
감독	박현섭
남자선수단 코치	박현종, 김세혁, 김영인

이선장	핀급	1위		신 숙	핀급	1위
김영식	플라이급	1위		임신자	밴텀급	1위
유명식	밴텀급	1위		김지숙	라이트급	1위
한재구	페더급	1위		김현희	미들급	1위
박봉권	라이트급	1위		김정임	플라이급	3위
정국현	웰터급	1위		김소영	페더급	3위
이동준	미들급	1위		장윤정	헤비급	3위
강승우	헤비급	2위				

◆ 제8회 세계선수권대회, 제1회 여자세계선수권대회 (1987, 바르셀로나)

* 기간 ; 1987.10.07~11   * 장소 : 스페인, 바르셀로나

단장	김성태		
감독	김용서		
남자선수단 코치	유병호, 이계승	여자선수단 코치	김영인, 강중식

임성욱	핀급	1위		장이숙	핀급	1위
강창모	플라이급	1위		김소영	페더급	1위
유명식	밴텀급	1위		이은영	라이트급	1위
양대승	라이트급	1위		이 영	플라이급	2위
정국현	웰터급	1위		김지숙	웰터급	2위
이계행	미들급	1위		장윤정	헤비급	3위
정승환	페더급			배은정	밴텀급	
고영철	헤비급			김현희	미들급	

3) 세계선수권대회

◆ 제9회 세계선수권대회, 제2회 여자세계선수권대회 (1989, 서울)

* 기간 : 1989.10.09~14　　* 장소 : 대한민국, 서울 (잠실체육관)

단장	한용석		여자선수단 감독	장한철	
남자선수단 감독	김영삼		여자선수단 감독	장한철	
남자선수단 코치	김우규, 정찬		여자선수단 코치	이철주, 임신자	
권태호	핀급	1위	원선진	플라이급	1위
김철호	플라이급	1위	정남숙	밴텀급	1위
함 준	밴텀급	1위	김소영	페더급	1위
장 혁	페더급	1위	이은영	라이트급	1위
양대승	라이트급	1위	정완숙	헤비급	1위
이현석	웰터급	1위	김지향	핀급	3위
정용석	미들급	1위	김지숙	웰터급	3위
최상진	헤비급	2위	김현희	미들급	

◆ 제10회 세계선수권대회, 제3회 여자세계선수권대회 (1991, 아테네)

* 기간 : 1991.10.28~11.03　　* 장소 : 그리스, 아테네

단장	이건수		여자선수단 감독	이근우	
남자선수단 감독	김대연		여자선수단 감독	이근우	
남자선수단 코치	윤창옥, 김영국		여자선수단 코치	이홍규, 양기모	
김철호	플라이급	1위	박동선	밴텀급	1위
장혁	페더급	1위	정은옥	라이트급	1위
양대승	라이트급	1위	양인덕	미들급	1위
박용웅	웰터급	1위	김진성	핀급	3위
윤순철	미들급	1위	조향미	웰터급	3위
강철우	핀급	3위	이화진	플라이	
선상준	밴텀급	3위	박진경	페더급	
김봉근	헤비급		백영미	헤비급	

◆ 제11회 세계선수권대회, 제4회 여자세계선수권대회 (1993, 뉴욕)
* 기간 : 1993.08.19~21   * 장소 : 미국, 뉴욕

단장	송봉섭				
남자선수단 감독	예조해		**여자선수단 감독**	이진수	
남자선수단 코치	유수철, 윤오남		**여자선수단 코치**	김영희, 박계희	
진승태	핀급	1위	유수미	플라이급	1위
김인경	밴텀급	1위	이승민	페더급	1위
김병철	페더급	1위	김미영	웰터급	1위
박세진	라이트급	1위	박은선	미들급	1위
임영호	웰터급	1위	정명숙	헤비급	1위
김제경	헤비급	1위	박경숙	라이트급	2위
박재성	플라이급		원선진	밴텀급	3위
이동완	미들급		유수진	핀급	

◆ 제12회 세계선수권대회, 제5회 여자세계선수권대회 (1995, 마닐라)
* 기간 : 1995.11.17~21   * 장소 : 필리핀, 마닐라

단장	주영호				
남자선수단 감독	김경지		**여자선수단 감독**	윤판석	
남자선수단 코치	장권, 전판선		**여자선수단 코치**	유황국, 이경배	
진승태	핀급	1위	원선진	밴텀급	1위
장대순	밴텀급	1위	이승민	페더급	1위
김병욱	페더급	1위	박경숙	라이트급	1위
이동완	미들급	1위	조항미	웰터급	1위
김제경	헤비급	1위	정명숙	헤비급	1위
박희철	플라이급		양소희	핀급	2위
정광채	라이트급		박선미	미들급	2위
김경훈	웰터급		서미라	플라이급	

3) 세계선수권대회

◆ **제13회 세계선수권대회, 제6회 여자세계선수권대회 (1997, 홍콩)**
  * 기간 : 1997.11.19~23   * 장소 : 홍콩, 콜리시엄

단장	한기복				
남자선수단 감독	최영렬		**여자선수단 감독**	김선규	
남자선수단 코치	장태윤, 전정우		**여자선수단 코치**	최기술, 박영수	
진승태	플라이급	1위	양소희	핀급	1위
김인동	페더급	1위	황은숙	밴텀급	1위
이동완	미들급	1위	정재은	페더급	1위
김제경	헤비급	1위	강해은	라이트급	1위
심기선	라이트급	3위	조향미	웰터급	1위
김경훈	웰터급	3위	우연정	미들급	1위
김병태	핀급		정명숙	헤비급	1위
김현용	밴텀급		윤송희	플라이급	2위

◆ **제14회 세계선수권대회, 제7회 여자세계선수권대회 (1999, 에드먼튼)**
  * 기간 : 1999.06.02~06   * 장소 : 캐나다, 에드먼튼

단장	정종택				
남자선수단 감독	양영모		**여자선수단 감독**	오광웅	
남자선수단 코치	유상철, 문원재, 전정우		**여자선수단 코치**	김범수, 박용수, 이창건	
민병석	핀급	1위	강해은	페더급	1위
윤종일	플라이급	1위	조향미	라이트급	1위
고대휴	밴텀급	1위	김윤경	미들급	1위
노현구	페더급	1위	윤송희	핀급	2위
장종오	웰터급	1위	심혜영	플라이급	2위
문대성	헤비급	1위	정재은	밴텀급	2위
김병욱	라이트급	2위	이정민	웰터급	
이동완	미들급		신경현	헤비급	

◆ 제15회 세계선수권대회, 제8회 여자세계선수권대회 (2001, 제주)
* 기간 : 2001.11.01~07   * 장소 : 대한민국, 제주시 (한라체육관)

단장	마의웅				
남자선수단 감독	윤웅석		**여자선수단 감독**	김창기	
남자선수단 코치	윤종욱, 박봉권		**여자선수단 코치**	함준, 조향미	
최연호	핀급	1위	이혜영	플라이급	1위
강남원	밴텀급	1위	정재은	밴텀급	1위
김대륭	플라이급	3위	장지원	페더급	1위
김경훈	미들급	3위	김연지	라이트급	1위
문화선	페더급		김혜미	웰터급	1위
정우열	라이트급		신경현	헤비급	1위
류근무	웰터급		김수양	핀급	2위
현재호	헤비급			미들급	

◆ 제16회 세계선수권대회, 제9회 여자세계선수권대회 (2003,가르미슈 파르텐키르첸)
* 기간 : 2003.09.24~28   * 장소 : 독일, 가르미슈 파르텐키르첸

단장	박귀종				
남자선수단 감독	김기용		**여자선수단 감독**	김현성	
남자선수단 코치	김세혁, 김현일		**여자선수단 코치**	문원재, 박상만	
최연호	핀급	1위	이지혜	플라이급	1위
강남원	페더급	1위	하정연	밴텀급	1위
김교식	라이트급	1위	김연지	라이트급	1위
고석화	플라이급	3위	이선희	웰터급	1위
오선택	웰터급	3위	윤현정	헤비급	1위
김항수	밴텀급		강지현	핀급	
이재성	미들급		윤성희	페더급	
문대성	헤비급		최진미	미들급	

3) 세계선수권대회

◆ 제17회 세계선수권대회, 제10회 여자세계선수권대회 (2005, 마드리드)
* 기간 : 2005.04.13~17   * 장소 : 스페인,마드리드

단장	조영기				
남자선수단 감독	오승철		여자선수단 감독	안용규	
남자선수단 코치	권오민, 신재현		여자선수단 코치	김성배, 이창석	
김진희	핀급	1위	김보혜	밴텀급	1위
고석화	플라이급	1위	황경선	웰터급	1위
김재식	밴텀급	1위	신경현	헤비급	1위
오선택	미들급	1위	유은영	핀급	2위
송명섭	페더급	2위	김새롬	페더급	2위
허준녕	헤비급	3위	정선영	미들급	3위
문상현	라이트급			플라이급	
장창하	웰터급			라이트급	

◆ 제18회 세계선수권대회, 제11회 여자세계선수권대회 (2007, 베이징)
* 기간 : 2007.05.18~22   * 장소 : 중국, 베이징

단장	이등재				
남자선수단 감독	이호열		여자선수단 감독	박경환	
남자선수단 코치	왕광연, 김봉석		여자선수단 코치	임종환, 박만성	
최연호	핀급	1위	정진희	밴텀급	1위
장창하	웰터급	2위	황경선	웰터급	1위
이순재	플라이급	3위	박혜미	라이트급	2위
송명섭	페더급	3위	한진선	헤비급	2위
박민수	미들급	3위	박효지	핀급	
남윤배	헤비급	3위	장은숙	플라이급	
손태진	밴텀급		이성혜	페더급	
고준호	라이트급		이인종	미들급	

◆ 제19회 세계선수권대회, 제12회 여자세계선수권대회 (2009, 코펜하겐)
* 기간 : 2009.10.14~18 　　　 * 장소 : 덴마크 코펜하겐

단장	이현부					
남자선수단 감독	한창헌		**여자선수단 감독**	김영철		
남자선수단 코치	박종만, 이동철		**여자선수단 코치**	김진기, 김용수		
최연호	-54KG	1위	박효지	-46kg	1위
염효섭	-63KG	1위	임수정	-62kg	1위
김준태	-74kg	1위	이인종	-73kg	2위
남윤배	+87kg	2위	권은경	-53kg	3위
김두산	-58KG		조 설	+73kg	3위
이인규	-68KG		최유진	-49kg	
박정호	-80KG		이미란	-57kg	
정영한	-87kg		박혜미	-67kg	

◆ 제20회 세계선수권대회, 제13회 여자세계선수권대회 (2011, 경주)
* 기간 : 2011.05.01~06 　　　 * 장소 : 경북, 경주

단장	정만순					
남자선수단 감독	이영석		**여자선수단 감독**	김화영		
남자선수단 코치	조임형, 정광채, 이원재		**여자선수단 코치**	김맹곤, 임성욱, 박은선		
이대훈	-63KG	1위	김소희	-46kg	1위
조철호	+87kg	1위	오혜리	-73kg	2위
박지웅	-54KG	2위	안새봄	+73kg	2위
차동민	-87kg	2위	이혜영	-53kg	3위
임철호	-58KG		임수정	-57kg	3위
장세욱	-68KG		황경선	-67kg	3위
송지훈	-74kg		김혜정	-49kg	
인교돈	-80KG		김휘랑	-62kg	

4)월드컵

◆1986년 월드컵 (미국)
* 기간 : 1986.07.03~05　　* 장소 : 미국, 콜로라도 스프링스

단장	유상렬	
감독	전재규	
코치	황영갑	
임성욱	핀급	1위
인해진	플라이급	1위
유명식	밴텀급	1위
장명삼	페더급	1위
양대승	라이트급	1위
정용석	웰터급	1위
임재억	헤비급	1위
박상식	미들급	2위

◆1987년 월드컵 (핀란드)
* 기간 : 1987.05.15~17　　* 장소 : 핀란드, 헬싱키

단장	임형연	
감독	송봉섭	
코치	박수복	
이종선	핀급	1위
지용석	밴텀급	1위
장명삼	페더급	1위
박봉권	라이트급	1위
윤순철	웰터급	1위
전웅환	플라이급	2위
연기호	미들급	2위
노 신	헤비급	

◆1989년 월드컵 (이집트)

* 기간 : 1989.02.22~25   * 장소 : 이집트, 카이로

단장	이계광	
감독	박병철	
코치	이백운	
임창섭	핀급	1위
정재정	플라이급	1위
김병철	페더급	1위
정용석	미들급	1위
김용수	웰터급	2위
이창건	라이트급	3위
김현일	헤비급	3위
조영남	밴텀급	

◆1990년 월드컵 (스페인)

* 기간 : 1990.11.09~11   * 장소 : 스페인, 마드리드

단장	이계광				
감독	예조해				
남자선수단 코치	유수철, 윤오남		여자선수단 코치	김영희, 윤준철	
김인경	핀급	1위	박정희	라이트급	1위
김철호	플라이급	1위	양인덕	미들급	1위
하태경	페더급	1위	진용순	플라이급	2위
양대승	라이트급	1위	박동선	밴텀급	2위
이현석	웰터급	1위	유수진	핀급	3위
함 준	밴텀급	3위	박선영	페더급	3위
박은석	미들급	3위	이성미	웰터급	
김광섭	헤비급	3위	백영미	헤비급	

4)월드컵

◆1991년 월드컵 (유고)

* 기간 : 1991.05.16~18   * 장소 : 유고, 자그레브

단장		박창락			
감독		이진수			
남자선수단 코치		김현성, 박계희	여자선수단 코치		김영수, 이인재
김건일	핀급	1위	진용순	플라이급	1위
권태호	밴텀급	1위	고재경	웰터급	1위
강창모	페더급	1위	박혜영	미들급	2위
하태경	라이트급	1위	유수진	핀급	3위
이현석	웰터급	1위	김경애	라이트급	3위
박종범	미들급	1위	이승민	밴텀급	
김인영	플라이급		이현화	페더급	
정주석	헤비급		심현숙	헤비급	

◆1994년 월드컵 (케이만군도)

* 기간 : 1994.07.21~23   * 장소 : 케이만군도

단장		장준웅			
감독		조호철			
남자선수단 코치		박운서	여자선수단 코치		임영선
진승태	핀급	1위	양춘희	미들급	2위
서규혁	플라이급	1위	유수진	핀급	
김인경	밴텀급	1위	서미라	플라이급	
박세진	라이트급	1위	김순동	밴텀급	
이동완	미들급	2위	채수진	라이트급	
	페더급	무 출전		페더급	무 출전
	웰터급	무 출전		웰터급	무 출전
	헤비급	무 출전		헤비급	무 출전

◆ 1996년 월드컵 (브라질)

* 기간 : 1996.05.24~26　　　* 장소 : 브라질, 우데자네이로

단장	황광철				
남자선수단 감독	성재준		**여자선수단 감독**	한규인	
남자선수단 코치	고봉수, 한홍식		**여자선수단 코치**	오제롱, 김철호	
정대영	밴텀급	1위	박경은	핀급	1위
곽택용	라이트급	1위	윤명숙	페더급	2위
김민우	미들급	1위	강해은	라이트급	2위
장종오	웰터급	2위	김윤경	헤비급	2위
김광호	핀급		윤송희	플라이급	
박희철	플라이급		이선영	밴텀급	
이두견	페더급		김은이	웰터급	
박형래	헤비급		박선미	미들급	

◆ 1997년 월드컵 (이집트)

* 기간 : 1997.03.06~08　　　* 장소 : 이집트, 카이로

단장	유기대				
감독	박덕규				
남자선수단 코치	양대승		**여자선수단 코치**	임신자	
김병태	핀급	1위	서미라	플라이급	1위
최만용	플라이급	1위	정명숙	헤비급	1위
심기선	라이트급	1위	조향미	웰터급	2위
김경훈	웰터급	1위	박정희	핀급	3위
김제경	헤비급	1위	황은숙	밴텀급	3위
이동완	미들급	3위	진용순	페더급	
황병련	밴텀급		신동선	라이트급	
신준식	페더급		박선미	미들급	

4)월드컵

◆1998년 월드컵 (독일)

*기간 : 1998.06.05~07 　　　 * 장소 : 독일, 신델핑겐

단장	고우방				
감독	최정도				
남자선수단 코치	임홍택, 함준		여자선수단 코치	정해준 , 김철호	
박희강	핀급	1위	조향미	웰터급	1위
진승태	플라이급	1위	권지희	헤비급	1위
장종오	웰터급	1위	양소희	핀급	2위
김민우	미들급	1위	윤송희	플라이급	3위
정대영	밴텀급	3위	김병희	밴텀급	
이두견	페더급		채혜경	페더급	
심기선	라이트급		신동선	라이트급	
문용철	헤비급		이희영	미들급	

◆ 2000년 월드컵 (프랑스)

* 기간 : 2000.04.14~16 　　　 * 장소 : 프랑스, 리용

단장	이종승				
남자선수단 감독	정길춘		여자선수단 감독	조동석	
남자선수단 코치	최정도, 이창석		여자선수단 코치	이창건, 김태우	
고대휴	밴텀급	1위	장정은	플라이급	1위
장순호	웰터급	1위	서영하	라이트급	1위
김천규	플라이급	3위	정명숙	헤비급	1위
이재성	미들급	3위	윤현정	미들급	2위
현재호	헤비급	3위	신현순	페더급	3위
석운용	핀급		최준정	핀급	
김동인	페더급		이지은	밴텀급	
조원철	라이트급		이정민	웰터급	

◆ 2001년 월드컵 (베트남)

* 기간 : 2001.05.31~06.03   * 장소 : 베트남, 호치민시

단장		조영기				
남자선수단 감독		장용갑		**여자선수단 감독**	안영빈	
남자선수단 코치		조임형, 이경호		**여자선수단 코치**	박종만, 박선미	
양창일	플라이급	1위		윤성희	페더급	1위
조진호	밴텀급	1위		이정민	웰터급	1위
남연식	페더급	1위		정명숙	헤비급	1위
오선택	웰터급	3위		주혜원	핀급	2위
박천덕	미들급	3위		장정은	플라이급	2위
민영석	핀급			서영하	라이트급	2위
신준식	라이트급			차세영	밴텀급	3위
차용희	헤비급			오경희	미들급	

◆ 2002년 월드컵 (일본)

* 기간 : 2002.07.16~19   * 장소 : 일본, 도쿄(요요기 국립경기장)

단장		한용석				
남자선수단 감독		김헌수		**여자선수단 감독**	라동식	
남자선수단 코치		김범수, 지용석		**여자선수단 코치**	서인호, 조성호	
김진희	핀급	1위		정재은	밴텀급	1위
고석화	플라이급	1위		전은경	라이트급	1위
고대휴	밴텀급	1위		김혜미	웰터급	1위
신준식	라이트급	2위		신경현	헤비급	1위
정동혁	웰터급	2위		김수양	핀급	2위
박천덕	미들급	3위		장은숙	플라이급	
이석훈	헤비급	3위		황경선	페더급	
백지환	페더급			양정임	미들급	

4)월드컵

◆2006년 월드컵 (태국)

* 기간 : 2006.09.14~17   * 장소 : 태국, 방콕

남자선수단	단장	이택명		여자선수단	단장	임춘길	
남자선수단	감독	김갑식		여자선수단	감독	김무천	
남자선수단	코치	강종철, 장종오		여자선수단	코치	전상근, 박선미	
최연호	플라이급	1위		이혜영	밴텀급	1위	
남연식	페더급	1위		정나리	페더급	1위	
장창하	웰터급	1위		전은경	라이트급	1위	
남윤배	헤비급	1위		김혜미	웰터급	1위	
김진희	핀급	3위		정선영	미들급	2위	
장세용	라이트급	3위		장정윤	헤비급	2위	
박태열	밴텀급			오성숙	핀급	3위	
정영한	미들급			박명숙	플라이급		
남자단체전		1위		여자단체전		1위	

◆2009년 월드컵 (아제르바이잔)

* 기간 : 2009.06.10~14   * 장소 : 아제르바이잔, 바쿠

단장		김창국			
남자선수단	감독	김경일	여자선수단	감독	김무천
남자선수단	코치	노현구	여자선수단	코치	맹성재
〈단체전〉			〈단체전〉		1위
김동규		-54KG	심연주		-47KG
석승우		-63KG	장은숙		-54KG
백지환		-72KG	오나리		-61KG
한용민		-82KG	진채린		-68KG
이석훈		+82KG	오혜리		+68KG

◆ 2010년 월드컵 (중국)

* 기간 : 2010.07.17~20   * 장소 : 중국, 우르무치

단장	박윤국		
남자선수단 감독	장태수	**여자선수단 감독**	박계희
남자선수단 코치	백국현, 정을진	**여자선수단 코치**	이창건, 박은선
〈단체전〉	3위	〈단체전〉	1위
안 원	-58KG	홍소라	-49KG
송문철	-68KG	왕해리	-57KG
이동언	-80KG	황경선	-67KG
박경훈	+80KG	안새봄	+67KG

5) 아시아선수권대회

◆ 제1회 아시아선수권대회 (1974, 서울)
* 기간 : 1974.10.18~20   * 장소 : 대한민국, 서울(국기원)

단장	배영기	
감독	송상근	
코치	고의민	
윤창옥	핀급	1위
하석광	플라이급	1위
주상헌	밴텀급	1위
박 원	페더급	1위
이기형	라이트급	1위
김철환	웰터급	1위
양영관	미들급	1위
최정도	헤비급	1위

◆ 제2회 아시아선수권대회 (1976, 멜버른)
* 기간 : 1976.10.16~17   * 장소 : 호주, 멜버른

단장	엄운규	
감독		
코치	이규석	
최윤기	핀급	1위
김종기	플라이급	1위
손태환	밴텀급	1위
김무천	페더급	1위
최재천	라이트급	1위
유영합	웰터급	1위
김철환	미들급	1위
김덕수	헤비급	1위

◆ 제3회 아시아선수권대회 (1978, 홍콩)
* 기간 : 1978.09.08~10 　 * 장소 : 홍콩

단장	이용우	
감독	황춘성	
코치	송요식, 정진영	
윤준철	핀급	1위
하석광	플라이급	1위
김종기	밴텀급	1위
김정국	페더급	1위
오일남	라이트급	1위
유영합	웰터급	1위
장종태	미들급	1위
마상현	헤비급	1위

◆ 제4회 아시아선수권대회 (1980, 타이페이)
* 기간 : 1980.11.09~10 　 * 장소 : 대만 타이페이

단장	전영화	
감독		
코치	윤치영, 최영렬	
이진우	핀급	1위
양기모	플라이급	1위
최승룡	밴텀급	1위
이준걸	페더급	1위
김영국	라이트급	1위
김정국	웰터급	1위
오일남	L-미들급	1위
정　찬	L-헤비급	1위
강용구	헤비급	1위
조남제	미들급	2위

5) 아시아선수권대회

◆ 제5회 아시아선수권대회 (1982, 싱가폴)
* 기간 : 1982.12.09~12　　* 장소 : 싱가폴

단장	조영수	
감독	박명수	
코치	박창덕, 남상덕	
최　천	핀급	1위
권기문	플라이급	1위
김종기	밴텀급	1위
장명삼	페더급	1위
한재구	라이트급	1위
오일남	L-미들급	1위
이동준	미들급	1위
문종국	L-헤비급	1위
장승화	헤비급	1위
곽동수	웰터급	2위

◆ 제6회 아시아선수권대회 (1984, 마닐라)
* 기간 : 1984.11.09~11　　* 장소 : 필리핀 마닐라

단장	정관섭	
감독	김봉기	
코치	박현종, 주신규	
김지태	핀급	
김준태	플라이급	1위
권기문	밴텀급	1위
장명삼	페더급	1위
한재구	라이트급	1위
이준명	웰터급	1위
정국현	L-미들급	1위
박상식	미들급	1위
김종석	L-헤비급	1위
고영철	헤비급	1위

◆ 제7회 아시아선수권대회 (1986, 다윈)
* 기간 : 1986.04.18~20　　* 장소 : 호주, 다윈

단장		황호순				
감독		김경지				
남자선수단 코치		김우규, 윤종욱		**여자선수단 코치**	김영인	
이해진	플라이급	1위		오명화	플라이급	1위
지용석	밴텀급	1위		전오순	웰터급	1위
정승환	페더급	1위		장윤정	헤비급	1위
이창건	라이트급	1위		신 숙	핀급	2위
윤순철	웰터급	1위		김현희	미들급	2위
이정진	헤비급	1위		박선영	밴텀급	3위
김영주	핀급	2위		김지숙	라이트급	3위
장질환	미들급	3위		이은영	페더급	

◆ 제8회 아시아선수권대회 (1988, 카드만두)
* 기간 : 1988.03.23~25　　* 장소 : 네팔, 카투만두

단장		박 익				
감독		고국환				
남자선수단 코치		강선장, 이용환		**여자선수단 코치**	김영수, 김경주	
권태호	핀급	1위		이화진	핀급	1위
하태경	플라이급	1위		박선영	밴텀급	1위
조영남	밴텀급	1위		김소영	페더급	1위
장명삼	페더급	1위		이은영	라이트급	1위
박봉권	라이트급	1위		김지숙	웰터급	1위
정국현	웰터급	1위		김현희	미들급	1위
정용석	미들급	1위		장윤정	헤비급	1위
김종석	헤비급	1위		추난율	플라이급	

5) 아시아선수권대회

◆ 제9회 아시아선수권대회 (1990, 타이페이)
* 기간 : 1990.06.02~4　　* 장소 : 대만, 타이페이

단장		조영기			
남자선수단 감독		김현수	**여자선수단 감독**		이택명
남자선수단 코치		장용규, 이재봉	**여자선수단 코치**		송동덕, 지용범
권혁선	플라이급	1위	이승민	밴텀급	1위
김성진	밴텀급	1위	고재경	웰터급	1위
박세진	라이트급	1위	김진성	핀급	2위
진정우	웰터급	1위	박진경	페더급	2위
정용석	미들급	1위	남정동	라이트급	2위
김현철	페더급	2위	모선영	플라이급	3위
최상진	헤비급	2위	장 철	미들급	
신재현	핀급		김태희	헤비급	

◆ 제10회 아시아선수권대회 (1992, 쿠알라룸푸르)
* 기간 : 1992.01.28~02.02　　* 장소 : 말레이시아, 쿠알라룸푸르

단장		한재수			
감독		정만순			
코치		권혁중			
서성교	플라이급	1위	이순영	핀급	1위
권태호	밴텀급	1위	모선영	플라이급	1위
강창모	페더급	1위	원선진	밴텀급	1위
임영호	웰터급	1위	정은옥	라이트급	1위
윤순철	미들급	1위	이선희	미들급	1위
김제경	헤비급	1위	김성숙	페더급	2위
진승태	핀급	2위	정명숙	헤비급	2위
박의성	라이트급		고재경	웰터급	

◆ 제11회 아시아선수권대회 (1994, 마닐라)

* 기간 : 1994.01.28~30   * 장소 : 필리핀, 마닐라

단장		박창락			
감독		윤종완			
남자선수단 코치		이완욱	**여자선수단 코치**		박영수
최용훈	핀급	1위	이순영	플라이급	1위
고동완	플라이급	1위	진용순	밴텀급	1위
김현용	밴텀급	1위	박선미	미들급	1위
양재철	페더급	1위	김태희	헤비급	1위
정광채	라이트급	1위	신동선	페더급	2위
박종범	미들급	1위	양소희	핀급	3위
김제경	헤비급	1위	강해은	라이트급	3위
김경훈	웰터급		조향미	웰터급	3위

◆ 제12회 아시아선수권대회 (1996, 멜버른)

* 기간 : 1996.06.14~16   * 장소 : 호주, 멜버른

단장		이승완			
남자선수단 감독		차동철	**여자선수단 감독**		유문규
남자선수단 코치		정국현, 문종국	**여자선수단 코치**		강성철
김병태	핀급	1위	양소희	핀급	1위
유영택	플라이급	1위	이승민	페더급	1위
김현용	밴텀급	1위	이선희	라이트급	1위
심기선	라이트급	1위	조향미	웰터급	1위
김경훈	웰터급	1위	박은선	미들급	1위
이동완	미들급	1위	정명숙	헤비급	1위
유용진	페더급	2위	김보인	플라이급	2위
문대성	헤비급		원선진	밴텀급	2위

5) 아시아선수권대회

◆ 제13회 아시아선수권대회 (1998, 호치민)
* 기간 : 1998.05.15~17   * 장소 : 베트남, 호치민

단장	황춘성					
감독	김갑식					
남자선수단 코치	신재근, 함준		**여자선수단 코치**	권오민, 김철호		
최만용	플라이급	1위	장정은	핀급	1위
김의철	밴텀급	1위	이지은	밴텀급	1위
강남원	페더급	1위	김미영	웰터급	1위
김병욱	라이트급	1위	정명숙	헤비급	1위
류근무	웰터급	1위	심혜영	플라이급	2위
강동국	미들급	1위	정재은	페더급	3위
김제경	헤비급	1위	이선희	라이트급	3위
김병태	핀급	3위	오정희	미들급	3위

◆ 제14회 아시아선수권대회 (2000, 홍콩)
* 기간 : 2000.05.14~18   * 장소 : 홍콩

단장	황세열					
남자선수단 감독	이택명		**여자선수단 감독**	김강인		
남자선수단 코치	김종기, 김구환		**여자선수단 코치**	문원재, 김정식		
민병석	핀급	1위	주혜원	핀급	1위
김대룡	플라이급	1위	정미나	밴텀급	1위
강남원	밴텀급	1위	장지원	페더급	1위
이원재	페더급	1위	조향미	라이트급	1위
유용진	라이트급	1위	김윤경	미들급	1위
오선택	웰터급	1위	심혜영	플라이급	2위
박천덕	미들급	1위	신경현	헤비급	2위
문대성	헤비급	1위	정진영	웰터급	3위

◆ 제15회 아시아선수권대회 (2002, 암만)
* 기간 : 2002.04.26~29 　　* 장소 : 요르단, 암만

단장	강대원					
남자선수단 감독	심명구		**여자선수단 감독**	양경덕		
남자선수단 코치	박영수, 이창건		**여자선수단 코치**	정해준, 임종환		
이상필	핀급	1위	김효민	핀급	1위	
고석화	플라이급	1위	장은숙	플라이급	1위	
이순태	밴텀급	1위	정재은	밴텀급	1위	
신준식	라이트급	1위	오정아	라이트급	1위	
박천덕	미들급	1위	김혜미	웰터급	1위	
이석훈	헤비급	1위	권지희	헤비급	1위	
김동언	페더급	3위	박은희	미들급	3위	
정동혁	웰터급		장지원	페더급		

◆ 제16회 아시아선수권대회 (2004, 성남)
* 기간 : 2004.05.20~23 　* 장소 : 대한민국, 성남 (종합운동장 실내체육관)

단장	이종승					
남자선수단 감독	최정호		**여자선수단 감독**	이주복		
남자선수단 코치	최공집, 이봉섭		**여자선수단 코치**	최상진, 김성진		
최연호	핀급	1위	박효주	핀급	1위	
고석화	플라이급	1위	윤성희	페더급	1위	
김향수	밴텀급	1위	이선희	웰터급	1위	
손준길	라이트급	1위	김승희	헤비급	1위	
박정호	웰터급	1위	이지혜	플라이급	2위	
정영한	미들급	1위	김예선	미들급	2위	

5) 아시아선수권대회

◆ 제17회 아시아선수권대회 (2006, 방콕)
* 기간 : 2006.04.21~23   * 장소 : 태국, 방콕

단장	이종승				
남자선수단 감독	임성근		**여자선수단 감독**	박가서	
남자선수단 코치	박종성, 박기정		**여자선수단 코치**	홍종배, 윤철	
유영대	플라이급	1위	권은경	플라이급	1위
박태열	밴텀급	1위	이혜영	밴텀급	1위
이문규	페더급	1위	진채린	라이트급	1위
남윤배	헤비급	1위	정선영	미들급	1위
최성호	웰터급	2위	황경선	웰터급	2위
이용열	라이트급	3위	이성혜	페더급	3위

◆ 제18회 아시아선수권대회 (2008, 뤼양)
* 기간 : 2008.04.26~28   * 장소 : 중국, 뤼양

단장	임춘길				
남자선수단 감독	황용수		**여자선수단 감독**	김일섭	
남자선수단 코치	남학현, 이봉춘		**여자선수단 코치**	이정희, 우연정	
김용민	밴텀급	1위	박혜미	라이트급	1위
최연호	핀급	2위	안새봄	미들급	1위
임철호	플라이급	3위	남진아	밴텀급	2위
장창하	웰터급	3위	권은경	플라이급	3위
송명섭	라이트급		장정윤	헤비급	3위
정영한	미들급		홍지혜	핀급	

◆ 제19회 아시아선수권대회 (2010, 카자흐스탄)
* 기간 : 2010.05.20~23   * 장소 : 카자흐스탄

단장		강실				
감독		최춘달				
남자선수단 코치		고대휴, 이승재	**여자선수단 코치**		최공집, 최정원	
함규환	밴텀급	1위	전서연	핀급	1위	
정영한	미들급	1위	김미경	라이트급	1위	
장세욱	페더급	2위	이수지	밴텀급	3위	
김배훈	라이트급	2위	정진희	페더급	3위	
김정수	헤비급	3위	오혜리	헤비급	3위	
이승원	핀급		우스미	웰터급		

6) 유니버시아드

◆ 제22회 2003' 대구 유니버시아드
* 기간 : 2003.08.22~26   * 장소 : 대한민국, 대구

코치			전익기, 윤오남, 유병관, 지용석		
박태열	밴텀급	1위	장은숙	플라이급	1위
오형근	페더급	1위	김새롬	페더급	1위
김학환	웰터급	1위	한진선	라이트급	1위
최성호	미들급	1위	황경화	웰터급	1위
이덕휘	헤비급	2위	김미연	미들급	1위
박형순	핀급		김순기	헤비급	1위
이창수	플라이급		김수양	핀급	
조바로	라이트급		전이량	밴텀급	

◆ 제23회 2005' 이즈미르 유니버시아드
* 기간 : 2005.08.15~19   * 장소 : 터키, 이즈미르

코치			김봉석, 김영수		
박형진	밴텀급	1위	이성혜	페더급	1위
이문규	페더급	1위	정재영	라이트급	2위
김재학	웰터급	1위	황경선	웰터급	2위
남윤배	헤비급	1위	유은영	핀급	3위
한찬석	핀급	3위	정선영	미들급	3위
김진형	라이트급	3위	권은경	플라이급	
김민욱	플라이급		김혜정	밴텀급	
강 률	미들급		최정애	헤비급	

◆ 제24회 2007' 방콕 유니버시아드

* 기간 : 2007.08.09~13   * 장소 : 태국, 방콕

코치		임종남, 소병관, 최상진, 김범수			
임인묵	플라이급	1위	권은경	플라이급	1위
김용민	밴텀급	1위	임수정	페더급	1위
허준녕	헤비급	1위	정선영	미들급	1위
이우리나라	핀급	2위	현경화	헤비급	1위
황대성	웰터급	2위	이은미	핀급	3위
이강석	페더급	3위	정진희	밴텀급	3위
최용철	라이트급		황혜미	라이트급	3위
배대열	미들급		이나영	웰터급	

◆ 제25회 2009' 세르비아 유니버시아드

* 기간 : 2009.07.01~06   * 장소 : 세르비아 베오그라드

겨루기 코치		진동환, 이승재, 최공집			
품새 코치		이충영, 정국현			
천 용	핀급	1위	박효지	핀급	1위
문길상	플라이급	1위	정진희	페더급	1위
김택규	밴텀급	2위	오혜리	미들급	2위
이순길	페더급	2위	남진아	밴텀급	3위
백선홍	웰터급	3위	이선형	웰터급	3위
정진영	라이트급		최유진	플라이급	
이상빈	미들급		김미경	라이트급	
허준녕	헤비급		안새봄	헤비급	
이기성	품새/단체	1위	이한나	품새/단체	1위
지호용	품새/단체	1위	황초롱	품새/단체	1위
이상목	품새/단체	1위	안진영	품새/단체	1위
이기성	품새/개인	1위	황초롱	품새/개인	2위
이상목	품새/복식	3위	안진영	품새/복식	3위

6) 유니버시아드

◆ 제26회 2011' 심천 유니버시아드
  * 기간 : 2011.08.18~23   * 장소 : 중국, 심천

겨루기 코치	정동혁, 한권상, 김윤호					
품새 코치	곽택용, 서동현, 배두열					
김 훈	-68KG	1위	노은실	-62kg	1위
김선욱	-74kg	1위	박미연	-73kg	2위
박용현	-87kg	1위	전서연	-46kg	2위
박용한	-54KG	3위	김소희	-57kg	3위
석승우	-58KG		우스미	-67kg	3위
장민호	-63KG		김재아	-49kg	
김 준	-80KG		윤정연	-53kg	
곽도훈	+87kg		박예슬	+73kg	
안재성	품새/단체	1위	정스민	품새/단체	1위
장준희	품새/단체	1위	강유진	품새/단체	1위
이상목	품새/단체	1위	조성예	품새/단체	1위
이진호	품새/복식	1위	강수지	품새/복식	1위
양주민	품새/개인	2위	박지영	품새/개인	3위

7) 세계태권도품새선수권대회

◆ 제1회 WTF세계태권도품새선수권대회
* 기간 : 2006.09.04~06   * 장소 : 대한민국, 서울

단장		김정록					
감독		김영진					
코치		이규형					
장재욱	개인전	남자주니어	1위	이나연	개인전	여자주니어	1위
김보현	개인전	남자시니어1부	1위	홍희정	개인전	여자시니어1부	1위
정태성	개인전	남자시니어2부	1위	송남정	개인전	여자시니어2부	1위
이성우	개인전	남자마스터1부	1위	이미옥	개인전	여자마스터1부	1위
김희도	개인전	남자마스터2부	1위	장정희	개인전	여자마스터2부	1위
강현종	단체전	남자단체1부	1위	조은선	단체전	여자단체1부	1위
이윤호	단체전	남자단체1부	1위	이다영	단체전	여자단체1부	1위
유희재	단체전	남자단체1부	1위	이영은	단체전	여자단체1부	1위
노형준	단체전	남자단체2부	1위	서영애	단체전	여자단체2부	1위
강익필	단체전	남자단체2부	1위	설성란	단체전	여자단체2부	1위
박종범	단체전	남자단체2부	1위	오경란	단체전	여자단체2부	1위
강상원	페어전	페어1부	1위	안진영	페어전	페어1부	1위
최종원	페어전	페어2부	1위	이옥규	페어전	페어2부	1위

◆ 제2회 WTF세계태권도품새선수권대회
* 기간 : 2007.11.04~06   * 장소 : 대한민국, 인천

단장		한상윤					
감독		박덕규					
남자 코치		정국현		여자 코치		장정희	
김연행	개인전	남자주니어	1위	이슬비	개인전	여자주니어	1위
김보현	개인전	남자시니어1부	1위	안진영	개인전	여자시니어1부	1위
김희도	개인전	남자마스터2부	1위	송남정	개인전	여자시니어2부	1위
정세훈	단체전	남자단체1부	1위	서영애	개인전	여자마스터1부	1위
이용석	단체전	남자단체1부	1위	황초롱	단체전	여자단체1부	1위
박동훈	단체전	남자단체1부	1위	김경숙	단체전	여자단체1부	1위
안재윤	단체전	남자단체2부	1위	이나연	단체전	여자단체1부	1위
노형준	단체전	남자단체2부	1위	강소희	페어전	페어1부	1위
이명오	단체전	남자단체2부	1위				
윤석호	페어전	페어1부	1위				
박종범	개인전	남자마스터1부	2위				

7) 세계태권도품새선수권대회

◆ 제3회 WTF세계태권도품새선수권대회
  * 기간 : 2008.12.16~18   * 장소 : 터키, 앙카라

단장		안창영					
감독		김갑식					
코치		박흥신, 김경찬, 김무천, 윤웅석					
장세훈	개인전	남자주니어	1위	박혜림	개인전	여자주니어	1위
김보현	개인전	남자시니어1부	1위	강유진	개인전	여자시니어1부	1위
노형준	개인전	남자마스터1부	1위	송남정	개인전	여자시니어2부	1위
안재윤	단체전	남자마스터2부	1위	서영애	개인전	여자마스터1부	1위
오혁주	개인전	남자시니어2부	2위	장정희	개인전	여자마스터2부	3위

◆ 제4회 WTF세계태권도품새선수권대회
  * 기간 : 2009.11.30~12.02   * 장소 : 이집트, 카이로

단장		김종관					
감독		박종명					
코치		고봉수, 심명구, 황인식, 이송학					
강원철	개인전	남자주니어	1위	양한솔	개인전	여자주니어	1위
장재욱	개인전	남자시니어1부	1위	황초롱	개인전	여자시니어1부	1위
이진한	개인전	남자시니어2부	1위	이숙경	개인전	여자시니어2부	1위
유광현	개인전	남자마스터1부	1위	서영애	개인전	여자마스터1부	1위
안재윤	단체전	남자마스터2부	1위	장정희	개인전	여자마스터2부	2위

◆ 제5회 WTF세계태권도품새선수권대회

* 기간 : 2010.10.08~10 　 * 장소 : 우즈벡, 타슈켄트

단장	성재준
감독	임정호, 강대인
코치	장명수, 윤덕영, 곽택용, 권형남

황왕곤	개인전	남자주니어	1위	조성예	개인전	여자주니어	1위
양주민	개인전	남자시니어1부	1위	강수지	개인전	여자시니어1부	1위
박문권	개인전	남자시니어2부	1위	이숙경	개인전	여자시니어2부	1위
허갑철	개인전	남자마스터2부	1위	서영애	개인전	여자마스터1부	1위
배경민	개인전	남자마스터1부	2위	장정희	개인전	여자마스터2부	1위
오영복	개인전	남자마스터3부	2위				

◆ 제6회 WTF세계태권도품새선수권대회

* 기간 : 2011.07.29~31 　 * 장소 : 러시아, 블라디보스톡

단장	최동열
감독	지민규
코치	이춘우, 최종복, 곽택용, 노형준

김유석	개인전	남자주니어	1위	조성예	개인전	여자주니어	1위
박태순	개인전	남자시니어1부	1위	강수지	개인전	여자시니어1부	1위
이진한	개인전	남자시니어2부	1위	이숙경	개인전	여자시니어2부	1위
엄재영	개인전	남자마스터1부	1위	안도연	개인전	여자마스터3부	1위
임병영	개인전	남자마스터2부	1위				
박광일	개인전	남자마스터3부	2위				

1) 우수선수선발대회 우승자(1963-1971)

◆1963년 우수선수선발대회
* 기간 : 1963.02.16   * 장소 : 국민회당

김병원	한무관	중기 경량급	1위	지선구	지도관	중기 경량급	2위
황대진	전북지도관	중기 중(中)량급	1위	황녕학	한무관	중기 중(中)량급	2위
이충언	한무관	중기 중(重)량급	1위	이호웅	전북지도관	중기 중(重)량급	2위
신윤식	한국체육관	고기 경량급	1위	조동섭	강덕원	고기 경량급	2위
이승완	전북지도관	고기 중(中)량급	1위	김일식	한국체육관	고기 중(中)량급	2위
최창근	오도관	고기 중(重)량급	1위	최광식	전북지도관	고기 중(重)량급	2위

◆1964년 우수선수선발대회
* 기간 : 1964.04.26   * 장소 : 태수도 청도관

중기부							
유기대	전북지도관	경량급	1위	신희석	전북지도관	경량급	2위
서병현	한국체육관	중(中)량급	1위	이문호	청도관	중(中)량급	2위
안대섭	한국체육관	중(重)량급	1위	고윤복	상무관	중(重)량급	2위
최영열	경희대	무제한급	1위	이호웅	전북지도관	무제한급	2위
고기부							
정석종	청도관	경량급	1위	곽병오	육군방첩부대	경량급	2위
김일식	한국체육관	중(中)량급	1위	허 용	오도관	중(中)량급	2위
장남용	전북지도관	중(重)량급	1위	문창균	전북지도관	중(重)량급	2위
박영수	육군방첩부대	무제한급	1위	이보인	창무관	무제한급	2위

◆1965년 우수선수선발대회

* 기간 : 1965.12.04. * 장소 : 한성여고체육관

중기부							
김영일	선인상고	핀급	1위	임흥수	창무관	핀급	2위
홍성천	성대	플라이급	1위	신희석	경희대	플라이급	2위
유형환	전주공고	밴텀급	1위	임영완	경희대	밴텀급	2위
박연희	한국체육관	페더급	1위	이문호	성대	페더급	2위
서병현	한국체육관	라이트급	1위	조영일	경희대	라이트급	2위
최영열	경희대	웰터급	1위	김일성	성대	웰터급	2위
김명환	부일체육관	미들급	1위	유영락	수송전기공고	미들급	2위
조현호	경희대	헤비급	1위	한정섭	전북지도관	헤비급	2위

고기부							
변진석	숭덕체육관	핀급	1위	강세민	경희대	핀급	2위
최동진	전북대학교	플라이급	1위	곽병오	오도관	플라이급	2위
오주열	한양대학교	밴텀급	1위	문한종	오도관	밴텀급	2위
김용전	창무관	페더급	1위	박동근	한국체육관	페더급	2위
홍정부	한국체육관	라이트급	1위	신윤길	전북대학교	라이트급	2위
지동주	부일체육관	웰터급	1위	김방섭	창무관	웰터급	2위
박영수	부일체육관	미들급	1위	이영호	부일체육관	미들급	2위

◆1966년 우수선수선발대회

* 기간 : 1966.11.26~27 * 장소 : 한성여고체육관

중기부							
김영일	YMCA	핀급	1위	권녕운	청도관	핀급	2위
임흥수	창무관	플라이급	1위	정 철	경남공고	플라이급	2위
임춘우	한무관	밴텀급	1위	손영일	경남상고	밴텀급	2위
최기철	성대	페더급	1위	신희석	경희대	페더급	2위
김병무	창무관	라이트급	1위	노천홍	한체	라이트급	2위
최규진	선인상고	웰터급	1위	최정태	전주공고	웰터급	2위
조찬정	지도관	미들급	1위				2위

고기부							
정 엽	무덕관	핀급	1위	김동식	동아대	플라이급	2위
한창수	성대	플라이급	1위	김용휘	원광대	밴텀급	2위
김재화	국학대	밴텀급	1위	박부광	육군	페더급	2위
김용전	창무관	페더급	1위	김인수	육군	라이트급	2위
김인수	경희대	라이트급	1위	김일성	성대	웰터급	2위
최영열	경희대	웰터급	1위	유호평	송무관	미들급	2위
지동주	동아대	미들급	1위				2위
이영호	부일체육관	헤비급	1위				2위

1) 우수선수선발대회 우승자(1963-1971)

◆1967년 우수선수선발대회
* 기간 : 1967.11.04~05 * 장소 : 한성여고체육관

중기부							
천영운	청도관	핀급	1위	김재환	한무관	핀급	2위
양동철	전주상고	플라이급	1위	조태휘	지도관	플라이급	2위
임춘권	한무관	밴텀급	1위	허 송	한체	밴텀급	2위
유관호	송체	페더급	1위	유기훈	지도관	페더급	2위
김규성	호남고	라이트급	1위	이창호	건국대	라이트급	2위
최규진	명지대	웰터급	1위	임경선	한무관	웰터급	2위
최권일	해병대	미들급	1위	김영일	단국대	미들급	2위
노만성	지도관	헤비급	1위	배동승	건국대	헤비급	2위

고기부							
정 엽	무덕관	핀급	1위	최철수	강덕원	핀급	2위
임흥수	명지대	플라이급	1위	이영근	한체	플라이급	2위
유기대	해병대	밴텀급	1위	오주열	한양대	밴텀급	2위
최기철	성대	페더급	1위	김일식	한체	페더급	2위
김인수	해병대	라이트급	1위	최하영	육본	라이트급	2위
최영열	해병대	웰터급	1위	김기중	우석대	웰터급	2위
유호평	송무관	미들급	1위	김영길	해병대	미들급	2위
이영호	지도관	헤비급	1위	박성관	창무관	헤비급	2위

◆1968년 우수선수선발대회
* 기간 : 1968.11.08~09 * 장소 : 한성여고체육관

중기부							
김호영	김제고	핀급	1위	김광수	전주상고	핀급	2위
손주몽	우석대	플라이급	1위	이종영	청도관	플라이급	2위
이건수	숭체	밴텀급	1위	김재식	한체	밴텀급	2위
이흥식	우석대	페더급	1위	이용선	건대	페더급	2위
이용주	창무관	라이트급	1위	이영수	청도관	라이트급	2위
홍은후	명지대	웰터급	1위	김정태	동아대	웰터급	2위
황 철	송광	미들급	1위	서동현	우석대	미들급	2위
박창주	부안농고	헤비급	1위	송 광	우석대	헤비급	2위

고기부

정엽	무덕관	핀급	1위	양동철	우석대	플라이급	2위
김영표	동아대	플라이급	1위	박재홍	우석대	밴텀급	2위
임춘권	창무관	밴텀급	1위	유기훈	지도관	페더급	2위
신규석	경희대	페더급	1위	민경하	한무관	라이트급	2위
강세향	창무관	라이트급	1위	최규진	명지대	웰터급	2위
김일성	성대	웰터급	1위	강용모	단국대	미들급	2위
최권열	해병대	미들급	1위	김문호	한양대	헤비급	2위
이영호	지도관	헤비급	1위			핀급	2위

◆1969년 우수선수선발대회

  * 기간 : 1969.11.22.~23   * 장소 : 한성여고체육관

중기부

홍상근	광성중학교	핀급	1위	정문영	한성고	플라이급	2위
손주몽	우석대	플라이급	1위	김지철	지도관	밴텀급	2위
정태갑	육군	밴텀급	1위	노일환	수송전공	페더급	2위
김형선	창무관	페더급	1위	최정만	선인고	라이트급	2위
박응준	동아대	라이트급	1위	황진수	단대	웰터급	2위
이윤휘	경희대	웰터급	1위	조한우	지도관	미들급	2위
정진송	지도관	미들급	1위	유영낙	육군	헤비급	2위
송요식	동아대	헤비급	1위			핀급	2위

고기부

김종성	명지대	핀급	1위	권녕운	청도관	핀급	2위
양동철	우석대	플라이급	1위	이건만	지도관	플라이급	2위
최청일	동아대	밴텀급	1위	홍성천	성대	밴텀급	2위
이형노	우석대	페더급	1위	김명옥	육군	페더급	2위
이용선	성대	라이트급	1위	최하영	오도관	라이트급	2위
서경무	경희대	웰터급	1위	강세향	육군	웰터급	2위
황철	성대	미들급	1위	김규성	우석대	미들급	2위
전병소	우석대	헤비급	1위	김문호	한양대	헤비급	2위

1) 우수선수선발대회 우승자(1963-1971)

◆1970년 우수선수선발대회
* 기간 : 1970.11.21.~22   * 장소 : 한성여고체육관

중기부							
이기환	동산고	핀급	1위	조덕현	수송전공	핀급	2위
이철주	동산고	플라이급	1위	이상휘	남체	플라이급	2위
이성택	창무관	밴텀급	1위	김수영	동아대	밴텀급	2위
이은성	명지대	페더급	1위	양병용	고대	페더급	2위
김헌규	청도관	라이트급	1위	김난구	명지대	라이트급	2위
장재우	홍익대	웰터급	1위	김광일	동대부고	웰터급	2위
서동현	우석대	미들급	1위	김병민	광성고	미들급	2위
송요식	동아대	헤비급	1위	정근철	관서체	헤비급	2위

고기부							
이병완	명지대	핀급	1위	양동철	우석대	플라이급	2위
김영표	동아대	플라이급	1위	박재희	동아대	밴텀급	2위
이은송	육군	밴텀급	1위	이경연	명지대	페더급	2위
박응준	동아대	페더급	1위	이완종	한대	라이트급	2위
강기영	동아대	라이트급	1위	지삼업	동아대	웰터급	2위
최국진	육군	웰터급	1위	정진송	단국대	미들급	2위
김정태	동아대	미들급	1위			핀급	2위
			1위			헤비급	2위
			1위			헤비급	2위

◆1971년 우수선수선발대회

* 기간 : 1971.11.13~14   * 장소 : 한성여고체육관

일반중기부				일반고기부			
송태환	광성고	핀급	1위	권영운	청도관	핀급	1위
이철주	동산고	플라이급	1위	고철규	영창실업	플라이급	1위
라동식		밴텀급	1위	박현종	조선대	밴텀급	1위
이광훈	성균관대	페더급	1위	이경연	명지대	페더급	1위
박연환	우석대	라이트급	1위	곽판식	조선대	라이트급	1위
김철환	동양공전	웰터급	1위	이중기	건국상고	웰터급	1위
박영돈	청도관	미들급	1위	정진송	해병대	미들급	1위
박수남	강덕원	헤비급	1위	서동현	우석대	헤비급	1위
심형기	소사농고	핀급	2위	정연호	무덕관	핀급	2위
장석희	동산중학교	플라이급	2위	한동식	창무관	플라이급	2위
이근우	명지대	밴텀급	2위	임흥수	명지대	밴텀급	2위
김종진	조선대	페더급	2위	강문도	한양대	페더급	2위
유영합	광성고	라이트급	2위	라종열	성균관대	라이트급	2위
장재우	창무관	웰터급	2위	이상철	해병대	웰터급	2위
양영관	성균관대	미들급	2위	최상진	지도관	미들급	2위
구진회	지도관	헤비급	2위			헤비급	

2) 전국체육대회 (1964~1972)

◆ 제45회 전국체육대회 (1964)
* 기간 : 1964.09.03~08 * 장소 : 인천경기장(인하공대 노천극장)

학생 중기			
신희석	전북	플라이급	1위
조재옥	강원	밴텀급	1위
성광호	전북	페더급	1위
송재택	전북	라이트급	1위
오세영	충남	웰터급	1위
강길연	전남	미들급	1위
정찬두	충남	헤비급	1위

일반 중기				일반 고기			
한성수	충북	플라이급	1위	최동진	전북	플라이급	1위
이문호	서울	밴텀급	1위	김일식	서울	밴텀급	1위
강덕수	부산	페더급	1위	김만금	경기	페더급	1위
김인수	부산	라이트급	1위	문창균	전북	라이트급	1위
최영열	서울	웰터급	1위	정시훈	서울	웰터급	1위
임기남	전남	미들급	1위	조점선	전북	미들급	1위
조현호	전북	헤비급	1위	현광생	재일교포	헤비급	1위

◆ 제46회 전국체육대회 (1965)
* 기간 : 1965.10.06~08 * 장소 : 전남 광주시

학생 중기			
김창환	제주	핀급	1위
오윤섭	전북	플라이급	1위
유형환	전북	밴텀급	1위
정금식	전북	페더급	1위
최권열	전북	라이트급	1위
노상수	부산	웰터급	1위
유영락	서울	미들급	1위
양동훈	제주	헤비급	1위

일반 중기				일반 고기			
임흥수	서울	핀급	1위	문한종	전북	핀급	1위
유기대	서울	플라이급	1위	최동진	전북	플라이급	1위
임영완	서울	밴텀급	1위	권영문	경북	밴텀급	1위
박0광	전남	페더급	1위	김용전	전북	페더급	1위
서병현	서울	라이트급	1위	안태섭	서울	라이트급	1위
최영열	서울	웰터급	1위	최광식	전북	웰터급	1위
김명환	부산	미들급	1위	조점선	전북	미들급	1위
조현호	서울	헤비급	1위	김삼도	경남	헤비급	1위

◆ 제47회 전국체육대회 (1966)

* 기간 : 1966.06.10~15   * 장소 : 서울운동장, 배구장

학생 중기			
최영배	제주	핀급	1위
나종대	제주	플라이급	1위
이광재	부산	밴텀급	1위
서경무	전남	페더급	1위
김창남	전남	라이트급	1위
최정태	전북	웰터급	1위
박명환	부산	미들급	1위
김송영	제주	헤비급	1위

일반 중기				일반 고기			
이용길	부산	핀급	1위	정우득	경북	핀급	1위
김수영	부산	플라이급	1위	문한종	충남	플라이급	1위
유영환	전북	밴텀급	1위	유기대	전북	밴텀급	1위
이문호	서울	페더급	1위	박동근	서울	페더급	1위
노대홍	서울	라이트급	1위	조영일	전북	라이트급	1위
김순경	제주	웰터급	1위	김일성	서울	웰터급	1위
최권열	전북	미들급	1위	박영수	부산	미들급	1위
최태홍	서울	헤비급	1위	조현호	전북	헤비급	1위

2) 전국체육대회 (1964~1972)

◆ 제48회 전국체육대회 (1967)
 * 기간 : 1967.10.05~10   * 장소 : 서울운동장, 배구장

중등부				고등부			
최광석	전남	핀급	1위	김영구	충남	핀급	1위
이장우	부산	플라이급	1위	박재희	부산	플라이급	1위
서장근	부산	밴텀급	1위	박응준	부산	밴텀급	1위
정영철	경기	페더급	1위	이형노	전북	페더급	1위
연문용	경기	라이트급	1위	김규성	전북	라이트급	1위
홍수철	서울	웰터급	1위	이상길	경북	웰터급	1위
최정도	경기	미들급	1위	송철구	경남	미들급	1위
강화용	제주	헤비급	1위	김종길	부산	헤비급	1위

일반 중기				일반 고기			
권영문	서울	핀급	1위	정 엽	충남	핀급	1위
이은송	서울	플라이급	1위	최동진	전북	플라이급	1위
이윤휘	경기	밴텀급	1위	이교준	서울	밴텀급	1위
주석현	부산	페더급	1위	박부광	전남	페더급	1위
이백수	부산	라이트급	1위	이채용	부산	라이트급	1위
황광열	강원	웰터급	1위	김종한	전북	웰터급	1위
최권열	전북	미들급	1위	임재봉	전북	미들급	1위
손성용	경남	헤비급	1위	서정도	서울	헤비급	1위

◆ 제49회 전국체육대회 (1968)
 * 기간 : 1968.09.13~16   * 장소 : 서울운동장, 배구장

중등부				고등부			
방정욱	경남	핀급	1위	최정국	경남	핀급	1위
김재욱	경북	플라이급	1위	송장수	서울	플라이급	1위
정영배	강원	밴텀급	1위	최상오	전남	밴텀급	1위
편기범	경기	페더급	1위	공영택	부산	페더급	1위
이점용	경북	라이트급	1위	이채봉	전북	라이트급	1위
도종명	부산	웰터급	1위	이상철	전북	웰터급	1위
김홍윤	경기	미들급	1위	송철구	경남	미들급	1위
노일환	서울	헤비급	1위	박영돈	전남	헤비급	1위

일반 중기				일반 고기			
윤정휴	전남	핀급	1위	김행복	경북	핀급	1위
손주상	전북	플라이급	1위	임흥수	서울	플라이급	1위
이윤휘	경기	밴텀급	1위	양동철	전북	밴텀급	1위
이형노	전북	페더급	1위	이관모	경기	페더급	1위
최영길	경남	라이트급	1위	김인수	부산	라이트급	1위
김철곤	전북	웰터급	1위	조국영	충남	웰터급	1위
서동현	전북	미들급	1위	최권열	전북	미들급	1위
송 광	전북	헤비급	1위	조현호	전북	헤비급	1위

◆ 제50회 전국체육대회 (1969)
* 기간 : 1969.10.28~29   * 장소 : 서울운동장, 배구장

중등부				고등부			
김광식	전북	핀급	1위	김영철	경기	핀급	1위
백성대	경남	플라이급	1위	박원용	서울	플라이급	1위
정인기	전북	밴텀급	1위	박인호	서울	밴텀급	1위
이문기	경기	페더급	1위	김정길	서울	페더급	1위
김영호	전남	라이트급	1위	나종열	전북	라이트급	1위
김병화	경기	웰터급	1위	공영택	경북	웰터급	1위
안병천	전남	미들급	1위	이상도	부산	미들급	1위
최정만	경기	헤비급	1위	박창주	전북	헤비급	1위

일반 중기				일반 고기			
정인웅	충남	핀급	1위	최광철	경기	핀급	1위
김영구	충남	플라이급	1위	양동철	전북	플라이급	1위
김주홍	경북	밴텀급	1위	김창환	제주	밴텀급	1위
안영빈	전북	페더급	1위	이형노	전북	페더급	1위
강난구	서울	라이트급	1위	진춘배	제주	라이트급	1위
이윤휘	경기	웰터급	1위	최규진	서울	웰터급	1위
정진송	경기	미들급	1위	최권열	전북	미들급	1위
송요식	부산	헤비급	1위	이윤호	경남	헤비급	1위

2) 전국체육대회 (1964~1972)

◆ 제51회 전국체육대회 (1970)

* 기간 : 1970.10.06~11   * 장소 : 서울운동장, 배구장

중등부				고등부			
박철수	경북	핀급	1위	강주갑	전북	핀급	1위
손태환	서울	플라이급	1위	이근우	전북	플라이급	1위
백성대	경남	밴텀급	1위	이완욱	경북	밴텀급	1위
문희빈	경기	페더급	1위	박태왕	충남	페더급	1위
정승영	전북	라이트급	1위	최정도	경기	라이트급	1위
최재헌	경기	웰터급	1위	백남식	전북	웰터급	1위
장성환	경북	미들급	1위	이희중	전북	미들급	1위
이지현	경남	헤비급	1위	노순명	경기	헤비급	1위

일반 중기				일반 고기			
강명조	부산	핀급	1위	정 엽	충남	핀급	1위
윤정우	경북	플라이급	1위	양동철	전북	플라이급	1위
이계승	경기	밴텀급	1위	김영구	충남	밴텀급	1위
차동철	부산	페더급	1위	홍순철	충남	페더급	1위
김헌규	강원	라이트급	1위	임정호	경북	라이트급	1위
곽판식	전남	웰터급	1위	이윤휘	경기	웰터급	1위
김정태	부산	미들급	1위	이상철	전북	미들급	1위
송요식	부산	헤비급	1위	유동길	경기	헤비급	1위

◆ 제52회 전국체육대회 (1971)

* 기간 : 1971.10.09~12   * 장소 : 서울운동장, 배구장

중등부				고등부			
김무천	충북	핀급	1위	심형기	경기	핀급	1위
최상학	충북	플라이급	1위	이철주	경기	플라이급	1위
이종율	전북	밴텀급	1위	백성조	부산	밴텀급	1위
서석우	서울	페더급	1위	한광열	전북	페더급	1위
백용흠	충북	라이트급	1위	성만용	서울	라이트급	1위
방승호	경기	웰터급	1위	강의성	전북	웰터급	1위
이유성	경북	미들급	1위	백남식	전북	미들급	1위
양성무	제주	헤비급	1위	김종윤	경남	헤비급	1위

일반 중기				일반 고기			
최주성	전남	핀급	1위	김원일	경기	핀급	1위
김비호	강원	플라이급	1위	이정희	경북	플라이급	1위
이근우	전북	밴텀급	1위	전우동	부산	밴텀급	1위
노병한	부산	페더급	1위	안영빈	전북	페더급	1위
이언기	서울	라이트급	1위	라종열	전북	라이트급	1위
고봉신	전북	웰터급	1위	강기영	부산	웰터급	1위
양영관	전북	미들급	1위	김건일	부산	미들급	1위
전광성	강원	헤비급	1위	서동현	전북	헤비급	1위

◆ 제53회 전국체육대회 (1972)

* 기간 : 1972.10.07~11   * 장소 : 서울운동장, 배구장

고등부			
심형기	경기	핀급	1위
정인기	전북	플라이급	1위
이철주	경기	밴텀급	1위
박 원	서울	페더급	1위
유영합	서울	라이트급	1위
서명수	부산	웰터급	1위
노순명	경기	미들급	1위
유상철	서울	헤비급	1위

일반 중기				일반 고기			
황용수	전남	핀급	1위	김익균	충북	핀급	1위
박정욱	강원	플라이급	1위	변석재	강원	플라이급	1위
김정경	전북	밴텀급	1위	이근우	전북	밴텀급	1위
한광열	부산	페더급	1위	김옥진	경북	페더급	1위
이언기	서울	라이트급	1위	이중기	경북	라이트급	1위
최정도	전북	웰터급	1위	김정태	경기	웰터급	1위
안장식	전북	미들급	1위	박영돈	전남	미들급	1위
김정식	강원	헤비급	1위	서동현	전북	헤비급	1위

50 년사
대한태권도협회
50 YEARS of the KOREA TAEKWONDO ASSOCIATION I

지난 반세기 동안 대한태권도협회가 걸어온 길은 단순히 한 경기종목의 50년의 역사가 아니었다. 그것은 전 세계 스포츠 역사에서 유례를 찾아볼 수 없는, 그리고 대한민국 스포츠 역사에서도 가장 빛나는 성취의 역사였다. 태권도라는 새로운 스포츠가 탄생한 역사였으며, 이 태권도가 세계에 전파되고, 드디어는 올림픽 경기의 정식종목이 되는 역사였다. 그 속에는 태권도가 이룬 엄청난 기술적 발전의 자취를 가지고 있으며 수많은 지도자들이 전 세계를 누비며 펼친 활약상이 있다. 또 성취의 자부심과 부풀어진 기대감의 배면에는 갈등과 대립이 빚은 아픔과 상처가 아쉬움과 염려의 모습으로 자리하고 있기도 하다. 그러나 역사는 미래를 위한 것이기에 평가와 가치를 미래에 맡기고자 한다.

이 커다란 역사 이야기를 다루는데 편집진의 좁은 안목과 무지가 큰 실수나 만들지 않을까 줄곧 염려스러웠다. 너무나 소중한 기록들과 이야기들을 현실적 제약으로 선택적으로 취할 수밖에 없었던 안타까움이 많았다. 특히 시도협회와 연맹들의 기록을 많이 다루지 못한 아쉬움이 가장 컸다. 또 눈에 크게 뜨이지 않았지만, 태권도 발전에 밑바탕이 되었던 도장 분야와 해외에서 태권도 보급에 노력했던 더 많은 사범들의 이야기를 충분히 다루지 못한 것도 아쉬웠다.

1973년 제1회 세계선수권대회 이전의 경기기록 중심을 우수선수선발전으로 보았다. 또 이 기간 중에 전국체육대회의 기록도 각 시도협회의 경기사의 관점에서 중요하다고 보아 기록을 실었다. 더 많은 경기기록을 부록에서 다루고자 하였지만 지면 관계상 불가피하게 제한적으로밖에 다룰 수 없어 많이 아쉬웠다. 방대한 자료를 다루는 과정에서 각종 기록에 오류나 누락에 대한 두려움이 컸다. 모든 오류는 편집진의 잘못이다. 관계되신 분의 혜량을 부탁드린다.

편집진 일동

대한태권도협회 50년사

만든 사람들

회　　　　장　　김태환
편찬위원장　　양진방
편 찬 위 원　　김기홍　서성원
감　　　　수　　강원식　이승완　황춘성
사　　　　진　　대한태권도협회
편집디자인　　문상필　이한솔
표지디자인　　이태진

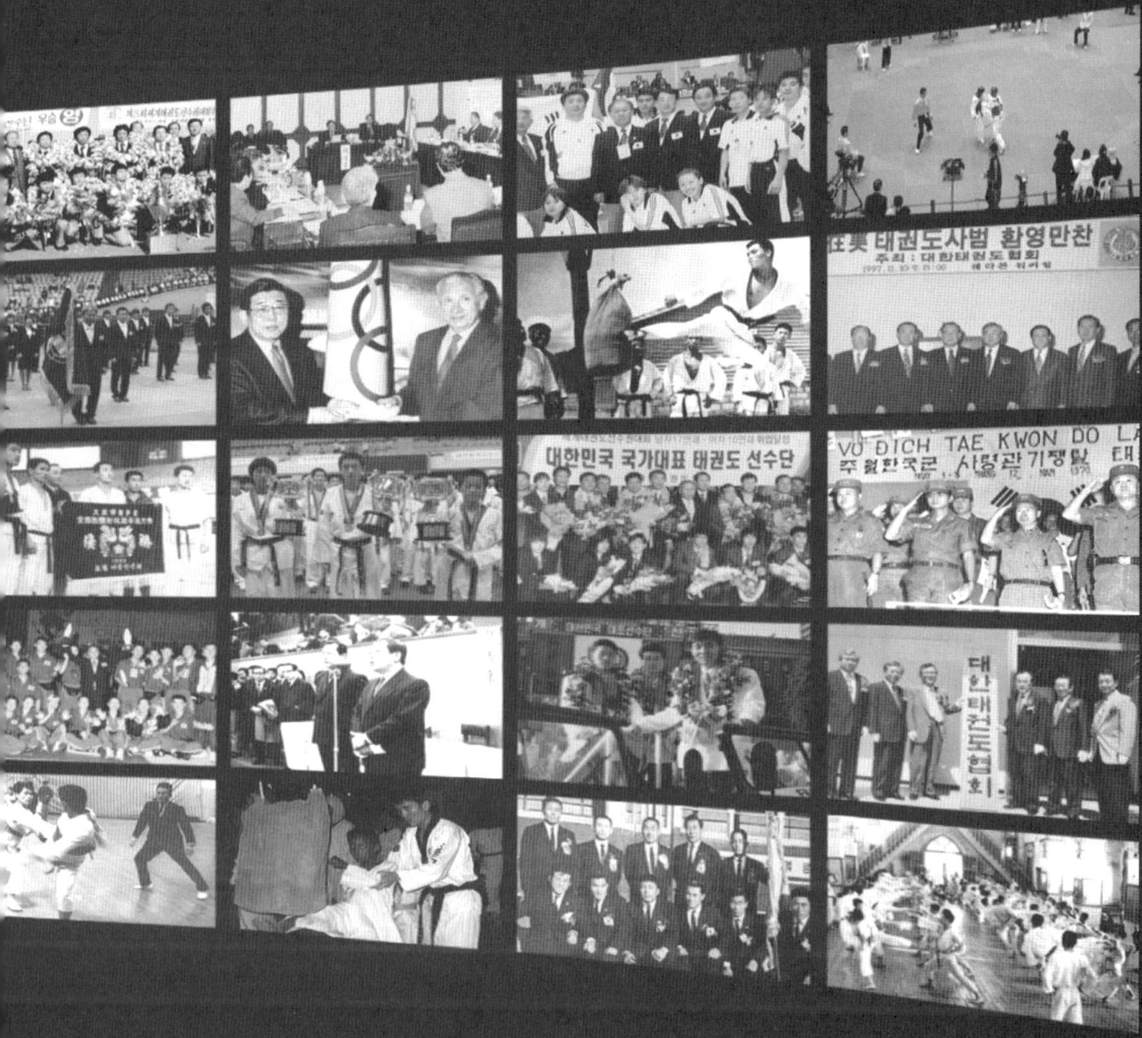

초 판 발 행   2015년 3월 22일

발 행 인   문상필

펴 낸 곳   주식회사 애니빅
주   소   서울시 영등포구 경인로 82길 3-4(문래동 1가 센터플러스 1118호)
대 표 전 화   02-2164-3840   **팩   스** 02-6209-7749
홈 페 이 지   www.anibig.com   **이메일** 0221643840@hanmail.net
출 판 등 록   제318-3180000251002008000010호

가격 25,000원
ISBN 978-89-97617-90-6   13690

50th

대한태권도협회